Schwerpunkte   Pieroth (Hrsg.) · Hausarbeit im Staatsrecht

Hausarbeit im Staatsrecht

Musterlösungen und Gestaltungsrichtlinien für das Grundstudium

herausgegeben von

Dr. Bodo Pieroth
Professor an der Westfälischen Wilhelms-Universität Münster

bearbeitet von

Dr. Tobias Aubel
Richter am Sozialgericht Köln, z.Z. wissenschaftlicher Mitarbeiter beim Bundesverfassungsgericht

Dr. Christoph Görisch
Privatdozent und Akademischer Oberrat an der Westfälischen Wilhelms-Universität Münster

Dr. Katrin Haghgu
Richterin, Verwaltungsgericht Arnsberg

Dr. Bernd J. Hartmann, LL.M. (Virginia)
Akademischer Rat an der Westfälischen Wilhelms-Universität Münster

Dr. Thorsten Kingreen
Professor an der Universität Regensburg

2., neu bearbeitete Auflage

 C.F. Müller

Bibliografische Information der Deutschen Nationalbibliothek
Die Deutsche Nationalbibliothek verzeichnet diese Publikation in der Deutschen Nationalbibliografie; detaillierte bibliografische Daten sind im Internet über <http://dnb.d-nb.de> abrufbar.

Bei der Herstellung des Werkes haben wir uns zukunftsbewusst für umweltverträgliche und wiederverwertbare Materialien entschieden. Der Inhalt ist auf elementar chlorfreies Papier gedruckt.

ISBN 978-3-8114-9831-0

E-Mail: kundenbetreuung@hjr-verlag.de
Telefon: +49 89/2183-7928
Telefax: +49 89/2183-7620

© 2011 C.F. Müller, eine Marke der Verlagsgruppe Hüthig Jehle Rehm GmbH
Heidelberg, München, Landsberg, Frechen, Hamburg

www.cfmueller-campus.de
www.hjr-verlag.de

Satz: Gottemeyer, Rot
Druck: Beltz Druckpartner, Hemsbach

Vorwort

Die Autoren und der Herausgeber freuen sich, die 2. Auflage dieses Buches vorlegen zu können. Der Text der 1. Auflage ist gründlich durchgesehen und an manchen Stellen verbessert worden. Rechtsprechung und Literatur sind auf den neuesten Stand gebracht worden. In einer neuen zusätzlichen Hausarbeit (5. *Tabakwaren aus Automaten*) steht der häufig geprüfte Art. 12 Abs. 1 GG im Mittelpunkt. Auch dieser Fall ist an der Universität Münster als Hausarbeit und im Examensklausurenkurs erprobt worden.

Weiterhin sind den Autoren und dem Herausgeber Anregung und Kritik wertvoll (pieroth@uni-muenster.de). Sie bedanken sich dafür bei den Leserinnen und Lesern.

Münster, im Dezember 2010   *Bodo Pieroth*

Vorwort zur ersten Auflage (2008)

Die juristische Falllösung ist die zentrale Herausforderung des Jurastudiums. Ist es für einen Studienanfänger schon nicht einfach, die Welt des Rechts mit ihren komplexen Regelungen und Institutionen, spezifischen Argumentationsweisen und Denkfiguren, voraussetzungsvollen Dogmen und Theorien überhaupt zu verstehen, wird von ihm für fast alle zu erbringenden Leistungsnachweise von Anfang an nicht nur der Beweis des Verständnisses in Form der Wissensreproduktion verlangt, sondern darüber hinaus die eigenständige produktive und kreative Fortentwicklung des Gelernten im Hinblick auf einen immer neuen und immer anderen Sachverhalt. Da genau darin auch die Arbeit des fertigen Juristen besteht, ist der Anfang des Jurastudiums wie der Sprung des Nichtschwimmers in tiefes Wasser.

Damit der Jura-Anfänger nicht ertrinkt, gibt es für ihn seit eh und je Anleitungen zur Falllösung, Bücher zur Technik der Fallbearbeitung und Sammlungen von Fällen mit Lösungen auf allen Rechtsgebieten. Die juristischen Fakultäten reagieren auf das Problem mit Übungen, Arbeitsgemeinschaften und besonderen Lehrveranstaltungen zur Methodik der Fallbearbeitung. Heutzutage dürften auch die meisten Vorlesungen für Anfänger die systematische Darstellung eines Rechtsgebiets mit der Einübung der Umsetzung der abstrakten Aussagen in konkrete Fälle verbinden und den Übungsfall zum wichtigen Bestandteil der Vorlesung machen.

Solche Übungsfälle bleiben aber notwendig skizzenhaft und rudimentär. Die Anleitungsbücher und Fallsammlungen gehen darüber hinaus und bieten vollständig ausformulierte Falllösungen. Allerdings zielen die meisten von ihnen auf Klausuren ab. Das ist verständlich, nicht nur weil der Großteil der Leistungsnachweise an der Universität und regelmäßig mehr als die Hälfte der Anforderungen in der Ersten Juristischen Prüfung aus Klausuren bestehen, sondern auch weil die Klausurlösung am Anfang des Schreibens einer Hausarbeit stehen sollte (vgl. unten S. 4). Nach diesem Anfang muss bei einer Hausarbeit aber noch viel mehr kommen – und das ist in den meisten Anleitungsbüchern und Fallsammlungen kein Thema mehr.

Genau da hilft dieses Buch. Die Hausarbeit, die einen schwierigen Fall unter umfassender Auswertung von Rechtsprechung und Literatur und eingehender Begründung gutachtlich, d.h. unter Berücksichtigung aller vom Sachverhalt und den einschlägigen Rechtsnormen aufgeworfenen Fragen, zu lösen aufgibt, wird zwar heute seltener als früher in der Ersten Juristischen Prüfung verlangt. Aber vor allem im Grund- oder Pflichtfachstudium hat sie auch nach der letzten Reform der Juristenausbildung in den Jahren 2002/2003 ihren festen Platz. Nach den Studienordnungen der meisten juristischen Fakultäten in Deutschland wird eine Anfängerhausarbeit im Öffentlichen Recht nach dem zweiten Semester angeboten. Da zu diesem Zeitpunkt noch kein Verwaltungsrecht gelehrt und gelernt wurde, kann nur das Staatsrecht Gegenstand der Hausarbeit sein. So erklärt sich die thematische Begrenzung dieses Buches.

Wie eine Hausarbeit im Staatsrecht am Ende aussehen soll, erkennt man am besten an einer vollständigen Musterlösung. Neun solcher Musterlösungen aus dem gesamten prüfungsrelevanten Stoff des Staatsrechts einschließlich wichtiger Verfahrensarten des Verfassungsprozessrechts bilden daher den Hauptinhalt dieses Buchs. Es beginnt mit einer Einführung in das Schreiben der Hausarbeit, die neben einer Zusammenfassung der allgemein für die Falllösung zu gebenden Ratschläge sich auf die besonderen Anforderungen der Hausarbeit konzentriert. Auch gute Gedanken sind auf eine passende Präsentation angewiesen. Daher unterbreitet dieses Buch in einem zweiten Abschnitt Richtlinien für die formale Gestaltung der Hausarbeit.

Alle neun Fälle sind in der universitären Praxis erprobt worden (acht von mir in Münster, einer von meinem Kollegen *Thorsten Kingreen* in Regensburg). Zwei Drittel von ihnen sind ursprünglich als Anfängerhausarbeit in den Semesterferien nach dem zweiten Semester, ein Drittel ist leicht abgewandelt als Klausur im Examensklausurenkurs gestellt worden. Die dabei gewonnenen Erfahrungen (einschließlich des einen oder anderen von den Studierenden zusätzlich gefundenen rechtlichen Gesichtspunkts) sind natürlich für diese Veröffentlichung verwertet worden. Sieht man von der fachlichen Vertiefung ab, die allein durch das Studium von Rechtsprechung und Literatur während der mehrwöchigen Bearbeitungszeit für eine Hausarbeit erreicht werden kann, taugen alle Fälle auch zur Vorbereitung auf eine staatsrechtliche Klausur in der Ersten Juristischen Prüfung.

Die Autorin und Autoren der Musterlösungen waren als meine Assistentin bzw. Assistenten schon bei ihrer Verwendung im Prüfungsbetrieb der Fakultät wesentlich beteiligt. Die Überarbeitung für dieses Buch haben sie in eigener Verantwortung vorgenommen. Ich danke ihnen herzlich für ihre Arbeit, besonders weil ich aus eigener Erfahrung weiß, dass es einer gewissen Überwindung bedarf, sich wieder an einen innerlich bereits abgehakten Fall zu setzen. Meiner Sekretärin *Ramona Kleideiter* danke ich sehr für ihre schnelle und sorgfältige Herstellung der Druckvorlage.

Inhaltsverzeichnis

Einführung in das Schreiben der Hausarbeit

von Bernd J. Hartmann

Die **Aufgabe**, die Sie im Rahmen der Hausarbeit zu bewältigen haben, ist einfach **1** beschrieben: Beantworten Sie die Fallfrage gutachtlich! Die Hausarbeit unterscheidet sich insoweit nicht von der Klausur. Die Ihnen aus Vorlesung, Arbeitsgemeinschaft und Klausurvorbereitung bekannten Anforderungen an Aufbau, Stil und Sprache gelten also auch hier. Sie sollen an dieser Stelle nicht komplett wiederholt werden. Der folgende Abschnitt A. fasst aber einige wichtige Vorgaben als Merkposten zusammen.

Im Unterschied zur Klausur sind Sie bei der Bearbeitung von Hausarbeiten nicht auf **2** Sachverhalt, Gesetz und eigenes Wissen beschränkt. Im Gegenteil: Es ist gerade Sinn der Hausarbeit, dass Sie außerdem **Rechtsprechung und Literatur auswerten**. Aus diesem Umstand folgen hausarbeitliche Besonderheiten, zum einen für die Erarbeitung der Falllösung, die unter B. behandelt werden, zum anderen für die Einarbeitung der Quellen, was Gegenstand eines eigenen, folgenden Kapitels „Gestaltungsrichtlinien" ist. Hausarbeiten zielen noch stärker als Klausuren auf die Darstellung und Entscheidung von Meinungsstreitigkeiten. Zum Ende dieser Einleitung unter C. sollen daher einige der dabei auftretenden Fragen Beachtung finden.

A. Leitgedanken zur Fallbearbeitung

Literatur: *Roman J. Brauner/Frank Stollmann/Regina Weiß*, Fälle und Lösungen zum Staatsrecht. **3** Mit Originalklausuren und gutachtlichen Lösungen sowie Erläuterungen, 7. Aufl., Stuttgart u.a. 2003, S. 9–20 (Grundsätzliches zur Fallbearbeitung im Staatsrecht); *Hermann Butzer/Volker Epping*, Arbeitstechnik im Öffentlichen Recht. Vom Sachverhalt zur Lösung. Methodik – Technik – Materialerschließung, 3. Aufl., Stuttgart u.a. 2006; *Dirk Heckmann*, Die Zwischenprüfung im Öffentlichen Recht, München 2006, S. 1–10 (methodische Grundlagen der Klausurbearbeitung im Öffentlichen Recht); *Jörg Lücke/Dieter Kugelmann*, Fälle mit Lösungen für Anfänger im Öffentlichen Recht. Staatsrecht und Methodik, München 2004, S. 1–31 (Methodik der Fallbearbeitung); *Holger Niehaus*, Einleitung, in: Wilfried Schlüter/Holger Niehaus/Ulrich Jan Schröder (Hrsg.), Examensklausurenkurs im Zivil-, Straf- und Öffentlichen Recht, Heidelberg 2009; *Ekkehart Stein*, Die rechtswissenschaftliche Arbeit. Methodische Grundlegung und praktische Tipps, Tübingen 2000, S. 11–44 (allgemeine Methodik der Rechtsanwendung) und S. 56–76 (methodische Besonderheiten des Verfassungsrechts); *Brian Valerius*, Einführung in den Gutachtenstil. 15 Klausuren zum Bürgerlichen Recht, Strafrecht und Öffentlichen Recht, 3. Aufl., Berlin 2009, S. 3–53 (zu Gutachtenstil und Klausurlösung).

Stillehren: *Ludwig Reiners*, Stilkunst. Ein Lehrbuch deutscher Prosa, o. Aufl., München 2004; *Friedrich E. Schnapp*, Stilfibel für Juristen, Münster 2004; *Wolf Schneider*, Deutsch für Kenner, 4. Aufl., München 2008; *Tonio Walter*, Kleine Stilkunde für Juristen, München 2002.

I. Sachverhalt

4   Den Sachverhalt müssen Sie richtig und **vollständig erfassen**. Das versteht sich, weil Sie den gestellten und keinen anderen Sachverhalt bearbeiten sollen. Die mitgeteilten Angaben dürfen Sie daher weder in Frage stellen noch verändern (keine sog. „Sachverhaltsquetsche"). In komplizierten Fällen erscheint es ratsam, für sich selbst – nicht als Teil der Niederschrift – eine Übersicht der Beteiligten oder einen Zeitstrahl der Ereignisse zu fertigen. Unterscheiden Sie Tatsachenangaben und Rechtsansichten! Behalten Sie alle Informationen, die der Aufgabensteller Ihnen mitteilt, im Auge: Grundsätzlich enthält ein Sachverhalt nur, was für die Lösung von Bedeutung ist. Ausnahmen können sich ergeben, wenn mehrere Lösungswege gangbar sind (so dass nicht jede Information für jede Lösung wichtig wird) oder wenn der Aufgabensteller Dinge der Anschaulichkeit halber ausschmückt (colorandi causa). Daraus folgt: Während der Bearbeitung der Aufgabe muss Ihr Blick nicht nur ständig zwischen Lebenssachverhalt und Rechtsnorm „hin- und herwandern", wie *Engisch* es beschrieben hat[1], sondern weiter zum Rechtsgutachten und wieder zurück zum Sachverhalt. Wenn Sie es metaphorisch mögen, können Sie das den „Panoramablick" juristischen Arbeitens nennen.

II. Fallfrage

5   Das **korrekte Verständnis der Fallfrage(n)** ist zentral. Das versteht sich, weil Sie die gestellte und keine andere Fallfrage beantworten sollen. Allgemein gehaltene Fragen („Wie ist die Rechtslage?") sind aufgrund der im Sachverhalt mitgeteilten Tatsachen und der dort ggf. vorgetragenen Rechtsansichten zu konkretisieren. Stellt der Aufgabentext keine Frage ausdrücklich, ist ebenfalls ein Gutachten zur Rechtslage verlangt. Enthält die Aufgabe mehrere Fallfragen, empfiehlt es sich, sie in der gestellten Reihenfolge zu beantworten.

---

1 *Karl Engisch*, Logische Studien zur Gesetzesanwendung, 3. Aufl., Heidelberg 1963, S. 14 f.; *ders.*, Einführung in das juristische Denken, 10. Aufl., Stuttgart 2005, hrsg. von Thomas Würtenberger und Dirk Otto, S. 74 f., Fn. 4.

Ihr Gutachten darf *nicht weniger* behandeln als das, wonach gefragt ist. Sie schreiben **6**
ein Rechtsgutachten, kein Urteil. Erörtern Sie daher alle **relevanten Probleme**, d.h.
alle nach der (Interpretation der) Fallfrage in Betracht kommenden Gesichtspunkte.
Welche Gesichtspunkte in Betracht kommen, ist bisweilen schwierig abzuschätzen.
Auch Prüfer können in dieser Frage verschiedener Ansicht sein. Es ist Teil der Prü-
fungsleistung, dass Sie sich hier festlegen. Jedenfalls auf die im Sachverhalt vorgetragenen Rechtsansichten müssen Sie unbedingt eingehen. Ihr Gutachten darf aber auch
nicht mehr behandeln als das, wonach gefragt ist. Rechtsprobleme, die der Sachverhalt nahelegen mag, ohne dass nach ihnen gefragt ist, bleiben zwingend außen vor. Es
handelt sich regelmäßig um eine Ausgrenzung, die der Aufgabensteller bewusst vorgenommen hat, damit die Lösung nicht zu lang oder zu schwierig wird.

III. Darstellung

Vermeiden Sie unbedingt Wiederholungen! Behandeln Sie eine Frage an der Stelle, **7**
wo sie sich das erste Mal stellt. Wo sie ein zweites Mal relevant wird, **verweisen** Sie
nach oben. Nach unten dürfen Sie nicht verweisen.

Schreiben Sie Ihr Gutachten klar, knapp und konsequent! Setzen Sie die richtigen **8**
Schwerpunkte: Unproblematisches handeln Sie kurz ab, Problematisches länger. Bei
der Entscheidung von Streitfragen gliedern Sie Ihre **Erörterung nach Argumenten**,
nicht nach Autor(ität)en. Sie beginnen in jedem Fall mit dem Wortlaut der Norm
(grammatische Auslegung). Wenn eine Definition, und sei sie seit jeher „herrschend",
gemessen am Wortlaut der Norm erklärungsbedürftig klingt, dann geben Sie diese
Erklärung, und sei sie nur kurz. Warum zum Beispiel die „freie Entfaltung der Persönlichkeit" in Art. 2 Abs. 1 GG die Allgemeine Handlungsfreiheit schützt (und nicht
etwa die „Freiheit der Person" aus Art. 2 Abs. 2 Satz 2 GG), versteht sich nicht von
selbst. Es bedarf der Begründung, warum auch die Berufswahl (und nicht nur die
Berufsausübung) unter dem Vorbehalt des Art. 12 Abs. 1 Satz 2 GG steht, usw. Auf die
grammatischen folgen meist die systematischen Argumente. Die genetischen (= ent-
stehungsgeschichtlichen) sollten vor den historischen (= dogmengeschichtlichen) Gesichtspunkten stehen. Falls die Argumente übereinstimmen, bedarf es – entgegen
gelegentlichem Rat – der methodisch fragwürdigen teleologischen Auslegung nicht
mehr[2].

Selbstverständlich muss Ihre Hausarbeit **sprachlich einwandfrei** verfasst sein. Die **9**
Gerichtssprache ist deutsch (§ 184 Satz 1 GVG), die Sprache für Juristen das Hand-
werkszeug. „Sprachliche Schnitzer, Rechtschreib- und Zeichensetzungsmängel" können Ihre Arbeit „mangelhaft" machen[3]. Daher sollten Sie (am besten aus Anlass dieser
Hausarbeit, jedenfalls aber im Laufe des Studiums) eine der oben in Rn. 3 nachgewiesenen Stillehren durcharbeiten. Speziell an Juristen richten sich *Schnapp* und

---

2 Zur teleologischen Auslegung *Hans-Martin Pawlowski*, Einführung in die Juristische Methodenlehre,
   2. Aufl., Heidelberg 2000, Rn. 163a; zur Kritik *Friedrich Müller/Ralph Christensen*, Juristische Methodik,
   Bd. I: Grundlegung für die Arbeitsmethoden der Rechtspraxis, 10. Aufl., Berlin 2009, Rn. 364.
3 Vgl. VGH Mannheim, NJW 1988, S. 2633 (2633 f.); OVG Münster, NVWBl. 1995, S. 225 (229).

Walter. Allgemein lohnen die in verschiedenen Ausgaben und Auflagen vertriebenen Stillehren des Journalisten *Schneider*, vor allem Deutsch für Kenner. Als Standardwerk gilt noch immer *Reiners*, Stilkunst, mit der entscheidenden Einsicht *Nietzsches* als Motto: „Den Stil verbessern – das heißt den Gedanken verbessern, und gar Nichts weiter!"[4]

B. Besonderheiten der Hausarbeit

10   **Literatur:** *Lisa Kosman*, Wie schreibe ich juristische Hausarbeiten. Leitfaden zum kleinen, großen und Seminarschein, 2. Aufl., Berlin 1997; *Thomas M. J. Möllers*, Juristische Arbeitstechnik und wissenschaftliches Arbeiten. Klausur, Hausarbeit, Seminararbeit, Staatsexamen, Dissertation, 5. Aufl., München 2010; *Roland Schimmel*, Juristische Klausuren und Hausarbeiten richtig formulieren, 8. Aufl., Köln 2009; *Friedrich Schoch*, Übungen im Öffentlichen Recht I. Verfassungsrecht und Verfassungsprozeßrecht, Berlin u.a. 2000, S. 87–98 (zu den zusätzlichen Anforderungen der Hausarbeit); *Gunther Schwerdtfeger*, Öffentliches Recht in der Fallbearbeitung, 13. Aufl., München 2008, S. 399–402 (zu den Formalia); *Jutta Stender-Vorwachs*, Prüfungstraining Staats- und Verwaltungsrecht. Methodik und Fallbearbeitung, 4. Aufl., Neuwied 2003; *Peter J. Tettinger/Thomas Mann*, Einführung in die juristische Arbeitstechnik. Klausuren-, Haus- und Seminararbeiten, Dissertationen, 4. Aufl., München 2009, S. 179–204.

I. Lösungsskizze

11   Die erste Besonderheit, die bei der Lösung einer Hausarbeit auftritt, ist keine: Wie bei der Klausur empfiehlt es sich dringend, zunächst eine Lösungsskizze zu fertigen. Dafür sollten Sie nur auf den Sachverhalt, das Gesetz und **im Kopf präsentes Wissen** zurückgreifen. Lesen Sie den Sachverhalt so oft wie nötig, um ihn vollständig zu verinnerlichen. Schon bei der ersten Lektüre sollten Sie sich die Einfälle, die Sie haben, notieren. Gliedern Sie dann eine erste Lösung, wie Sie es aus der Klausur gewohnt sind: als Skizze aus Stichworten. Je nach der Komplexität der Aufgabe und dem Maß Ihres präsenten Wissens kann es sehr wohl sein, dass Sie den ganzen Tag damit verbringen werden.

II. Problemsammlung

12   In einem zweiten Schritt konsultieren Sie die einschlägigen **Lehrbücher**. Sie beginnen mit dem Buch, das Sie zur Vor- und Nachbereitung der Vorlesung ohnehin durchgearbeitet haben, und lesen dort alle Passagen, die Ihren Sachverhalt betreffen, genau. Während Sie Ihr Wissen auf diese Weise aktualisieren und vertiefen, schreiben Sie Ihre Gliederung fort: Möglicherweise hatten Sie bestimmte Zusammenhänge nicht vollständig in Erinnerung, fallen Ihnen bei der Lehrbuchlektüre neue Streitigkeiten auf oder erweisen sich Fragen bei näherem Hinsehen doch nicht als problematisch. Passen Sie Ihre Lösungsskizze dem Erkenntnisfortschritt an! Es genügt, ein Problem

---

4   *Friedrich Nietzsche*, Sämtliche Werke, hrsg. von Giorgio Colli und Mazzino Montinari, Bd. 2: Menschliches, Allzumenschliches I und II, 2. Aufl. 1988, S. 610.

stichwortartig festzuhalten, ergänzt um einen Verweis auf die Stelle im Lehrbuch, welche die Vertreter der Ansicht und ihre Argumente nennt. Anschließend konsultieren Sie die übrigen gängigen Lehrbücher, das aktuellste zuerst, veraltete gar nicht.

Vervollständigen Sie Ihre Problemsammlung, indem Sie mit den einschlägigen **Kommentaren** verfahren wie für die Lehrbücher beschrieben. Die Kommentare ziehen Sie erst jetzt heran, weil Lehrbücher die Strukturen und Zusammenhänge in den Vordergrund stellen, die Sie zuerst verinnerlichen müssen. Kommentare dagegen verzeichnen und bewerten auch Einzelfälle und ihre Entscheidungen, die Sie jetzt besser in den größeren Zusammenhang einordnen können. Schließlich sollten Sie noch die elektronischen **Datenbanken** (beck online, juris, Kuselit, LexisNexis) und die aktuellen Ausgaben der Zeitschrift KJB konsultieren. So stoßen Sie auch auf aktuelle Veröffentlichungen, welche die Lehrbücher und Kommentare noch nicht berücksichtigen konnten. **13**

Sie sind an einem wichtigen Zwischenziel Ihrer Lösung angelangt: Sie haben alle relevanten Probleme, insbesondere die ausschlaggebenden Meinungsstreitigkeiten, beieinander und damit zugleich die „**Weichenstellungen**" identifiziert, an denen Sie sich entscheiden müssen. **14**

III. Streitentscheid

Für welche Ansicht Sie sich entscheiden, hängt allein von der Güte der Argumente ab. Daher folgt der Problemsammlung die **Argumentensammlung**. Dazu kehren Sie zu den Lehrbuch- und Kommentarstellen, die Sie sich notiert haben, zurück und konsultieren erst jetzt die dort nachgewiesenen Entscheidungen der Gerichte und Beiträge der Lehre. Bei den meisten Streitigkeiten dürfte es genügen, Lehrbücher, Kommentare, Rechtsprechung und Aufsätze heranzuziehen. Anders als manche Studierende meinen, ist es nicht stets erforderlich, auch Dissertationen, Habilitationen und andere Monographien zu berücksichtigen. **15**

Für den Streitentscheid spielt es keine Rolle, welchen Rang (welche Autorität) die Person oder die Institution, die ein Argument vorträgt, genießt. Für Übungsarbeiten an der Hochschule zählt das Bundesverfassungsgericht genauso viel wie jede Literaturstimme. Sie müssen auch nicht Ihrem Dozenten folgen. Sie dürfen sich nicht deshalb für eine Ansicht entscheiden, weil Sie so Folgeprobleme vermeiden oder aufwerfen. Falls es sich um Folgeprobleme handelt, nach denen gefragt ist, müssen Sie diese Probleme ohnehin behandeln, gegebenenfalls hilfsgutachtlich. Ein **Hilfsgutachten** ist schon bei Klausuren nicht anrüchig[5]. Bei Hausarbeiten gilt dies erst recht, weil hier regelmäßig eine Mehrzahl von Rechtsfragen gesteigerter Schwierigkeit Gegenstand ist. Der gelegentlich erteilte Rat, Hilfsgutachten zu vermeiden, trifft nur insoweit zu, als dass die Ersteller des Sachverhalts ein Hilfsgutachten in ihren eigenen Lösungshinweisen selten von vornherein vorsehen, sondern einen Lösungsweg befürworten, der ohne Hilfsgutachten auskommt. Weil es in Universitätsprüfungen nicht um das **16**

---

5 Strenger *Friedrich E. Schnapp*, Wann und warum fertigt man ein Hilfsgutachten?, JuS 1998, S. 420 ff.

Ergebnis (der Lösungsskizze) geht, sondern die Qualität Ihrer Argumentation im Vordergrund steht, kann ich Ihnen nur raten, lieber ein gut begründetes Hilfsgutachten einzureichen als eine schlecht begründete Ausarbeitung ohne Hilfsgutachten.

17 Nachdem Sie Ihre Gliederung mit den Argumenten angereichert und entsprechend Ihrer Streitentscheide fortentwickelt haben, lohnt es sich, den Sachverhalt ein weiteres Mal genau zu lesen. Dabei sollten Sie sich für jede Tatsache und für jede Rechtsansicht in Erinnerung rufen, an welcher Stelle Ihrer Lösung diese Information aufscheint **(Konkordanz)**. Dass relevante Informationen aus dem Sachverhalt in Ihrer Bearbeitung fehlen, darf grundsätzlich nicht sein (oben Rn. 4).

C. Darstellung von Meinungsstreitigkeiten

I. Grundfall

18 Ausgangspunkt ist der **Syllogismus**, wie Sie ihn für Tatbestandsmerkmale verwenden, über deren Verständnis Einigkeit besteht. In diesem Fall nennen Sie das Tatbestandsmerkmal und seine Definition, subsumieren den Sachverhalt und halten als Ergebnis fest, dass das Tatbestandsmerkmal erfüllt ist (im Schema unten in Rn. 21 ist das die Konstellation A). Bei einfachen Subsumtionen können Sie diesen Dreischritt auf eine Apposition verkürzen: „B, ein Deutscher, müsste einen Beruf ausüben." Sollte die Subsumtion schwierig sein oder sollten Sie (Konstellation B) die Definition erst herleiten müssen, wachsen Ihre Ausführungen entsprechend im Umfang. Am anspruchsvollsten ist die Darstellung, wenn die Definition (heute noch) umstritten ist. Dann haben Sie zwei Möglichkeiten, die Meinungsstreitigkeit darzustellen: die eine eher sachverhaltsbezogen, die andere eher rechtsfragenorientiert.

II. Sachverhaltsbezogene Darstellung

19 Die Anleitungen zur Technik der Falllösung enthalten regelmäßig den Hinweis, dass Sie Stellung **nur** zu solchen **Streitfragen** nehmen sollen, die für die **Entscheidung des Falls erheblich** sind[6]. Dieser Hinweis legt den sachverhaltsbezogenen Aufbau nahe. Dabei gehen Sie wie folgt vor: Sie nennen das Tatbestandsmerkmal, um das es geht, und weisen darauf hin, dass gestritten werde, wie dieses Merkmal zu definieren sei. Anschließend nennen Sie die Definition der ersten Ansicht, subsumieren den Sachverhalt unter diese Definition und halten das Ergebnis fest. Ebenso verfahren Sie mit der zweiten Ansicht. Kommen beide Meinungen zum selben Ergebnis, stellen Sie fest, dass ein Streitentscheid entbehrlich ist (Konstellation C des Schemas in Rn. 21). Kommen die beiden Meinungen zu verschiedenen Ergebnissen, müssen Sie den Streit entscheiden (Konstellation D). Dazu legen Sie das Tatbestandsmerkmal wie gewohnt (grammatisch, systematisch, genetisch, historisch und – zur Not – auch teleologisch, oben Rn. 8) aus. So gegliedert erscheinen die Argumente, die Sie gesammelt haben,

---

6 *Butzer/Epping*, Arbeitstechnik im Öffentlichen Recht, 3. Aufl. 2006, S. 75; *Niehaus*, in: Schlüter/Niehaus/Schröder (Hrsg.), Examensklausurenkurs, 2009, S. 1 (10).

ggf. ergänzt um eigene Gedanken. Aus Ihrer Auslegung folgt, wie der Streit zu entscheiden ist. Steht Ihr Ergebnis fest, dürfen Sie die Subsumtion von oben nicht wiederholen. Es genügt, wenn Sie mit dem Hinweis schließen, welcher Ansicht nach alledem zu folgen sei und dass das Tatbestandsmerkmal deshalb (nicht) vorliege.

Konkurrieren nicht nur zwei, sondern **mehrere Ansichten** um das richtige Verständnis **20** des Tatbestandsmerkmals, nehmen Sie die weiteren Ansichten nach der Darstellung der zweiten Meinung auf, jeweils wieder nur Definition und Subsumtion. Sie brauchen den Streit auch dann nur insoweit zu entscheiden, wie die Meinungen zu unterschiedlichen Ergebnissen kommen. Soweit Meinungen zum selben Ergebnis führen, bleibt also auch hier offen, welche Rechtsansicht zutrifft.

Schema sachverhaltsbezogener Darstellung **21**

I. Einleitungssatz (Prüfprogramm)

II. Obersatz (Voraussetzung)

III. Untersatz (Definition und Subsumtion)
   Unterscheide vier verschiedene Konstellationen:

A *Definition unstreitig und selbstverständlich*	*B* *Definition unstreitig, aber erklärungsbedürftig*	*C* *Definition streitig, Streit im Fall unerheblich*	*D* *Definition streitig, Streit im Fall erheblich*
1. Definition nennen	1. Tatbestandsmerkmal auslegen	1. Definition der e.A. nennen + Fall subsumieren + Ergebnis festhalten	
	2. Definition festhalten	2. Definition der a.A. nennen + Fall subsumieren + Ergebnis festhalten	
2. Fall subsumieren	3. Fall subsumieren	3. Streit unentschieden lassen, da Ergebnisse gleich. Formulierung z.B.: *„Die verschiedenen Ansichten kommen vorliegend also zum selben Ergebnis. Welcher Ansicht zu folgen ist, kann daher offen bleiben."*	3. Streitentscheid durch Auslegung, da Ergebnisse unterschiedlich. Formulierung z.B.: *„Welcher Ansicht zu folgen ist, ergibt die Auslegung des Tatbestandsmerkmals [X]. Der Wortlaut spricht ... Die Systematik ..."*

IV. Schlusssatz

III. Rechtsfragenbezogene Darstellung

22 Der rechtsfragenbezogene Aufbau beginnt ebenfalls mit der Nennung des Tatbestandsmerkmals und dem Hinweis, dass umstritten sei, was dieses Merkmal bedeute. Anschließend nennen Sie aber nicht die konkurrierenden Definitionen und subsumieren auch nicht darunter. Vielmehr beginnen Sie sogleich mit der Auslegung der Norm. Auf diese Weise klären Sie zunächst abstrakt, d.h. ohne Bezug auf den konkreten, Ihnen gestellten Fall, **welche Rechtsansicht zutrifft**. Anschließend subsumieren Sie nur ein Mal, eben unter die eine, von Ihnen als zutreffend identifizierte Auffassung. Konkurrieren mehr als zwei Auffassungen, verfahren Sie ebenso. Die Darstellung der Argumente erfolgt wie stets entlang des Auslegungskanons.

23 Der rechtsfragenbezogene Aufbau vermeidet die als „hölzern" geltende Darstellung nach dem Muster: „1. Auffassung des BVerfG"/„2. Auffassung des BVerwG"/ „3. Auffassung der Lehre"/„4. Streitentscheid"[7]. Er erlaubt Ihnen, bei den **Sachargumenten** zu einem Rechtsproblem anzusetzen, zunächst mit eigenen Worten die abzulehnende Auffassung vorzutragen, dann die Gegenargumente zu formulieren und schließlich die zutreffende Auffassung samt ihrer Vorzüge vorzustellen. Bei mehr als zwei Auffassungen schildern Sie zunächst alle abzulehnenden Auffassungen. Die überzeugende Ansicht folgt wieder zuletzt.

IV. Vor- und Nachteile der beiden Darstellungsformen

24 Beide Darstellungsformen können in einem gewissen Sinn **„unökonomische" Ausführungen** produzieren, d.h. Ausführungen zu Fragen, auf die es „im Ergebnis" nicht ankommt. Bei der rechtsfragenbezogenen Darstellung kommt es vor, dass Sie – vielleicht unter hohem argumentativen Aufwand – Rechtsfragen entscheiden, obwohl die konkurrierenden Ansichten in Ihrem Fall zum selben Ergebnis kommen. Dass die Ansichten zum selben Ergebnis kommen, bemerken Sie dabei nicht ein Mal unbedingt; jedenfalls findet dieser Befund keinen Eingang in Ihre Darstellung.

25 Bei der sachverhaltsbezogenen Darstellung passiert es regelmäßig, dass Sie unter Rechtsansichten subsumieren, denen Sie nicht folgen werden. In der Regel ist eine Subsumtion unter eine gegebene Definition schneller vollbracht als die Entscheidung einer Streitigkeit, so dass die sachverhaltsbezogene Darstellung in dem beschriebenen Sinn insgesamt „ökonomischer" erscheint als der rechtsfragenbezogene Aufbau. Andererseits steht bei einem zu Ausbildungszwecken erstatteten Gutachten die Arbeitsökonomie weniger im Vordergrund als bei der praktischen Arbeit und sollen Sie im universitären Gutachten gerade vorführen, dass Sie **auf strittige Rechtsfragen eine Antwort finden** können.

---

7 *Schoch*, Übungen, S. 91; ebenso *Tettinger*, Juristische Arbeitstechnik, S. 193; *Schwerdtfeger*, Öffentliches Recht, Rn. 838.

Gestaltungsrichtlinien

von Bernd J. Hartmann

A. Allgemeines

Die folgenden Gestaltungsrichtlinien haben sich bewährt. Sie beruhen auf Emp- **1** fehlungen, welche die Münsteraner Hochschullehrer des Öffentlichen Rechts für Seminararbeiten verabredet haben. Ergänzungen stammen aus den Anleitungen von *Butzer/Epping* und *Schoch*[1]. Soweit Ihr Dozent keine abweichenden Vorgaben macht, rate ich Ihnen daher dringend, die folgenden Hinweise zu beherzigen. Verstoßen Sie gegen Formvorgaben, ist der Prüfer berechtigt, **Punktabzüge** vorzunehmen[2].

Ihre Hausarbeit entsteht am Computer. Die Textverarbeitungsprogramme bieten zahl- **2** reiche Möglichkeiten, das Aussehen von Texten zu verändern. Wählen Sie eine **übersichtliche, einheitliche und sachliche Gestaltung**! Der Zeilenabstand beträgt 1,5 Zeilen, die Schriftgröße 12pt, und der Zeichenabstand bleibt normal wie in diesem Text (also weder gesperrter noch gedrängter Druck). Die Blätter Ihrer Hausarbeit beschreiben Sie bitte nur einseitig. Jede Seite trägt eine (fortlaufende arabische) Sei-

---

1 *Hermann Butzer/Volker Epping*, Arbeitstechnik im Öffentlichen Recht. Vom Sachverhalt zur Lösung. Methodik – Technik – Materialerschließung, 3. Aufl., Stuttgart u.a. 2006; *Friedrich Schoch*, Übungen im Öffentlichen Recht I. Verfassungsrecht und Verfassungsprozeßrecht, Berlin u.a. 2000.
2 VGH München, NJW 1988, S. 2632 (2633).

tenzahl, am besten unten rechts. Am Rand der Seite befindet sich ein Korrekturabstand von 7 cm, am besten – entgegen gelegentlichem Rat – rechts: Die meisten Korrekturkräfte sind Rechtshänder und können so Ihren Text, auf den sie sich beziehen, bei der Niederschrift der Korrekturbemerkung im Blick behalten. Vorzugswürdig ist, um „Flatterrand" zu vermeiden, der Blocksatz (mit Silbentrennung).

3   Die Hausarbeit besteht in dieser Reihenfolge aus folgenden **Abschnitten**:
1. Deckblatt
2. Gliederung
3. ggf. Abkürzungsverzeichnis
4. Sachverhalt
5. Gutachten
6. Unterschrift
7. Literaturverzeichnis

4   Das **Literaturverzeichnis** steht hier, abweichend von anderen Anleitungen, am Ende, weil es Ihre Ausarbeitung nur ergänzt und bloß bei Bedarf konsultiert wird. Eine Hausarbeit ist keine Fleißarbeit (jedenfalls nicht primär). Der hier vorgeschlagene Standort ist auch in rechtswissenschaftlichen Monografien üblich.

B. Deckblatt

5   Das Deckblatt sollte folgende Angaben enthalten:

Vorname Name	Ort, Datum der Abgabe
Adresse	
Studienfach	
Fachsemester	
Matrikelnummer	

Titel der Lehrveranstaltung (z.B. Staatsrecht I)
Semester (z.B. Wintersemester 2011/12)
Dozent (z.B. Professor Dr. iur. Dr. rer. pol. Dr. h.c. mult. Vorname Name)
Hausarbeit

C. Gliederung

6   Die Gliederung offenbart die **Struktur Ihrer Argumentation**. Gehen Sie also davon aus, dass der Korrektor mit der Gliederung mehr Zeit verbringen wird als mit jeder anderen Seite Ihrer Hausarbeit. Es mag Ihnen die Arbeit erleichtern, wenn Sie in Ihrem Textverarbeitungsprogramm die Ansicht so einstellen, dass Sie die Dokumentstruktur stets im Blick behalten. Weil die Gliederung zugleich als Inhaltsangabe dient, folgt jedem Gliederungspunkt die Zahl jener Seite, auf der die Überschrift im Fließtext erscheint.

7   Die einzelnen Gliederungspunkte formulieren Sie als **knappe Überschriften**, nicht als vollständige Sätze, wörtliche Zitate oder direkte Fragen. Ihre Überschrift kenn-

zeichnet den wesentlichen Inhalt der folgenden Passage schlagwortartig und präzise. Verwenden Sie die übliche alpha-numerische Klassifikation, auch wenn sie unstimmig ist (auf den Ebenen eins und zwei stehen Buchstaben vor Zahlen, auf den Ebenen drei und vier ist es umgekehrt):

```
A. . . . (Teile)
    I. . . . (Kapitel)
        1. . . . (Abschnitt)
            a) . . . (Unterabschnitt)
                aa) . . . (Absatz)
                bb) ...
            b) ...
        2. ...
    II. ...
B.
```
8

Falls Ihnen mehrere Fragen gestellt sind, bilden diese eine eigene Gliederungsebene **9** oberhalb der Ebene „A.", „B." usw. Im rechtswissenschaftlichen Gutachten darf, anders als in anderen Disziplinen, keine **Gliederungsebene** nur eine Einheit enthalten („Wer A sagt, muss auch B sagen."). Mehr als fünf oder sechs Gliederungsebenen sollten Sie für Ihre Hausarbeit nicht benötigen. Weitere Unterteilungen kommen ohne Gliederungspunkte und Zwischenüberschriften aus. Stattdessen heben Sie sie sprachlich hervor, durch Formulierungen wie „Einerseits ... Andererseits", „Zum Ersten ... Zum Zweiten ... Zum Dritten ..." usw.

D. Abkürzungsverzeichnis

Hausarbeiten benötigen nur dann ein Abkürzungsverzeichnis, wenn es ausdrücklich **10** verlangt wird. Das ist **selten**. Die allgemein üblichen Abkürzungen, wie sie *Hildebert Kirchner* in seiner Sammlung „Abkürzungsverzeichnis der Rechtssprache" (6. Aufl., Berlin 2008) verzeichnet, können Sie ohne Weiteres verwenden.

E. Sachverhalt

Butzer/Epping empfehlen, den Sachverhalt auch dann selbst abzuschreiben, wenn der **11** Dozent ihn auf seiner Website zum Download veröffentlicht hat. Das soll Ihnen helfen, den Text zu **verinnerlichen**[3].

---

3 *Butzer/Epping*, Arbeitstechnik, S. 80.

F. Gutachten

I. Zitierweise

1. Quellen

12 Fremde Gedanken, Ideen und Ansichten müssen Sie als solche kennzeichnen: Sie wollen sich nicht mit **fremden Federn** schmücken. Der Umfang und das Ausmaß der Zitate hängen allein davon ab, welche Quellen Sie verarbeitet und verwendet haben. Diese Quellen müssen Sie zitieren.

13 Wörtliche Zitate sind, wenn überhaupt, allenfalls sparsam zu verwenden. Bei der Auseinandersetzung mit Streitigkeiten aus Rechtsprechung und Schrifttum erscheint es so gut wie immer vorzugswürdig, die Ansichten ihrer Substanz nach in **indirekter Rede** oder mit eigenen Worten wiederzugeben. Für ein direktes Zitat kommen nur besonders prägnante, möglichst kurze Wendungen in Frage, etwa

> Das Bundesverfassungsgericht, als „Hüter der Verfassung"[1] apostrophiert, …

14 Schreiben Sie bitte nur auf, was Sie **selbst nachvollziehen** konnten. Ein verbreiteter Fehler ist es, fremde Aussagen im Vertrauen darauf zu kopieren, dass der kundige Korrektor die Passage schon richtig verstehen werde. Aber: Wenn Sie selbst nicht verstanden haben, was gemeint ist, verwickeln Sie sich allzu leicht in Widersprüche. Aus Widersprüchen folgt alles und nichts; als logische Fehler gehören sie zu den schwersten Entgleisungen, die Ihnen unterlaufen können.

15 Vorsicht: Ihre Zitate können **nur Rechtsauffassungen** belegen, nicht aber Subsumtionsergebnisse, weil die zitierte Quelle kaum genau den Sachverhalt betrifft, den Sie zu bearbeiten haben. Falsch ist daher:

> Das Urteil verletzt das allgemeine Persönlichkeitsrecht des S.[1]
> [1] BVerfGE 114, 339 (346).

16 Grundsätzlich ist die **Primärquelle** zu zitieren. Ein Sekundärzitat ist nur erlaubt, wenn die Primärquelle nicht verfügbar oder unzugänglich ist. Dann tritt zu dem Zitat der Primärquelle der Hinweis „zit. nach", samt Angabe der Sekundärquelle. Ausnahmslos unzulässig sind sog. Blindzitate: Sie müssen alle Quellen, die Sie zitieren, selbst eingesehen haben. Nur so können Sie überprüfen, ob dort auch steht, wofür die Quelle andernorts in Anspruch genommen wurde.

2. Fußnoten

17 Die Fußnoten müssen denselben Seitenrand aufweisen wie der Rest der Seite. Sie können sich in der **Textgestaltung** durch einen Zwischenraum oder durch einen Fußnotentrennstrich vom Fließtext abheben, stehen in einer geringeren Schriftgröße von 10 pt im einzeiligen Zeilenabstand und werden fortlaufend arabisch nummeriert.

18 Die Fußnote beginnt mit einem Großbuchstaben (außer bei kleingeschriebenen Namensbestandteilen wie „von") und endet mit einem Punkt. Enthält die Fußnote **mehrere Quellen**, sind diese jeweils mit einem Semikolon zu trennen. Dabei steht die

Rechtsprechung vor der Literatur. Gerichte ordnen Sie absteigend hierarchisch, d.h. BVerfG vor BVerwG. Gerichte derselben Stufe ordnen sie aufsteigend alphabetisch, d.h. OVG Koblenz vor OVG Münster, aber OVG Nordrhein-Westfalen vor OVG Rheinland-Pfalz. Mehrere Entscheidungen desselben Gerichts nennen Sie am besten – der Praxis des Bundesverfassungsgerichts folgend – in chronologischer Reihenfolge, das älteste Judikat zuerst. Literaturnachweise nennen den Autor, bei mehreren Autoren wieder aufsteigend alphabetisch (*Achterberg* vor *Zippelius*) und bei mehreren Beiträgen eines Autors wieder aufsteigend chronologisch geordnet. Namen der Autoren sollten im Kursivdruck, Namen der Herausgeber und – abweichend vom Satzspiegel diverser Fachzeitschriften – Bezeichnungen der Gerichte dagegen im geraden Satz stehen.

3. Zitatform

Zitate dienen der Quellenangabe. Die Zitate in den Fußnoten einer Hausarbeit haben die Aufgabe, die **Aussagen** des Fließtextes zu **belegen**. Weiterführende Rechtsausführungen oder Sachaussagen sind in Hausarbeiten an dieser Stelle unangebracht. Sind sie wichtig, gehören sie in den Fließtext, sind sie unwichtig, in den Papierkorb. Selbstverständlichkeiten sind ebenso wenig nachzuweisen[4] wie der Gesetzestext. **19**

Weil Ihre Arbeit über ein Literaturverzeichnis verfügt, verwenden Sie in den Fußnoten **Kurzbelege**: Zitierte Quellen erscheinen nur mit dem Nachnamen des Autors und der Zitatstelle. Bei Büchern können Sie ein Stichwort aus dem Buchtitel hinzunehmen. Sie müssen es bei mehreren Büchern desselben Autors. Der (abgekürzte) Vorname erscheint nur, wenn Sie den Autor von anderen Autoren gleichen Namens unterscheiden müssen. **20**

Kommentare werden mit Bearbeiter, Herausgeber, abgekürztem Sachtitel, Vorschrift und Randnummer (hilfsweise Anmerkung) zitiert. Beispiel: **21**

> [1] *Höfling*, in: Sachs, GG, Art. 1 Rn. 1.

Lehrbücher und Monographien werden üblicherweise nach Verfassername und Randnummer (nur wo diese fehlen, tritt an ihre Stelle die Seitenzahl) zitiert; daneben ist die Angabe des Titels in Kurzfassung erwünscht. Gehen Randnummern über mehr als eine Seite, können Sie die Seite in Klammern ergänzen. Beispiel: **22**

> [1] *Degenhart*, Staatsrecht I, Rn. 630 (S. 225).

Bei **Aufsätzen und Festschriftbeiträgen** genügt die Angabe des Verfassernamens und der Zitatseite. Beispiel: **23**

> [1] *Bryde*, FS von Arnim, S. 685; *Jestaedt*, JuS 2004, S. 650.

---

4 In meinem Aufsatz NJW 2006, S. 1390 ff. hätte ich daher auf Fn. 1 besser verzichten sollen.

24   Bei **Entscheidungen** ist zunächst die Anfangsseite anzuführen (weil sich diese Information, anders als bei Aufsätzen und Festschriftbeiträgen, nicht aus dem Literaturverzeichnis ergibt, siehe unten Rn. 31), gefolgt von der Seite, auf die sich das Zitat bezieht (in runde Klammern gesetzt oder abgetrennt durch Komma oder Schrägstrich). Bei Rechtsprechung, die auf Papier publiziert ist, müssen das Datum und das Aktenzeichen nicht mit angegeben werden. Ist eine Entscheidung in der amtlichen Sammlung veröffentlicht, zitieren Sie diese anstelle der Fachzeitschriften. Ist eine Entscheidung in einer Fachzeitschrift erschienen, zitieren Sie diese anstelle einer Onlinequelle (www.bverfg.de; beck-online, juris, LexisNexis). Beispiel:

> [1]   BVerfGE 96, 231 (244); BVerwG, NJW 2007, S. 140 (140); VG Münster,
> Urteil vom 3. Juni 2003 – 5 K 2956/99, Rn. 32, juris.

25   **Auslassungen** in wörtlichen Zitaten werden durch drei in eckige Klammern gesetzte Punkte angezeigt: „[…]“. Bei Auslassungen zu Beginn und am Ende eines direkten Zitats stehen diese Auslassungspunkte nicht; dies gilt auch, soweit ein Zitat unmittelbar in den eigenen Text eingebaut und dabei Anfang oder Ende des zitierten Satzes weggelassen werden. Textauszüge oder Verkürzungen dürfen nicht so gefasst sein, dass die Gefahr einer Verfälschung der Argumentation des zitierten Autors besteht.

26   Notwendige Zusätze oder grammatikalische **Ergänzungen**, die Sie dem zitierten Original beigeben möchten, stehen gleichfalls in eckigen Klammern. Eigene Hervorhebungen im Zitat (z.B. durch Kursivdruck) oder der Normaldruck von Passagen, die im Original hervorgehoben waren, müssen gekennzeichnet werden, am besten durch einen Hinweis in der Fußnote („dort ohne/mit/mit anderen Hervorhebungen“). Ansonsten ist in wörtlichen Zitaten buchstaben- und zeichengetreu zu zitieren, selbst wenn der zitierte Text Rechtschreibfehler oder eine veraltete Schreibweise aufweist. Um eine Zurechnung zu vermeiden, können Sie solche Stellen mit „[sic!]“ oder „[!]“ kennzeichnen. Das Nietzsche-Zitat aus der Einführung (Rn. 9) lässt sich also auch so wiedergeben:

> „Den Stil verbessern – das heißt [sic!] den Gedanken verbessern, und gar Nichts [sic!]
> weiter!“

Die Verlage folgen dieser Regel aus technischen Gründen häufig, wie auch in diesem Buch, nicht.

4. Fußnotenzeichen

27   Die **Stellung** des Fußnotenzeichens hängt davon ab, auf welchen Teil des Satzes die Quellenangabe sich bezieht. Fußnotenzeichen gehören unmittelbar hinter das Wort oder die Wortgruppe, dem/der es gilt, also noch vor ein Satzzeichen, das möglicherweise folgt. Nur wenn sich die Fußnote auf den ganzen Satz bezieht, steht die Fußnotennummer nach dem Satzzeichen. Beispiel:

... wie schon der Staatsgerichtshof für das Deutsche Reich entschieden hat[1], ...

aber

So hat schon der Staatsgerichtshof entschieden.[1]

II. Unterschrift

Es ist üblich, dass Sie Ihr Rechtsgutachten mit der Versicherung beschließen, keine **28** anderen als die angegebenen Hilfsmittel verwendet zu haben. Manche Prüfungsordnungen schreiben diese **Versicherung** sogar vor. In jedem Fall müssen Sie die Ausarbeitung eigenhändig unterschreiben, und zwar entweder mit Ihrem Namen oder, wenn der Leistungsnachweis anonym zu erbringen ist, mit Matrikelnummer oder Kennziffer.

G. Literaturverzeichnis

I. Hinweise zur Literaturverarbeitung

Lehrbücher und Kommentare sind in der jeweils **aktuellen Auflage** zu verwenden. **29** Altauflagen müssen angegeben werden, wenn Sie sie für die Ausarbeitung benötigen, etwa weil Sie daraus eine Position übernehmen wollen, die in der Neuauflage nicht mehr vorkommt (wegen eines Bearbeiterwechsels oder aufgrund besserer Einsicht des Autors).

Skripten gelten als nicht zitierfähig, gleichgültig, ob sie von Repetitorien, Professoren **30** oder deren Mitarbeitern stammen. Ich selbst wäre weniger streng: Bevor ich mich mit einem fremden, nur dort veröffentlichten Gedanken schmückte, würde ich das **Skript** lieber nennen. Die Frage hat aber kaum praktische Bedeutung, weil Skripte selten Originelles enthalten.

II. Regeln zur Anfertigung des Literaturverzeichnisses

Das Literaturverzeichnis enthält **alle zitierten Quellen**. Nicht zur Literatur und damit **31** nicht in das Literaturverzeichnis gehören Gesetze, Gesetzesmaterialien und Gerichtsentscheidungen. Auch Internetadressen werden hier nicht aufgeführt.

Die Quellen ordnen Sie **alphabetisch nach Namen**. Unzweckmäßig und daher über **32** holt ist eine Unterteilung nach Gattungen (Kommentare vor Lehrbüchern etc.). Zitieren Sie mehrere Werke desselben Verfassers, ordnen Sie die Werke chronologisch, den ältesten Beitrag nennen Sie zuerst.

Die Verfasser sollten generell mit Vor-und Zunamen benannt werden. Unverzichtbar **33** ist die Angabe des Vornamens im Fall von Verwechslungsgefahr. Insbesondere müssen Sie auf die korrekte Schreibweise der Namen achten (*Degenhart*, nicht: *Degenhardt*; *Schlink*, nicht: *Schlinck*). Titel und Berufsbezeichnungen lassen Sie außen vor, eben weil nur das Argument und nicht die Autorität seines Autors zählt. Bei mehr als drei

Herausgebern (oder Bearbeitern) genügt es, den ersten Herausgeber (oder Bearbeiter) aufzuführen, versehen mit dem Zusatz „u.a.". Die **Namen der Autoren**, nicht aber die der Herausgeber, sollten Sie durch die drucktechnische Gestaltung oder die Wahl der Schrift von den sonstigen Angaben abheben, am besten durch Kursivdruck. Den genauen Titel eines Werkes entnehmen Sie nicht dem Einband, sondern der Titelseite im Buch: Der Umschlag nennt bisweilen einen verkürzten Titel. Bei mehr als einem Erscheinungsort genügt es, den ersten Ort aufzuführen, gefolgt von dem Hinweis „u.a." (nicht: „usw."). Enthält das Buch keine Ortsangabe, ist „o.O." (ohne Ort) zu vermerken. So machen Sie kenntlich, dass Sie die Ortsangabe zu übernehmen nicht vergessen haben.

34 Der **Titel des Werks** ist vollständig anzugeben. Untertitel sind entbehrlich, können aber bei Bedeutung für das Thema ergänzt werden, abgesetzt durch den (langen) Gedanken-, nicht so gerne durch den (kurzen) Bindestrich. Bei Lehrbüchern, Kommentaren und Monographien sind zudem die Angabe des Erscheinungsjahrs (hilfsweise „o. J.") und – ab der zweiten – der Auflage erforderlich. Vor dem Erscheinungsjahr steht üblicherweise der Erscheinungsort. Beispiel:

Ipsen, Jörn	Staatsrecht I – Staatsorganisationsrecht, 22. Aufl., München 2010

35 Umfasst ein Werk **mehrere Bände**, so sind nur die in der Arbeit benutzten anzugeben. Abweichungen in Titel, Auflage und/oder Erscheinungsjahr der Einzelbände sind ggf. kenntlich zu machen. Beispiel:

Stern, Klaus	Das Staatsrecht der Bundesrepublik Deutschland
	Band I: Grundbegriffe und Grundlagen des Staatsrechts, Strukturprinzipien der Verfassung, 2. Aufl., München 1984
	Band II: Staatsorgane, Staatsfunktionen, Finanz-und Haushaltsverfassung, Notstandsverfassung, München 1980

36 **Sammelwerke** enthalten Beiträge mehrerer Autoren. Hier nennt das Literaturverzeichnis nur den oder die Herausgeber bzw. Begründer mit dem Zusatz „Hrsg." (oder „Hg.") bzw. „Begr.":

Sachs, Michael (Hrsg.)	Grundgesetz, 5. Aufl., München 2009

37 Bei **Loseblattsammlungen** ist als Zusatz „Loseblattsammlung" oder „Loseblatt" aufzunehmen; an die Stelle des Erscheinungsjahres tritt der aktuelle Stand des Gesamtwerks. Der Stand der zitierten Bearbeitung kann jeweils in der einschlägigen Fußnote ergänzt werden.

38 Bei **Aufsätzen** in Zeitschriften, Festschriften und sonstigen Sammelwerken sowie bei Entscheidungsanmerkungen und Rezensionen werden Verfassername, ggf. Titel des Aufsatzes und Fundort angegeben. Tragen Beiträge keinen Titel (z.B. Anmerkungen oder Diskussionsbeiträge), setzen Sie in eckigen Klammern eine entsprechende Erläuterung hinzu. Zeitschriften werden dabei mit ihrer üblichen Abkürzung bezeichnet; zudem werden Jahrgang und Seitenzahl mitgeteilt. Stammt der Aufsatz aus einem Sammelwerk, so ist dieses mit allen Angaben (s.o.) zu kennzeichnen. Beispiele:

Ehlers, Dirk	Die Weiterentwicklung des Staatshaftungsrechts durch das europäische Gemeinschaftsrecht, in: JZ 1990, S. 1089 ff.
Münch, Ingo von	Grundrechtsschutz gegen sich selbst, in: Rolf Stödter/Werner Thieme (Hrsg.), Hamburg – Deutschland – Europa, Festschrift für Hans Peter Ipsen, Tübingen 1977, S. 115 ff.
Pieroth, Bodo	[Diskussionsbeitrag], in: VVDStRL 51 (1992), S. 166

Nur **Dissertationen und Habilitationsschriften**, die keine ISBN tragen (weil sie **39** nicht in einem Verlag erschienen sind), tragen den Zusatz „Diss." oder „Habil.". An die Stelle von Erscheinungsort und -jahr treten der Ort der Universität und das Jahr der Promotion/Habilitation. Beispiel:

| Dürig, Günter | Die konstanten Voraussetzungen des Begriffs „Öffentliches Interesse", Diss. München 1949 |
| Herzog, Roman | Die Wesensmerkmale der Staatsorganisation in rechtstheoretischer und entwicklungsgeschichtlicher Sicht, Habil. München 1964 |

Muster und Beispiele für Ihr Literaturverzeichnis finden Sie bei *Butzer/Epping*, **40** Arbeitstechnik, S. 84 f.; *Schoch*, Übungen, S. 161 ff., und *Gunther Schwerdtfeger*, Öffentliches Recht in der Fallbearbeitung, 13. Aufl., München 2008, Rn. 841. Sie können sich auch an den Literaturverzeichnissen orientieren, welche die Bearbeitungen in diesem Buch enthalten.

H. Formatvorlage

Der Verlag C.F. Müller stellt auf seiner Website *www.cfmueller-campus.de/pieroth/* **41** *hausarbeit* für ein gängiges Textverarbeitungsprogramm eine Formatvorlage, die den beschriebenen Anforderungen genügt, zum **kostenlosen Download** bereit.

Hausarbeit 1

Teilnahmepflicht an der Hegeschau für Jäger

von Bernd J. Hartmann

1 In Ihrer Kanzlei erscheint Jäger J. Er berichtet Ihnen, dass die untere Jagdbehörde eine allgemeine Hegeschau angesetzt habe. J war es im letzten Jahr gelungen, dem Abschussplan entsprechend weibliches und männliches Schalenwild zu erlegen. Er sagt, damit habe er genug gegen das Waldsterben getan. Ihm fehle die Lust, nur wegen der jährlichen Hegeschau den Weg in die Kreisstadt auf sich zu nehmen. Sollte er bettlägerig erkranken, dürfe er doch auch einen Vertreter schicken.

Auf Ihre Nachfrage erklärt J zutreffend, dass Schalenwild Wild mit Hufen (sog. Schalen) meine und dass mit der Ausnahme der Gemsen nur männliches Schalenwild Kopfschmuck besitze. Ihre eigenen Recherchen ergeben, dass die allgemeine Hegeschau nach dem Willen des Gesetzgebers primär der Überwachung der Abschussplanung dienen soll. Sekundär soll den Jägern ermöglicht werden, sich untereinander auszutauschen.

Die untere Jagdbehörde meint, dass § 22 Abs. 10 LJG NRW dem Jäger in jedem Fall gebiete, sich an den Ort der Hegeschau zu begeben und persönlich an der Ausstellung teilzunehmen. Nur so ließen sich die Zwecke des Gesetzes erreichen. Ist diese Auffassung mit den Grundrechten des Grundgesetzes vereinbar? Gehen Sie davon aus, dass § 22 Abs. 10 LJG NRW formell ordnungsgemäß erlassen wurde.

Auszug aus dem Landesjagdgesetz Nordrhein-Westfalen (LJG NRW), zuletzt geändert durch Gesetz vom 17.12.2009, GV. NRW. S. 876:

2 **§ 22 Abschussregelung (Zu § 21 BJG)**

(1) Der Jagdausübungsberechtigte hat der unteren Jagdbehörde einen Abschussplan für Schalenwild, ausgenommen Schwarzwild, sowie für Auer- und Birkwild, zahlenmäßig getrennt nach Wildarten und Geschlecht, bei männlichem Schalenwild auch nach Klassen, einzureichen. Der Abschussplan ist jeweils zum 1. April des Jahres, in dem der bisherige Abschussplan ausläuft, einzureichen... .

(2) Der Abschussplan für Rehwild wird mit einer Geltungsdauer von drei Jagdjahren, der Abschussplan für anderes Schalenwild, ausgenommen Schwarzwild, sowie für Auer- und Birkwild mit einer Geltungsdauer von einem Jagdjahr bestätigt oder festgesetzt. Beim Abschussplan für Rehwild ist in der Regel ein Drittel des Gesamtabschusses jährlich zu erfüllen. Abweichungen bis zu 30 v.H. im einzelnen Jahr sind zulässig, jedoch im Rahmen des Gesamtabschusses auszugleichen.

(3) Ein Abschussplan, den der Jagdausübungsberechtigte fristgerecht eingereicht hat, ist von der unteren Jagdbehörde nach Anhörung der unteren Forstbehörde zu bestätigen, wenn
a) der Abschussplan den jagdrechtlichen Vorschriften entspricht,
b) der Jagdbeirat (§ 51) zugestimmt hat,
c) bei verpachteten Jagdbezirken der Abschussplan im Einvernehmen mit dem Verpächter aufgestellt worden ist und
d) innerhalb von Hegegemeinschaften die Abschusspläne aufeinander abgestimmt und im Einvernehmen mit den Jagdvorständen der Jagdgenossenschaften und den Inhabern der Eigenjagdbezirke aufgestellt worden sind.

(4) Liegen die Voraussetzungen nach Absatz 3 nicht vor oder ist insbesondere bereits eingetretenen oder zu erwartenden Wildschäden nicht hinreichend Rechnung getragen, so wird der Abschussplan durch die untere Jagdbehörde nach Anhörung der unteren Forstbehörde im Einvernehmen mit dem Jagdbeirat festgesetzt. Die Festsetzung hat so zu erfolgen, dass eine nachhaltige Verringerung des Wildbestandes auf eine tragbare Wilddichte gewährleistet ist. Die Wild- und Wildschadensverhältnisse in benachbarten Jagdbezirken sind angemessen zu berücksichtigen.

(5) Die in bestätigten oder festgesetzten Abschussplänen für weibliches Schalenwild, für Kälber, Kitze und Lämmer festgesetzten Abschüsse gelten als Mindestabschüsse; sie können bis zu 20 v.H. überschritten werden.

(6) Ist das Einvernehmen mit dem Jagdbeirat nicht zu erzielen, so wird der Abschussplan durch die obere Jagdbehörde im Einvernehmen mit dem Landesjagdbeirat festgesetzt.

(7) Der Jagdausübungsberechtigte hat über den Abschuss des Wildes und über das Fallwild, soweit es sich um Schalenwild handelt, eine Streckenliste zu führen. Die Eintragungen in die Liste sind innerhalb eines Monats vorzunehmen. Die Streckenliste ist der unteren Jagdbehörde jederzeit auf Verlangen zur Einsicht vorzulegen. Die jährliche Jagdstrecke ist der unteren Jagdbehörde bis zum 15. April eines jeden Jahres anzuzeigen.

(8) Der Jagdausübungsberechtigte hat der unteren Jagdbehörde schriftlich zum 15. November eines jeden Jahres eine Abschussmeldung über das erlegte Rotwild vorzulegen.

(9) Der Jagdausübungsberechtigte ist ferner verpflichtet, der unteren Jagdbehörde den Kopfschmuck und den Unterkiefer des erlegten männlichen Schalenwildes, vom erlegten männlichen Muffelwild nur den Kopfschmuck, innerhalb einer Frist von zwei Jahren nach dem Abschuss auf Verlangen vorzulegen. An den Schädeln von Rot-, Dam- und Sikahirschen ist der Oberkiefer zu belassen. Die untere Jagdbehörde hat Kopfschmuck und Unterkiefer dauerhaft zu kennzeichnen. Die untere Jagdbehörde kann den Jagdausübungsberechtigten bestimmter Jagdbezirke nach Anhörung des Jagdbeirates aufgeben, den Nachweis über die Erfüllung des Abschussplans für sonstiges Schalenwild (ausgenommen Schwarzwild) durch Vorlage der erlegten Tierkörper oder Teilen davon innerhalb einer bestimmten Frist an bestimmten Stellen zu führen.

(10) Die untere Jagdbehörde kann anordnen, dass der Kopfschmuck und der Unterkiefer des innerhalb ihres Zuständigkeitsbereiches im letzten Jahr erlegten männlichen Schalenwildes auf einer allgemeinen Hegeschau vorzuzeigen sind.

(11) Erfüllt der Jagdausübungsberechtigte den Abschussplan für Schalenwild nicht, so kann die untere Jagdbehörde die Erfüllung des Abschussplans nach den Vorschriften des Verwaltungsvollstreckungsgesetzes für das Land Nordrhein-Westfalen durchsetzen. Wild, das unter Anwendung von Verwaltungszwang erlegt wird, ist gegen angemessenes Schussgeld dem Jagdausübungsberechtigten zu überlassen.

(12) Das Ministerium wird ermächtigt, nach Anhörung des zuständigen Ausschusses des Landtags durch Rechtsverordnung
1. männliches Schalenwild mit Ausnahme von Schwarzwild in Klassen einzuteilen und Abschussanteile sowie Grundsätze für den Abschuss in den einzelnen Klassen festzulegen,
2. aus Gründen der Wildhege und zur Vermeidung übermäßiger Wildschäden Bewirtschaftungsbezirke für Schalenwild (Kern-, Rand- und Freigebiete) und die zulässige Wilddichte festzulegen,
3. vorzuschreiben, dass für den Abschussplan, die Streckenliste, die jährliche Streckenmeldung und die Abschussmeldung für Rotwild bestimmte Muster zu verwenden sind.

(13) ...

(14) Die obere Jagdbehörde kann zu wissenschaftlichen, Lehr und Forschungszwecken für bestimmte Gebiete oder einzelne Jagdbezirke befristete Ausnahmen von den Verpflichtungen nach den Absätzen 1 und 2 zulassen, wenn dadurch eine Störung des biologischen Gleichgewichts oder eine Schädigung der Landeskultur nicht zu befürchten ist und die Jagdausübungsberechtigten und bei verpachteten Jagdbezirken die Verpächter zugestimmt haben.

19

§ 55 Bußgeldvorschriften

(1) Ordnungswidrig handelt, wer

 1.–11. …

 12. entgegen § 22 Abs. 9 oder 10 den Kopfschmuck oder den Unterkiefer des erlegten männlichen Schalenwildes auf Verlangen oder Anordnung nicht vorzeigt oder den Nachweis über die Erfüllung des Abschussplans für sonstiges Schalenwild nicht führt,

12a.–19 …

(2) …

Gliederung

Gutachten

Hinweis zur Bewertung: Der Sachverhalt ist BayVerfGH, Entscheidung vom 5. No-   **4**
vember 1987 – Vf.9-VII-86, VerfGHE 40, 123-132 = BayVBl. 1988, S. 42-45 nach-
gebildet. *Juris* und *beck-online* enthalten die Leitsätze dieser Entscheidung. Der Fall ist
überdurchschnittlich schwierig, weil die vorliegende Gerichtsentscheidung dazu ver-
führen mag, auch hier nur das dort hauptsächlich behandelte Grundrecht, die Allgemeine Handlungsfreiheit, anzusprechen. Im Rechtsgutachten ist es aber erforderlich, auf
alle möglicherweise verletzten Grundrechte einzugehen.

A. Versammlungsfreiheit gem. Art. 8 Abs. 1 GG

§ 22 Abs. 10 LJG NRW in der Auslegung der unteren Jagdbehörde verletzt Art. 8   **5**
Abs. 1 GG, wenn ein Eingriff in den Schutzbereich vorliegt, der verfassungsrechtlich
nicht gerechtfertigt ist.

6   Art. 8 Abs. 1 GG schützt positiv, sich zu versammeln, und stellt so staatliche Versammlungsverbote unter Rechtfertigungszwang. Vorliegend geht es nicht um ein Versammlungsverbot, sondern allenfalls um ein Versammlungsgebot. In seiner Funktion als positives Freiheitsrecht ist Art. 8 Abs. 1 GG also nicht betroffen.

7   Art. 8 Abs. 1 GG könnte negativ schützen, sich nicht zu versammeln. Ob Art. 8 Abs. 1 GG die negative Versammlungsfreiheit umfasst, ist streitig.

8   **Hinweis zur Bewertung:** Die Dissertation von *Johannes Hellermann*, Die sogenannte negative Seite der Freiheitsrechte, Berlin 1993, verwirft negative Freiheitsrechte in toto. Eine in ihrem Umfang begrenzte Anfängerhausarbeit dürfte sich mit dieser wissenschaftlich sehr beachtlichen Abhandlung nicht zwingend näher auseinandersetzen müssen (siehe auch Einführung Rn. 15).

9   Gegen den Schutz negativer Versammlungsfreiheit in Art. 8 Abs. 1 GG spreche vor allem der „historisch[e] Sinn und Zweck" des Art. 8 GG, der darin liege, kollektives Handeln zu ermöglichen und zugleich Beschränkungen gegen daraus drohende Gefahren zuzulassen (Art. 8 Abs. 2 GG): Solche Gefahren könnten gar nicht erst entstehen, wenn jemand an einer Versammlung nicht teilnehme[1].

10   An diesem Argument erscheint überzeugend, dass keine Vorschrift ohne Not so ausgelegt werden sollte, dass ihr der Anwendungsbereich abhanden kommt: Eine gegenstandslose Vorschrift zu erlassen, dürfte nicht in der Absicht des Gesetzgebers gelegen haben. Art. 8 Abs. 2 GG behält aber als Schranke positiver Versammlungsfreiheit einen wichtigen Anwendungsbereich, der sich auch nicht durch die Anerkennung negativer Versammlungsfreiheit erledigt. Daher besteht kein Grund, Art. 8 Abs. 1 GG anders als die anderen Grundrechte zu behandeln: Die negative Versammlungsfreiheit ist geschützt[2].

11   Der Schutzbereich der negativen Versammlungsfreiheit ist eröffnet, wenn die Zusammenkunft der Jäger auf der Hegeschau eine Versammlung im Sinn des Art. 8 Abs. 1 GG darstellt.

12   **Hinweis zum Aufbau und zur Bewertung:** Vorliegend wurden zunächst die Schutzdimensionen (positive und negative Freiheit) erörtert und erst anschließend die geschriebenen Tatbestandsmerkmale des Schutzbereichs (hier: der Versammlungsbegriff). Genauso gut vertretbar ist es, zunächst den Begriff (hier: der Versammlung) und erst danach, sofern noch erforderlich, den Umfang des gewährten Schutzes zu behandeln (vgl. *Bodo Pieroth/Bernd J. Hartmann*, Grundrechtsschutz gegen wirtschaftliche Betätigung der öffentlichen Hand, DVBl. 2002, S. 421/425; *dies.*, Verfassungsbeschwerde

---

1 *Gusy*, JuS 1986, S. 608 (609).
2 BVerfGE 69, 315 (343); *Depenheuer*, in: Maunz/Dürig, Grundgesetz, Art. 8 Rn. 58 (Stand: November 2006); *Dietel/Gintzel/Kniesel*, Demonstrations- und Versammlungsfreiheit, § 1 Rn. 93; *Geis*, in: Friauf/Höfling, Berliner Kommentar, Art. 8 Rn. 28 (Stand: 2004); *Höfling*, in: Sachs, Grundgesetz, Art. 8 Rn. 25; *Kloepfer*, in: Handbuch des Staatsrechts Bd. VII, § 164 Rn. 11; *Pieroth/Schlink*, Grundrechte, Rn. 766; *Schwabe*, Grundkurs Staatsrecht, S. 76.

gegen die gemeindliche Konkurrenz bei der Abfallentsorgung, NWVBl. 2003, S. 322/324 für die Berufsfreiheit).

Um eine Versammlung in diesem Sinn handelt es sich nicht schon dann, wenn mehrere Personen zusammenkommen[3]. Erforderlich ist mindestens eine innere Verbindung durch die Verfolgung eines gemeinsamen Zwecks[4]. Ein Zweck ist nur dann ein verbindender gemeinsamer (und nicht bloß ein verbindungsloser gleicher), wenn die Teilnehmer zur Zweckverfolgung aufeinander angewiesen sind[5]. Eine „Parallelität von Individualzwecken, die zugleich befriedigt werden"[6], genügt nicht. **13**

Ein gemeinsamer Zweck der anwesenden Jäger könnte zum einen darin liegen, dass jeder Jäger erscheint, um gegenüber der unteren Jagdbehörde seine Pflicht aus § 22 Abs. 10 JagdG NRW zu erfüllen. Doch um seiner persönlichen Anwesenheitspflicht zu genügen, bedarf der Jäger der Anwesenheit anderer nicht. In der Erfüllung dieser Pflicht liegt also nur ein gleicher, aber kein gemeinsamer Zweck der Jäger. **14**

Ein gemeinsamer Zweck der anwesenden Jäger könnte zum andern darin liegen, die Kontrolle der Abschüsse und den Gedankenaustausch untereinander zu ermöglichen. Doch das sind Zwecke, die das Gesetz und die Behörde verfolgen. Dass die Jäger sich diese Zwecke zu eigen machen, ist weder gesagt noch liegt es nahe. Es fehlt deshalb an einem gemeinsamen Zweck der zur Anwesenheit verpflichteten Jäger. Der Schutzbereich der negativen Versammlungsfreiheit ist nicht eröffnet. **15**

Hinweis zum Aufbau: Wer den gemeinsamen Zweck der Jäger gleichwohl annimmt, muss erörtern, ob der von einer Versammlung zu verfolgende Zweck gerade in der Teilhabe an der öffentlichen Meinungsbildung liegen muss, wie es die Rechtsprechung neuerdings verlangt (BVerfGE 104, 92 (104); dagegen überzeugend etwa *Höfling*, in: Sachs (Hrsg.), Grundgesetz, 4. Aufl. 2007, Art. 8 Rn. 13 ff.; *Sigrid Kraujuttis*, Versammlungsfreiheit zwischen liberaler Tradition und Funktionalisierung, Köln u.a. 2005, S. 122 f., 194 f.), und wenn ja, ob diese Voraussetzung vorliegend erfüllt ist. **16**

Wer noch zur Eingriffsprüfung kommt, muss den Eingriffsbegriff zunächst auf die negative Seite der Freiheitsrechte beziehen. Wenn ein Eingriff in ein Freiheitsrecht in jedem staatlichen Handeln liegt, das einem Grundrechtsberechtigten ein Verhalten im Schutzbereich ganz oder teilweise unmöglich macht, dann ist ein Eingriff in die negative Seite eines Freiheitsrechts gegeben, wenn staatliches Handeln dem Grundrechtsberechtigten ein als Unterlassung geschütztes Verhalten aufgibt (hier also: wenn § 22 Abs. 10 JagdG NRW den Jägern die Teilnahme am Gedankenaustausch abverlangt). Dagegen genügt es nicht, auf die Teilnahme allein abzustellen, weil die (Teilnahme an einer) Ansammlung nicht in den Schutzbereich der (negativen) Versammlungsfreiheit fällt.

---

3 *Badura*, Staatsrecht, C 64; *Benda*, in: Bonner Kommentar, Art. 8 Rn. 22 (Stand: Mai 1995); *Hoffmann-Riem*, in: Alternativkommentar, Art. 8 Rn. 17 (Stand: 2001).
4 BVerfGE 69, 315 (343); BVerwGE 82, 34 (38); *Hufen*, Staatsrecht II, § 30 Rn. 7; *Manssen*, Grundrechte, Rn. 467.
5 *Epping*, Grundrechte, Rn. 32; *Pieroth/Schlink*, Grundrechte, Rn. 749.
6 *Sachs*, Verfassungsrecht II, B 8 Rn. 3.

§ 22 Abs. 10 LJG NRW will den Gedankenaustausch der Jäger zwar ermöglichen, aber verpflichtet nicht dazu: Die Vorschrift gebietet den Jägern nicht, Bericht zu erstatten, Fragen zu beantworten, den Erzählungen anderer zu lauschen oder sonst zu kommunizieren. Sie verlangt lediglich das Vorzeigen der Jagdtrophäen, zwingt also nicht zur Verfolgung eines gemeinsamen Zwecks und greift daher auch nicht in die (negative) Versammlungsfreiheit ein.

B. Berufsfreiheit gem. Art. 12 Abs. 1 GG

17 Ein Verstoß gegen Art. 12 Abs. 1 GG scheidet aus, wenn es an einem Eingriff in den Schutzbereich fehlt.

18 Art. 12 Abs. 1 S. 1 GG schützt die Freiheit der Berufsausübung. Ein Beruf ist jede auf Dauer angelegte Tätigkeit, die zur Schaffung und Erhaltung einer Lebensgrundlage beiträgt[7]. § 22 Abs. 10 LJG NRW erfasst auch Jagdausübungsberechtigte, welche auf Dauer jagen, um damit zur Schaffung und Erhaltung ihrer Lebensgrundlage beizutragen. Der Berufsbegriff ist erfüllt, ohne dass es darauf ankommt, ob Art. 12 Abs. 1 auch verbotene Tätigkeiten schützt[8].

19 Ein Eingriff in den Schutzbereich der Berufsausübungsfreiheit setzt voraus, dass § 22 Abs. 10 LJG NRW berufsregelnde Tendenz zukommt. Das ist der Fall, wenn die Vorschrift entweder gerade auf eine Berufsregelung zielt oder sich jedenfalls unmittelbar auf die berufliche Tätigkeit auswirkt[9].

20 **Hinweis zum Aufbau:** Die Frage berufsregelnder Tendenz kann im Rahmen sowohl der Schutzbereichseröffnung als auch des Eingriffsbegriffs angesprochen werden, siehe *Pieroth/Hartmann*, DVBl. 2002, S. 421 (424); *Pieroth/Schlink*, Grundrechte, Rn. 823 m.w.N.

21 Die Pflicht, die Trophäen auf der Hegeschau vorzuzeigen, trifft Freizeitjäger genauso wie Berufsjäger. Sie wirkt sich nicht unmittelbar auf die Jagd aus. § 22 Abs. 10 LJG fehlt daher die berufsregelnde Tendenz. Art. 12 Abs. 1 GG ist nicht verletzt.

C. Freizügigkeit gem. Art. 11 Abs. 1 GG

22 **Hinweis zur Bewertung:** Der BayVerfGH geht in der Entscheidung, die der Klausur zu Grunde liegt, weder auf Art. 11 Abs. 1 GG noch auf Art. 2 Abs. 2 S. 2 GG ein. Trotzdem erscheinen Bearbeitungen, die nur Art. 2 Abs. 1 GG behandeln, unvollständig, weil der hier gestellte Sachverhalt deutliche Hinweise auf das Problem des Ortswechsels enthält.

---

7 BVerfGE 102, 197 (212); 111, 10 (28).
8 Dazu *Pieroth/Schlink*, Grundrechte, Rn. 879 m. w. N.
9 BVerfGE 97, 228 (253 f.); *Pieroth/Schlink*, Grundrechte, Rn. 892.

§ 22 Abs. 10 LJG NRW in der Auslegung der unteren Jagdbehörde könnte das Grund- **23**
recht auf Freizügigkeit verletzen. Das setzt voraus, dass der Schutzbereich eröffnet
ist. Art. 11 Abs. 1 GG schützt sachlich die Freizügigkeit. Freizügigkeit meint, wie
schon der Wortlaut nahe legt, das „freie Ziehen" im Sinn von „Um-Ziehen". Garantiert
ist, an jedem Ort innerhalb des Bundesgebietes Aufenthalt und Wohnsitz zu nehmen[10].
Daraus folgt positiv die Freiheit, einen anderen Ort aufzusuchen, um dort Aufenthalt
und Wohnsitz zu nehmen, und negativ das Recht, keinen anderen Ort aufzusuchen, um
dort Aufenthalt oder Wohnsitz zu nehmen, sondern am gewählten Ort zu ver-
bleiben[11]. Das Gebot, den Ort der allgemeinen Hegeschau aufzusuchen, könnte die
negative Freizügigkeit betreffen.

Die Pflicht, auf der Hegeschau persönlich zu erscheinen, betrifft den Schutzbereich **24**
von Art. 11 Abs. 1 GG nur, wenn es sich dabei um eine Pflicht zum Aufenthalt im Sinn
der Freizügigkeitsfreiheit handelt. Ein Aufenthalt in diesem Sinn liegt nur vor, wenn
das Gebot, sich an den Ort der Hegeschau zu begeben, in seiner Bedeutung und Dauer
an einen Um-Zug, einen Wohnsitzwechsel, heranreicht. Das zeigen die Schranken der
Freizügigkeit, die Art. 11 Abs. 2 GG errichtet. Gesetzliche Aufenthaltsgebote sind
danach nur unter sehr engen Voraussetzungen zu rechtfertigen (z.B. bei drohender
Gefahr für den Bestand des Bundes oder bei Naturkatastrophen). Dieser Systematik
wird nur gerecht, wer nicht jede Präsenzpflicht in den Schutzbereich der Freizügigkeit
fallen lässt, sondern den Schutzbereich entsprechend eng fasst.

Hinweis zur Bewertung: Unter welchen Voraussetzungen eine – vor Art. 11 Abs. 1 **25**
GG irrelevante – Anwesenheitspflicht zu einer – in den Schutzbereich der Freizügigkeit
eingreifenden – Aufenthaltspflicht wird, ist in den Einzelheiten umstritten. Die einen
verlangen ein Verweilen von gewisser Dauer (Absicht längeren Bleibens, so *von Münch*,
Staatsrecht II, Rn. 505; einen Tag mit Übernachtung, so *Manssen*, Staatsrecht II,
Rn. 532), die anderen eine gewisse Bedeutung (Relevanz für die Persönlichkeit, so
Epping, Grundrechte, Rn. 659). Wieder andere unterstellen den Schutz vor strafrecht-
lichen Freiheitsbeschränkungen dem Art. 2 Abs. 2 S. 2 GG und behandeln alle ande-
ren Eingriffe in die Fortbewegungsfreiheit als Fälle der Freizügigkeit, so *Pernice*, in:
Dreier (Hrsg.), Grundgesetz, Art. 11 Rn. 14. Die hier vertretene Kombination von
Dauer und Bedeutung entspricht der wohl herrschenden Lehre, siehe *Pieroth/Schlink*,
Grundrechte, Rn. 791; *Sachs*, Verfassungsrecht II, B 11 Rn. 2 (S. 392).

Die Pflicht, an der Hegeschau persönlich teilzunehmen, müsste von hinreichender **26**
Bedeutung und Dauer sein. Die Pflicht trifft die Jäger nur jährlich. Die Hegeschau
dauert nicht lange, und ihr Ort liegt im Zuständigkeitsbereich der unteren Jagdbehörde, so dass niemand weit anreisen muss. Schon aus diesen Gründen bleibt die auf § 22
Abs. 10 LJG NRW gestützte Anwesenheitspflicht unterhalb der für eine Aufenthaltspflicht verlangten Belastungsintensität. Der Schutzbereich der Freizügigkeit ist nicht
betroffen, Art. 11 Abs. 1 GG bleibt unverletzt.

---

10 BVerfGE 2, 266 (273); 43, 203 (211); 80, 137 (150); *Ipsen*, Staatsrecht II, Rn. 612; *Sachs*, Verfassungsrecht II, B 11 Rn. 2 (S. 392).
11 *Epping*, Grundrechte, Rn. 736; *von Münch*, Staatsrecht II, Rn. 506; *Siekmann/Duttge*, Staatsrecht I,
   Rn. 259.

27   **Hinweis zum Aufbau:** Wer die positive Freizügigkeit für einschlägig hält, weil das Gebot, den Ort der allgemeinen Hegeschau aufzusuchen, zugleich das Verbot beinhaltet, im Zeitpunkt der allgemeinen Hegeschau einen anderen Ort als diesen aufzusuchen, kommt zum selben Ergebnis (vgl. *Sachs*, Verfassungsrecht II, B 11 Rn. 5, der es ebenfalls ohne Bedeutung sein lässt, ob die Freiheit, den Aufenthaltsort nicht zu verändern, als negative Seite der Freizügigkeit oder als statische Variante ihrer positiven Betätigung beschrieben wird). Ein Aufenthalt im Sinn des Grundrechts ist auch dann erst gegeben, wenn das Verbot, einen anderen Ort als den der Hegeschau aufzusuchen, an ein Verbot, an einem bestimmten Ort Wohnsitz zu nehmen, heranreicht. Daran fehlt es aus den genannten Gründen.

D. Freiheit der Person gem. Art. 2 Abs. 2 S. 2, Art. 104 GG

I. Schutzbereich

28   Der Schutzbereich ist eröffnet, wenn die Anwesenheitspflicht die „Freiheit der Person" gem. Art. 2 Abs. 2 S. 2 GG betrifft. Ihrem Wortlaut nach klingt die Wendung nach Freiheit in einem umfassenden Sinn. Gleichwohl ist nur die körperliche Bewegungsfreiheit gemeint. Das folgt aus dem Zusammenhang mit Art. 104 GG. Dieser Zusammenhang besteht, obwohl Art. 2 Abs. 2 S. 2 und Art. 104 GG weit auseinander liegen, weil beide Vorschriften mit „Freiheit der Person" anheben; die räumliche Zerrissenheit hat allein entstehungsgeschichtliche Gründe[12]. Schon der Wortlaut, der von „festgehaltenen Personen", „in Gewahrsam halten" und „Festnahmen" handelt (siehe Art. 104 Abs. 1 S. 2, Abs. 2 S. 3, Abs. 3 S. 1 GG), zeigt, dass Art. 104 GG nur die körperliche Bewegungsfreiheit betrifft (und nicht Freiheit in einem umfassenden Sinn). Aufgrund des systematischen Zusammenhangs muss die so bestimmte Reichweite auch für Art. 2 Abs. 2 S. 2 GG gelten.

29   Das Grundrecht auf körperliche Bewegungsfreiheit aus Art. 2 Abs. 2 S. 2 GG umfasst das Recht, sich körperlich an einen beliebigen Ort zu begeben (positive Freiheit) oder nicht zu begeben (negative Freiheit)[13]. Die Pflicht, bei der Hegeschau anwesend zu sein, betrifft die negative Freiheit, sich nicht an deren Ort zu begeben.

30   **Hinweise zum Aufbau und zur Bewertung:** Entsprechend dem Gesagten erscheint es auch hier vertretbar, auf die positive Freiheit (hier: zur Zeit der Hegeschau einen anderen Ort als den der Hegeschau aufzusuchen) abzustellen. Die folgend aufgeworfene Frage stellt sich für die positive wie die negative Freiheit der Person gleichermaßen.

31   Es fragt sich, welche Anforderungen an die geschützte körperliche Bewegung zu stellen sind. Das ist umstritten.

---

12 *Pieroth/Schlink*, Grundrechte, Rn. 441.
13 *Siekmann/Duttge*, Staatsrecht I, Rn. 250.

Nach der ersten Ansicht soll Art. 2 Abs. 2 S. 2 GG nur Schutz vor körperlichen Beein- **32**
trächtigungen der körperlichen Bewegungsfreiheit gewähren. Danach verletzt eine
Erscheinenspflicht die Freiheit der Person nie; ein Eingriff in den Schutzbereich liegt
erst und allein im unmittelbaren Zwang der Vollstreckung[14]. Nach dieser Ansicht fällt
die Erscheinenspflicht, von der die untere Jagdbehörde ausgeht, nicht in den Schutzbereich des Art. 2 Abs. 2 S. 2 GG.

Nach den übrigen Auffassungen, der zweiten bis vierten Ansicht, kann auch eine **33**
Erscheinenspflicht als solche den Schutzbereich der körperlichen Bewegungsfreiheit
betreffen. Streit herrscht allein darüber, auf welches Kriterium genau es dafür ankommt.

Die zweite Ansicht lässt den Zweck, den der Gesetzgeber verfolgt, entscheiden. Will **34**
dieser den Bürger primär in seiner Bewegungsfreiheit einschränken (z.B. durch Unter-
suchungshaft wegen Flucht- oder Verdunkelungsgefahr), ist der Schutzbereich des
Art. 2 Abs. 2 GG eröffnet. Verfolgt der Gesetzgeber dagegen vorrangig andere
Zwecke (z.B. Wahrheitsfindung durch die Pflicht zur Zeugenaussage vor Gericht;
Vermittlung von Bildung durch die Pflicht zum Schulbesuch), ist stattdessen Art. 2
Abs. 1 GG einschlägig[15]. Vorliegend steht als Primärzweck die Handlungspflicht im
Vordergrund, den Kopfschmuck zu zeigen; die Anwesenheitspflicht bildet nur eine
Nebenpflicht. Nach der zweiten Ansicht ist der Schutzbereich also ebenfalls nicht
eröffnet.

Die dritte Ansicht sieht Art. 2 Abs. 2 S. 2 GG dann und nur dann als betroffen an, **35**
wenn die Pflicht mit unmittelbarem Zwang[16] oder doch dessen Androhung verbunden
ist[17]. Vorliegend ist unmittelbarer Zwang weder angeordnet noch angedroht. Gem.
§ 14 OBG NRW i.V.m. §§ 55 ff. VwVG NRW[18] wären die Ersatzvornahme (gem. § 59
Abs. 1 VwVG NRW für die Pflicht, den Kopfschmuck vorzulegen) und das Zwangs-
geld (gem. § 60 Abs. 1 VwVGNRW für die Pflicht, persönlich zu erscheinen) ohnehin
vorrangig. Nach der dritten Ansicht bleibt der Schutzbereich des Art. 2 Abs. 2 S. 2 GG
daher gleichfalls verschlossen.

Nach der vierten Ansicht ist danach zu differenzieren, ob dem Betroffenen nicht nur **36**
die Anwesenheit an einem Ort, sondern diese Anwesenheit auch noch zu einem bestimmten Zeitpunkt vorgeschrieben wird[19]. Weil die allgemeine Hegeschau an einem
bestimmten Tag stattfindet, an dem sich alle Jäger zum Austausch einfinden müssen,
ist (allein) nach dieser Auffassung der Schutzbereich eröffnet.

Es fragt sich also, ob der letztgenannten Ansicht der Vorzug zukommt. Vom Wortlaut **37**
her gewährleistet Art. 2 Abs. 2 S. 2 GG die körperliche Bewegungsfreiheit umfassend.
Dagegen führen die Ansichten eins bis drei geschichtliche Gründe ins Feld[20]. Doch

---

14 *Kunig*, in: von Münch/Kunig, Grundgesetz-Kommentar, Art. 2 Rn. 76; *von Münch*, Staatsrecht II, Rn. 339.
15 *Gusy*, in: von Mangoldt/Klein/Starck, Grundgesetz, Art. 104 Rn. 18.
16 BVerfGE 105, 239 (247); *Schulze-Fielitz*, in: Dreier, Grundgesetz, Art. 2 II Rn. 104 f.
17 *Jarass*, in: Jarass/Pieroth, Grundgesetz, Art. 2 Rn. 114.
18 *Pieroth/Schlink/Kniesel*, Polizei- und Ordnungsrecht, § 7 Rn. 11, § 24 Rn. 4 f.
19 *Pieroth/Schlink*, Grundrechte, Rn. 444.
20 *Kunig*, in: von Münch/Kunig, Grundgesetz-Kommentar, Art. 2 Rn. 76.

diese Gründe reichen nicht aus, um das Grundrecht auf eine Freiheit vor körperlichen Beeinträchtigungen zu reduzieren: Erscheinensgebote erhalten in Zeiten eines voll entwickelten staatlichen Gewaltmonopols keine besondere Qualität durch die Androhung oder Anwendung unmittelbaren Zwangs. Im Gegenteil: Unmittelbarer Zwang steht heutzutage hinter allen staatlichen Geboten[21]. Die letztgenannte Ansicht verdient daher den Vorzug. Der Schutzbereich ist eröffnet.

38   **Hinweis zur Bewertung:** Die andere Ansicht ist genauso gut vertretbar. Wer hier abweicht, muss den Eingriff in die Allgemeine Handlungsfreiheit und dessen verfassungsrechtliche Rechtfertigung prüfen (siehe unten Rn. 70).

II. Eingriff

39   Ein Eingriff ist jedes staatliche Handeln, das dem Grundrechtsberechtigten ein Verhalten im Schutzbereich ganz oder teilweise unmöglich macht[22].

40   **Hinweis zur Bewertung:** Alternativ kommt eine konkret auf das Grundrecht bezogene Formulierung in Frage. Eingriffe in die Freiheit der Person liegen danach vor, wenn jemand durch Gebote oder Verbote daran gehindert oder für einen bestimmten Zeitpunkt dazu verpflichtet wird, einen Ort aufzusuchen oder sich an einem Ort aufzuhalten (vgl. *Pieroth/Schlink*, Grundrechte, Rn. 416).

Die Prüfung des Eingriffs erfordert an dieser Stelle nur ein Eingehen auf den modernen Eingriffsbegriff. Überflüssig wäre es, hier den klassischen Eingriffsbegriff zu erörtern. Es ist nämlich nicht so, dass ein Streit bestünde, in dem die einen für den klassischen und die anderen für den modernen Eingriffsbegriff einträten. Im Gegenteil: Der moderne Eingriffsbegriff ist allgemein anerkannt, Gleiches gilt für seine Reichweite (alle Grundrechte bis auf Art. 2 Abs. 1 GG; streitig ist allein, wie bei Art. 12 Abs. 1 GG zu verfahren ist). Nur aus didaktischen Gründen schildern die Lehrbücher den klassischen gerne zusammen mit dem modernen Eingriffsbegriff.

41   Die Pflicht, an der Hegeschau persönlich teilzunehmen, ist ein Gebot, den Ort der Hegeschau zu einem bestimmten Zeitpunkt aufzusuchen. Sie verkürzt die körperliche Bewegungsfreiheit. Ein Eingriff liegt vor.

42   **Hinweis zum Aufbau:** Die oben im Schutzbereich dargestellte Abgrenzung zur Allgemeinen Handlungsfreiheit kann, weil das bisweilen so gehandhabt wird, vertretbar auch im Rahmen der Eingriffsprüfung erfolgen.

---

21 *Pieroth/Schlink*, Grundrechte, Rn. 443.
22 *von Münch*, Staatsrecht II, Rn. 150 Fn. 30.

III. Verfassungsrechtliche Rechtfertigung

Der Eingriff in den Schutzbereich ist gerechtfertigt, wenn das Grundrecht unter der **43** Schranke eines Gesetzesvorbehalts steht und § 22 Abs. 10 LJG NRW in der Auslegung der Behörde diesen Vorbehalt im Einklang mit den Schranken-Schranken ausfüllt.

1. Gesetzesvorbehalt gem. Art. 2 Abs. 2 S. 3, Art. 104 GG

Das Grundrecht der Freiheit der Person steht unter den Schranken von Art. 2 Abs. 2 **44** S. 3 GG und Art. 104 GG. Im Gegensatz zu Art. 2 Abs. 2 S. 3 i.V.m. Art. 104 Abs. 1 GG, die Freiheitsbeschränkungen umfassend erfassen, reagiert Art. 104 Abs. 2 bis 4 GG auf spezielle Eingriffsarten und -situationen (Freiheitsentziehungen) und ist so lex specialis[23].

Gemeinsam ist den Freiheitsentziehungen in Art. 104 Abs. 2 bis 4 GG, dass sie Ver- **45** lassensverbote ansprechen. Sie setzen voraus, dass die körperliche Bewegungsfreiheit nach jeder Richtung hin aufgehoben wird[24], wie es etwa beim Einsperren in eine Zelle der Fall ist[25]. Solche besonders intensiven Freiheitsbeschränkungen verlangen gem. Art. 104 Abs. 2 S. 1 GG eine Anordnung durch den Richter. Die Pflicht, an der allgemeinen Hegeschau persönlich teilzunehmen, erreicht keine solche Intensität. Art. 104 Abs. 2 bis 4 GG sind daher nicht einschlägig.

Art. 2 Abs. 2 S. 3 i.V.m. Art. 104 Abs. 1 GG enthalten einen einfachen Gesetzesvor- **46** behalt. Der Rückgriff auf die allgemeine Regelung ist zulässig, weil die speziellere Norm schon in ihrem Anwendungsbereich nicht einschlägig war. Art. 2 Abs. 2 S. 3 i.V.m. Art. 104 Abs. 1 S. 1 GG verlangen ausdrücklich, dass ein förmliches Gesetz die Freiheitsbeschränkungen regelt. § 22 Abs. 10 LJGNRW genügt als Parlamentsgesetz dieser Anforderung.

2. Wesensgehaltsgarantie gem. Art. 19 Abs. 2 GG

§ 22 Abs. 10 LJG NRW in der Auslegung der Behörde könnte Art. 19 Abs. 2 GG **47** verletzen. Art. 19 Abs. 2 GG verbietet, ein Grundrecht in seinem Wesensgehalt anzutasten. Der Wesensgehalt eines Grundrechts ist angetastet, wenn vom Grundrecht nichts mehr übrig bleibt[26]. Dabei ist umstritten, ob es auf den Einzelnen ankommt oder auf die Gesamtheit der Grundrechtsberechtigten[27]. Selbst nach der strengen Sicht, wonach der Wesensgehalt schon dann angetastet wird, wenn dem Einzelnen vom Grundrecht nichts mehr bleibt, ist Art. 19 Abs. 2 GG vorliegend gewahrt: Wie dargestellt erreicht die Pflicht, ein Mal im Jahr bei der nahe gelegenen Hegeschau mitzutun, keine relevante Intensität, sondern belässt dem Einzelnen genug vom Grundrecht der Freiheit der Person.

---

23 *von Münch*, Staatsrecht II, Rn. 342; *Sachs*, Verfassungsrecht II, B 2 Rn. 123 ff. (S. 208 f.); *Siekmann/ Duttge*, Staatsrecht I, Rn. 256.
24 BVerfGE 94, 166 (198).
25 *Gusy*, in: von Mangoldt/Klein/Starck, Grundgesetz, Art. 104 Rn. 19.
26 *Ipsen*, Staatsrecht II, Rn. 217; *Sachs*, Verfassungsrecht II, A 10 Rn. 29.
27 *Manssen*, Staatsrecht II, Rn. 315; *Pieroth/Schlink*, Grundrechte Rn. 315.

3. Einzelfallverbot gem. Art. 19 Abs. 1 S. 1 GG

48 § 22 Abs. 10 LJG NRW in der Auslegung der Behörde könnte Art. 19 Abs. 1 S. 1 GG verletzen. Die Norm setzt voraus, dass ein Grundrecht nach dem Grundgesetz durch Gesetz eingeschränkt werden kann. Art. 2 Abs. 2 S. 3 i.V.m. Art. 104 Abs. 1 S. 1 GG lassen zu, dass das Grundrecht der Freiheit der Person durch Gesetz beschränkt wird. Der Anwendungsbereich des Einzelfallverbots ist daher eröffnet.

49 Art. 19 Abs. 1 S. 1 GG verlangt, dass das einschränkende Gesetz allgemein und nicht nur für den Einzelfall gilt. Ein Gesetz gilt allgemein, wenn es eine unbestimmte Zahl von Personen erfasst. Das LJG NRW erfasst neben den aktuellen auch alle zukünftigen Jäger im Land und gilt damit für eine unbestimmte Zahl von Personen. Das Einzelfallverbot ist eingehalten.

4. Zitiergebot gem. Art. 19 Abs. 1 S. 2 GG

50 Gesetze, die Art. 2 Abs. 2 S. 2 GG einschränken, müssen das Grundrecht unter Angabe des Artikels nennen[28]. Das LJG NRW zitiert Art. 2 Abs. 2 S. 2 GG nicht. § 22 Abs. 10 LJG NRW in der Auslegung der Behörde verstößt daher gegen Art. 19 Abs. 1 S. 2 GG und verletzt deshalb Art. 2 Abs. 2 S. 2 GG.

5. Verhältnismäßigkeit

51 § 22 Abs. 10 LJG NRW in der Auslegung der Behörde ist verhältnismäßig, wenn die Vorschrift einen legitimen öffentlichen Zweck mit einem geeigneten, erforderlichen und angemessenen Mittel verfolgt.

a) Legitimer öffentlicher Zweck

52 Die Hegeschau dient nach dem Willen des Gesetzgebers der behördlichen Abschusskontrolle und der jägerlichen Kontaktaufnahme. Die Kontaktaufnahme dient ihrerseits der Verbesserung des jägerlichen Zusammenwirkens, auf welches das LJG NRW an verschiedenen Stellen setzt, z.B. in § 22 Abs. 3 lit. d) LJG NRW. Die Abschusskontrolle verfolgt ebenfalls ein übergeordnetes Ziel: den Wildbestand zu steuern. Das lässt sich den verwandten, im selben Kontext normierten Instrumenten entnehmen: der Streckenliste, der Abschussliste, der Vorlagepflicht aus § 22 Abs. 7 bis 9 LJG NRW und vor allem der Möglichkeit, Abschusspläne gem. § 22 Abs. 11 LJG NRW zu vollstrecken. Das Jagdrecht will die Jagd nicht nur zur „private[n] Lebensgestaltung"[29] ermöglichen und ist deshalb zugleich Jagdpflicht.

53 **Hinweis zur Bewertung:** Positiv fällt ins Gewicht, wenn der Prüfling seine Aussagen so weit wie möglich normtextlich belegt. Hier kommen etwa Hinweise auf § 22 Abs. 4 S. 2 LJG NRW in Betracht, wonach – in spezifischem Kontext – eine „nachhaltige Verringerung des Wildbestandes auf eine tragbare Wilddichte gewährleistet" sein muss.

---

28 *Epping*, Grundrechte, Rn. 754; *Jarass*, in: Jarass/Pieroth, Grundgesetz, Art. 2 Rn. 119; *Schulze-Fielitz*, in: Dreier, Grundgesetz, Art. 2 II Rn. 106.

29 BayVerfGH, VerfGHE 40, 123 (131).

Vgl. auch die Mengenangaben nach § 22 Abs. 2 S. 2 und 3 LJG NRW, die Möglichkeit einer Festsetzung des Abschussplans ohne oder gegen den Willen des Jägers gem. § 22 Abs. 4 und 6 LJG NRW und die Mindestabschussquoten nach § 22 Abs. 5 LJG NRW.

Zu hoher Wildbestand schadet dem Waldbestand und beeinträchtigt die Vegetation[30]. **54** Letztlich dient die Hegeschau samt Anwesenheitspflicht also der Hege und Pflege der Flora. Der Schutz der natürlichen Lebensgrundlagen ist ein legitimer öffentlicher Zweck, den zu verfolgen Art. 20a GG sogar gebietet[31]. Der von der Vorschrift gleichfalls genannte Schutz der Tiere steht nicht entgegen, weil dieses Staatsziel nur Einfluss auf die Art und Weise der Jagdausübung nehmen, nicht aber das Ziel einer dem Gemeinwohl verpflichteten Jagd und Hege in Frage stellen möchte[32].

Hinweis zur Bewertung: Es ist genauso gut vertretbar, zur Bejahung der Legitimität **55** des öffentlichen Zwecks allein auf die unmittelbaren Zwecke der Abschussplankontrolle und des Gedankenaustausches abzustellen. Wer so verfährt, muss die übergeordneten Zwecke im Rahmen der Angemessenheitsprüfung ausmachen.

b) Geeignetheit

Ein Mittel ist geeignet, wenn es den Zweck fördert[33]. Das Treffen der Jäger auf der all- **56** gemeinen Hegeschau trägt dazu bei, dass die Jäger untereinander Kontakt halten und ihr Verhalten, wo nötig, aufeinander abstimmen. Der Abschussplan hilft, Überhand beim Wildbestand zu vermeiden. Die allgemeine Hegeschau hilft, den Abschussplan einzuhalten. Sie leistet ihren Teil, um die Flora im Revier vor Wildschäden zu bewahren. Wild verbeißt Saaten, schädigt reifendes Getreide und beeinträchtigt auch Kartoffel- und Rübenkulturen; der Wald nimmt Schaden durch Schälen, Verbeißen und Schlagen[34].

Dass die Hegeschau nur männliches Schalenwild erfasst und dass außerdem Täu- **57** schungsmöglichkeiten bestehen, schmälert die Effektivität des Mittels, aber macht es nicht wertlos. Der Einbezug weiblichen Schalenwilds vergrößerte, weil diesem von den Gemsen abgesehen der Kopfschmuck fehlt, die Manipulations- und Umgehungsmöglichkeiten. Daher wäre – umgekehrt – die Geeignetheit einer Regelung, die weibliches Schalenwild erfasst, zweifelhaft. Die Teilkontrolle ermöglicht jedenfalls eine Teilzweckerreichung[35]. Daher ist die persönliche Teilnahmepflicht an der Hegeschau geeignet, die angestrebten Zwecke zu erreichen.

Hinweis zum Aufbau und zur Bewertung: Fehlerhaft wäre es, an dieser Stelle zu **58** erörtern, ob andere Mittel als die Hegeschau noch besser geeignet wären, die gewollten Zwecke zu verwirklichen. Das ist keine Frage der Geeignetheit, sondern der Erforderlichkeit des vom Gesetzgeber gewählten Mittels.

---

30 BayVerfGH, VerfGHE 40, 123 (123) (Leitsätze 3 und 4).
31 BVerfG, DVBl. 2007, S. 248 (249, Rn. 15).
32 BVerfG, DVBl. 2007, S. 248 (249 f., Rn. 16); BVerwG, DVBl. 2006, S. 60 (61 f.).
33 *Gallwas*, Grundrechte, Rn. 208; *Ipsen*, Repetitorium Staatsrecht II, S. 20.
34 BGHZ 91, 243 (250).
35 BayVerfGH, VerfGHE 40, 123 (130).

c) Erforderlichkeit

59 Die Pflicht, an der Hegeschau persönlich teilzunehmen, müsste erforderlich sein. Das ist der Fall, wenn der Zweck nicht durch ein gleich wirksames, aber weniger belastendes Mittel erreichbar ist[36]. Ein milderes Mittel könnte darin liegen, es bei der Verpflichtung aus § 22 Abs. 9 LJG NRW zu belassen. Danach muss der Jäger der unteren Jagdbehörde den Kopfschmuck und den Unterkiefer des erlegten männlichen Schalenwildes auf Verlangen vorlegen. Diese Vorlagepflicht ist, wenn sie an die Stelle der Teilnahme an der allgemeinen Hegeschau tritt, weniger belastend. Aber sie ist nicht genauso gut geeignet. Den einen Zweck, die Einhaltung der Abschusspläne zu kontrollieren, erreicht sie schlechter: Nur bei der Hegeschau tritt neben die behördliche noch die Kontrolle durch andere Jäger und ggf. die Öffentlichkeit[37]. Den anderen Zweck, die Jäger zusammenzuführen, erreicht die Vorlagepflicht nach § 22 Abs. 9 LJG NRW nicht. Ein milderes Mittel gleicher Eignung ist nicht ersichtlich, das gewählte Mittel erforderlich.

60 **Hinweis zur Bewertung:** Es schadet nicht, wenn ein Prüfling an dieser Stelle ein anderes milderes Mittel erörtert.

d) Angemessenheit

61 Das Mittel ist angemessen, wenn es zum verfolgten Zweck in recht gewichtetem und wohl abgewogenem Verhältnis steht[38]. Gegenüberzustellen sind die Belastungen, die das Mittel dem einzelnen Jäger bringt, und der Zweck, den es fördert.

62 Die Belastungen, die von der Teilnahme an der Hegeschau ausgehen, sind gering. Die Hegeschau findet selten statt (einmal im Jahr), dauert nur kurze Zeit (einen Tag) und erfordert keine weite Anreise (Ort im Zuständigkeitsbereich der unteren Jagdbehörde). Hinzu kommt, dass Jäger den Kopfschmuck ohnehin als Trophäe zu sammeln pflegen. Von relevanter Belastung erscheint daher allein, dass der Jäger bei nicht vollständiger oder nicht waidgerechter Erfüllung des Abschussplans mit kollegialer bzw. öffentlicher Kritik rechnen muss, und selbst diese Belastung fällt insofern weniger stark ins Gewicht, als jeder Jäger von vornherein weiß, dass er sich Kontrollen dieser Art regelmäßig zu stellen haben wird[39].

63 **Hinweis zur Bewertung:** BayVerfGH, VerfGHE 40, 123 (131) = BayVBl. 1988, S. 42 (44) erwähnt noch die Gefahr, dass der Jäger die Begehung einer Ordnungswidrigkeit offenbaren muss. Prüflinge brauchten den Aspekt mangels Hinweises im Sachverhalt nicht anzusprechen. Er erscheint nicht durchschlagend, weil wohl ein Verwertungsverbot bestünde, vgl. BVerfGK 4, 105 (108).

---

36 *Manssen*, Staatsrecht II, Rn. 175; *Pieroth/Schlink*, Grundrechte, Rn. 295; *Siekmann/Duttge*, Staatsrecht I, Rn. 196.
37 BayVerfGH, VerfGHE 40, 123 (131).
38 *Epping*, Grundrechte, Rn. 56; *von Münch*, Staatsrecht II, Rn. 267; *Sachs*, Verfassungsrecht II, A 10 Rn. 39 ff.
39 BayVerfGH, VerfGHE 40, 123 (131).

Der Zweck, den die Teilnahmepflicht fördert, wiegt schwer. Die Kontrolle des Wild- **64**
bestandes hat große Bedeutung für den Naturschutz[40], und die Bewahrung der natürlichen Lebensgrundlagen genießt gem. Art. 20a GG Verfassungsrang. Das Gewicht
dieses Zwecks wird allerdings insofern gemindert, als die Hegeschau den Zweck nur
zum Teil verwirklicht.

Nach alledem steht einem teilweise verwirklichten, bedeutenden Zweck von Ver- **65**
fassungsrang eine marginale Belastung des Grundrechtsberechtigten gegenüber. Die
Pflicht, an der Hegeschau persönlich teilzunehmen, ist daher grundsätzlich angemessen.

Hinweis zur Bewertung: A.A. wohl nur bei Punktabzug vertretbar, etwa mit Verweis **66**
auf die Ordnungswidrigkeiten oder wegen des – zu begründenden (!) – geringen Bei-
trags der Hegeschau zur Zweckerreichung.

Die Angemessenheit der Teilnahmepflicht könnte jedoch in Fällen entfallen, in denen **67**
Gründe in der Person des Jägers bestehen, die gegen seine Teilnahme an der Hegeschau sprechen (beispielsweise eigene Bettlägerigkeit; Todesfall in der Familie). In
diesen Fällen könnte das Gebot der Angemessenheit verlangen, den Jäger von der
Pflicht zur persönlichen Teilnahme zu befreien und die Vorlage des Kopfschmucks
und der Unterkiefer durch einen Boten zu akzeptieren. Dann würde der Zweck der
Hegeschau, die Erfüllung des Abschussplanes zu kontrollieren, immer noch ohne
größere Einbußen erreicht. Dagegen wäre die Kontaktaufnahme durch den und mit
dem abwesenden Jäger in diesem Jahr unmöglich. Gewinnen die Gründe, die in der
Person des Jägers liegen, also ein Gewicht, hinter dem die Kontaktpflege für ein Jahr
zurücksteht, ist die Pflicht zur persönlichen Teilnahme unangemessen. Die Anwesenheitspflicht „in jedem Fall", von der die Behörde in ihrer Auslegung des § 22
Abs. 10 LJG NRW ausgeht, verstößt gegen Art. 2 Abs. 2 S. 2 GG.

Hinweis zur Bewertung: Auch dieses Problem war im Sachverhalt angedeutet. Im **68**
Ergebnis erscheint die a. A. ebenfalls vertretbar. Der hier eingenommenen Position
entspricht das Landesrecht in Bayern, Sachsen und Thüringen, das ausdrücklich eine
Härtefallregelung trifft, siehe § 16 Abs. 4 S. 5 der Verordnung zur Ausführung des
Bayerischen Jagdgesetzes (AVBayJG) vom 1. März 1983, § 23 Abs. 4 S. 3 der Verord-
nung des Sächsischen Staatsministeriums für Umwelt und Landwirtschaft über die
Jagd (Sächsische Jagdverordnung – SächsJagdVO) vom 29. Oktober 2004 und § 11
Abs. 3 Unterabs. 2 S. 3 der Verordnung zur Ausführung des Thüringer Jagdgesetzes
(ThJGAVO) vom 7. April 2006.

Eine Erörterung der Frage, ob eine verfassungskonforme Auslegung des Gesetzes in
Frage kommt, war nicht geboten, weil ausdrücklich nur danach gefragt war, ob die
Auffassung der unteren Jagdbehörde, also § 22 Abs. 10 LJG NRW in der behördlichen
Auslegung, mit den Grundrechten des Grundgesetzes vereinbar ist. Erfolgt eine Erörte-
rung verfassungskonformer Auslegung gleichwohl, sollte das trotzdem nicht negativ

---

40 BayVerfGH, VerfGHE 40, 123 (131).

bewertet werden. Grenzen verfassungskonformer Auslegung sind der Wortlaut des Gesetzes und der erklärte Wille des Gesetzgebers. Der Wortlaut des § 22 Abs. 10 LJG NRW lässt eine Auslegung zu, wonach in Härtefällen die persönliche Präsenz nicht verlangt werden kann. Von seinen Zwecken erreicht der Gesetzgeber den Primärzweck weiterhin praktisch uneingeschränkt. Nur der Sekundärzweck leidet bei Ausnahmen in Härtefällen. Trotzdem dürfte eine verfassungskonforme Auslegung möglich bleiben, auch weil der Sekundärzweck ganz überwiegend erreicht wird: unter den Anwesenden noch bei dieser und mit Blick auf den Fehlenden wieder bei den nächsten Hegeschauen. Für diese Gewichtung der gesetzgeberischen Zwecke spricht auch § 55 Abs. 1 Nr. 12 LJG NRW, wonach nur das Unterlassen des Vorzeigens der Trophäen, nicht aber das Versäumen persönlicher Präsenz bußgeldbewehrt ist.

E. Allgemeine Handlungsfreiheit gem. Art. 2 Abs. 1 GG

69   Die Allgemeine Handlungsfreiheit tritt gegenüber dem spezielleren Grundrecht der körperlichen Bewegungsfreiheit als subsidiär zurück.

70   **Hinweis zum Aufbau:** Wer die Eröffnung der Schutzbereiche von Art. 2 Abs. 2 S. 2, Art. 8 Abs. 1, Art. 11 Abs. 1 und Art. 12 Abs. 1 GG verneint, muss die Allgemeine Handlungsfreiheit prüfen. Das Zitiergebot ist bei Art. 2 Abs. 1 GG nicht verletzt. Nach Rechtsprechung und herrschender Lehre erfasst Art. 19 Abs. 1 S. 2 GG die Allgemeine Handlungsfreiheit nicht, weil Art. 2 Abs. 1 GG nicht ausdrücklich davon handelt, dass das Grundrecht „durch Gesetz oder auf Grund eines Gesetzes eingeschränkt werden" kann, wie es Art. 19 Abs. 1 S. 1 GG verlangt, siehe BVerfGE 10, 89 (99); 28, 36 (46); *Jarass*, in: Jarass/Pieroth, Grundgesetz, Art. 2 Rn. 20; Art. 19 Rn. 4; *Pieroth/Schlink*, Grundrechte, Rn. 311; *Sachs*, Verfassungsrecht II, B 2 Rn. 38. Ein anderes Ergebnis dürfte wegen des Sinns des Zitiergebots, den Gesetzgeber vor Grundrechtseingriffen zu warnen, auch kaum zu vertreten sein: Weil gesetzliche Ge- und Verbote stets in die Allgemeine Handlungsfreiheit eingreifen, verkämen Zitate gerade dieses Grundrechts zu einer Förmelei, von der keine Warnfunktion ausginge.

F. Ergebnis

71   Die Auffassung der Behörde, wonach eine Pflicht zur persönlichen Teilnahme an der Hegeschau „in jedem Fall" besteht, verstößt gegen Art. 2 Abs. 2 S. 2 GG.

72   **Hinweis zum Aufbau:** Ausführungen zur Zweckmäßigkeit, insbesondere zum weiteren Vorgehen des Rechtsanwalts, sind überflüssig, weil die Fallfrage ausdrücklich nur auf die Rechtmäßigkeit der Behördenauffassung zielt.

Literaturverzeichnis

Alternativkommentar	Kommentar zum Grundgesetz für die Bundesrepublik Deutschland, hrsg. von Erhard Denninger/Wolfgang Hoffmann-Riem/Hans-Peter Schneider/Ekkehart Stein, Reihe Alternativkommentare, Loseblatt, 3. Aufl., Neuwied, Stand: August 2002
Badura, Peter	Staatsrecht, 4. Aufl., München 2010
Bonner Kommentar	Bonner Kommentar zum Grundgesetz, hrsg. von Rudolf Dolzer/Wolfgang Kahl/Christian Waldhoff/Karin Graßhof, Loseblatt, Heidelberg, Stand: August 2010
Dietel, Alfred/Gintzel, Kurt/Kniesel, Michael	Demonstrations- und Versammlungsfreiheit, 14. Aufl., Köln u.a. 2005
Dreier, Horst (Hrsg.)	Grundgesetz, Band I, 2. Aufl., Tübingen 2004
Epping, Volker	Grundrechte, 4. Aufl., Berlin 2010
Friauf, Karl Heinrich/ Höfling, Wolfram (Hrsg.)	Berliner Kommentar zum Grundgesetz, Loseblatt, Berlin, Stand: Juli 2010
Gallwas, Hans-Ullrich	Grundrechte, 2. Aufl., Neuwied u.a. 1995
Gusy, Christoph	Lehrbuch der Versammlungsfreiheit – BVerfGE 69, 315, in: JuS 1986, S. 608 ff.
Hufen, Friedhelm	Staatsrecht II. Grundrechte, 2. Aufl., München 2009
Ipsen, Jörn	Repetitorium Staatsrecht II. Grundrechte, Neuwied u.a. 2000
ders.	Staatsrecht II. Grundrechte, 13. Aufl., München 2010
Jarass, Hans D./ Pieroth, Bodo	Grundgesetz, 11. Aufl., München 2011
Kloepfer, Michael	Versammlungsfreiheit, in: Josef Isensee/Paul Kirchhof, Handbuch des Staatsrechts der Bundesrepublik Deutschland, Bd. VII, 3. Aufl., Heidelberg 2009, § 164
Mangoldt, Hermann von/ Klein, Friedrich/Starck, Christian (Begr./Hrsg.)	Grundgesetz, Band 3, 5. Aufl., München 2005
Manssen, Gerrit	Staatsrecht II. Grundrechte, 7. Aufl., München 2010
Maunz, Theodor/Dürig, Günter (Begr.)	Grundgesetz. Kommentar, Loseblatt, München, Stand: April 2010
Münch, Ingo von	Staatsrecht II, 5. Aufl., Stuttgart u.a. 2002
Münch, Ingo von/ Kunig, Philip (Hrsg.)	Grundgesetz-Kommentar, Band 1, 5. Aufl., München 2000
Pieroth, Bodo/ Schlink, Bernhard	Grundrechte. Staatsrecht II, 26. Aufl., Heidelberg 2010
Pieroth, Bodo/ Schlink, Bernhard/ Kniesel, Michael	Polizei- und Ordnungsrecht mit Versammlungsrecht, 6. Aufl., München 2010
Sachs, Michael	Verfassungsrecht II. Grundrechte, 2. Aufl., Berlin u.a. 2003

Sachs, Michael (Hrsg.)   Grundgesetz. Kommentar, 5. Aufl., München 2009
Schwabe, Jürgen   Grundkurs Staatsrecht, 5. Aufl., Berlin 1995
Siekmann, Helmut/   Staatsrecht I: Grundrechte, 3. Aufl.,
  Duttge, Gunnar   Thüngersheim u.a. 2000

Hausarbeit 2
Grabgestaltung und Andersgläubigenzuschlag[*]

von Katrin Haghgu

Die in der nordrhein-westfälischen Gemeinde G lebende Familie F gehört seit mehre- **1** ren Generationen der Organisation der Freimaurer an. Die Freimaurerei ist – der Definition im Brockhaus entsprechend – zu verstehen als „eine international verbrei- tete Bewegung (Bruderschaft), die sich einer humanitären, auf Toleranz und Achtung vor der Menschenwürde beruhenden Geisteshaltung verpflichtet fühlt". Die Freimau- rer treten „für die freie Entfaltung der Persönlichkeit, Hilfsbereitschaft, Brüderlichkeit und ein friedliches und sozial gerechtes Zusammenleben der Menschen ein. Grundla- ge freimaurerischen Selbstverständnisses ist die Überzeugung, dass alle Konflikte ohne zerstörerische Auswirkungen ausgetragen werden können, wenn ein ausreichen- des Vertrauensverhältnis zwischen allen Menschen geschaffen werden kann. Die in der brüderlichen Gemeinschaft in Tempelarbeiten gewonnene Selbsterkenntnis soll zugleich Gewissen und Verantwortungsgefühl gegenüber Staat und Gesellschaft schär- fen. Das Ritual der Freimaurer (…) kann als ein dynamisches Symbol des kosmischen Geschehens gedeutet werden. Das teilnehmende Logenmitglied ordnet sich mithilfe der Symbolik der rituellen Handlungen bewusst in die Gesetzmäßigkeit des Univer- sums ein und soll durch diese lebendige Beziehung lernen, sein Leben in immer zunehmenderem Maß aus einem übergeordneten Bewusstsein heraus zu gestalten" (Brockhaus, Enzyklopädie in 30 Bänden, Band 9, 21. Aufl., Leipzig/Mannheim 2006, S. 730). Die Katholische Kirche steht der Organisation der Freimaurer ablehnend gegenüber. In der Zeit zwischen 1738 und 1918 hat sie die Freimaurer in zwölf päpstlichen Stellungnahmen verurteilt und Freimaurer wegen antiklerikaler Ziele und humanistisch-deistischer Weltanschauung exkommuniziert. Die Deutsche Bischofs- konferenz geht heute noch von einer generellen Unvereinbarkeit von Freimaurerei und Kirchenmitgliedschaft aus. Die Freimaurer ihrerseits verhalten und äußern sich auch in Bezug auf die christlichen Kirchen neutral. Es ist davon auszugehen, dass die Freimaurer inzwischen auch Frauen in ihre Bruderschaft aufnehmen.

Die Familie F besitzt auf dem einzigen Friedhof in G, einem katholischen Friedhof, eine Familiengrabstätte. Ein kommunaler Friedhof ist in zumutbarer Entfernung nicht vorhanden. Kirchenmitglieder sind die Familienangehörigen nicht. Die Familie F be- absichtigt, das Grabmal auf der Familiengrabstätte mit einem Symbol der Freimaurer, dem über einem Winkel liegenden Zirkel, zu versehen. Auf zahlreichen Grabsteinen des Friedhofs befinden sich christliche Symbole. Das freimaurerische Symbol, das die Familienangehörigen anbringen wollen, soll insgesamt, insbesondere hinsichtlich Größe und Form, unauffällig gestaltet werden. Die Friedhofverwaltung versagt je- doch die Zustimmung zur Veränderung des Grabmals. Sie stützt sich dabei auf eine Bestimmung der auf Grundlage des § 4 Abs. 1 BestG NRW erlassenen Friedhofssat-

* Herausgeber und Bearbeiterin danken *Coob Buss* und *Philip Seel* für wertvolle Unterstützung.

zung, nach der jede Grabstätte so zu gestalten und so an die Umgebung anzupassen ist, dass die Würde des Friedhofs in seinen einzelnen Teilen und in seiner Gesamtanlage gewahrt und auf die Rechte anderer Friedhofnutzer Rücksicht genommen wird (§ 21 der Friedhofssatzung). In einer weiteren Satzungsbestimmung ist geregelt, dass die Errichtung und jede Veränderung von Grabmalen der vorherigen schriftlichen Zustimmung der Friedhofsverwaltung bedarf (§ 22 der Friedhofssatzung).

Nach Auffassung der Friedhofsverwaltung bedeute das freimaurerische Symbol eine Verletzung der Würde des Friedhofs. Die Rechte der anderen, insbesondere der katholischen Friedhofsnutzer seien durch dessen Anbringung beeinträchtigt. Andere Friedhofsnutzer würden durch das Symbol gestört. Auch stehe die Katholische Kirche der Freimaurerei seit Jahrhunderten ablehnend gegenüber. Auf einem katholischen Friedhof müsse ein freimaurerisches Zeichen nicht geduldet werden. Die Familienangehörigen sehen sich durch die Versagung der Zustimmung zur Gestaltung der eigenen Familiengrabstätte in ihrer Weltanschauungsfreiheit verletzt. Sie tragen vor, es entspreche ihrem Selbstverständnis als Freimaurer, sich durch die Verwendung von Symbolen als solche zu offenbaren. Der Grabgestaltungswunsch sei Ausdruck ihrer zu schützenden Weltanschauungsfreiheit. Im Übrigen halten sie die Ungleichbehandlung gegenüber anderen, insbesondere christlichen Friedhofsnutzern, denen die Anbringung von glaubensbezogenen Symbolen erlaubt werde, für unzulässig.

Aufgabe 1: Verletzt die Versagung der Zustimmung zur Anbringung des freimaurerischen Symbols Grundrechte der Familienangehörigen?

Die ebenfalls auf § 4 Abs. 1 BestG NRW gestützte, formell ordnungsgemäß erlassene Friedhofsgebührensatzung sieht in § 5 vor, dass im Fall der Bestattung von Personen, die bei ihrem Tod nicht Mitglied der Kirche waren, von den Angehörigen ein um 50 Prozent erhöhter Betrag der Bestattungsgebühr zu entrichten ist. Die Regelung wird damit begründet, dass der Friedhof auch durch Zuschüsse aus der Kirchensteuer unterhalten werde. Zum Kirchensteueraufkommen hätten Nichtkirchenmitglieder aber zu ihren Lebzeiten nicht beigetragen. Als B, ein Mitglied der Familie F, der ebenfalls nicht der Kirche angehörte, verstirbt und bestattet wird, werden die Angehörigen als Gebührenschuldner auf Grundlage dieser Vorschrift zur Zahlung der erhöhten Bestattungsgebühr aufgefordert.

Aufgabe 2: Sind die Angehörigen des B durch die in § 5 der Friedhofsgebührensatzung angeordnete Erhebung einer erhöhten Bestattungsgebühr in Gleichheitsgrundrechten verletzt?

Hinweis zur Bearbeitung: Es ist zu unterstellen, dass die §§ 21 und 22 der Friedhofssatzung verfassungsgemäß sind und in § 4 BestG NRW eine ebenfalls verfassungsgemäße Ermächtigungsgrundlage haben. Art. 6 GG und Art. 14 GG sind nicht zu prüfen.

Auszug aus dem nordrhein-westfälischen Bestattungsgesetz (BestG NRW):

§ 1 Friedhöfe

2

(1) Die Gemeinden gewährleisten, dass Tote (Leichen, Tot- und Fehlgeburten) auf einem Friedhof bestattet und ihre Aschenreste beigesetzt werden können.

(2) Gemeinden und Religionsgemeinschaften, die Körperschaften des öffentlichen Rechts sind, dürfen Friedhöfe und Feuerbestattungsanlagen anlegen und unterhalten (Friedhofsträger).

(3)–(5) …

§ 4 Satzungen

Die Friedhofsträger regeln durch Satzung Art, Umfang und Zeitraum der Nutzung und Gestaltung des Friedhofs und dessen Einrichtungen …

Gliederung

Gutachten

Aufgabe 1

A. Verletzung von Art. 4 Abs. 1 und 2 GG

Die Familienangehörigen könnten durch die Versagung der Anbringung des Freimau- **4**
rersymbols in ihrem Grundrecht aus Art. 4 Abs. 1 und 2 GG verletzt sein. Das Grundrecht ist verletzt, wenn ein Eingriff in den Schutzbereich vorliegt, der nicht verfassungsrechtlich gerechtfertigt ist.

I. Eröffnung des Schutzbereichs

1. Sachlicher Schutzbereich

Gem. Art. 4 Abs. 1 GG sind die Freiheit des Glaubens, des Gewissens und die Freiheit **5**
des religiösen und weltanschaulichen Bekenntnisses unverletzlich. Art. 4 Abs. 2 GG
gewährleistet die ungestörte Religionsausübung. Trotz dieser scheinbaren Aufspal-
tung der religiös-weltanschaulichen Gewährleistungen bilden nach Auffassung des
BVerfG und des überwiegenden Teils der Literatur Art. 4 Abs. 1 und 2 GG ein einheit-

liches Grundrecht[1], für das man den Oberbegriff der Glaubensfreiheit[2] wählen kann. Glauben lässt sich definieren als die subjektive Überzeugung und Gewissheit in Bezug auf eine Religion oder Weltanschauung[3].

a) Vorliegen einer Weltanschauung

6 Unter Religion und Weltanschauung ist eine mit der Person des Menschen verbundene Gewissheit über bestimmte Aussagen zum Weltganzen sowie zur Herkunft und zum Ziel des menschlichen Lebens zu verstehen[4]. Religion und Weltanschauung werden regelmäßig über das Begriffspaar Transzendenz und Immanenz voneinander unterschieden; die Religion soll eine den Menschen überschreitende und umgreifende Wirklichkeit zugrunde legen, die Weltanschauung soll auf innerweltliche Bezüge beschränkt sein[5]. Da Religion und Weltanschauung in gleicher Weise geschützt sind, bedarf es keiner Abgrenzung[6]. Die Freiheit der Religionsausübung i.S.v. Art. 4 Abs. 2 GG bezieht sich insbesondere auch auf die Weltanschauung[7].

7 Die hier in Frage stehende Freimaurerbewegung hat sich einer bestimmten Geisteshaltung verpflichtet. Sie hat aus dieser Haltung heraus ein umfassendes Ziel des menschlichen Lebens formuliert und darauf aufbauend die Sinnfrage beantwortet. Da die Freimaurer von ihrem Selbstverständnis her in ihren zentralen Aussagen (wohl) allein diesseitsbezogen bleiben und sich auf das im Rahmen menschlichen Erkenntnisvermögens Erfassbare stützen, sind sie keine Religion, sondern eine Weltanschauung i.S.d. Art. 4 Abs. 1 und 2 GG. Selbst wenn für die Anerkennung als Weltanschauungsgemeinschaft zusätzlich gefordert werden sollte, dass diese hinsichtlich Geschlossenheit und Sinngebungskraft mit den bekannten Religionen vergleichbar sein muss[8], sind die Freimaurer als Weltanschauungsgemeinschaft anzusehen, da der von ihnen entwickelte Erklärungsanspruch umfassend ist und sich aus ihm Folgerungen für die gesamte Lebensführung ergeben. Die Freimaurerei ist damit eine Weltanschauung i.S.v. Art. 4 Abs. 1 und 2 GG.

b) Geschütztes Verhalten

8 Auch das konkrete Verhalten, hier die Anbringung eines Freimaurersymbols am Grabmal der Familiengrabstätte, müsste unter Art. 4 Abs. 1 und 2 GG fallen. Nach der Rechtsprechung des BVerfG fällt in den Schutzbereich des Art. 4 Abs. 1 und 2 GG zunächst die gesamte religiös oder weltanschaulich motivierte Lebensführung. Der

---

1 BVerfGE 24, 236, 245; 83, 341, 354; 108, 282, 297; *Jarass*, in: Jarass/Pieroth, GG, Art. 4 Rn. 1; *Morlok*, in: Dreier, GG, Art. 4 Rn. 54.
2 BVerfGE 32, 98, 106 f.; 93, 1, 15; *Jarass*, in: Jarass/Pieroth, GG, Art. 4 Rn. 2.
3 *Jarass*, in: Jarass/Pieroth, GG, Art. 4 Rn. 7; *Mager*, in: v. Münch/Kunig, GG, Art. 4 Rn. 12.
4 BVerwGE 90, 112, 115; *Jarass*, in: Jarass/Pieroth, GG, Art. 4 Rn. 8.
5 BVerwGE 90, 112, 115; *Mager*, in: v. Münch/Kunig, GG, Art. 4 Rn. 14; *Morlok*, in: Dreier, GG, Art. 4 Rn. 67 f.
6 BVerwGE 90, 1, 4; 90, 112, 115 f.; *Jarass*, in: Jarass/Pieroth, GG, Art. 4 Rn. 7; *Morlok*, in: Dreier, GG, Art. 4 Rn. 67.
7 *Jarass*, in: Jarass/Pieroth, GG, Art. 4 Rn. 7.
8 BVerwGE 89, 368, 371; *Herzog*, in: Maunz/Dürig, GG, Art. 4 Rn. 67; *Starck*, in: v. Mangoldt/Klein/Starck, GG, Art. 4 Rn. 33.

Schutzbereich umfasst danach neben dem Bilden und Haben einer Religion oder Weltanschauung auch sämtliches Verhalten, das religiös oder weltanschaulich motiviert ist[9]. Vorliegend wollen die Angehörigen als Ausdruck ihrer Zugehörigkeit zur Freimaurerbewegung das Grabmal ihrer Familiengrabstätte mit einem Freimaurersymbol versehen. Ihr Handeln ist damit weltanschaulich motiviert.

Um die Ausuferung des Schutzbereichs von Art. 4 Abs. 1 und 2 GG zu verhindern, **9** werden von der Rechtsprechung und der Literatur an das Handeln jedoch unter Verwendung unterschiedlicher Erheblichkeitskriterien weitere Anforderungen gestellt. Es bedürfe – auch unter Berücksichtigung des Selbstverständnisses einer Religions- oder Weltanschauungsgemeinschaft – der Feststellung der Konnexität zwischen einer religiösen oder weltanschaulichen Überzeugung und dem entsprechenden Handeln[10]. Insoweit wird auch gefordert, dass der Betroffene wegen seines Glaubens nicht ohne innere Not von dem betreffenden Handeln absehen kann[11]. Insbesondere das BVerwG hat darauf abgestellt, ob es sich bei dem betreffenden Handeln um eine zwingende Verhaltensregel handelt[12]. Das BVerfG ist jedenfalls davon ausgegangen, dass es nicht ausreichen kann, dass das Handeln nur als glaubensgeleitet und verpflichtet behauptet wird, die Behauptung muss auch plausibel sein[13]. Zuletzt hat es ausgeführt, dass nicht nur imperative Glaubenssätze, sondern auch solche religiösen bzw. weltanschaulichen Überzeugungen, die ein Verhalten als das zur Bewältigung einer Lebenslage richtige erscheinen lassen, in den Schutzbereich von Art. 4 Abs. 1 und 2 GG fallen[14].

Diese Einschränkungen sollen aber – auch wenn dies nicht immer deutlich zum Ausdruck gebracht wird – offenbar nur dann greifen, wenn es um Handlungen geht, die **10** rein äußerlich neutral sind[15]. Dass die traditionelle Manifestation der Glaubensinhalte durch Riten und auch Symbole als Handeln in jedem Fall in den Schutzbereich von Art. 4 Abs. 1 und 2 GG fällt, wird regelmäßig nicht in Frage gestellt[16]. Als Bekenntnisfreiheit wird durch Art. 4 GG die Freiheit garantiert, religiöse und weltanschauliche Überzeugungen der Mitwelt in den üblichen Formen der Sinnobjektivierung, also durch Wort, Schrift und Bild, kundzutun. Die Gestaltung eines Grabmals mit religiöser oder weltanschaulicher Symbolik ist daher regelmäßig ein von Art. 4 Abs. 1 und 2 GG geschütztes Verhalten[17]. Im Übrigen ist auch nach engerem Verständnis von Art. 4 Abs. 1 und 2 GG der Schutzbereich jedenfalls dann betroffen, wenn eine staatliche Maßnahme eine religiös oder weltanschaulich motivierte Handlung als solche regulieren will[18]. Dies geschieht vorliegend mit der Untersagung der Zustimmung zur Anbringung eines weltanschaulichen Symbols gerade wegen der dahinter stehenden

---

9 BVerfGE 32, 98, 106; 93, 1, 15; *Jarass*, in: Jarass/Pieroth, GG, Art. 4 Rn. 12; *Morlok*, in: Dreier, GG, Art. 4 Rn. 60 f., 79; *Pieroth/Schlink*, Grundrechte, Rn. 548.
10 *v. Campenhausen*, in: HStR VII, § 157 Rn. 94.
11 *Jarass*, in: Jarass/Pieroth, GG, Art. 4 Rn. 13.
12 BVerwGE 99, 1, 7; 112, 227, 235.
13 BVerfGE 83, 341, 353.
14 BVerfGE 108, 282, 297.
15 *v. Campenhausen*, in: HStR VII, § 157 Rn. 95; *Morlok*, in: Dreier, GG, Art. 4 Rn. 80.
16 BVerfGE 93, 1, 15; *Jarass*, in: Jarass/Pieroth, GG, Art. 4 Rn. 10.; *Pieroth/Schlink*, Grundrechte, Rn. 548.
17 *Zippelius*, in: Dolzer/Kahl/Waldhoff/Graßhof, BK, Art. 4 Rn. 95.
18 *Mager*, in: v. Münch/Kunig, GG, Art. 4 Rn. 17.

Weltanschauung. Die in Frage stehende Handlung ist ein von Art. 4 Abs. 1 und 2 GG geschütztes Verhalten. Der sachliche Schutzbereich von Art. 4 Abs. 1 und 2 GG ist damit eröffnet.

2. Persönlicher Schutzbereich

11 Das Grundrecht aus Art. 4 Abs. 1 und 2 GG ist ein Jedermann-Grundrecht, steht somit allen natürlichen Personen zu[19]. Die Angehörigen fallen damit in den persönlichen Schutzbereich.

II. Eingriff

12 Ein Eingriff ist jedes hoheitliche Handeln, das dem Einzelnen ein Verhalten, das in den Schutzbereich eines Grundrechts fällt, ganz oder teilweise unmöglich macht[20].

13 **Hinweis zum Aufbau:** Hier wird auf den modernen Eingriffsbegriff abgestellt. In Fällen, in denen – so wie hier – das Vorliegen eines Eingriffs im klassischen Sinne unproblematisch bejaht werden kann, kann m.E. aber auch der klassische Eingriffs-begriff herangezogen werden. Zwar ist nach allgemeiner Auffassung von einem moder-nen Eingriffsbegriff auszugehen; dass ein Eingriff im klassischen Sinne jedoch in je-dem Fall einen Eingriff in den Schutzbereich darstellt, ist ebenfalls unbestritten.

1. Hoheitliches Handeln

14 Fraglich ist bereits, ob ein hoheitliches Handeln vorliegt. Dies könnte zweifelhaft sein, weil hier die Kirche als Friedhofsträgerin die Zustimmung versagt. Grundsätz-lich gehören die öffentlich-rechtlichen Religionsgemeinschaften nicht zur öffentlichen Gewalt im Sinne von Art. 1 Abs. 3 GG[21]. Aus der Organisation als öffentlich-rechtliche Körperschaften gem. Art. 140 GG i.V.m. Art. 137 Abs. 5 WRV folgt keine Gleichstel-lung mit anderen öffentlich-rechtlichen Körperschaften. Die Religionsgesellschaften sind nicht in den Staat eingegliedert[22]. Soweit der innerste geistliche Aufgabenbereich betroffen ist, kommt eine Grundrechtsverpflichtung der Kirche nicht in Betracht. In diesem Bereich ist die Kirche vielmehr grundrechtsberechtigt[23]. Übt die Kirche dage-gen vom Staat übertragene Hoheitsgewalt aus oder überschreiten ihre Maßnahmen den kirchlichen Bereich, ist sie grundrechtsverpflichtet[24].

15 Nach einer Ansicht handelt es sich beim Friedhofswesen um eine vom Staat übertra-gene Aufgabe. Die Kirche sei insoweit Träger staatlicher Machtbefugnisse und han-dele damit hoheitlich, jedenfalls soweit sie mit der Regelung der allgemeinen Nut-

---

19 *Jarass*, in: Jarass/Pieroth, GG, Art. 4 Rn. 18.
20 *Pieroth/Schlink*, Grundrechte, Rn. 253.
21 BVerfGE 18, 385, 386 f.; 42, 312, 321 f.; 53, 366, 387; 102, 370, 387 f.; *Dreier*, in: Dreier, GG, Art. 1 Abs. 3 Rn. 73; *Jarass*, in: Jarass/Pieroth, GG, Art. 1 Rn. 37.
22 BVerfGE 18, 385, 386 f.; 66, 1, 19 f.; *Pieroth*, in: Jarass/Pieroth, GG, Art. 140 Art. 137 WRV Rn. 16.
23 *Dreier*, in: Dreier, GG, Art. 1 Abs. 3 Rn. 74; *Weber*, ZevKR 42 (1997), S. 289.
24 *v. Campenhausen/de Wall*, Staatskirchenrecht, § 14 III; *Dreier*, in: Dreier, GG, Art. 1 Abs. 3 Rn. 75; *Starck*, in: v. Mangoldt/Klein/Starck, GG, Art. 1 Abs. 3 Rn. 251.

zungsbedingungen (z.B. Grabmalgestaltung, Gebührenerhebung) nicht im inneren, geistlichen Bereich (z.B. Beerdigung als gottesdienstähnliche Handlung)[25] tätig werde[26]. Teilweise wird sie in diesem Zusammenhang als Beliehene qualifiziert[27]. Vorliegend bestimmt § 1 Abs. 1 BestG NRW, dass die staatliche Aufgabe der Totenbestattung von den Gemeinden wahrzunehmen ist. Nach § 1 Abs. 2 BestG NRW können Gemeinden und Religionsgemeinschaften, die Körperschaften des öffentlichen Rechts sind, Friedhofsträger sein. Als Friedhofsträger haben auch diese gem. § 4 Abs. 1 BestG NRW die Befugnis, durch Satzung die Nutzung und Gestaltung des Friedhofs und dessen Einrichtungen zu regeln. Wenn hier also die Kirche als Friedhofsträgerin Vorgaben für die Grabmalgestaltung und damit für die allgemeine Nutzung des Friedhofs macht, betrifft dies den vom Staat übertragenen Aufgabenbereich; die Kirche handelt nach der dargestellten Ansicht demnach hoheitlich.

Nach anderer Auffassung gehört das Friedhofswesen zu den eigenen Angelegenheiten **16** der Kirche[28]. Mit der Übernahme der Verwaltung des Friedhofs übernehmen die Religionsgemeinschaften demnach keine staatlichen Funktionen. Nicht der Staat habe bestimmte Aufgaben im Friedhofswesen an die Kirche delegiert. Vielmehr seien die Kommunen als Friedhofsträger neben die Kirchen getreten[29]. Jedoch nehmen auch nach dieser Ansicht die Kirchen bei der Friedhofsverwaltung zumindest dann hoheitliche Aufgaben wahr bzw. sind grundrechtsverpflichtet, wenn der Friedhof – angesichts von tatsächlichem oder rechtlichem Benutzungszwang – Monopolcharakter besitzt[30]. Maßnahmen seien in diesem Fall als Akte hoheitlicher Verwaltung zu qualifizieren, die der staatlichen Gerichtsbarkeit unterliegen[31]. Da der kirchliche Friedhof vorliegend der einzige in zumutbarer Entfernung ist, handelt es sich um einen Monopolfriedhof. Auch nach dieser Ansicht handelt die Kirche demnach hoheitlich. Eine Entscheidung zwischen den beiden Ansichten ist nicht erforderlich. Die Versagung der Zustimmung zur Anbringung des Freimaurersymbols stellt ein hoheitliches Handeln dar.

2. Weitere Merkmale eines Eingriffs

Die Verweigerung der Zustimmung zur Anbringung des Freimaurersymbols bedeutet **17** zudem eine Verkürzung des Schutzbereichs von Art. 4 Abs. 1 und 2 GG. Den Angehörigen wird ein Verhalten, das in den Schutzbereich fällt, unmöglich gemacht. Es liegt ein Eingriff in den Schutzbereich von Art. 4 Abs. 1 und 2 GG vor.

III. Verfassungsrechtliche Rechtfertigung

1. Schranken des Art. 4 Abs. 1 und 2 GG

Art. 4 Abs. 1 und 2 GG nennt keine Schranken der Weltanschauungsfreiheit. **18**

---

25 *Rüfner*, in: HStR V, § 117 Rn. 52.
26 BVerwGE 121, 17, 19; *Jarass*, in: Jarass/Pieroth, GG, Art. 1 Rn. 37; *Mager*, in: v. Münch/Kunig, GG, Art. 4 Rn. 53; *Rüfner*, in: HStR V, § 117 Rn. 52.
27 *Weber*, ZevKR 33 (1988), S. 29 f.
28 *v. Campenhausen/de Wall*, Staatskirchenrecht, § 22, S. 186; *Sperling*, ZevKR 33 (1988), S. 39 f.
29 *v. Campenhausen/de Wall*, Staatskirchenrecht, § 22, S. 186.
30 *Sperling*, ZevKR 33 (1988), S. 42, 45; *ders.*, DÖV 1993, S. 198.
31 *v. Campenhausen/de Wall*, Staatskirchenrecht, § 22, S. 188; *Sperling*, ZevKR 33 (1988), S. 42, 47.

a) Art. 140 GG i.V.m. Art. 136 Abs. 1 WRV

19 Art. 136 Abs. 1 WRV bestimmt, dass die bürgerlichen und staatsbürgerlichen Rechte und Pflichten durch die Ausübung der Religionsfreiheit weder bedingt noch beschränkt werden. Hieraus könnte auf einen Gesetzesvorbehalt geschlossen werden, wenn die Vorschrift dahingehend zu verstehen wäre, dass die bürgerlichen und staatsbürgerlichen Pflichten ungeachtet der Religions- und Weltanschauungsfreiheit bestehen, also als Schranken wirken.

aa) Kein Gesetzesvorbehalt aus Art. 140 GG i.V.m. Art. 136 Abs. 1 WRV

20 Das BVerfG und ein Teil der Literatur lehnen die Anwendbarkeit des Art. 136 Abs. 1 WRV ab[32]. Der Verfassungsgesetzgeber habe die Glaubens- und Gewissensfreiheit aus dem Zusammenhang der Kirchenartikel der Weimarer Reichsverfassung gelöst und ohne jeden Gesetzesvorbehalt in den an der Spitze der Verfassung stehenden Katalog verbindlicher Grundrechte aufgenommen. Art. 136 Abs. 1 WRV sei deshalb im Lichte der im Gegensatz zur früheren Verfassungsrechtslage erheblich verstärkten Tragweite des Grundrechts der Glaubens- und Gewissensfreiheit auszulegen und werde angesichts des hohen Rangs der Glaubensfreiheit von Art. 4 Abs. 1 GG überlagert. Welche staatsbürgerlichen Pflichten i.S.d. Art. 136 Abs. 1 WRV gegenüber dem Freiheitsrecht des Art. 4 Abs. 1 GG mit staatlichem Zwang durchgesetzt werden dürfen, lasse sich unter der Herrschaft des Grundgesetzes nur nach Maßgabe der in Art. 4 Abs. 1 GG getroffenen Wertentscheidung feststellen[33].

bb) Gesetzesvorbehalt aus Art. 140 GG i.V.m. Art. 136 Abs. 1 WRV

21 Das BVerwG und ein Teil der Literatur sehen dagegen in Art. 136 Abs. 1 WRV eine Schranke von Art. 4 Abs. 1 und 2 GG[34]. Art. 140 GG i.V.m. Art. 136 Abs. 1 WRV stellen danach Art. 4 Abs. 1 und 2 GG – vergleichbar mit der Schranke in Art. 5 Abs. 2 GG – unter den Vorbehalt der allgemeinen Gesetze, die sich nicht speziell gegen die Ausübung der Glaubensfreiheit als solche richten bzw. an sie besondere Rechte und Pflichten knüpfen. Die Bestimmungen der Weimarer Reichsverfassung seien auch nach der Rechtsprechung des BVerfG[35] als vollgültiges Verfassungsrecht zu charakterisieren. Als solches könne Art. 136 Abs. 1 WRV nicht von einem anderen Artikel des Grundgesetzes überlagert werden[36]. Nur die Fortgeltung des Art. 136 Abs. 1 WRV mache verständlich, dass Art. 4 Abs. 1 und 2 GG keine Schrankenregelung enthalte. Angesichts des weiten und subjektiv geprägten Schutzbereichs des Grundrechts könnten nicht alle aus einer Glaubensüberzeugung gespeisten Verhaltensweisen

---

32 BVerfGE 33, 23, 30 f.; 102, 370, 387; BVerfG-K, NJW 2002, 206, 207; *Herdegen*, in: Dolzer/Kahl/Waldhoff/Graßhof, BK, Art. 4 Rn. 84 ff., 89; *Korioth*, in: Maunz/Dürig, GG, Art. 140 GG, Art. 136 WRV Rn. 54; *Morlok*, in: Dreier, GG, Art. 4 Rn. 112.

33 BVerfGE 33, 23, 30 f.

34 BVerwGE 112, 227, 231 f.; *Ipsen*, Staatsrecht II, Rn. 385; *Jarass*, in: Jarass/Pieroth, GG, Art. 4 Rn. 28; *Kokott*, in: Sachs, GG, Art. 4 Rn. 119 f.; *Mager*, in: v. Münch/Kunig, GG, Art. 4 Rn. 48; *Muckel*, in: Friauf/Höfling, GG, Art. 4 Rn. 52; *Starck*, in: v. Mangoldt/Klein/Starck, GG, Art. 4 Rn. 87 ff.

35 BVerfGE 19, 206, 219.

36 *Mager*, in: v. Münch/Kunig, GG, Art. 4 Rn. 47.

generell von der Verpflichtung zur Einhaltung der allgemeinen Gesetze freizustellen sein, soweit nicht ein von der Verfassung selbst geschütztes anderes Rechtsgut beeinträchtigt werde[37].

cc) Stellungnahme

Für die Ansicht des BVerfG kann die Entstehungsgeschichte herangezogen werden[38]. **22** So wurden zwar die Art. 136 ff. WRV in das Grundgesetz aufgenommen. Dies gilt aber nicht für Art. 135 WRV, der die Religionsfreiheit gewährleistete und in Satz 3 unter einen Vorbehalt der allgemeinen Gesetze stellte. Hieraus lässt sich folgern, dass der Verfassungsgeber Art. 4 Abs. 1 und 2 GG gerade nicht unter einen Gesetzesvorbehalt stellen wollte[39].

Zwar wurde im Parlamentarischen Rat diskutiert, ob Art. 4 GG seine Schranke in der **23** verfassungsmäßigen Ordnung des Art. 2 Abs. 1 GG finden sollte. Zugleich wurde aber der Wille zur Stärkung der Glaubensfreiheit im Parlamentarischen Rat deutlich zum Ausdruck gebracht[40]. Die Anwendung der Schranke aus Art. 2 Abs. 1 GG hätte hierzu in einem deutlichen Gegensatz gestanden, geht diese doch über den Vorbehalt der allgemeinen Gesetze, wie er in Art. 135 S. 3 WRV vorgesehen war, hinaus. Der Umstand, dass der Gesetzesvorbehalt aus Art. 135 S. 3 WRV nicht in das Grundgesetz aufgenommen wurde, ist zudem insoweit von Bedeutung, als Art. 136 Abs. 1 WRV auch unter Geltung der Weimarer Reichsverfassung wohl nicht die Funktion eines Gesetzesvorbehalts erfüllte. Zwar hat insbesondere *Anschütz* formuliert, dass Art. 136 Abs. 1 WRV sich mit Art. 135 S. 3 WRV decke[41]. Dass Art. 136 Abs. 1 WRV als Gesetzesvorbehalt eigenständige Bedeutung hatte – und auch ohne Übernahme von Art. 135 WRV weiterhin haben sollte –, lässt sich daraus jedoch zumindest ohne weiteres nicht herleiten[42]. Auch aus diesem Grund kann die gegenteilige Ansicht nicht überzeugen, wenn sie aus Art. 136 Abs. 1 WRV einen Vorbehalt der *allgemeinen* Gesetze herleiten will. Ausdrücklich und ohne Rückgriff auf Art. 135 S. 3 WRV gibt die Formulierung in Art. 136 Abs. 1 WRV dies jedenfalls nicht her[43].

Neben der Entstehungsgeschichte legt auch die Systematik eine Interpretation im **24** Sinne der Rechtsprechung des BVerfG nahe. Art. 136 Abs. 1 WRV bezieht sich nur auf die Glaubensfreiheit, nicht aber auf die Gewissensfreiheit. Es ist aber kein Grund dafür ersichtlich, warum diese stärker geschützt werden soll, als die Glaubensfreiheit[44]. Die Auffassung des BVerfG stützt auch ein weiteres systematisches Argument: So gibt es keine Grundrechtsgarantie, deren Gesetzesvorbehalt außerhalb des Grundrechtsteils der Art. 1 bis 19 GG bzw. der grundrechtsgleichen Rechte (Art. 101, 103 und 104 GG) normiert ist[45].

---

37 BVerwGE 112, 227, 231.
38 *Matz*, in: JöR NF 1 (1951), S. 73 ff.
39 *Morlok*, in: Dreier, GG, Art. 4 Rn. 112.
40 *Korioth*, in: Maunz/Dürig, GG, Art. 140 GG, Art. 136 WRV Rn. 54.
41 *Anschütz*, WRV, Art. 136 WRV, Anm. 1.
42 *Korioth*, in: Maunz/Dürig, GG, Art. 140 GG, Art. 136 WRV Rn. 54.
43 *Korioth*, in: Maunz/Dürig, GG, Art. 140 GG, Art. 136 WRV Rn. 54.
44 *Morlok*, in: Dreier, GG, Art. 4 Rn. 112.
45 *Korioth*, in: Maunz/Dürig, GG, Art. 140 GG, 136 WRV Rn. 54.

25 Auch Sinn und Zweck erfordern die Anwendung der Schranke des Art. 136 Abs. 1 WRV nicht. Über die Anwendung kollidierenden Verfassungsrechts lässt sich – jedenfalls bei enger Auslegung des Schutzbereichs – zu vernünftigen Ergebnissen gelangen[46]. Mit der vorzugswürdigen Ansicht des BVerfG ist somit in Art. 136 Abs. 1 WRV keine Schranke des Art. 4 Abs. 1 und 2 GG zu sehen.

26 **Hinweis zum Aufbau:** Mit der zunehmend herrschenden Literaturmeinung ist ein anderes Ergebnis sehr gut zu vertreten. Dann wäre der Eingriff an der Schranke der allgemeinen Gesetze zu prüfen.

b) Art. 140 GG i.V.m. Art. 137 Abs. 3 WRV

27 Die Schranke des Art. 140 GG i.V.m. Art. 137 Abs. 3 WRV kommt vorliegend nicht in Betracht. Die Vorschrift ermöglicht die Einschränkung der Rechte von Religionsgesellschaften, indem sie diese bei der Ordnung und Verwaltung ihrer Angelegenheiten an die „für alle geltenden Gesetze" bindet. Hier sind Rechte der Angehörigen betroffen.

c) Schrankenübertragung aus Art. 2 Abs. 1 GG und Art. 5 Abs. 2 GG

28 Eine Beschränkbarkeit von Art. 4 Abs. 1 und 2 GG durch die in Art. 2 Abs. 1 GG genannte Schrankentrias[47] ist mit dem Verhältnis der Subsidiarität des Art. 2 Abs. 1 GG zur Spezialität der Einzelfreiheitsrechte nicht in Einklang zu bringen[48]. Die Interpretation des Art. 2 Abs. 1 GG als allgemeine Handlungsfreiheit hat Konsequenzen für die Auslegung der Schranken, die in ihrer Ausdehnung, insbesondere was die „verfassungsmäßige Ordnung" betrifft, nicht auf Art. 4 Abs. 1 und 2 GG passen[49]. Die Nichtanwendbarkeit von Art. 5 Abs. 2 GG ergibt sich aus dem im Grundgesetz verfolgten Prinzip der Schrankenspezialität[50]. Eine Übertragung der Schranken aus Art. 2 Abs. 1 GG oder Art. 5 Abs. 2 GG kommt somit nicht in Betracht[51].

d) Kollidierendes Verfassungsrecht

29 Die Glaubensfreiheit aus Art. 4 Abs. 1 und 2 GG unterliegt damit keinem Gesetzesvorbehalt. Sie wird dennoch nicht schrankenlos gewährleistet. Nach dem Grundsatz der Einheit der Verfassung können sich aus anderen Bestimmungen des Grundgesetzes Schranken herleiten lassen. Art. 4 Abs. 1 und 2 GG unterliegt der Schranke kollidierenden Verfassungsrechts[52]. Hierzu zählen die Grundrechte Dritter und Gemeinschaftswerte von Verfassungsrang[53].

---

46 *Morlok*, in: Dreier, GG, Art. 4 Rn. 112.

47 *Herzog*, in: Maunz/Dürig, GG, Art. 4 Rn. 114 ff.

48 BVerfGE 32, 98, 107.

49 *Mager*, in: v. Münch/Kunig, GG, Art. 4 Rn. 46; *Starck*, in: v. Mangoldt/Klein/Starck, GG, Art. 4 Rn. 85.

50 *Mager*, in: v. Münch/Kunig, GG, Art. 4 Rn. 46; *Starck*, in: v. Mangoldt/Klein/Starck, GG, Art. 4 Rn. 85 f.

51 BVerfGE 32, 98, 107; 44, 37, 49 f.; *Jarass*, in: Jarass/Pieroth, GG, Art. 4 Rn. 28; *Starck*, in: v. Mangoldt/Klein/Starck, GG, Art. 4 Rn. 15, 85.

52 BVerfGE 108, 282, 297.

53 BVerfGE 33, 23, 29; 44, 37, 49 f.; 53; 52, 223, 246 f.; 108, 282, 297; *Morlok*, in: Dreier, GG, Art. 4 Rn. 115.

2. Rechtfertigung durch kollidierendes Verfassungsrecht

Eine Ermächtigungsgrundlage liegt mit den §§ 21, 22 der Friedhofssatzung vor. **30**

Hinweis zum Aufbau: Jedenfalls für Eingriffe im klassischen Sinne ist das Vorliegen **31** einer Ermächtigungsgrundlage erforderlich (vgl. BVerfGE 83, 130, 142; 108, 282, 297; *Jarass*, in: Jarass/Pieroth, GG, Art. 4 Rn. 27; *Morlok*, in: Dreier, GG, Art. 4 Rn. 116). Da die §§ 21, 22 der Friedhofssatzung eine solche darstellen, ist eine weitere Erörterung dieses Problems hier nicht angezeigt. Laut Hinweis zur Bearbeitung ist die Verfassungsmäßigkeit der Vorschriften zu unterstellen. Verlangt ist nur eine Überprüfung des Einzelakts.

Fraglich ist, ob die Vorschriften im Einzelfall unter Beachtung von Art. 4 Abs. 1 und 2 **32** GG angewendet worden sind. Dies ist der Fall, wenn die Versagung der Zustimmung zur Anbringung des Freimaurersymbols dem Schutz eines kollidierenden Verfassungsgutes dient und insoweit verhältnismäßig, d.h. zur Erreichung des legitimen Zwecks des Schutzes eines Verfassungsgutes geeignet, erforderlich und angemessen ist.

a) Schutz der Grundrechte anderer Friedhofsnutzer

aa) Legitimer Zweck

Als zu schützendes Rechtsgut kommt das Recht der anderen Friedhofsnutzer, ihrer **33** Toten in Ruhe zu gedenken, in Betracht. Dieses kann, soweit es religiös oder weltanschaulich motiviert ist, Ausdruck der Glaubensfreiheit der Friedhofsnutzer sein; im Übrigen ist dieses Recht über Art. 2 Abs. 1 GG geschützt. Die Rechtsprechung führt in diesem Zusammenhang regelmäßig aus, dass dem Friedhofsträger Regelungen der Grabmalgestaltung insoweit erlaubt sind, als sie zur Verwirklichung des Friedhofszwecks, namentlich der Gewährleistung einer würdigen, die Todesandacht nicht störenden Grabgestaltung, dienen[54]. Die Friedhofsverwaltung trägt vor, mit der Verweigerung der Zustimmung zur Anbringung des Freimaurersymbols solle die Würde des Friedhofs gewahrt und damit eine Beeinträchtigung der Rechte anderer Friedhofsnutzer verhindert werden. Die Maßnahme verfolgt damit zunächst den legitimen Zweck des Schutzes der Glaubensfreiheit bzw. allgemeinen Handlungsfreiheit der anderen Friedhofsnutzer, hier insbesondere des Schutzes des Rechts der Friedhofsnutzer katholischen Glaubens, ihrer Toten störungsfrei zu gedenken.

bb) Geeignetheit

Die Maßnahme müsste auch geeignet sein, d.h. mit Hilfe des eingesetzten Mittels **34** muss der angestrebte Zweck zumindest gefördert werden[55]. Das Verbot der Anbringung eines weltanschaulichen Symbols führt dazu, dass andere Friedhofsnutzer durch ein solches nicht gestört werden. Die Geeignetheit der Maßnahme könnte im vorliegenden Fall aber deshalb fraglich sein, weil das Freimaurersymbol die Glaubensfrei-

---

54 BVerwGE 17, 119, 121; 121, 17, 19 f.; Buchholz 408.2 FriedhofsbenutzungsR Nr. 17; OVG Münster, Urteil v. 26.5.2000 – 19 A 2015/99 –, juris, Rn. 37.
55 BVerfGE 16, 147, 181.

heit der anderen Friedhofsnutzer mangels störenden Charakters möglicherweise gar nicht beeinträchtigt. Diese Frage dürfte aber im Rahmen der Angemessenheitsprüfung im Wege der Herstellung praktischer Konkordanz flexibler beantwortet werden können. Von der Geeignetheit der Maßnahme ist damit auszugehen.

35   **Hinweis zur Bewertung:** Gut vertretbar ist es, schon die Geeignetheit der Maßnahme zu verneinen.

cc) Erforderlichkeit

36   Die Maßnahme müsste auch erforderlich sein. Dies ist der Fall, wenn kein milderes, d.h. weniger belastendes, aber gleich wirksames Mittel zur Erreichung des Zwecks existiert[56]. Eine effektivere Maßnahme als die Verweigerung der Zustimmung zur Anbringung eines Freimaurersymbols ist nicht denkbar. Die Maßnahme ist somit erforderlich.

dd) Angemessenheit

37   Die Maßnahme müsste zuletzt angemessen sein, d.h. die beim Grundrechtsträger eintretenden Nachteile müssen in einem angemessenen Verhältnis zu dem bezweckten Vorteil stehen[57]. Vorliegend müsste der Wunsch der Familienangehörigen, mit einem freimaurerischen Symbol ihre Grabstelle zu gestalten und auf diese Weise ihrer Zugehörigkeit zur Freimaurerbewegung Ausdruck zu verleihen, gegenüber dem Recht anderer Friedhofsnutzer auf eine ungestörte Todesandacht nachrangig sein.

38   Festzustellen ist insoweit Folgendes: Die Freimaurerbewegung, für deren Inhalte das Symbol steht, richtet sich nicht gegen eine bestimmte – auch nicht die katholische – Religion oder eine andere Weltanschauung. Sie ist vielmehr eine auf Toleranz beruhende Geisteshaltung. Friedhofsnutzer, die einer anderen oder keiner Religion oder Weltanschauung angehören, können durch ein unauffällig gestaltetes Symbol zumindest objektiv nicht gestört sein. Ein Recht, von fremden religiösen oder weltanschaulichen Symbolen komplett verschont zu werden, hat der Einzelne nicht, da die Gesellschaft gerade unterschiedlichen Glaubensüberzeugungen Raum gibt[58]. Zwar besteht die Möglichkeit einer subjektiven Beeinträchtigung katholischer Friedhofsnutzer, die aus der ablehnenden Haltung der Katholischen Kirche gegenüber der Freimaurerbewegung resultieren könnte. Die Freimaurer selbst verhalten sich gegenüber der Katholischen Kirche jedoch neutral. Mit einem freimaurerischen Symbol auf einem Grabmal in unauffälliger Weise – mit der Möglichkeit zum Ausweichen – konfrontiert zu werden, stellt daher auch für einen Friedhofsnutzer katholischer Religionszugehörigkeit jedenfalls keine Beeinträchtigung von solchem Gewicht dar, dass dies eine Beschränkung der Weltanschauungsfreiheit der Familienangehörigen rechtfertigen könnte. Die Maßnahme ist nicht angemessen und damit nicht verhältnismä-

---

56   BVerfGE 17, 269, 279 f.
57   BVerfGE 16, 194, 201 ff.; 90, 145, 185.
58   BVerfGE 93, 1, 16.

ßig, soweit sie dem Zweck dient, das Recht anderer Friedhofsnutzer auf eine ungestörte Todesandacht zu schützen.

b) Schutz der Grundrechte bzw. des Selbstbestimmungsrechts der Kirche

Fraglich ist, ob eine Einschränkung der Weltanschauungsfreiheit der Familienangehörigen auch zum Schutz der Glaubensfreiheit und des Selbstbestimmungsrechts der Kirche als Friedhofsträgerin in Betracht kommt. Hier trägt die Katholische Kirche vor, sie müsse ein Symbol der Freimaurer, deren Bewegung sie ablehnend gegenüber stehe, nicht dulden. Sie macht also bei der Verweigerung einer bestimmten Grabgestaltung auch eigene Rechte geltend. Gestaltungsvorschriften können Ausfluss der in Art. 4 Abs. 1 und 2 GG auch den Kirchen gewährleisteten und durch Art. 140 GG i.V.m. Art. 137 Abs. 3 WRV organisatorisch verstärkten Religionsfreiheit sein. Nach ständiger obergerichtlicher Rechtsprechung kann die Kirche daher auch solche – der eigenen Glaubensüberzeugung entsprechende – Grabgestaltungsvorschriften erlassen, die durch den allgemeinen Friedhofszweck zwar nicht gefordert, mit diesem aber vereinbar sind, soweit diese die Rechte der Friedhofsnutzer nicht in einem Maße beschränken, das außer Verhältnis zu Gewicht und Bedeutung des verfolgten Zweckes steht[59]. **39**

Diese Befugnis zur Regelung der Grabgestaltung zur Erreichung über den allgemeinen Friedhofszweck hinausgehender Ziele besteht jedoch nur für den Fall, dass der Friedhof gerade kein Monopolfriedhof, also grundsätzlich allein für die Bestattung der eigenen Kirchenmitglieder gewidmet ist, und damit nach kirchlichem Selbstverständnis zu den inneren Angelegenheiten zählt[60]. Unter diesen Umständen ist es den Kirchenmitgliedern zumutbar, sich in diejenigen Regelungen zu fügen, die als Ausfluss der gemeinsamen Glaubensüberzeugung der Kirche getroffen worden sind[61]. Betreibt die Kirche jedoch einen Monopolfriedhof, bleibt sie in ihrer Regelungsbefugnis beschränkt. Die Rechtsprechung geht davon aus, dass die Kirche als Trägerin eines Monopolfriedhofs nur solche Gestaltungsvorschriften erlassen kann, die durch den allgemeinen Friedhofszweck gedeckt sind[62]. Stellt die Kirche ihren Friedhof auch Nichtkirchenmitgliedern zur Verfügung und existiert für diesen Friedhof ein rechtlicher oder – aufgrund unzumutbarer Entfernung zu einem anderen Friedhof – faktischer Benutzungszwang, kann die Kirche glaubensbedingte Gestaltungswünsche nicht ohne Rücksicht auf die Rechte anders- oder nichtgläubiger Nutzer umsetzen. **40**

Zwar soll die in Art. 140 Abs. 1 GG i.V.m. Art. 137 Abs. 3 WRV verankerte kirchliche Selbstbestimmung auch in den Fällen, in denen die Kirche einen Monopolfriedhof betreibt, nicht vollständig zurückgedrängt sein[63]. Das Selbstbestimmungsrecht soll dort an Bedeutung gewinnen können, wo die Kirche durch die Grundrechtsausübung der Friedhofsnutzer in ihrem inneren Bekenntnisbereich oder härter als andere Fried- **41**

---

59 BVerwGE 121, 17, 20.
60 BVerwGE 121, 17, 22.
61 BVerwGE 121, 17, 23.
62 BVerwG, Buchholz 408.2 FriedhofsbenutzungsR Nr. 17.
63 OVG Bremen, NVwZ 1995, 804, 805; OVG Lüneburg, NVwZ-RR 1994, 49, 50.

hofsträger betroffen ist[64]. Fraglich könnte in diesem Zusammenhang z.B. sein, in welchem Umfang der kirchliche Friedhofsträger bekenntnisfremde Bestattungsbräuche dulden muss[65]. Im vorliegenden Fall liegt eine Beeinträchtigung des inneren Bekenntnisbereichs jedoch nicht vor. Die Gestaltung des Grabmals betrifft den Bereich der allgemeinen Nutzungsregelungen, in dem sich die Kirche auf ihr Selbstbestimmungsrecht nicht berufen kann, wenn sie einen Monopolfriedhof betreibt[66]. Die Duldung eines seinem objektiven Gehalt nach nicht kirchenfeindlichen Symbols auf einem Grabmal bedeutet auch keine besondere Härte für den kirchlichen Friedhofsträger und ist daher zumutbar. Eine Rechtfertigung des Eingriffs zum Schutz der Grundrechte bzw. des Selbstbestimmungsrechts der Kirche kommt nicht in Betracht.

42 Der Eingriff in den Schutzbereich von Art. 4 Abs. 1 und 2 GG ist nicht verfassungsrechtlich gerechtfertigt.

IV. Ergebnis

43 Die Versagung der Zustimmung zur Anbringung des Freimaurersymbols verletzt die Familienangehörigen in Art. 4 Abs. 1 und 2 GG.

B. Verletzung von Art. 5 Abs. 1 S. 1, 1. Fall GG

I. Eröffnung des Schutzbereichs

44 Die Anbringung des Freimaurersymbols könnte als von der Meinungsfreiheit geschützte Verhaltensweise in den Schutzbereich von Art. 5 Abs. 1 S. 1, 1. Fall GG fallen. Nach allgemeiner Auffassung ist jedoch die Glaubensfreiheit gegenüber der Meinungsfreiheit das speziellere Grundrecht, soweit es bei der Meinungsäußerung um eine religiös oder weltanschaulich bedingte Handlung geht[67]. Vorliegend ist die von den Angehörigen gewünschte Grabgestaltung weltanschaulich motiviert. Die in der Anbringung des Freimaurersymbols enthaltene Meinungsäußerung geht über das Bekennen der Zugehörigkeit zur Weltanschauungsgemeinschaft der Freimaurer nicht hinaus. Der Schutzbereich der Meinungsfreiheit ist nicht eröffnet.

II. Ergebnis

45 Art. 5 Abs. 1 S. 1, 1. Fall GG ist nicht verletzt.

---

64 OVG Lüneburg, DVBl. 1993, 266, 268.
65 OVG Bremen, NVwZ 1994, 804, 805; OVG Lüneburg, DVBl. 1993, 266, 267; NVwZ-RR 1994, 49, 50.
66 OVG Bremen, NVwZ 1994, 804, 805.
67 BVerfGE 32, 98, 107; *Kokott*, in: Sachs, GG, Art. 4 Rn. 140; *Zippelius*, in: Dolzer/Kahl/Waldhoff/Graßhof, BK, Art. 4 Rn. 98.

C. Verletzung von Art. 2 Abs. 1 GG

Die allgemeine Handlungsfreiheit aus Art. 2 Abs. 1 GG tritt gegenüber Art. 4 Abs. 1 **46** und 2 GG als dem spezielleren Grundrecht zurück.

Hinweis zum Aufbau: Der vorliegende Fall weicht von der die Rechtsprechung regel- **47** mäßig beschäftigenden Konstellation, in der die totenfürsorgeberechtigten Angehöri- gen einen bestimmten, allein ästhetisch motivierten Gestaltungswunsch in Bezug auf das Grabmal eines verstorbenen Familienmitglieds durchsetzen wollen, ab. Diese Fälle löst die Rechtsprechung über Art. 2 Abs. 1 GG. Die allgemeine Handlungsfreiheit umfasst auch den Wunsch naher Angehöriger eines Verstorbenen, des Toten nach eige- nen Vorstellungen zu gedenken und hierzu Grabmale nach eigener Gestaltung zu er- richten (vgl. BVerwGE 17, 119, 121; 121, 17, 19; VGH Mannheim, DVBl. 1997, 1278). Religiös oder weltanschaulich motivierte Grabgestaltungswünsche dürften auch dann Art. 4 Abs. 1 und 2 GG zuzuordnen sein, wenn es um die Gestaltung des Grabmales eines verstorbenen nahen Angehörigen geht (vgl. BVerwGE 121, 17, 19; siehe auch *Schmidt am Busch*, Der Staat 49 (2010), S. 231, 235).

D. Verletzung von Art. 3 Abs. 3 S. 1 GG

Die Familienangehörigen könnten durch die Versagung der Anbringung des Freimau- **48** rersymbols in ihrem Grundrecht aus Art. 3 Abs. 3 S. 1 GG verletzt sein. Danach darf niemand u.a. wegen seines Glaubens und seiner religiösen Anschauungen benachtei- ligt oder bevorzugt werden.

I.   Anwendbarkeit von Art. 3 Abs. 3 S. 1 GG neben Art. 4 Abs. 1 und 2 GG

Fraglich könnte bereits sein, ob Art. 3 Abs. 3 S. 1 GG neben Art. 4 Abs. 1 und 2 GG **49** überhaupt anwendbar ist. Das Verhältnis der Freiheitsgewährleistung des Art. 4 GG zum speziellen Gleichheitssatz aus Art. 3 Abs. 3 S. 1 GG ist ungeklärt[68]. In Entschei- dungen des BVerfG hat Art. 3 Abs. 3 S. 1 GG neben Art. 4 Abs. 1 und 2 GG regelmä- ßig keine eigenständige Bedeutung. Für einen eigenen Anwendungsbereich von Art. 3 Abs. 3 S. 1 GG spricht aber, dass dieser gerade auch Diskriminierungen wegen des Glaubens und religiöser Anschauungen erfasst. Wäre der historische Verfassungs- geber davon ausgegangen, dass es eines speziellen Gleichheitssatzes angesichts der freiheitsrechtlichen Gewährleistung von Art. 4 Abs. 1 und 2 GG nicht bedürfe, hätte er von einer Normierung abgesehen. Auch ist nicht offensichtlich, dass sich die Grund- rechtsgewährleistungen von Art. 3 Abs. 3 S. 1 GG und Art. 4 Abs. 1 und 2 GG in jedem Fall inhaltlich decken[69]. Art. 3 Abs. 3 S. 1 GG ist anwendbar.

Hinweis zur Bewertung: Eine andere Ansicht ist vertretbar. **50**

---

68 *Ipsen*, Staatsrecht II, Rn. 853; *Jarass*, in: Jarass/Pieroth, GG, Art. 3 Rn. 116; *Osterloh*, in: Sachs, GG, Art. 3 Rn. 301.
69 *Ipsen*, Staatsrecht II, Rn. 853.

II. Ungleichbehandlung i.S.d. Art. 3 Abs. 3 S. 1 GG

51 Es müsste eine Ungleichbehandlung wegen des Glaubens und der religiösen Anschauungen i.S.d. Art. 3 Abs. 3 S. 1 GG vorliegen.

1. Ungleichbehandlung

52 Nach der Rechtsprechung des BVerfG liegt eine Ungleichbehandlung vor, wenn „wesentlich Gleiches" ungleich behandelt wird[70]. Dies setzt voraus, dass eine Personengruppe oder ein Lebenssachverhalt gesetzlich behandelt werden, eine andere Personengruppe oder ein anderer Lebenssachverhalt in einer bestimmten anderen Weise gesetzlich behandelt werden und beide Personengruppen oder Lebenssachverhalte unter einen gemeinsamen, weitere Personengruppen oder Lebenssachverhalte ausschließenden Oberbegriff gefasst werden können[71]. Im vorliegenden Fall wird die Gruppe der christlichen Friedhofsnutzer anders behandelt als die der Mitglieder der Freimaurerbewegung. Die Anbringung glaubensbezogener Symbole auf den Grabmalen ist Christen erlaubt, den Freimaurern wird dies jedoch verwehrt. Beide Personengruppen lassen sich unter den Begriff der Friedhofsnutzer fassen. Eine Ungleichbehandlung liegt vor.

2. Wegen des Glaubens und der religiösen Anschauungen

53 Diese beiden Merkmale überschneiden sich bzw. sind zusammenzufassen[72]. Anerkannt ist zudem, dass Art. 3 Abs. 3 S. 1 GG auch die Differenzierung anhand der Weltanschauung erfasst[73]. Dies lässt sich damit begründen, dass der Glaube, wie in Art. 4 Abs. 1 GG, sowohl ein religiöser als auch ein weltanschaulicher sein kann[74].

54 Fraglich ist jedoch, wann eine Ungleichbehandlung „wegen" eines der in Art. 3 Abs. 3 S. 1 GG genannten Merkmale erfolgt. Die überwiegende Auffassung verlangt Ursächlichkeit[75]. Wie die Kausalität festzustellen ist, wird dabei unter Zuhilfenahme unterschiedlicher Kriterien konkretisiert.

a) Absolutes Anknüpfungsverbot

55 Eine strenge Auffassung konkretisiert die Kausalität als absolutes Anknüpfungsverbot. Danach soll jede Verwendung eines der in Art. 3 Abs. 3 GG genannten Merkmale als Voraussetzung einer Rechtsfolge ausgeschlossen sein[76]. Vorliegend wird an den weltanschaulichen Charakter des Symbols und damit an die Zugehörigkeit der Angehörigen zur Gruppe der Freimaurer die Rechtsfolge der Versagung der Zustimmung

---

70 BVerfGE 49, 148, 165.

71 *Pieroth/Schlink*, Grundrechte, Rn. 467.

72 *Gubelt*, in: v. Münch/Kunig, GG, Art. 3 Rn. 101; *Starck*, in: v. Mangoldt/Klein/Starck, GG, Art. 3 Abs. 3 Rn. 402.

73 *Jarass*, in: Jarass/Pieroth, GG, Art. 3 Rn. 127; *Starck*, in: v. Mangoldt/Klein/Starck, GG, Art. 4 Rn. 402.

74 Siehe oben A. I. 1. (Rn. 5).

75 BVerfGE 75, 40, 69; *Gubelt*, in: v. Münch/Kunig, GG, Art. 3 Rn. 104; *Jarass*, in: Jarass/Pieroth, GG, Art. 3 Rn. 130; *Starck*, in: v. Mangoldt/Klein/Starck, GG, Art. 3 Abs. 3 Rn. 379.

76 *Sachs*, in: HStR V, § 126 Rn. 66, 70 ff.

zur Anbringung des Freimaurersymbols geknüpft. Nach dieser Ansicht ist Kausalität gegeben.

b) Begründungsverbot

Eine andere Ansicht versteht Art. 3 Abs. 3 GG als Begründungsverbot[77]. Danach liegt **56** dann keine Ursächlichkeit vor, wenn die Ungleichbehandlung begründet werden kann, ohne dass auf das Merkmal i.S.d. Art. 3 Abs. 3 GG abgestellt werden muss. Eine Begründung, die nicht auf den Charakter des Symbols als ein solches der Weltanschauung der Freimaurer zurückgreift, ist nicht ersichtlich. Auch nach dieser Ansicht liegt Kausalität vor.

c) Finalität

Insbesondere das BVerfG hat früher vertreten, dass eine Differenzierung nach einem **57** der in Art. 3 Abs. 3 GG genannten Kriterien nur dann vorliege, wenn diese gerade Zweck der Regelung oder Maßnahme sei, nicht aber dann, wenn die Differenzierung Folge einer Regelung mit anderer Zielrichtung sei. Dabei sei auf den Willen des handelnden Organs abzustellen[78]. Diese Auffassung hat das BVerfG zumindest für die Differenzierung nach Geschlecht allerdings inzwischen aufgegeben. Hier stellt es nicht mehr darauf ab, ob eine Regelung auf eine nach Art. 3 Abs. 3 GG verbotene Ungleichbehandlung angelegt ist oder in erster Linie andere Ziele verfolgt[79]. Ob die Finalitätsthese damit auch für die anderen in Art. 3 Abs. 3 S. 1 GG genannten Merkmale aufgegeben wurde, kann hier offen bleiben. Vorliegend ist auch der Zweck der Untersagung der Zustimmung zur Anbringung eines freimaurerischen Symbols die Ungleichbehandlung nach der Zugehörigkeit zu einer Weltanschauung. Die Untersagung ist nicht lediglich Folge einer Regelung mit anderer Intention. Auch unter Zugrundelegung eines Finalitätserfordernisses ist damit Kausalität gegeben.

Die Ungleichbehandlung erfolgt nach allen Ansichten wegen des Glaubens und der **58** religiösen Anschauungen i.S.d. Art. 3 Abs. 3 S. 1 GG.

> **Hinweis zum Aufbau:** Die Frage der Kausalität wird auch unter dem Punkt „Verfas- **59** sungsrechtliche Rechtfertigung" geprüft (vgl. *Pieroth/Schlink*, Grundrechte, Rn. 538; unklar *Ipsen*, Staatsrecht II, Rn. 851 ff.). Eine Ungleichbehandlung ist danach nur dann verfassungsrechtlich zu rechtfertigen, wenn sie nicht „wegen" der in Art. 3 Abs. 3 S. 1 GG verbotenen Kriterien erfolgt. Im Aufbau so wie hier z.B. *Epping*, Grundrechte, Rn. 833 ff.

---

77 *Heun*, in: Dreier, GG, Art. 3 Rn. 124; *Pieroth/Schlink*, Grundrechte, Rn. 488; *Starck*, in: v. Mangoldt/ Klein/Starck, GG, Art. 3 Abs. 3 Rn. 369, 379.
78 BVerfGE 39, 334, 368; 75, 40, 70; BVerwGE 75, 86, 96.
79 BVerfGE 85, 191, 206; 97, 35, 43; 114, 357, 364.

III. Verfassungsrechtliche Rechtfertigung

60 Eine Ungleichbehandlung i.S.d. Art. 3 Abs. 3 S. 1 GG ist ausgehend vom Wortlaut des Art. 3 Abs. 3 S. 1 GG nicht rechtfertigungsfähig. Wie bei vorbehaltlos gewährleisteten Freiheitsrechten kann aber eine Rechtfertigung durch kollidierendes Verfassungsrecht in Betracht kommen[80]. Weder der Schutz der Grundrechte anderer Friedhofsnutzer noch Rechte der Kirche können hier jedoch die Versagung der Anbringung des Freimaurersymbols, wie oben gezeigt[81], rechtfertigen.

IV. Ergebnis

61 Die Versagung der Zustimmung zur Anbringung des freimaurerischen Symbols verletzt die Angehörigen in Art. 3 Abs. 3 S. 1 GG.

E. Verletzung von Art. 3 Abs. 1 GG

62 Der allgemeine Gleichheitssatz des Art. 3 Abs. 1 GG tritt gegenüber dem speziellen Gleichheitsgrundrecht des Art. 3 Abs. 3 S. 1 GG zurück[82].

F. Ergebnis zu Aufgabe 1

63 Die Angehörigen sind durch die Versagung der Zustimmung zur Anbringung des freimaurerischen Symbols in ihrer Glaubensfreiheit aus Art. 4 Abs. 1 und 2 GG und in ihrem Recht auf Gleichbehandlung aus Art. 3 Abs. 3 S. 1 GG verletzt.

Aufgabe 2

A. Verletzung von Art. 3 Abs. 3 S. 1 GG

64 Die Angehörigen des B könnten durch die in § 5 der Friedhofsgebührensatzung angeordnete Erhebung der doppelten Bestattungsgebühr in Art. 3 Abs. 3 S. 1 GG verletzt sein.

I. Ungleichbehandlung i.S.d. Art. 3 Abs. 3 S. 1 GG

1. Ungleichbehandlung

65 Vorliegend werden die Angehörigen von Nichtkirchenmitgliedern bei der Erhebung von Bestattungsgebühren anders behandelt als die Angehörigen von Kirchenmitgliedern. Beide Personengruppen können unter den gemeinsamen Oberbegriff der ge-

---

80 BVerfGE 92, 91, 109; *Epping*, Grundrechte, Rn. 833 f.; *Sacksofsky*, in: Umbach/Clemens, GG, Art. 3 Rn. 314.

81 Siehe oben A. III. 2. (Rn. 30 ff.).

82 BVerfGE 59, 128, 156.

bührenpflichtigen Angehörigen von Verstorbenen gefasst werden. Eine Ungleichbehandlung von Personengruppen liegt damit vor. Die Kirche handelt auch bei der Erhebung von Friedhofsgebühren hoheitlich[83], da es sich hierbei um eine Regelung der allgemeinen Nutzungsbedingungen und nicht um eine Maßnahme im inneren, geistlichen Aufgabenbereich handelt[84].

2. Wegen des Glaubens und der religiösen Anschauungen

Vorliegend wird nicht an die Kirchenmitgliedschaft der Angehörigen als Gebührenschuldner und Adressaten der Regelung, sondern des Verstorbenen angeknüpft, so dass die Annahme einer Ungleichbehandlung wegen des Glaubens und der religiösen Anschauungen bereits nach der strengsten Auffassung vom absoluten Anknüpfungsverbot ausscheidet. Eine Ungleichbehandlung wegen des Glaubens oder der religiösen Anschauungen i.S.d. Art. 3 Abs. 3 S. 1 GG liegt nicht vor. **66**

Hinweis zum Aufbau und zur Bewertung: Wenn dagegen, was gut vertretbar ist, die Person des Verstorbenen als maßgeblich angesehen wird, müsste man unter Zugrundelegung der Theorie vom absoluten Anknüpfungsverbot zu dem Ergebnis kommen, dass eine Ungleichbehandlung i.S.d. Art. 3 Abs. 3 S. 1 GG vorliegt. Denn die Kirchenmitgliedschaft als Ausdruck von Glauben und religiöser Anschauung ist vorliegend Voraussetzung einer Rechtsfolge. Nach der Theorie vom Begründungsverbot wäre das Vorliegen einer Differenzierung wegen des Glaubens und der religiösen Anschauungen dagegen wohl zu verneinen. Die Ungleichbehandlung kann hier damit begründet werden, dass Nichtkirchenmitglieder nicht über die Zahlung von Kirchensteuer zur laufenden Unterhaltung des Friedhofs finanziell beigetragen haben. Die Kirchenzugehörigkeit ist nach einer solchen Begründung nicht das Differenzierungskriterium. Auch nach der Finalitätsthese liegt eine Ungleichbehandlung i.S.d. Art. 3 Abs. 3 S. 1 GG nicht vor, da die Differenzierung nach der Kirchenzugehörigkeit vorliegend nicht Zweck der Regelung ist. Da die Ansichten also zu unterschiedlichen Ergebnissen kommen, wäre eine Streitentscheidung erforderlich. **67**

Gegen die Theorie vom absoluten Anknüpfungsverbot lässt sich vorbringen, dass sie mit der Statuierung eines rein formalen Anknüpfungsverbots mittelbare Diskriminierungen von vornherein nicht erfasst (vgl. *Heun*, in: Dreier, GG, Art. 3 Rn. 122). Dagegen ermöglicht die Theorie vom Begründungsverbot eine Erfassung von mittelbaren Diskriminierungen, wenn davon ausgegangen wird, dass die jeweilige Begründung auf ihre hinreichende Tragfähigkeit untersucht werden kann (vgl. *Heun*, in: Dreier, GG, Art. 3 Rn. 124). Gegen das Finalitätsmodell lässt sich einwenden, dass es den Anwendungsbereich des Differenzierungsverbots grundsätzlich zu eng fasst (vgl. *Heun*, in: Dreier, GG, Art. 3 Rn. 123).

Die Rechtsprechung hat das Vorliegen einer Ungleichbehandlung i.S.d. Art. 3 Abs. 3 S. 1 GG in den Fällen des Andersgläubigenzuschlags teilweise unter Bezugnahme auf

---

83 OVG Bremen, NVwZ 1995, 804, 805; OVG Lüneburg, NVwZ 1995, 807, 808; VG Bremen, NVwZ-RR 1994, 559, 661.
84 Siehe oben Aufgabe 1, A. II. 1. (Rn. 14 f.).

den Zweck der Differenzierung, eine Benachteiligung derjenigen zu verhindern, die zur Unterhaltung des Friedhofs finanziell beigetragen haben, ausdrücklich verneint (vgl. OVG Lüneburg, OVGE 8, 421, 426; NVwZ 1995, 807, 808).

II. Ergebnis

68 Eine Verletzung von Art. 3 Abs. 3 S. 1 GG scheidet aus.

B. Verletzung von Art. 3 Abs. 1 GG

I. Ungleichbehandlung

69 Eine Ungleichbehandlung liegt, wie oben gezeigt[85], vor.

II. Verfassungsrechtliche Rechtfertigung

70 Fraglich ist, ob die Ungleichbehandlung verfassungsrechtlich gerechtfertigt ist. Bei den Anforderungen an die verfassungsrechtliche Rechtfertigung von Ungleichbehandlungen differenziert das BVerfG nach der Intensität, mit der eine Ungleichbehandlung die Betroffenen beeinträchtigt[86]. Die Intensität wächst, je mehr das Kriterium der Ungleichbehandlung personen- und je weniger es situationsbezogen ist, je mehr es einem der nach Art. 3 Abs. 3 GG verbotenen Kriterien ähnelt, je weniger der Betroffene das Kriterium der Ungleichbehandlung beeinflussen kann und je mehr die Ungleichbehandlung den Gebrauch grundrechtlich geschützter Freiheiten erschwert. Mit der Intensität wachsen die Anforderungen an die verfassungsrechtliche Rechtfertigung von Ungleichbehandlungen. Bei Ungleichbehandlungen geringer Intensität versteht das BVerfG das Gleichheitsgebot als Willkürverbot, beschränkt die Rechtfertigungsprüfung auf eine Evidenzkontrolle und akzeptiert eine Ungleichbehandlung schon dann als willkürfrei und gerechtfertigt, wenn sich nur irgendein sachlicher Grund zu ihren Gunsten anführen lässt. Bei Ungleichbehandlungen größerer Intensität begreift das BVerfG das Gleichheitsgebot als Verbot der Ungleichbehandlung ohne gewichtigen sachlichen Grund, verlangt eine Verhältnismäßigkeitsprüfung und akzeptiert eine Ungleichbehandlung erst dann als durch einen gewichtigen sachlichen Grund gerechtfertigt, wenn sie einen legitimen Zweck verfolgt, zur Erreichung dieses Zwecks geeignet und erforderlich ist und auch sonst in angemessenem Verhältnis zum Wert des Zwecks steht[87].

71 Speziell im Bereich des Gebührenrechts folgt aus Art. 3 Abs. 1 GG zudem, dass eine gleiche Inanspruchnahme einer öffentlichen Einrichtung zu gleich hohen Gebühren, eine unterschiedliche Inanspruchnahme hingegen zu entsprechend unterschiedlichen

---

85 Siehe oben A. I. 1. (Rn. 65).
86 BVerfGE 88, 87, 96; 91, 389, 401; 95, 267, 316 f.; 99, 367, 388; 107, 27, 46.
87 *Pieroth/Schlink*, Grundrechte, Rn. 470 ff.

Gebühren führen muss; bei gleichartigen Umständen muss eine gleichmäßige Belastung der Pflichtigen entsprechend dem Ausmaß ihrer Benutzung gewährleistet sein[88]. Diese Grundsätze muss der kirchliche wie der kommunale Friedhofsträger nach einhelliger Auffassung zumindest dann berücksichtigen, wenn es sich bei dem in Frage stehenden Friedhof um einen Monopolfriedhof handelt[89]. In diesen Fällen steht der kirchliche Träger dem kommunalen gleich, soweit es um die allgemeinen Nutzungsregelungen, also auch die Gebührenerhebung und -bemessung geht[90]. Die Kirche kann sich auf ihr Selbstbestimmungsrecht insoweit nicht berufen[91]. Da Art und Umfang der Inanspruchnahme des Friedhofs durch die Kirchenmitgliedschaft des Toten nicht beeinflusst wird, kommt eine Rechtfertigung der Ungleichbehandlung demnach nicht in Betracht.

Die Kirche kann sich auch nicht darauf berufen, dass sie zur Unterhaltung des Friedhofs auf die indirekte Finanzierung durch Kirchensteuermittel zurückgreift. Zwar kann für den Fall, dass die Kirche einen Friedhof ohne Monopolstellung betreibt und die Bestattung von Nichtkirchenmitgliedern zulässt, die Erhebung eines Zuschlags unter dem Gesichtspunkt gerechter Lastenverteilung auf alle Friedhofsnutzer zulässig sein[92]. Bei einem Friedhof mit Monopolstellung kann dies jedoch nicht gelten. Das Recht der Angehörigen, den Verstorbenen auf dem einzigen Friedhof in zumutbarer Entfernung zu bestatten, darf nicht durch die Erhebung eines Zuschlags bei den Friedhofsgebühren beeinträchtigt werden[93], so dass eine Ungleichbehandlung auch nicht aus diesem Grund sachlich gerechtfertigt ist. **72**

Die Ungleichbehandlung der Familienangehörigen durch § 5 der Friedhofsgebührensatzung ist nicht verfassungsrechtlich gerechtfertigt. **73**

Hinweis zum Aufbau: Da es für die verfassungsrechtliche Rechtfertigung der Ungleichbehandlung vorliegend nicht darauf ankommt, welcher Prüfungsmaßstab nach der Rechtsprechung des BVerfG Anwendung finden müsste, sondern zu einer Lösung über die besonderen Anforderungen gefunden werden kann (bzw. muss), die aus Art. 3 Abs. 1 GG für die Gebührenerhebung (durch einen kirchlichen Träger eines Monopolfriedhofs) hergeleitet werden, ist eine diesbezügliche Festlegung unterblieben. **74**

C. Ergebnis zu Aufgabe 2

Die Angehörigen sind durch die in § 5 der Friedhofsgebührensatzung angeordnete Erhebung der erhöhten Bestattungsgebühr in Art. 3 Abs. 1 GG verletzt. **75**

---

88 BVerwGE 104, 60, 63; OVG Lüneburg, NVwZ-RR 1994, 49, 50.
89 OVG Bremen, NVwZ 1995, 804, 805; OVG Lüneburg, DVBl. 1993, 266, 267; NVwZ-RR 1994, 49, 50; *Spranger*, BestG NRW, § 4, S. 117.
90 OVG Lüneburg, NVwZ-RR 1994, 49, 50; *Spranger*, BestG NRW, § 4, S. 117 f.
91 OVG Lüneburg, DVBl. 1993, 266, 267; NVwZ-RR 1994, 49, 51.
92 OVG Lüneburg, NVwZ 1995, 807, 808; *Spranger*, BestG NRW, § 4, S. 116; *de Wall*, NVwZ 1995, 769, 770.
93 OVG Lüneburg, NVwZ-RR 1994, 49, 51; *Spranger*, BestG NRW, § 4, S. 117.

Literaturverzeichnis

76 *Anschütz, Gerhard*   Die Verfassung des Deutschen Reichs vom 11. August
                                     1919. Ein Kommentar für Wissenschaft und Praxis,
                                     14. Aufl., Berlin 1933 (unveränd. Nachdruck Darm-
                                     stadt 1960)

Campenhausen,   Staatskirchenrecht. Eine systematische Darstellung
   Axel Freiherr von/Wall,   des Religionsverfassungsrechts in Deutschland und
   Heinrich de   Europa, 4. Aufl., München 2006

Doemming, Klaus-Berto von/   Entstehungsgeschichte der Artikel des Grundgesetzes
   Füsslein, Rudolf Werner/   in: JöR NF 1 (1951), S. 1 ff.
   Matz, Werner

Dolzer, Rudolf/Kahl,   Bonner Kommentar zum Grundgesetz, Loseblattsamm-
   Wolfgang/Waldhoff,   lung, Stand: 147. Aktualisierung, August 2010,
   Christian/Graßhof,   Heidelberg
   Karin (Hrsg.)

Dreier, Horst (Hrsg.)   Grundgesetz. Kommentar, Band I: Präambel, Artikel 1–19,
                                     2. Aufl., Tübingen 2004

Epping, Volker   Grundrechte, 4. Aufl., Berlin/Heidelberg 2010

Friauf, Karl Heinrich/   Berliner Kommentar zum Grundgesetz, Loseblattsamm-
   Höfling, Wolfram (Hrsg.)   lung, Stand: 30. Lieferung, Juli 2010, Berlin

Ipsen, Jörn   Staatsrecht II. Grundrechte, 13. Aufl., München 2010

Isensee, Josef/   Handbuch des Staatsrechts der Bundesrepublik
   Kirchhof, Paul (Hrsg.)   Deutschland, Band V. Allgemeine Grundrechtslehren,
                                     2. Aufl., München 2000; Band VII, Freiheitsrechte,
                                     3. Aufl., Heidelberg 2009

Jarass, Hans D./   Grundgesetz für die Bundesrepublik Deutschland.
   Pieroth, Bodo   Kommentar, 10. Aufl., München 2009

Mangoldt, Herman von/   Kommentar zum Grundgesetz, Band 1: Präambel,
   Klein, Friedrich/Starck,   Artikel 1 bis 19, 6. Aufl., München 2010
   Christian (Hrsg.)

Maunz, Theodor/   Grundgesetz. Kommentar, Loseblattsammlung, Stand:
   Dürig, Günter (Begr.)   58. Lieferung, April 2010, München

Münch, Ingo von/   Grundgesetz-Kommentar, Band 1 (Präambel bis Art. 19),
   Kunig, Philip (Hrsg.)   5. Aufl., München 2000

Pieroth, Bodo/   Grundrechte. Staatsrecht II, 26. Aufl., Heidelberg 2010
   Schlink, Bernhard

Sachs, Michael (Hrsg.)   Grundgesetz. Kommentar, 5. Aufl., München 2009

Schmidt am Busch, Birgit   Postmortaler Würdeschutz und gesetzgeberische
                                     Gestaltungsfreiheit, in: Der Staat 49 (2010), S. 211 ff.

Sperling, Eberhard   Neue Akzente im Recht der kirchlichen Friedhöfe, in:
                                     ZevKR 33 (1988), S. 35 ff.

ders.   Kirchliche Friedhöfe zwischen Bekenntnisfreiheit und
                                     Schrankenvorbehalt, in: DÖV 1993, S. 197 ff.

Spranger, Tade Matthias   Bestattungsgesetz Nordrhein-Westfalen, 2. Aufl.,
                                     Stuttgart/München u.a. 2006

Umbach, Dieter C./ *Clemens, Thomas* (Hrsg.)	Grundgesetz. Mitarbeiterkommentar und Handbuch, Band I, Art. 1–37 GG, Heidelberg 2002
Wall, Heinrich de	Die Befugnis der Kirchen zur Differenzierung nach dem Glauben im Friedhofsrecht, in: NVwZ 1995, S. 769 ff.
Weber, Hermann	Benutzungszwang für Trauerhallen (Friedhofskapellen) und friedhofseigene Leichenkammern auf kirchlichen Friedhöfen, in: ZevKR 33 (1988), S. 15 ff.
ders.	Bindung der Kirchen an staatliche und innerkirchliche Grundrechte und das Verhältnis der Grundrechtsgewähr- leistungen zueinander, in: ZevKR 42 (1997), S. 282 ff.

Wegen der verwendeten Abkürzungen wird verwiesen auf:

Kirchner, Hildebert/ *Butz, Cornelie*	Abkürzungsverzeichnis der Rechtssprache, 7. Aufl., Berlin 2007

Hausarbeit 3
Verbot der Religionsgemeinschaft

von Thorsten Kingreen

1 Die als eingetragener Verein organisierte Glaubensgemeinschaft G hat ihren Sitz in der nordrhein-westfälischen Stadt S; alle ihre ca. 500 Mitglieder leben dort. Die Satzung des Vereins, die allgemein befolgt wird, enthält u.a. folgende Passagen:

§ 1 Ziel der G
[1]Wir wollen gemeinsam leben nach den Gesetzen des erleuchteten E. [2]Er ist der einzige wahre Herrscher auf Erden. [3]Ein Leben nach seinen Gesetzen ermöglicht jedem schon heute eine Existenz in Frieden und wirtschaftlichem Wohlstand.

§ 2 Pflichten der Mitglieder
[1]Unsere Mitglieder verpflichten sich vor dem göttlichen E, die Ziele der G nach Kräften zu fördern. [2]Jedes Mitglied hat der Gemeinschaft durch Fleiß in seinem alltäglichen Leben Ehre zu machen. [3]Um die Ziele der G zu fördern, sollen unsere Mitglieder wichtige Positionen der Gesellschaft besetzen. [4]Jedes Mitglied sollte an den Versammlungen der jeweiligen Niederlassung der G mindestens alle 2 Wochen teilnehmen. [5]Die Verbreitung unserer Ideen ist wichtiges Ziel aller Mitglieder.

§ 3 Der göttliche Wille
[1]Die christlichen Kirchen sind wegen ihrer Gottlosigkeit Feinde der G. [2]In einer nach den Idealen des E gestalteten Gesellschaft sollten ihre Anhänger keine Menschen- oder Bürgerrechte genießen. [3]Ihre Präsenz im öffentlichen Leben ist nicht göttlich gewollt.

§ 4 Beiträge
[1]Der Mitgliedschaftsbeitrag beträgt 3000,– Euro/Jahr. [2]Für die Teilnahme an unseren Versammlungen werden jeweils 10,– Euro Eintritt berechnet. [3]Die Mittel des Vereins dürfen ausschließlich zur Förderung unserer Versammlungen sowie zur Werbung neuer Mitglieder verwendet werden. [4]Einem Mitglied, das einmalig zur Zahlung fälliger Beiträge nicht in der Lage ist, kann ein Zahlungsaufschub von bis zu 3 Monaten gewährt werden. [5]Sind die Beiträge dann nicht geleistet, so hat sich das Mitglied als der Erleuchtung unwürdig erwiesen, es ist aus der G auszuschließen. [6]In besonderen Fällen können Beiträge durch Arbeitsleistungen für die Gemeinschaft erbracht werden, die mit 12,– Euro/Std. angerechnet werden.

G erlangt im öffentlichen Leben eine zunehmende Präsenz und findet auch durch Stellungnahmen zu allgemeinpolitischen Fragen steigende Beachtung. In vielen Schulen tauchen Flugblätter auf, die Schüler und Schülerinnen mit dem Versprechen, nur in der Glaubensgemeinschaft Liebe, Geborgenheit und Erlösung zu finden, auffordern, Mitglied der G zu werden. G schafft es, in einzelnen Unternehmen des Landes und in Teilen der öffentlichen Verwaltung Mitglieder zu platzieren, die dort ihre Lehren verbreiten. Nach diversen kritischen Medienberichten verbreitet sich insbesondere unter den Mitgliedern der christlichen Kirchen eine gewisse Unruhe.

Nach Anhörung der G stellt der nordrhein-westfälische Innenminister deren Verfassungswidrigkeit fest und erlässt eine Auflösungsverfügung. Die durch ihren Vorstand vertretene G ist empört. Sie sieht sich in ihrer Vereinigungsfreiheit (Art. 9 Abs. 1 GG), in ihrer Religionsfreiheit (Art. 4 Abs. 1, 2 GG) und in ihrem Recht auf religiöse Vereinigung (Art. 140 GG/Art. 137 Abs. 2 WRV) verletzt. Religionsfreiheit und das

Recht auf religiöse Vereinigung seien vorbehaltlos gewährleistet, schon aus diesem Grunde sei die Verbotsverfügung verfassungswidrig. Jedenfalls fehle es an einer einfach-rechtlichen Grundlage für die Verbotsverfügung. Im Übrigen zwinge sie, die G, niemanden, Mitglied zu werden. Wer seine Mitgliedschaft beenden wolle, müsse nach der Satzung lediglich die Zahlung seiner Mitgliedsbeiträge einstellen.

Der Innenminister ist demgegenüber der Ansicht, G sei überhaupt keine Religions- oder Weltanschauungsgemeinschaft, sondern vielmehr ein Wirtschaftsunternehmen, das auf Gewinnerzielung ausgerichtet ist. Dies ergebe sich aus den in § 4 der Satzung niedergelegten hohen Beiträgen, der Unnachgiebigkeit gegenüber säumigen Schuldnern und ihrer politischen Ausrichtung. §§ 1, 2 S. 3 und 3 der Satzung belegten die Verfassungsfeindlichkeit der G und ein übermäßiges politisches Machtstreben. Die Demokratie solle abgeschafft werden, Diskriminierungen Andersdenkender gehörten zum Wesen der G. Eine Infiltration staatlicher Institutionen durch Mitglieder der G könne aus rechtsstaatlichen Gründen nicht hingenommen werden. Für solche Fälle enthielten Art. 9 Abs. 2 GG, Art. 140 GG/Art. 137 Abs. 3 S. 1 WRV und Art. 140 GG/ Art. 136 Abs. 1 WRV die erforderlichen Verbotsermächtigungen selbst für den Fall, dass die G als Religionsgemeinschaft anzusehen sei.

Nachdem G weder vor dem Verwaltungsgericht noch vor dem Oberverwaltungsgericht mit ihrer Rechtsauffassung durchdringen konnte und auch ihre Nichtzulassungsbeschwerde vor dem Bundesverwaltungsgericht erfolglos blieb, will sie Verfassungsbeschwerde erheben. Mit Aussicht auf Erfolg?

Gliederung

Gutachten

Die Verfassungsbeschwerde der G hat Aussicht auf Erfolg, wenn sie zulässig und begründet ist. **3**

A. Zulässigkeit der Verfassungsbeschwerde

I. Zuständigkeit des Bundesverfassungsgerichts

Das Bundesverfassungsgericht ist nach Art. 93 Abs. 1 Nr. 4a GG, §§ 13 Nr. 8a, 90 ff. **4**
BVerfGG für die Entscheidung über Verfassungsbeschwerden zuständig.

II. Beschwerdefähigkeit

Gemäß Art. 93 Abs. 1 Nr. 4a GG, § 90 Abs. 1 BVerfGG kann „jedermann" Verfas- **5**
sungsbeschwerde erheben. Gemeint sind alle natürlichen und juristischen Personen,
soweit diese Träger von Grundrechten sein können[1]. Als eingetragener Verein ist die
G grundsätzlich Trägerin von Grundrechten. Sie ist daher beschwerdefähig.

III. Prozessfähigkeit

Prozessfähigkeit meint die Fähigkeit, Prozesshandlungen selbst oder durch einen **6**
selbst bestimmten Vertreter geltend zu machen[2]. Die G wird durch ihren Vorstand
vertreten (§ 26 Abs. 2 BGB) und ist somit prozessfähig.

IV. Beschwerdegegenstand

Beschwerdegegenstand kann gem. Art. 93 Abs. 1 Nr. 4a GG, § 90 Abs. 1 BVerfGG **7**
jeder Akt der öffentlichen Gewalt sein, in Anlehnung an die Grundrechtsbindung des
Art. 1 Abs. 3 GG also jedes Tun oder Unterlassen (§§ 92, 95 Abs. 1 S. 1 BVerfGG)
von Legislative, Exekutive oder Judikative. Welchen Akt der Beschwerdeführer im
konkreten Fall oder ob er mehrere Akte angreift, liegt dabei in seinem Ermessen. Er
hat grundsätzlich die Wahl, ob er nur das letztinstanzliche Urteil oder zusätzlich die
Entscheidungen der Vorinstanzen bzw. den zugrunde liegenden Akt angreifen will[3].

G wendet sich gegen die Verbotsverfügung des Innenministeriums und die diese **8**
bestätigenden Entscheidungen. Es handelt sich um Maßnahmen der Exekutive und
der Judikative, mithin um Akte der öffentlichen Gewalt und damit geeignete Be-
schwerdegegenstände.

---

1 *Pieroth/Schlink*, Grundrechte, Rn. 1228.
2 *Pieroth/Schlink*, Grundrechte, Rn. 1229; vgl. auch BVerfGE 72, 122 (132 f.).
3 BVerfGE 19, 377 (389).

V. Beschwerdebefugnis

9 G muss beschwerdebefugt sein, d.h. sie muss die Möglichkeit einer Grundrechtsverletzung und eine eigene, gegenwärtige und unmittelbare Beschwer dartun[4].

1. Möglichkeit einer Grundrechtsverletzung

10 Art. 93 Abs. 1 Nr. 4a GG verlangt die Behauptung einer Grundrechtsverletzung von Seiten des Beschwerdeführers. Aus seinem Vortrag muss sich demnach die Möglichkeit einer Grundrechtsverletzung ergeben[5], eine Verletzung darf also nicht von vornherein ausgeschlossen sein[6]. Durch die vom Innenministerium erlassene Auflösungsverfügung sowie die nachfolgenden verwaltungsgerichtlichen Entscheidungen sieht sich die G in ihrer Vereinigungsfreiheit, ihrer Religionsfreiheit und ihrem Recht auf religiöse Vereinigung verletzt. Da es sich bei der G nach ihrem eigenen Selbstverständnis um eine Glaubensgemeinschaft handelt, die körperschaftlich organisiert ist, kann zumindest eine Verletzung der in Art. 4 Abs. 1, 2 GG verbürgten Glaubensfreiheit, der in Art. 9 Abs. 1 GG normierten Vereinigungsfreiheit bzw. der in Art. 140 GG/Art. 137 Abs. 2 S. 1 WRV geschützten religiösen Vereinigungsfreiheit nicht von vornherein ausgeschlossen werden.

11 **Hinweis zum Aufbau:** Es ist umstritten, welches Grundrecht die religiöse Vereinigungsfreiheit schützt (vgl. unten B. I.). Diese Frage sollte hier aber noch nicht thematisiert werden, denn verfassungsprozessual muss nur irgendein Grundrecht möglicherweise betroffen sein.

2. Qualifizierte Betroffenheit

12 Nach Art. 93 Abs. 1 Nr. 4a GG, § 90 Abs. 1 BVerfGG muss der Beschwerdeführer behaupten, in einem „seiner" Grundrechte verletzt zu sein. Es muss sich folglich um eigene Rechte des Beschwerdeführers handeln, eine Popularverfassungsbeschwerde ist nicht statthaft[7]. Die G ist Adressatin sowohl der Verbotsverfügung als auch der diese bestätigenden Entscheidungen, mithin selbst betroffen.

13 Sie müsste zudem gegenwärtig, also schon oder noch betroffen sein[8]. Die Verbotsverfügung ist bereits erlassen und nicht wieder aufgehoben. Mit der Ablehnung der Nichtzulassungsbeschwerde durch das Bundesverwaltungsgericht ist auch das Urteil des Oberverwaltungsgerichts in Rechtskraft erwachsen (vgl. § 133 Abs. 5 S. 1 und 3 VwGO), so dass die G durch die in Rede stehenden Akte der öffentlichen Gewalt auch gegenwärtig betroffen ist.

14 Die unmittelbare Beschwer schließlich fehlte dann, wenn nicht der angegriffene Akt selbst, sondern erst ein notwendiger oder in der Verwaltungspraxis üblicher Vollzugs-

---

4 *Pieroth*, in: Jarass/Pieroth, Art. 93 Rn. 52 ff.
5 BVerfGE 6, 445 (447); 28, 17 (19); 64, 367 (375); 65, 227 (232 f.); 83, 162 (169).
6 BVerfGE 52, 303 (327 f.); *Hartmann*, JuS 2003, 897 (898 ff.).
7 BVerfGE 72, 122 (131); 79, 1 (14).
8 BVerfGE 60, 360 (371); *Pieroth/Schlink*, Grundrechte, Rn. 1249.

akt in Grundrechte des Beschwerdeführers eingriffe[9]. Weder die Verbotsverfügung noch die angegriffenen Entscheidungen bedürfen indes eines solchen Vollzugsaktes, sondern wirken vielmehr unmittelbar.

VI. Rechtswegerschöpfung/Subsidiarität

Die G müsste gem. § 90 Abs. 2 S. 1 BVerfGG den Rechtsweg erschöpft haben. Im Gegenschluss aus § 93 Abs. 3 BVerfGG ergibt sich, dass ihr der Rechtsweg offen steht. Nachdem die G den vorgegebenen Instanzenzug einschließlich der Nichtzulassungsbeschwerde gem. § 133 VwGO[10] durchlaufen hat, ist der nach § 90 Abs. 2 S. 1 BVerfGG erforderliche Rechtsweg erschöpft. **15**

Gemäß dem aus dem Gebot der Rechtswegerschöpfung abgeleiteten[11] Grundsatz der Subsidiarität muss der Beschwerdeführer „alle nach Lage der Sache zur Verfügung stehenden prozessualen Möglichkeiten ergreifen, um die geltend gemachte Grundrechtsverletzung in dem unmittelbar mit ihr zusammenhängenden sachnäheren Verfahren zu verhindern oder zu beseitigen"[12]. Anhaltspunkte für derartige Rechtsschutzmöglichkeiten bestehen nicht. **16**

VII. Zwischenergebnis

Bei Wahrung der in § 93 Abs. 1 BVerfGG vorgesehenen Monatsfrist und Einhaltung der in den §§ 92, 23 Abs. 1 BVerfGG normierten Formvorgaben ist die Verfassungsbeschwerde der G zulässig. **17**

B. Begründetheit der Verfassungsbeschwerde

Die Verfassungsbeschwerde der G ist begründet, soweit sie durch die angegriffene Verbotsverfügung und die diese bestätigenden Entscheidungen in ihren Grundrechten verletzt wird. **18**

I. Verfassungsrechtlicher Maßstab

Es könnte ein Verstoß gegen die religiöse Vereinigungsfreiheit vorliegen. Es ist umstritten, welches Grundrecht diese schützt: In Betracht kommen neben Art. 9 Abs. 1 GG vor allem Art. 4 Abs. 1, 2 GG und Art. 140 GG/Art. 137 Abs. 2 S. 1 WRV[13]. **19**

Nur vereinzelt wird Art. 9 Abs. 1 GG als einschlägiges Grundrecht angesehen[14] bzw. wird Art. 9 Abs. 1 GG neben den Gewährleistungen der Religionsfreiheit angewen- **20**

---

9 BVerfGE 53, 366 (389); 70, 35 (50 f.).
10 Vgl. BVerfG-K, NJW 1996, 45 (45).
11 *Pieroth*, in: Jarass/Pieroth, Art. 93 Rn. 57.
12 BVerfGE 114, 258 (279); ähnlich auch BVerfGE 112, 50 (60).
13 *Veelken*, S. 94 ff.
14 *Ott*, DÖV 1971, 763 (763 f.).

det[15]. Dagegen spricht nämlich, dass Art. 140 GG/Art. 137 Abs. 2 S. 1 WRV die religiöse Vereinigungsfreiheit explizit schützt[16].

21 Überwiegend wird die religiöse Vereinigungsfreiheit daher allein in den Vorschriften über die Religionsfreiheit verortet, wobei hinsichtlich der konkret schützenden Vorschrift keine Einigkeit herrscht: Ein möglicher Ansatzpunkt ist Art. 140 GG/Art. 137 Abs. 2 S. 1 WRV, der die Freiheit der Vereinigung zu Religionsgesellschaften gewährleistet. Zum Teil wird darin eine vorrangige Spezialregelung zu der in Art. 4 Abs. 1, 2 GG garantierten kollektiven Religionsfreiheit und zu der in Art. 9 Abs. 1 GG gewährleisteten allgemeinen Vereinigungsfreiheit gesehen[17]. Nach anderer Ansicht wird die Freiheit zur Vereinigung in Religionsgemeinschaften durch Art. 4 Abs. 1, 2 GG geschützt[18]. Art. 140 GG/Art. 137 Abs. 2 S. 1 WRV wird daneben meist als allein deklaratorische Vorschrift verstanden, die jedenfalls kein Grundrecht enthalte und daher keine rügefähige Rechtsposition i.S.d. Art. 93 Abs. 1 Nr. 4a GG vermitteln könne[19]. Seit der Bahá'í-Entscheidung aus dem Jahre 1991 geht auch das Bundesverfassungsgericht davon aus, „dass Art. 4 Abs. 1 und 2 GG sich für die Gewährleistung der religiösen Vereinigungsfreiheit auf Art. 140 GG/Art. 137 Abs. 2 S. 1 WRV bezieht und sie in diesem normativen Sinne mit umfasst"[20]. Art. 137 Abs. 2 S. 1 WRV ist damit keine selbständige Gewährleistung, sondern Ausprägung der in Art. 4 Abs. 1, 2 GG gewährleisteten kollektiven Religionsfreiheit[21].

22 Für die Gesamtbetrachtung des Bundesverfassungsgerichts spricht, dass sich Art. 140 GG/Art. 137 Abs. 2 S. 1 WRV nicht im Grundrechtsabschnitt, sondern im XI. Teil in den Übergangs- und Schlussbestimmungen des Grundgesetzes befindet. Art. 93 Abs. 1 Nr. 4a GG nennt aber enumerativ und damit abschließend diejenigen Normen außerhalb des Grundrechtsabschnittes, die im Wege der Verfassungsbeschwerde gerügt werden können. Dazu gehört Art. 140 GG nicht. Art. 140 GG/Art. 137 Abs. 2 S. 1 WRV wird damit nicht bedeutungslos, denn Art. 4 Abs. 1, 2 GG bildet nur den prozessualen Aufhänger für die Geltendmachung eines Verstoßes gegen die religiöse Vereinigungsfreiheit. Art. 140 GG/Art. 137 Abs. 2 S. 1 WRV ist daher zwar prozessual kein Grundrecht i.S.d. Art. 93 Abs. 1 Nr. 4a GG; über Art. 4 Abs. 1, 2 GG wird er aber materiell zum Maßstab der Begründetheitsprüfung[22].

---

15 *Planker*, DÖV 1997, 101 (101 f.); *Veelken*, S. 118.

16 *Veelken*, S. 101 ff.

17 *Ehlers*, in: Sachs, Art. 140 Rn. 2, Art. 140/Art. 137 WRV Rn. 3; *Muckel*, S. 164 f.; wohl auch *Weber*, in: Listl/Pirson (Hrsg.), Handbuch des Staatskirchenrechts Bd. II, S. 1068 ff.

18 *Hemmrich*, in: von Münch/Kunig, Art. 140 Rn. 48; *Jarass*, in: Jarass/Pieroth, Art. 140 Rn. 1; *Morlok*, in: Dreier, Art. 4 Rn. 78.

19 BVerfGE 19, 129 (135).

20 BVerfGE 83, 341 (355).

21 *von Campenhausen*, in: Handbuch des Staatsrechts Bd. VII, § 157 Rn. 98; *Jean d'Heur/Korioth*, Rn. 81; *Lücke*, EuGRZ 1995, 651 (652).

22 *Pieroth*, in: Jarass/Pieroth, Art. 93 Rn. 72.

Hinweis zum Aufbau und zur Bewertung: Gut vertretbar ist es aber auch, Art. 140 **23** GG/Art. 137 Abs. 2 S. 1 WRV durchgängig, unabhängig von Art. 4 Abs. 1, 2 GG als Spezialnorm zu prüfen. In der Sache, insbesondere im Hinblick auf die Schrankenproblematik, ändert sich dadurch nichts.

II. Art. 140 GG/Art. 137 Abs. 2 S. 1 WRV

Die Verbotsverfügung des Innenministeriums könnte gegen Art. 140 GG/Art. 137 **24** Abs. 2 S. 1 WRV verstoßen, der die Freiheit der Vereinigung zu Religionsgemeinschaften gewährleistet.

1. Schutzbereich

Art. 140 GG/Art. 137 Abs. 2 S. 1 WRV „umfasst die Freiheit, aus gemeinsamem **25** Glauben sich zu einer Religionsgesellschaft zusammenzuschließen und zu organisieren"[23]. Gleichbedeutend mit „Religionsgesellschaft" wird der Begriff der „Religionsgemeinschaft" verwendet[24].

a) Religionsgesellschaft

Fraglich ist, ob es sich bei der G um eine Religionsgesellschaft im Sinne von Art. 140 **26** GG/Art. 137 Abs. 2 S. 1 WRV handelt[25]. Das Grundgesetz gibt den Begriff der Religionsgesellschaft ohne weitere Konkretisierung vor, und auch die Rechtsprechung hat noch keine griffige Definition entwickelt. Dem Problem der begrifflichen Fixierung liegt das Spannungsverhältnis zwischen Selbstbestimmung und Selbstverständnis des Grundrechtsträgers auf der einen und staatlichem Konkretisierungsprimat auf der anderen Seite zugrunde[26]. Inhaltliche Kriterien dürfen, da der Begriff angesichts einer umfassend gewährten Religionsfreiheit kein abendländisches Privileg ist[27], einerseits nicht allein an den bereits bestehenden Religionsgemeinschaften ausgerichtet sein, sondern müssen offen sein für die Besonderheiten neuer religiöser Bewegungen und nichtchristlicher Weltreligionen. Andererseits dürfen staatskirchenrechtliche Grundbegriffe nicht der Beliebigkeit preisgegeben werden, darf mithin nicht alles, was sich als religiös bezeichnet, auch als Religionsgemeinschaft anerkannt werden[28]. Vielmehr muss die Gemeinschaft „nach geistigem Gehalt und äußerem Erscheinungsbild"[29] auf einer Religion beruhen. Dies im Streitfall zu überprüfen und zu entscheiden, obliegt den Gerichten, die dabei „den von der Verfassung gemeinten oder vorausgesetzten, dem Sinn und Zweck der grundrechtlichen Verbürgung entsprechenden Begriff der

---

23 BVerfGE 83, 341 (355).
24 *Hesse*, in: Handbuch des Staatskirchenrechts Bd. I, S. 534.
25 *Poscher*, Der Staat 39 (2000), S. 49 ff.; *Veelken*, S. 10 ff.
26 Vgl. etwa *Bock*, AöR 123 (1998), 444 (452 ff.); *Isak*, S. 105 ff.; *Jeand'Heur/Korioth*, Rn. 88 ff.; *Morlok*, S. 78 ff., 442 ff.; *Muckel*, S. 27 ff.
27 *Müller-Volbehr*, DÖV 1995, 301 (304); *Pieroth/Schlink*, Grundrechte, Rn. 551.
28 BVerfGE 83, 341 (353, 355 f.); *Poscher*, Der Staat, 39 (2000), S. 49 (50 f.)
29 BVerfGE 83, 341 (353).

Religion zugrunde zu legen haben"[30]. Religion in diesem Sinne meint eine Gesamtsicht der Welt, der es um die Stellung des Menschen in dieser, seine Herkunft, sein Ziel und seine Beziehung zu höheren Mächten geht und aus der Folgerungen für die Gestaltung des Lebens gezogen werden[31].

27   G bezieht sich in ihrem Glauben auf den „erleuchteten E" als Quelle göttlicher Gesetze (§ 1 der Satzung), leitet aus dieser Beziehung konkrete gesellschaftliche Aufgaben ab (§ 2 S. 2 und 3 der Satzung) und ehrt den E durch Versammlungen mit Gottesdienstcharakter. Sie betätigt sich damit im Prinzip religiös.

b)   Ausschluss durch wirtschaftliche oder politische Betätigung

28   Fraglich ist aber, ob der G wegen ihrer wirtschaftlichen oder politischen Betätigung der Charakter einer Religionsgemeinschaft abzusprechen ist. Religiöse Vereinigungen können eine Vielzahl von Aktivitäten entfalten, die nicht in unmittelbarem Zusammenhang mit religiösen Aufgaben stehen, und sie können auch Stellung zu aktuellen politischen Fragen nehmen. Wirtschaftliche und politische Betätigung als solche schadet dem Charakter als Religion bzw. Religionsgemeinschaft daher grundsätzlich nicht[32]. Das Bundesverwaltungsgericht betont aber, dass das Religiöse von zentraler Bedeutung für das Bekenntnis sein und das Wesen der Bekenntnisgemeinschaft ausmachen müsse[33]. Die Pflege der Religion darf also nicht nur ein Zweck unter anderen sein, darf nicht nur Vorwand für andere, nichtreligiöse Ziele der Vereinigung sein. Anderenfalls ließen sich die Privilegierungen, die Religionsgemeinschaften etwa im Vergleich mit Wirtschaftsunternehmen oder politischen Parteien genießen, nicht rechtfertigen[34].

29   Es ist daher zunächst zu prüfen, ob wirtschaftliche Betätigung und Gewinnerzielung den Aktionsradius der G derart prägen, dass dahinter der religiöse Bezug zurücktritt. Neben der Höhe der Einnahmen ist dabei insbesondere entscheidend, ob die im Rahmen der wirtschaftlichen Betätigung erzielten Erlöse in einer Weise verwendet werden, die mit der vorgetragenen gemeinschaftlichen Überzeugung unvereinbar sind[35]. Der Jahresbeitrag von 3000,– Euro erscheint relativ hoch und dürfte etwa weit über dem Durchschnitt der abgeführten Kirchensteuer für Mitglieder der christlichen Kirchen liegen. Dies und der Eintritt zu den zweiwöchentlichen Versammlungen spricht eher dafür, dass das Interesse an der Verbreitung und Vertiefung des Glaubens hinter dem Aspekt der Erlöserzielung zurücktritt. Doch dürfte dies hier keine entscheidende Bedeutung haben. Der finanzielle Bedarf kleinerer und neuer Religionsgemeinschaften kann in Einzelfällen weitaus größer sein als der christlicher Kirchen, zumal die G keinerlei Kirchensteuern erhält, sich also selbst finanzieren muss und dabei auch nicht auf die staatliche Infrastruktur zurückgreifen kann. Wie die G ihre Finanzverhältnisse

---

30 BVerfGE 83, 341 (353).
31 BAGE 79, 319 (338); BVerwGE 90, 112 (115); *Isak*, S. 281 ff.; *Kästner*, AöR 123 (1998), 408 (409 ff); *Morlok*, in: Dreier, Art. 4 Rn. 55; *Starck*, in: von Mangoldt/Klein/Starck, Art. 4 Abs. 1, 2 Rn. 33.
32 BVerwGE 37, 344 (362 f.); 90, 112 (118).
33 BVerwGE 61, 152 (156); vgl. ferner *Badura*, S. 55 f.; *Muckel*, S. 132 ff.
34 *Pieroth/Kingreen*, NVwZ 2001, 841 (843).
35 *Veelken*, S. 54 ff.

im Einzelnen gestaltet, hat sie daher kraft ihres Selbstbestimmungsrechts grundsätzlich selbst zu entscheiden[36]. Außerdem kann gerade die Höhe der Beiträge auch als Voraussetzung dafür angesehen werden, dass sich die Anhänger der G bewusst für ihre Gemeinschaft entscheiden. Entscheidend dürfte daher vielmehr die Verwendung der Mittel sein, und diese sollen nach § 4 S. 3 der Satzung allein im Sinne der Gemeinschaft verwendet werden. Problematisch könnte allenfalls noch die Unnachgiebigkeit gegenüber säumigen Schuldnern (§ 4 S. 4 und 5 der Satzung) sein. Dies lässt daran zweifeln, ob sich die G wirklich um jede Seele bemühen will; möglicherweise kommt es ihr vielmehr darauf an, zahlungskräftige Mitglieder zu rekrutieren. Allerdings gehört zu den Ideen der G, dass Geldmangel i.d.R. die Ursache mangelnden Fleißes ist, der für die G zentrale Bedeutung besitzt (§ 2 S. 2 der Satzung). Überdies räumt die Glaubensgemeinschaft den Gläubigen die Möglichkeit ein, den Beitrag durch Arbeitsleistung zu erbringen; die insoweit abzuleistende Arbeitszeit dürfte bei 3000,– Euro Jahresbeitrag und einer Vergütung von 12,– Euro/Stunde mit ca. fünf Stunden pro Woche im Vergleich zu anderen Glaubensgemeinschaften noch nicht einmal unverhältnismäßig hoch liegen. Die Art der Finanzierung und der Umgang der G mit ihren Anhängern ändert daher am Charakter der G als Religionsgemeinschaft nichts.

Ferner ist zu überlegen, ob die Eigenschaft der G durch ihr politisches Engagement ausgeschlossen sein kann. Dem Sachverhalt ist hier nur zu entnehmen, dass die G jedenfalls auch Stellung zu allgemeinpolitischen Fragen nimmt. Es ist aber nicht ersichtlich, dass dies zum Schwerpunkt der Aktivitäten der G gehört; sie geht vielmehr über die allgemeine Inanspruchnahme des Öffentlichkeitsanspruches, der auch das Engagement im politischen Raum einschließt[37], nicht hinaus. **30**

c) Verfassungsrechtliche Loyalitätspflicht als Schutzbereichsbegrenzung

Fraglich ist schließlich, welche Auswirkungen die möglicherweise verfassungsfeindlichen Tendenzen der G auf die Bestimmung des Begriffs der Religionsgemeinschaft haben. Hier wird vereinzelt vertreten, der Schutz beschränke sich auf solche Religionsgemeinschaften, deren Lehren und Praktiken im Einklang mit dem Grundgesetz stehen[38]. Dies umgeht die dogmatische Schwierigkeit, dass Religionsfreiheit und die Freiheit der religiösen Vereinigung nach dem Verfassungstext vorbehaltlos gewährleistet sind. Doch gerade darin besteht das Problem einer Eingrenzung des Schutzbereiches durch eine Loyalitätspflicht: Bei konfliktträchtigen neuen Formen der Religionsausübung können die strengen Rechtfertigungsanforderungen durch eine Ausgrenzung einer Religion aus dem Schutzbereich umgangen werden[39]. Damit wird die differenzierte Systematik der Schrankenanforderungen, und zwar hier besonders der Vorschriften, die Fragen der Verfassungstreue (etwa Art. 5 Abs. 3 S. 2, 9 Abs. 2, 18, 21 Abs. 2 GG) speziell regeln, konterkariert. Eine mögliche Verfassungsfeindlichkeit der G wird damit nicht irrelevant, doch kann sie allein auf der Ebene der **31**

---

36 BVerwGE 90, 112 (116).
37 BVerwGE 37, 344 (362 f.); *Veelken*, S. 61 f.
38 *Obermayer*, ZevKR 27 (1982), 253 (261); vgl. auch *Poscher*, KritV 2002, 298 (304 f.).
39 Allgemein zu diesem Problem etwa *Pieroth/Schlink*, Grundrechte, Rn. 334 ff.

Eingriffsrechtfertigung eine Rolle spielen[40]. Die eingreifende Staatsgewalt wird so gezwungen, ihr Handeln konkret an entgegenstehenden Verfassungsgütern zu legitimieren[41]. Auch das früher verwendete Kriterium der „Kulturadäquanz", das auf die Anschauungen der „heutigen Kulturvölker"[42] abgestellt hat, hat das Bundesverfassungsgericht mittlerweile ausdrücklich aufgegeben[43].

32   **Hinweis zum Aufbau:** Davon zu trennen ist die Frage, ob Religionsgemeinschaften zur Erlangung des Körperschaftsstatus (Art. 140 GG/Art. 137 Abs. 5 S. 2 WRV) eine gewisse Staatsloyalität nachweisen müssen[44].

33   Ob es bei der Frage der Grundrechtsträgerschaft juristischer Personen im Rahmen des Art. 4 Abs. 1, 2 GG eines Rückgriffs auf Art. 19 Abs. 3 GG bedarf, ist umstritten[45]. Ihre Grundrechtsträgerschaft ist jedenfalls dann zu bejahen, „wenn ihr Zweck die Pflege oder Förderung eines religiösen oder weltanschaulichen Bekenntnisses ist"[46]. Dies ist bei der G, wie oben dargelegt[47], der Fall, ein Streitentscheid mithin entbehrlich. Die G ist also eine Religionsgemeinschaft im Sinne des Art. 140 GG/Art. 137 Abs. 2 S. 1 WRV. Der Schutzbereich ist damit berührt.

2. Eingriff

34   Ein Eingriff ist jedes dem Staat zurechenbare Handeln, das dem Grundrechtsträger die Wahrnehmung seines Grundrechts innerhalb des Schutzbereichs rechtlich oder faktisch ganz oder teilweise unmöglich macht[48]. Die Verbotsverfügung des Innenministers und die verwaltungsgerichtlichen Entscheidungen lösen die G auf und hindern ihre Mitglieder an der Wahrnehmung ihrer Freiheit zu religiöser Vereinigung. Somit liegt ein Eingriff vor.

3. Verfassungsrechtliche Rechtfertigung

35   Der Eingriff ist verfassungsrechtlich gerechtfertigt, wenn die Freiheit der religiösen Vereinigung einschränkbar ist, der Eingriff auf einer verfassungsmäßigen Eingriffsgrundlage beruht und diese im konkreten Fall auch verfassungsmäßig ausgelegt und angewandt worden ist.

---

40 *Fehlau*, JuS 1993, 441 (444 f.); *Muckel*, S. 208.
41 *Pieroth/Kingreen*, NVwZ 2001, 841 (843).
42 BVerfGE 12, 1 (4).
43 BVerfGE 41, 29 (50); vgl. auch *Hassemer/Hömig*, EuGRZ 1999, 525 (526); *Jeand'Heur/Korioth*, Rn. 95 ff.
44 So BVerwGE 105, 117 (122); dagegen etwa *Huster*, JuS 1998, 117 ff.
45 So implizit BVerfGE 105, 279 (293); *von Campenhausen*, in: Handbuch des Staatsrechts, Bd. VII, § 157 Rn. 98; dagegen: *Listl*, in: Handbuch des Staatskirchenrechts, Bd. I, S. 461.
46 BVerfGE 105, 279 (293); ferner: BVerfGE 70, 138 (160 f.); 99, 100 (118).
47 Siehe unter B. II. 1 (Rn. 25 ff.).
48 Vgl. *Pieroth/Schlink*, Grundrechte, Rn. 253.

Hinweis zum Aufbau: Die verfassungsrechtliche Rechtfertigung ist der regelmäßig **36** umfangreichste und fehlerträchtigste Prüfungspunkt. Dabei ist es wichtig, zwischen Maßnahmen der Exekutive und Judikative auf der einen und solchen der Legislative auf der anderen Seite zu differenzieren:

– Bei Exekutiv- und Judikativakten bedarf es (1) einer verfassungsrechtlichen Eingriffsermächtigung (Gesetzesvorbehalt oder kollidierendes Verfassungsrecht[49]), (2) eines formell (Gesetzgebungskompetenz, Gesetzgebungsverfahren) und materiell (insbesondere und im Wesentlichen: Grundsatz der Verhältnismäßigkeit) verfassungsgemäßen Gesetzes (kein Eingriff ohne Gesetz – auch bei den Grundrechten ohne Gesetzesvorbehalt!) und (3) der verfassungsgemäßen Anwendung im Einzelfall durch die Verwaltung/das Gericht.
– Bei Gesetzen hingegen muss (1) ebenfalls geprüft werden, ob es eine verfassungsrechtliche Eingriffsermächtigung gibt und (2) ob das Gesetz formell und materiell (insbesondere und im Wesentlichen: Grundsatz der Verhältnismäßigkeit) verfassungsgemäß ist. Der dritte Schritt hingegen entfällt naturgemäß.

a) Verfassungsrechtliche Eingriffsermächtigung

Art. 140 GG/Art. 137 Abs. 2 S. 1 WRV selbst enthält keinen Gesetzesvorbehalt. Die **37** verfassungsrechtliche Beschränkungsgrundlage kann sich aber aus anderen Verfassungsnormen ergeben. Zu denken ist an Art. 9 Abs. 2 GG, Art. 140 GG/Art. 137 Abs. 3 S. 1 WRV sowie Art. 140 GG/Art. 136 Abs. 1 WRV.

aa) Art. 9 Abs. 2 GG

Fraglich ist, ob Art. 9 Abs. 2 GG auch auf Religionsgemeinschaften anwendbar und **38** damit als Grundlage für eine Einschränkung der religiösen Vereinigungsfreiheit in Betracht kommt.

Dies wird mit dem Argument bejaht, bei Art. 9 Abs. 2 GG handele es sich um einen **39** Verbotstatbestand für Vereinigungen aller Art[50]. Ziel sei die Wahrung zentraler, für den Bestand des Staates und seiner Einordnung in die Völkergemeinschaft unverzichtbarer Verfassungsgüter. Insoweit setze Art. 9 Abs. 2 GG dem Wirken von Vereinigungen ohne Rücksicht auf Art und Inhalt ihrer Tätigkeit äußerste, nicht ohne Gefahr für ihre Existenz überschreitbare Grenzen[51]. Tatsächlich unterscheidet Art. 9 Abs. 2 GG nach seinem Wortlaut nicht zwischen religiösen und nichtreligiösen Vereinigungen. Gegen eine Anwendung auf die religiöse Vereinigungsfreiheit sprechen indes systematische Argumente: Wenn der Verfassungstext die allgemeine Vereinigungsfreiheit unter einen solchen Vorbehalt stellt, die religiöse Vereinigungsfreiheit aber gerade ausdrücklich und separiert von der allgemeinen Vereinigungsfreiheit

---

49 *Jarass*, in: Jarass/Pieroth, Vorb. vor Art. 1 Rn. 37 ff.
50 So BT-Drs. 14/7026, S. 6; BVerwG, NVwZ 2003, 986 (987); BVerwG, JZ 2007, 144 (145); vgl. auch *Planker*, DÖV 1997, 101 (104); *Schmieder*, VBlBW 2002, 146 (149).
51 BVerwG, JZ 2007, 144 (145); in diesem Sinne auch BVerwGE 37, 344 (364 f.); 105, 117 (121); *Ehlers*, in: Sachs, Art. 140 GG/Art. 137 WRV Rn. 20; *Kokott*, in: Sachs, Art. 4 Rn. 142; *Listl*, in: Handbuch des Staatskirchenrechts Bd. I, S. 465; *Starck*, in: von Mangoldt/Klein/Starck, Art. 4 Abs. 1, 2 Rn. 93.

erwähnt, ohne ihr eine Schranke anzufügen, so kann daraus nur der Schluss gezogen werden, dass Art. 140 GG/Art. 137 Abs. 2 WRV lex specialis zu Art. 9 Abs. 1 GG ist[52]. Diese grundgesetzlich vorgegebene Differenzierung wird nivelliert, wenn auch die religiöse Vereinigungsfreiheit Art. 9 Abs. 2 GG unterworfen wird[53].

40   Gegen eine Übertragung der Schranke des Art. 9 Abs. 2 GG auf Art. 140 GG/Art. 137 Abs. 2 S. 1 WRV spricht zudem der systematische Abgleich mit Art. 21 GG, der überwiegend als lex specialis zur allgemeinen Vereinigungsfreiheit verstanden wird[54] und in Art. 21 Abs. 2 GG spezielle Anforderungen an ein Verbotsverfahren enthält. Daraus erhellt, dass das Grundgesetz Sonderregelungen für besondere Vereinigungen kennt, auf die die Vorschriften der allgemeinen Vereinigungsfreiheit nicht anwendbar sind[55]. Die Übertragung des Art. 9 Abs. 2 GG auf Art. 140 GG/Art. 137 Abs. 2 S. 1 WRV würde hier nämlich dazu führen, dass Art. 140 GG/Art. 137 Abs. 2 S. 1 WRV gegenüber Art. 9 Abs. 1 GG nur noch deklaratorische Wirkung hätte, und liefe damit auf eine sonst allgemein abgelehnte Schrankenübertragung[56] hinaus, die die speziellen Schrankenregelungen der Einzelgrundrechte umginge[57]. Zwar kennt das Grundgesetz Regelungen, die nicht auf ein Grundrecht beschränkt sind, sondern für alle Grundrechte gelten sollen. Doch befinden sich diese Regelungen jeweils in separaten Normen, beziehen sich zum Teil ausdrücklich auf einzelne Grundrechte (Art. 17a, 18 GG) oder gelten allgemein für alle Grundrechte (Art. 19 GG); jedenfalls befinden sie sich nicht innerhalb eines Grundrechts[58].

41   Gegen die hier vertretene Ansicht spricht schließlich auch nicht die Abschaffung des ursprünglich in § 2 Abs. 2 Nr. 3 VereinsG enthaltenen „Religionsprivilegs" durch das Erste Gesetz zur Änderung des Vereinsgesetzes vom 4. Dezember 2001[59]. Denn daraus folgt nur, dass die Eingriffsgrundlagen des Vereinsgesetzes (insbesondere § 3) nunmehr auch für Religionsgesellschaften gelten. Die von Verfassungs wegen zwingende Differenzierung zwischen Religionsgesellschaften und sonstigen Vereinigungen wird dadurch aber nicht berührt. Art. 9 Abs. 2 GG ist daher keine taugliche Ermächtigungsgrundlage für Eingriffe in die religiöse Vereinigungsfreiheit (Art. 140 GG/ Art. 137 Abs. 2 S. 1 WRV)[60].

42   **Hinweis zur Bewertung:** Die Gegenansicht, die Art. 9 Abs. 2 GG auch auf Religionsgemeinschaften anwendet, ist mit der entsprechenden Argumentation vertretbar!

---

52 *Bauer*, in: Dreier, Art. 9 Rn. 24, 43; *Ehlers*, in: Sachs, Art. 140 GG/Art. 137 WRV Rn. 3; *Kemper*, in: von Mangoldt/Klein/Starck, Art. 9 Abs. 1 Rn. 69; implizit auch BVerfGE 83, 341 (354 ff.).

53 *Michael*, JZ 2002, 482 (484); *Pieroth/Kingreen*, NVwZ 2001, 841 (844).

54 Vgl. *Pieroth*, in: Jarass/Pieroth, Art. 21 Rn. 3.

55 *Pieroth/Kingreen*, NVwZ 2001, 841 (844).

56 Vgl. *Pieroth/Schlink*, Grundrechte, Rn. 328 ff.

57 *Pieroth/Kingreen*, NVwZ 2001, 841 (844).

58 *Veelken*, S. 168 f.

59 BGBl. I 2001, S. 3319.

60 So auch *Groh*, KritV 2002, 39 (39 f.); *dies.*, Selbstschutz der Verfassung gegen Religionsgemeinschaften, S. 208 ff.; *Hollerbach*, JZ 1997, 1117 (1118); *Jarass*, in: Jarass/Pieroth, Art. 9 Rn. 2; *Veelken*, S. 170.

bb) Art. 140 GG/Art. 136 Abs. 1 WRV

Als mögliche Eingriffsermächtigung wird darüber hinaus Art. 140 GG/Art. 136 Abs. 1 **43** WRV diskutiert. Der Vorbehalt der bürgerlichen und staatsbürgerlichen Pflichten umfasse sämtliche allgemeinen Rechtspflichten, die durch die Religionsfreiheit nicht bedingt, d.h. als Schranken zu lesen seien[61]. Auch das Bundesverfassungsgericht betont, dass Art. 136 Abs. 1 WRV von Art. 4 Abs. 1, 2 GG „überlagert" werde und sich daher die Frage, „welche staatsbürgerlichen Pflichten im Sinne des Art. 136 Abs. 1 WRV gegenüber dem Freiheitsrecht des Art. 4 Abs. 1 GG mit staatlichem Zwang durchgesetzt werden dürfen, [...] unter der Herrschaft des Grundgesetzes *nur* nach Maßgabe der in Art. 4 Abs. 1 GG getroffenen Wertentscheidung"[62] feststellen lasse. Wenn man zu den staatsbürgerlichen Rechten und Pflichten auch die allgemeine Pflicht zum Gesetzesgehorsam zählt, führt das zu sehr weitgehenden Einschränkungsmöglichkeiten der Religionsfreiheit[63]. Historisch erscheint die Lesart des Art. 136 Abs. 1 WRV als Schranke indes problematisch, weil die Vorschrift nach den Erfahrungen des Kulturkampfes die Religionsfreiheit nicht beschränken, sondern stärken wollte[64]. Gegen die Anwendbarkeit des Art. 136 Abs. 1 WRV spricht auch die verfassungsrechtliche Genese. Anders als die Vorgängernorm Art. 135 WRV enthält Art. 4 GG gerade keinen Gesetzesvorbehalt; eine zunächst vorgesehene Schrankenregelung wurde sogar ausdrücklich verworfen[65]. Gestützt wird dies durch die Tatsache, dass Art. 4 Abs. 1, 2 GG neben der Religions- auch die Gewissensfreiheit schützt, Art. 136 Abs. 1 WRV aber nur die Religionsfreiheit erfasst. Das hätte die sachlich kaum zu rechtfertigende Konsequenz, dass die Gewissensfreiheit in Art. 4 Abs. 1, 2 GG stärker geschützt würde als die Religionsfreiheit[66]. Systematisch ist schließlich zweifelhaft, ob sich Art. 136 Abs. 1 WRV überhaupt auf die in Art. 137 WRV gewährleisteten kollektiven Formen der Religionsfreiheit beziehen kann.

cc) Art. 140 GG/Art. 137 Abs. 3 S. 1 WRV

Denkbar wäre schließlich, in Art. 140 GG/Art. 137 Abs. 3 S. 1 WRV eine taugliche **44** Ermächtigungsgrundlage für ein Verbot religiöser Vereinigungen zu sehen. Anknüpfungspunkt ist das in Art. 137 Abs. 3 S. 1 WRV genannte Merkmal „innerhalb der Schranken des für alle geltenden Gesetzes", dem teilweise auch Art. 9 Abs. 2 GG zugeordnet wird[67]. Art. 137 Abs. 2 S. 1 WRV verweist aber gerade nicht auf diese Schranken, die sich nach Wortlaut und Systematik allein auf das Selbstbestimmungsrecht in Art. 137 Abs. 3 WRV, nicht aber auf die davon zu unterscheidende Vereinigungsfreiheit beziehen[68].

---

61 *Jarass*, in: Jarass/Pieroth, Art. 4 Rn. 28; *Muckel*, S. 225 ff.; *Starck*, in: von Mangoldt/Klein/Starck, Art. 4 Abs. 1, 2 Rn. 87 ff.
62 BVerfGE 33, 23 (30 f.).
63 Ablehnend daher *Fehlau*, JuS 1993, 441 (446); *Fleischer*, S. 255; *Veelken*, S. 191.
64 *Isak*, S. 255.
65 *Goerlich*, S. 221; *Pieroth/Kingreen*, NVwZ 2001, 841 (844 f.).
66 *Pieroth/Kingreen*, NVwZ 2001, 841 (845).
67 *Löwer*, in: von Münch/Kunig, Art. 9 Rn. 34; *Planker*, DÖV 1997, 101 (105).
68 *Fleischer*, S. 32 f.; *Sachs*, JuS 2004, 12 (14); *Veelken*, S. 183.

dd) Grundrechte Dritter

45 Da Art. 140 GG/Art. 137 Abs. 2 WRV mithin keinem, auch keinem aus anderen Verfassungsnormen ableitbaren, Gesetzesvorbehalt unterliegt, können Eingriffe nur unter den auch für andere vorbehaltlose Grundrechte geltenden, erschwerten Voraussetzungen gerechtfertigt werden: Sie sind allein zum Schutz kollidierender Grundrechte Dritter und anderer mit Verfassungsrang ausgestatteter Rechtswerte zulässig[69].

46 **Hinweis zum Aufbau:** Bei diesem ersten Prüfungspunkt der verfassungsrechtlichen Rechtfertigung genügt es, abstrakt darauf hinzuweisen, dass der Schutz der Grundrechte Dritter eine mögliche (aber eben die einzige) Eingriffsgrundlage ist. Welche Grundrechte in Betracht kommen und ob diese den Eingriff tatsächlich legitimieren, ist dann erst eine Frage der Verfassungsmäßigkeit des Gesetzes bzw., und meistens erst, eine solche der verfassungsgemäßen Anwendung des Gesetzes im Einzelfall (vgl. daher entsprechend unten c). Hier kann dann insbesondere im Rahmen der Verhältnismäßigkeitsprüfung und dort beim legitimen Zweck darauf hingewiesen werden, dass als solcher nur der Schutz der Grundrechte Dritter und nicht, wie sonst, alle Zwecke in Betracht kommen, deren Verfolgung nicht verboten ist.

b) Verfassungsmäßige Eingriffsgrundlage

47 Der Gesetzesvorbehalt gilt auch für schrankenlose Grundrechte. Es bedarf daher eines Gesetzes, das die wesentlichen Eingriffsvoraussetzungen in einer der Eingriffsintensität angemessenen Regelungsdichte enthält. Der Gesetzgeber ist verpflichtet, „die Schranken der widerstreitenden Freiheitsgarantien jedenfalls so weit selbst zu bestimmen, wie sie für die Ausübung dieser Freiheitsrechte wesentlich sind"[70]. Einfachgesetzliche Eingriffsgrundlage für das Verbot von Vereinen ist § 3 VereinsG. Nach Wegfall des zuvor in § 2 Abs. 2 Nr. 3 VereinsG geregelten Religionsprivilegs werden nunmehr grundsätzlich auch Religionsgemeinschaften vom Vereinsbegriff erfasst und damit dem Verbotstatbestand des § 3 VereinsG unterstellt. An der Verfassungsmäßigkeit dieser Norm bestehen keine Zweifel.

c) Verfassungsmäßige Anwendung der Eingriffsgrundlage

48 Der Innenminister und die Gerichte müssten die Verbotsnorm des § 3 VereinsG verfassungsmäßig ausgelegt und angewandt haben. Das Bundesverfassungsgericht beschränkt sich dabei auf die Prüfung „spezifischen Verfassungsrechts"[71]. Es überprüft Auslegung und Anwendung einfachen Gesetzesrechts demgemäß nur darauf, „ob sie Auslegungsfehler enthalten, die auf einer grundsätzlich unrichtigen Anschauung von der Bedeutung des betreffenden Grundrechts, insbesondere vom Umfang seines Schutzbereichs, beruhen"[72]. Das ist dann der Fall, „wenn die von den Fachgerichten

---

69 BVerfGE 28, 243 (261); 33, 23 (29); 83, 130 (139); 84, 212 (228); 94, 268 (284); *Hassemer/Hömig*, EuGRZ 1999, 525 (528); *Lücke*, EuGRZ 1995, 651 (656).
70 BVerfGE 83, 130 (142); ferner BVerwGE 90, 112 (122 f.).
71 Vgl. dazu *Pieroth/Schlink*, Grundrechte, Rn. 1277 ff.
72 BVerfGE 85, 248 (257 f.); vgl. auch BVerfGE 89, 276 (285); 95, 96 (128).

vorgenommene Auslegung der Norm die Tragweite des Grundrechts nicht hinreichend berücksichtigt oder im Ergebnis zu einer unverhältnismäßigen Beschränkung der grundrechtlichen Freiheit führt"[73].

Das Verbot der G könnte sich darauf stützen, dass die Verbotsbehörde die Religions- **49** freiheit (Art. 4 Abs. 1, 2 GG) der Mitglieder der G sowie anderer Religionsgemein- schaften schützt. Anknüpfen könnte man insbesondere an die in der Satzung der G enthaltenen Passage, man wolle nach den Gesetzen des erleuchteten E – des einzig wahren Herrschers auf Erden – leben (vgl. § 1 S. 1 und 2), und der Erklärung der „gottlosen" christlichen Kirchen zu Feinden der G, deren Anhänger keine Menschen- oder Bürgerrechte genießen sollten und deren Präsenz im öffentlichen Leben nicht göttlich gewollt sei (vgl. § 3).

Bei der Prüfung der Verbotsvoraussetzungen ist allerdings „der besondere Rang der **50** Religionsfreiheit und deren enger Bezug zur Menschenwürde gebührend" zu berück- sichtigen. Das Verbot einer Religionsgemeinschaft ist nur gerechtfertigt, wenn es sich auch nach Abwägung mit dem verfassungsrechtlichen Schutz dieser Vereinigungen zur Wahrung der angegriffenen Verfassungsgüter als unerlässlich erweist[74]. Auch des- halb setzen Verbote von Vereinigungen ganz allgemein eine kämpferisch-aggressive Haltung gegenüber der bestehenden Ordnung voraus[75]. Solange demnach eine religiö- se Vereinigung lediglich in ihrer Satzung Auffassungen vertritt, die nicht mit der Verfassung übereinstimmen (Demokratieprinzip, Toleranz, Freiheit und Gleichheit), machen ihre Mitglieder von ihrer Meinungsfreiheit Gebrauch, die sie ebenso wenig wie die Religionsfreiheit zur Verfassungstreue verpflichtet[76].

Für eine Auflösung besteht auch kein Bedürfnis. Verhaltensweisen einzelner Mitglie- **51** der, die die Ausübung der Religionsfreiheit durch die eigenen Mitglieder oder Mit- glieder anderer Religionsgemeinschaften beeinträchtigen, kann mit den bewährten Mitteln des Strafrechts und des allgemeinen Polizei- und Ordnungsrechts begegnet werden, ohne dass es dazu einer Verbotsverfügung gegen die gesamte Vereinigung bedürfte[77]. Der Eingriff ist daher unverhältnismäßig, so dass die Verbotsverfügung des Innenministeriums und die sie bestätigenden verwaltungsgerichtlichen Entscheidun- gen die G in ihrem Recht aus Art. 140 GG/Art. 137 Abs. 2 S. 1 WRV verletzen.

III. Art. 9 Abs. 1 GG

Art. 9 Abs. 1 GG ist lex generalis gegenüber der durch Art. 140 GG/Art. 137 Abs. 2 **52** S. 1 WRV garantierten religiösen Vereinigungsfreiheit und tritt daher zurück[78].

---

73 BVerfGE 85, 248 (258).
74 BVerwG, JZ 2007, 144 (145); vgl. auch BVerfG, NJW 2004, 47 (48).
75 Vgl. zu Art. 9 Abs. 2 GG BVerwGE 37, 344 (358 f.); 61, 218 (220); *Jarass*, in: Jarass/Pieroth, Art. 9 Rn. 19.
76 *Isensee*, Essener Gespräche zum Thema Staat und Kirche 19 (1985), 111 (143); *Muckel*, S. 207 f.
77 *Pieroth/Kingreen*, NVwZ 2001, 841 (845 f.); vgl. auch BVerwGE 80, 299 (306 ff.).
78 Vgl. oben I (Rn. 19 ff.).

IV. Zwischenergebnis

53 Aufgrund der Verletzung von Art. 140 GG/Art. 137 Abs. 2 S. 1 WRV ist G zugleich in ihrem Grundrecht aus Art. 4 Abs. 1, 2 GG verletzt. Daher ist die Verfassungsbeschwerde begründet.

C. Ergebnis

54 Die Verfassungsbeschwerde der G ist zulässig und begründet. Sie hat somit Aussicht auf Erfolg.

Literaturverzeichnis

55 *Badura, Peter* — Der Schutz von Religion und Weltanschauung durch das Grundgesetz – Verfassungsfragen zur Existenz und Tätigkeit der neuen „Jugendreligionen", Tübingen 1989

Bock, Wolfgang — Die Religionsfreiheit zwischen Skylla und Charybdis, in: AöR 123 (1998), S. 444 ff.

von Campenhausen, Axel — Religionsfreiheit, in: J. Isensee/P. Kirchhof (Hrsg.), Handbuch des Staatsrechts Bd. VII, Heidelberg 2009, § 157

Dreier, Horst (Hrsg.) — Grundgesetz, Kommentar Bd. I, 2. Aufl., Tübingen 2004

Fehlau, Meinhard — Die Schranken der freien Religionsausübung, in: JuS 1993, S. 441 ff.

Fleischer, Thomas — Der Religionsbegriff des Grundgesetzes – Zugleich ein Beitrag zur Diskussion über die „neuen Jugendreligionen", Bochum 1989

Goerlich, Helmut — Glaubens- und Religionsfreiheit in „Zeiten des Multikulturalismus" in völker-, europa- und verfassungsrechtlicher Sicht – oder vom Staatskirchenrecht zu einem allgemeinen Religionsrecht?, in: C. Enders/M. Kahlo (Hrsg.), Toleranz als Ordnungsprinzip? – Die moderne Bürgergesellschaft zwischen Offenheit und Selbstaufgabe, 2007, S. 207 ff.

Groh, Kathrin — Das Religionsprivileg des Vereinsgesetzes, in: KritV 2002, S. 39 ff.

dies. — Selbstschutz der Verfassung gegen Religionsgemeinschaften – Vom Religionsprivileg des Vereinsgesetzes zum Vereinigungsverbot, Berlin 2004

Hartmann, Bernd J. — Die Möglichkeitsprüfung im Prozessrecht der Verfassungsbeschwerde, in: JuS 2003, S. 897 ff.

Hassemer, Winfried/ Hömig, Dieter — Die Rechtsprechung des Bundesverfassungsgerichts im Bereich der Bekenntnisfreiheit, in: EuGRZ 1999, S. 525 ff.

Hesse, Konrad — Das Selbstbestimmungsrecht der Kirchen und Religionsgemeinschaften, in: J. Listl/D. Pirson (Hrsg.), Handbuch des Staatskirchenrechts Bd. I, 2. Aufl. Berlin 1994, § 17

Hollerbach, Alexander	Anmerkung zum Urteil des BVerwG vom 26.6.1997 – 7 C 11.96 (OVG Berlin), in: JZ 1997, S. 1117 ff.
Huster, Stefan	Körperschaftsstatus unter Loyalitätsvorbehalt? – BVerwG, NJW 1997, 2396, in: JuS 1998, S. 117 ff.
Isak, Axel	Das Selbstverständnis der Kirchen und Religions-gemeinschaften und seine Bedeutung für die Auslegung staatlichen Rechts, Berlin 1994
Isensee, Josef	[Diskussionsbeitrag], in: Essener Gespräche zum Thema Staat und Kirche 19 (1985), S. 111 ff.
Jarass, Hans D./ Pieroth, Bodo	Grundgesetz für die Bundesrepublik Deutschland. Kommentar, 10. Aufl., München 2009
Jeand'Heur, Bernd/ Korioth, Stefan	Grundzüge des Staatskirchenrechts, Stuttgart 2000
Kästner, Karl-Hermann	Das Grundrecht auf Religions- und Weltanschauungs-freiheit in der neueren höchstrichterlichen Rechtsprechung, in: AöR 123 (1998), S. 408 ff.
Listl, Joseph	Glaubens-, Bekenntnis- und Kirchenfreiheit, in: J. Listl/D. Pirson (Hrsg.), Handbuch des Staatskirchen-rechts Bd. I, 2. Aufl. Berlin 1994, § 14
Lücke, Jörg	Zur Dogmatik der kollektiven Glaubensfreiheit – Eine Neubestimmung des Verhältnisses von Kirche und Staat am Beispiel des staatlichen Rechtsschutzes gegenüber Maßnahmen der Religionsgesellschaften, in: EuGRZ 1995, S. 651 ff.
Michael, Lothar	Verbote von Religionsgemeinschaften, in: JZ 2002, S. 482 ff.
Mangoldt, Hermann von/ Klein, Friedrich/Starck, Christian (Begr./Hrsg.)	Kommentar zum Grundgesetz Bd. I, 6. Aufl., München 2010
Morlok, Martin	Selbstverständnis als Rechtskriterium, Tübingen 1993
Muckel, Stefan	Religiöse Freiheit und staatliche Letztentscheidung – Die verfassungsrechtlichen Garantien religiöser Freiheit unter veränderten gesellschaftlichen Verhältnissen, Berlin 1997
Müller-Volbehr, Jörg	Das Grundrecht der Religionsfreiheit und seine Schranken, in: DÖV 1995, S. 301 ff.
Münch, Ingo von/ Kunig, Philip (Hrsg.)	Grundgesetz-Kommentar Bd. I und II, 6. Aufl., München 2009
Obermayer, Klaus	Die Schranken des Grundrechts der Religionsfreiheit – Anmerkungen zu einigen aktuellen Problemen, in: ZevKR 27 (1982), S. 253 ff.
Ott, Sieghart	Zur politischen Betätigung von Religionsgesellschaften und Weltanschauungsgemeinschaften – Bemerkungen zum Urteil des BVerwG vom 23.3.1971, in: DÖV 1971, S. 763 ff.
Pieroth, Bodo/ Kingreen, Thorsten	Das Verbot von Religions- und Weltanschauungs-gemeinschaften, in: NVwZ 2001, S. 841 ff.
Pieroth, Bodo/ Schlink, Bernhard	Grundrechte. Staatsrecht II, 26. Aufl., Heidelberg 2010

Planker, Markus	Das Vereinsverbot – einsatzbereites Instrument gegen verfassungsfeindliche Glaubensgemeinschaften? in: DÖV 1997, S. 101 ff.
Poscher, Ralf	Totalität – Homogenität – Zentralität – Konsistenz. Zum verfassungsrechtlichen Begriff der Religionsgemeinschaft, in: Der Staat 39 (2000), S. 49 ff.
ders.	Vereinsverbote gegen Religionsgemeinschaften? – Die Abschaffung des Religionsprivilegs im Vereinsgesetz als Akt unbewusster symbolischer Gesetzgebung, in: KritV 2002, S. 298 ff.
Sachs, Michael (Hrsg.)	Grundgesetz, Kommentar, 5. Aufl., München 2009
Schmieder, Sandra	Der Schutz religiös-weltanschaulicher Vereinigungen – die Abschaffung des Religionsprivilegs, in: VBlBW 2002, S. 146 ff.
Veelken, Sebastian	Das Verbot von Weltanschauungs- und Religionsgemeinschaften, Münster 1999
Weber, Hermann	Rechtsschutz der Kirchen durch staatliche Gerichte, in: J. Listl/D. Pirson (Hrsg.), Handbuch des Staatskirchenrechts Bd. II, 2. Aufl. Berlin 1995, § 72

Hausarbeit 4

Gesetz gegen sexualisierte Werbung

von Tobias Aubel

Die Bundesministerin für Familie, Frauen, Senioren und Jugend nimmt schon seit **1** Jahren Anstoß an dem Frauenbild, das ihrer Auffassung nach in der in Massenkommunikationsmitteln verbreiteten Werbung zum Ausdruck kommt. Sie meint, dass Frauen dort vielfach auf ihre sexuellen Reize reduziert und zu bloßen Sexualobjekten degradiert würden. Dies laufe nicht nur der Menschenwürde, sondern auch dem Gedanken der Gleichberechtigung von Mann und Frau zuwider. Um dem Einhalt zu gebieten, lässt sie in ihrem Ministerium den Entwurf eines Gesetzes gegen sexualisierte Werbung (GSW) erarbeiten. Darin sind u.a. folgende Vorschriften enthalten:

§ 1
Werbung mit Bildern, die von der sexuellen Wirkung von Frauen auf Männer Gebrauch machen, ist im Fernsehen, in Kinos, auf Plakaten und in Presseerzeugnissen verboten.

§ 20
Der Verstoß gegen das Verbot nach § 1 wird als Ordnungswidrigkeit mit einer Geldbuße bis 50 000 Euro geahndet.

Als die Presse, das Fernsehen und die Werbewirtschaft von dem Gesetzentwurf Kenntnis erlangen, äußern sie verfassungsrechtliche Bedenken. Dem Bund fehle eine entsprechende Gesetzgebungskompetenz und Grundrechte, besonders Art. 5 GG, sowie der Bestimmtheitsgrundsatz würden verletzt.

Erstellen Sie ein Gutachten, das die Verfassungsmäßigkeit des skizzierten Gesetzes untersucht. Eine verfassungskonforme Auslegung der betreffenden Vorschriften ist nicht zu diskutieren.

Gliederung

Gutachten

Hinweis zur Bewertung: Schwerpunkt der Hausarbeit ist die Erörterung der Gesetz-   **3**
gebungskompetenz des Bundes und die Prüfung der Grundrechte des Art. 5 GG. Bei
den einzelnen Problemen sind in der Regel auch andere Lösungen vertretbar, soweit sie
nachvollziehbar begründet werden. Eine nicht unerhebliche Schwierigkeit der Aufgabe
besteht darin, dass nur die genannten Normen als solche, nicht jedoch ihre Anwendung
auf eine konkrete Werbung, auf ihre Verfassungsmäßigkeit zu überprüfen sind. Von
entscheidender Bedeutung für die Lösung des Falles ist es, das Ziel der Verbotsnorm
des § 1 GSW anhand der Angaben im Sachverhalt herauszuarbeiten und zu erkennen,
dass die Norm außerordentlich weit gefasst ist.

A. Formelle Verfassungsmäßigkeit – Gesetzgebungskompetenz des Bundes

Zu prüfen ist, ob das GSW, wie beabsichtigt, vom Bund erlassen werden darf. Nach   **4**
Art. 70 Abs. 1 GG haben die Länder das Recht zur Gesetzgebung, soweit das GG
nicht dem Bunde Gesetzgebungsbefugnisse, und zwar in Gestalt der ausschließlichen
(Art. 71 GG) oder der konkurrierenden (Art. 72 GG) Gesetzgebung (vgl. Art. 70
Abs. 2 GG), verleiht. Zu prüfen ist, ob ein entsprechender Kompetenztitel zugunsten
des Bundes eingreift.

I. Kompetenz nach Art. 74 Abs. 1 Nr. 11 GG

1. Subsumtion unter die Begriffe der Norm

a) Recht der Wirtschaft und Wirtschaftszweige

Nicht einheitlich beurteilt wird, ob die Aufzählung der einzelnen Wirtschaftszweige in   **5**
der Klammer erschöpfend[1] oder nur beispielhaft ist, d.h. ob der Begriff „Recht der
Wirtschaft" einen eigenen, über die in der Klammer enthaltenen Einzelbereiche hin-
ausweisenden Bedeutungsgehalt hat[2] oder nicht. Dies braucht jedoch nicht entschieden zu werden, wenn sich das in § 1 GSW geregelte Werbeverbot nicht nur unter den
Begriff „Recht der Wirtschaft" subsumieren ließe, sondern auch einem der genannten
Wirtschaftszweige zugeordnet werden könnte. In Betracht kommen insoweit „Gewerbe" und „Handel".

Der Begriff „Recht der Wirtschaft" ist nach der Rechtsprechung des BVerfG weit zu   **6**
verstehen und umfasst alle Normen, die das wirtschaftliche Leben und die wirtschaftliche Betätigung regeln[3]. Gewerbe ist jede erlaubte, selbstständige, auf Erwerb gerich-

---

1 *Pieroth*, in: Jarass/Pieroth, GG, Art. 74 Rn. 22.
2 *Oeter*, in: v. Mangoldt/Klein/Starck, GG, Art. 74 Rn. 83.
3 BVerfGE 116, 202 (215 f.).

tete Tätigkeit mit Ausnahme der Urproduktion und der sogenannten freien Berufe[4]. Unter Handel wird allgemein die gewerbsmäßige, gegen Entgelt erfolgende Veräußerung von Waren verstanden; hierzu gehören auch Tätigkeiten, die den Gütertausch vorbereiten[5].

7   Wer, wie z.B. eine Werbeagentur, Werbung erstellt, betreibt eine erlaubte, selbstständige, auf Erwerb gerichtete Tätigkeit und damit ein Gewerbe. Werbung wird zudem dazu eingesetzt, Waren und Leistungen der Öffentlichkeit anzubieten, und dient damit der Vorbereitung der entgeltlichen Veräußerung von Waren. Das Werbeverbot kann damit sowohl unter dem Gesichtspunkt des Gewerbes als auch unter dem des Handels dem Recht der Wirtschaft zugeordnet werden.

b) Ausgeschlossene Materien

8   Im 2. Halbsatz des Art. 74 Abs. 1 Nr. 11 GG werden einzelne Materien von der Gesetzgebung des Bundes ausgenommen. Da das Werbeverbot nach § 1 GSW u.a. die Darstellung von Frauen in sexuell aufreizenden Positionen erfassen soll, stellt sich die Frage, ob das von der konkurrierenden Gesetzgebung des Bundes ausgeschlossene und damit der Gesetzgebungskompetenz der Länder zuzuordnende Recht der Schaustellung von Personen einschlägig ist. Mit dem Begriff „Schaustellung von Personen" ist jedoch nicht die bildliche Darstellung von Personen, wie sie in den von der Verbotsregelung erfassten Werbeanzeigen erfolgt, gemeint. Vielmehr sollten mit der Einführung der ausgeschlossenen Materien einzelne bislang in Bundesgesetzen geregelte Gebiete des Gewerberechtes der Gesetzgebungskompetenz der Länder zugeordnet werden. Das Recht der Schaustellung von Personen entspricht § 33a GewO[6] und erfasst damit nur die Schaustellung von Personen in Geschäftsräumen[7]. Das in § 1 GSW geregelte Werbeverbot lässt sich folglich unter die Begriffe des Art. 74 Abs. 1 Nr. 11 GG subsumieren.

2. Abgrenzung zur Gesetzgebungskompetenz der Länder für das Presse- und Rundfunkwesen

9   Möglicherweise kann das in § 1 GSW geregelte Werbeverbot jedoch deshalb nicht auf den Kompetenztitel des Art. 74 Abs. 1 Nr. 11 GG gestützt werden, weil nicht nur Werbung auf Plakaten, sondern auch Werbung im Fernsehen und in Presseerzeugnissen erfasst wird und damit auch das Presse- und Rundfunkwesen, für das die Länder die ausschließliche Gesetzgebungskompetenz besitzen[8], betroffen ist.

10   Aufgrund der Weite des Tatbestandes des Art. 74 Abs. 1 Nr. 11 GG besteht die Gefahr, dass der Grundsatz des Art. 70 Abs. 1 GG ausgehöhlt wird und der Bund traditionell den Ländern zustehende Gesetzgebungsmaterien an sich reißt, indem die wirtschaftlichen Aspekte eines Sachverhalts in den Vordergrund gestellt werden. Rechtsprechung

---

4 *Oeter*, in: v. Mangoldt/Klein/Starck, GG, Art. 74 Rn. 91.
5 *Oeter*, in: v. Mangoldt/Klein/Starck, GG, Art. 74 Rn. 92.
6 *Pieroth*, in: Jarass/Pieroth, GG, Art. 74 Rn. 31.
7 *Höfling/Rixen*, GewArch 2008, 1 (8).
8 *Pieroth*, in: Jarass/Pieroth, GG, Art. 70 Rn. 20.

und Literatur haben deshalb Ansätze entwickelt, um die Gesetzgebungskompetenz des Bundes aus Art. 74 Abs. 1 Nr. 11 GG von der Gesetzgebungszuständigkeit der Länder, z.B. im allgemeinen Polizei- und Ordnungsrecht oder im Kulturwesen, abzugrenzen.

Das BVerfG hat in einigen Entscheidungen, in denen es um das Verhältnis von Art. 74 **11** Abs. 1 Nr. 11 GG zum allgemeinen Polizei- und Ordnungsrecht ging, darauf abgestellt, welcher Aspekt nach dem Gesamtbild des Gesetzes im Vordergrund steht. Normen, die der Aufrechterhaltung der öffentlichen Sicherheit und Ordnung in einem bestimmten Sachbereich dienen und sich damit lediglich als Annex zum Wirtschaftsrecht erweisen, können vom Bund nach Art. 74 Abs. 1 Nr. 11 GG erlassen werden[9]. Stehen demgegenüber die polizei- und ordnungsrechtlichen Erwägungen des Gesetzgebers völlig im Vordergrund, ist Art. 74 Abs. 1 Nr. 11 GG nicht einschlägig[10]. Anknüpfend an diese Entscheidungen wird in der Literatur die Auffassung vertreten, Art. 74 Abs. 1 Nr. 11 GG trete zurück, soweit ein stärkerer Sachzusammenhang zur Gesetzgebungskompetenz der Länder bestehe[11]. Der Regulierungsansatz des Gesetzgebers sei darauf zu befragen, ob wirklich Fragen der wirtschaftlichen Rahmenbedingungen, der wirtschaftlichen Organisation und der Abläufe optimiert werden sollen oder ob der Gesetzgeber nicht im Kern doch ganz andere Ziele verfolge[12]. Letztlich entscheidend ist damit, wo der Schwerpunkt der Regelung liegt, ob der Gesetzgeber primär wirtschaftliche oder primär ordnungsrechtliche, presse- oder rundfunkspezifische Ziele verfolgt.

Das erklärte Ziel des Gesetzes GSW ist nicht die wirtschaftliche Regulierung. Es geht **12** nicht primär darum, die Verbreitung bestimmter Produkte zu beschränken, wie dies etwa bei einem Werbeverbot für Tabakerzeugnisse der Fall sein könnte. Vielmehr möchte der Gesetzentwurf einem bestimmten Frauenbild, das durch massenmediale Verbreitung sexualisierter Werbung entstehen oder verfestigt werden könnte, entgegenwirken. Im Vordergrund des Gesetzentwurfs stehen damit presse- und rundfunkspezifische Aspekte: Fernsehen und Presseerzeugnisse sollen gerade in ihrer Funktion als Massenkommunikationsmittel betroffen werden. Es besteht damit ein stärkerer Sachzusammenhang zur Gesetzgebungskompetenz der Länder. Art. 74 Abs. 1 Nr. 11 GG ist folglich nicht einschlägig.

II. Kompetenz nach Art. 74 Abs. 1 Nr. 1 GG („Strafrecht")

Strafrecht ist die Regelung aller, auch nachträglicher, repressiver oder präventiver **13** staatlicher Reaktionen auf Straftaten, die an die Straftat anknüpfen, ausschließlich für Straftäter gelten und ihre sachliche Rechtfertigung auch aus der Anlasstat beziehen[13]. Hierunter fällt auch das Ordnungswidrigkeitenrecht[14].

---

9 BVerfGE 8, 143 (149 f.).
10 BVerfGE 28, 119 (147 ff.).
11 *Pieroth*, in: Jarass/Pieroth, GG, Art. 74 Rn. 24.
12 *Oeter*, in: v. Mangoldt/Klein/Starck, GG, Art. 74 Rn. 96.
13 BVerfGE 109, 190 (212).
14 BVerfGE 27, 18 (32 f.); 29, 11 (16); 31, 141 (144).

14 Die Ordnungswidrigkeitsnorm des § 20 GSW dient allerdings nur der Durchsetzung des in § 1 GSW normierten Verbots. Es handelt sich deshalb nicht um eine eigenständige Strafrechtsnorm, die ihrer Geschichte und ihrem Wesen nach zum Straf- oder Ordnungswidrigkeitenrecht im klassischen Sinn, wie es z.B. im StGB und im OWiG geregelt ist, gehört, sondern um eine sog. unselbstständige Strafrechtsnorm. Es stünde im Widerspruch zu den Vorschriften der Art. 30, 70 GG, wenn der Bundesgesetzgeber durch die Schaffung solcher unselbstständiger Strafrechtsnormen auf dem Umweg über die Kompetenz „Strafrecht" eine der Länderkompetenz unterliegende Materie selbst sachlich regeln dürfte[15]. Art. 74 Abs. 1 Nr. 1 GG ermächtigt daher nicht zum Erlass des in § 1 GSW geregelten Verbots.

15 Ob eine unselbstständige Strafrechtsnorm wie die Regelung des § 20 GSW als solche möglicherweise auf diesen Kompetenztitel gestützt werden könnte[16], braucht nicht entschieden zu werden. Da sie ohne eine kompetenzmäßig erlassene und damit wirksame Regelung in § 1 GSW keinen selbstständigen Regelungssinn behalten würde und mithin bei fehlender Bundeskompetenz zum Erlass dieser Regelung nach den Grundsätzen der Teilnichtigkeit[17] ebenfalls nichtig wäre, kommt es entscheidend darauf an, ob dem Bund die Kompetenz zur Regelung des eigentlichen Sachbereichs, d.h. des Verbots nach § 1 GSW, zusteht. Dies ist nach dem zu I. Gesagten nicht der Fall.

16 Aus Art. 74 Abs. 1 Nr. 1 GG kann folglich die Gesetzgebungskompetenz des Bundes für das beabsichtigte Gesetz insgesamt nicht hergeleitet werden.

III. Ergebnis

17 Der Bund besitzt nicht die Gesetzgebungskompetenz zum Erlass des GSW.

18 **Hinweis zum Aufbau:** Eher fern liegend, wenngleich vertretbar, ist die Erörterung von Art. 74 Abs. 1 Nr. 7 GG unter dem Gesichtspunkt des Jugendschutzes[18], da das GSW erkennbar nicht dem Schutz der Jugend, etwa vor der Darstellung sexueller Vorgänge in grob schamverletzender Weise[19], gilt. Offensichtlich nicht einschlägig ist eine Bundeskompetenz aus der Natur der Sache[20].

B. Materielle Verfassungsmäßigkeit

19 Zu prüfen ist, ob die Regelungen der §§ 1 und 20 GSW inhaltlich, d.h. materiellrechtlich, mit dem GG vereinbar sind. Es stellt sich die Frage nach der Vereinbarkeit mit den Grundrechten und grundrechtsgleichen Rechten der Werbetreibenden, d.h. der

---

15 BVerfGE 26, 246 (258).
16 Vgl. BT-Drucksache 16/1940, S. 6.
17 *Jarass*, in: Jarass/Pieroth, GG, Art. 20 Rn. 33.
18 Vgl. BVerfGE 31, 113 (117); BVerwGE 19, 94 (96 f.); 23, 112 (113).
19 Vgl. BVerfGE 30, 336 (347).
20 Vgl. auch BVerfGE 12, 205 (242).

Werbeagenturen und der sie beauftragenden Unternehmen, sowie der Presse- und Rundfunkunternehmen.

I. Vereinbarkeit mit dem Grundrecht der Meinungsfreiheit, Art. 5 Abs. 1 S. 1 1. Hs. GG

1. Abgrenzung zu den Grundrechten aus Art. 5 Abs. 1 S. 2 GG

Da das Verbot des § 1 GSW gerade Werbung im Fernsehen und in Presseerzeugnissen **20** betrifft, stellt sich zunächst die Frage, ob die Regelung nicht am Grundrecht der Meinungsfreiheit, sondern ausschließlich oder zumindest primär am Grundrecht der Presse- und der Rundfunkfreiheit gemäß Art. 5 Abs. 1 S. 2 1. und 2. Alt. zu messen ist.

Da Art. 5 Abs. 1 S. 2 nur die im Presse- und Rundfunkwesen tätigen Personen **21** schützt[21], kann Art. 5 Abs. 1 S. 1 1. Hs. GG jedenfalls im Verhältnis zu den von dem Verbot betroffenen Werbetreibenden nicht von Art. 5 Abs. 1 S. 2 GG verdrängt werden. Zudem schützt Art. 5 Abs. 1 S. 1 1. Hs. GG bereits nach seinem Wortlaut das Verbreiten seiner Meinung in Wort, Schrift und Bild, so dass gerade die Veröffentlichung und Verbreitung der eigenen Meinung in der Presse und im Rundfunk unmittelbar von Art. 5 Abs. 1 S. 1 1. Hs. GG erfasst wird. Zu Recht vertritt deshalb das BVerfG die Auffassung, dass die Grundrechte aus Art. 5 Abs. 1 S. 2 GG keine Spezialfälle der Meinungsäußerungsfreiheit sind und Art. 5 Abs. 1 S. 1 1. Hs. GG Prüfungsmaßstab ist, wenn es um die Zulässigkeit des Inhalts einer bestimmten Äußerung geht und es sich um eine eigene Äußerung des Presseorgans bzw. des Rundfunksenders handelt. Die Pressefreiheit ist demgegenüber einschlägig, wenn es um die im Pressewesen tätigen Personen in Ausübung ihrer Funktion, um ein Presseerzeugnis selbst, um seine institutionell-organisatorischen Voraussetzungen und Rahmenbedingungen sowie um die Institution einer freien Presse überhaupt geht[22]. Sie ist auch betroffen, wenn es um die Veröffentlichung der Meinung eines Dritten, die unter dem Schutz von Art. 5 Abs. 1 S. 1 1. Hs. GG steht, geht. Ein Presse- oder Rundfunkunternehmen kann dementsprechend im Rahmen von Art. 5 Abs. 1 S. 2 GG die Beeinträchtigung der Meinungsfreiheit Dritter geltend machen[23].

Da sich § 1 GSW gegen bestimmte Inhalte von Werbung richtet, nämlich gegen Bil- **22** der, die von der sexuellen Wirkung von Frauen auf Männer Gebrauch machen, es also um die Zulässigkeit bestimmter Werbungen geht, ist Art. 5 Abs. 1 S. 1 1. Hs. GG nicht nur im Verhältnis zu den Herstellern bzw. Auftraggebern der Werbung, sondern auch insoweit Prüfungsmaßstab, als Werbung der Presse- und Rundfunkunternehmen in eigener Sache betroffen ist. Demgegenüber ist Art. 5 Abs. 1 S. 2 GG einschlägig, soweit Presse- und Rundfunkunternehmen die Veröffentlichung der Werbung Dritter untersagt wird, zumal damit auch ihre wirtschaftliche Basis tangiert wird[24].

---

[21] BVerfGE 20, 162 (175).
[22] BVerfGE 85, 1 (12 f.); 95, 28 (34); 97, 391 (400); *Schulze-Fielitz*, in: Dreier, GG, Art. 5 I, II Rn. 97.
[23] BVerfGE 102, 347, 359; BVerfG-K, DVBl. 2009, 1166.
[24] *Hufen*, in: FS Schmidt, S. 347 (361).

2. Eingriff in den Schutzbereich

23 Der Schutzbereich der Meinungsfreiheit wird nur tangiert, wenn es sich bei der von § 1 GSW erfassten Werbung um Meinung handelt.

a) Werbung als Meinung

24 Der Begriff der Meinung ist grundsätzlich weit zu verstehen. Er umfasst Werturteile und auch sonstige Äußerungen, die durch Elemente der Stellungnahme und des Dafürhaltens geprägt sind, auch wenn sich diese Elemente, wie häufig, mit einer Tatsachenmitteilung oder -behauptung verbinden oder vermischen[25]. Soweit eine Meinungsäußerung in einem Bild zu Ausdruck kommt, fällt auch dieses in den Schutzbereich von Art. 5 Abs. 1 S. 1 1. Hs. GG[26].

25 Auch die rein kommerzielle Wirtschaftswerbung ist, unabhängig davon, ob sie Tatsachenbehauptungen enthält oder nicht, durch Elemente der Stellungnahme und des Dafürhaltens geprägt, da sie darauf gerichtet ist, den beworbenen Produkten oder Leistungen bestimmte positive Eigenschaften zuzuschreiben, sie anzupreisen und ihren Bekanntheitsgrad zu steigern. Dies spricht dafür, auch die kommerzielle Wirtschaftswerbung in Bildern uneingeschränkt unter den Schutzbereich der Meinungsfreiheit zu subsumieren. Dass eine Meinung wirtschaftlichen Zielen dient, ändert jedenfalls an ihrem Charakter als Meinung nichts[27].

26 Das BVerfG betont allerdings in ständiger Rechtsprechung die konstitutive Bedeutung der Meinungsfreiheit für die demokratische Ordnung[28]. Insofern könnte man verlangen, dass Werbung einen zusätzlichen politischen Gehalt aufweisen muss, um in den Schutzbereich des Art. 5 Abs. 1 S. 1 1. Hs. GG zu fallen[29]. Jedenfalls in seiner früheren Rechtsprechung hat das BVerfG gewöhnliche Wirtschaftswerbung lediglich dem Schutzbereich der Berufsfreiheit nach Art. 12 Abs. 1 GG zugeordnet[30]. Auch in seiner neueren Rechtsprechung scheint es darauf abzustellen, ob die Werbemaßnahme neben dem wirtschaftlichen Zweck gesellschaftliche und politische Themen bzw. Missstände aufgreift und sich nicht lediglich darauf beschränkt, das beworbene Unternehmen ins Gespräch zu bringen[31].

27 Dass der Schutzbereich der Meinungsfreiheit nur für solche Werbungen eröffnet sein soll, die sich (auch) zu sozialen oder politischen Themen äußern, kann der neueren Rechtsprechung des BVerfG jedoch nicht eindeutig entnommen werden[32]. Vielmehr heißt es in den neueren Entscheidungen des BVerfG allgemein, der Schutz des Art. 5 Abs. 1 S. 1 GG erstrecke sich auch auf kommerzielle Meinungsäußerungen sowie

---

25 BVerfGE 61, 1 (8 f.).
26 BVerfGE 30, 336 (352); 71, 162 (175).
27 BVerfGE 30, 336 (352).
28 BVerfGE 7, 198 (208); 71, 206 (220); 82, 272 (281).
29 *Ipsen*, Staatsrecht II, Rn. 422.
30 BVerfGE 41, 371 (382).
31 BVerfGE 102, 347 (359); 107, 275 (280).
32 *Hufen*, in: FS Schmidt, S. 347 (353).

reine Wirtschaftswerbung, die einen wertenden, meinungsbildenden Inhalt habe[33]. Politische und (rein) wirtschaftliche Werbung lassen sich zudem nicht präzise trennen[34]: Wirtschaftswerbung greift regelmäßig Themen auf, die in der Gesellschaft diskutiert werden, wie z.B. Gesundheit und Ernährung, und löst teilweise öffentliche Diskussionen aus, wie z.B. im Falle der sog. Schockwerbung.

Ob demzufolge jede Wirtschaftswerbung allein deshalb, weil sie im Hinblick auf das   **28**
beworbene Produkt einen meinungsbildenden Inhalt hat, dem Schutz der Meinungsfreiheit unterfällt[35], braucht nicht entschieden zu werden. In jedem Fall handelt es sich bei der von § 1 GSW erfassten Werbung in Bildern, die von der sexuellen Wirkung von Frauen auf Männer Gebrauch macht, um Werbung mit einem meinungsbildenden Inhalt. Sie thematisiert das Bild der Frau in der Gesellschaft, greift vorhandene Vorstellungen auf, prägt sie unter Umständen sogar und ist geeignet, öffentliche Diskussionen hierüber zu entfachen. Dies zeigt nicht zuletzt der zu prüfende Gesetzentwurf. Der Schutzbereich des Art. 5 Abs. 1 S. 1 1. Hs. GG ist damit betroffen.

b) Eingriff

Zu den Eingriffen in die Meinungsfreiheit zählen sanktionsbewehrte Verbote, Mei-   **29**
nungen zu äußern und zu verbreiten[36]. Die §§ 1 und 20 GSW stellen folglich einen Eingriff in den Schutzbereich des Art. 5 Abs. 1 S. 1 1. Alt. GG dar.

3. Verfassungsrechtliche Rechtfertigung

a) Die Schranken des Art. 5 Abs. 2 GG

Zu prüfen ist, ob § 1 GSW von dem qualifizierten Gesetzesvorbehalt des Art. 5 Abs. 2   **30**
GG gedeckt ist. Da das Werbeverbot erkennbar nicht dem Jugendschutz dient, kommen nur die Schranken der allgemeinen Gesetze und des Rechts der persönlichen Ehre in Betracht.

aa) Allgemeine Gesetze

Allgemeine Gesetze sind nach der ständigen Rechtsprechung des BVerfG solche Ge-   **31**
setze, die sich nicht gegen eine bestimmte Meinung als solche richten, sondern vielmehr dem Schutze eines schlechthin, ohne Rücksicht auf eine bestimmte Meinung, zu schützenden Rechtsguts dienen, dem Schutze eines Gemeinschaftswerts, der gegenüber der Betätigung der Meinungsfreiheit Vorrang hat[37]. Voraussetzung ist danach die Meinungsneutralität des Gesetzes: Das Gesetz darf nicht als Sonderrecht zu bestimmten Meinungsinhalten bekehren oder von bestimmten Meinungsinhalten abbringen und nicht die Wertlosigkeit oder Schädlichkeit von Meinungsinhalten zu Tatbestandsvoraussetzungen von Eingriffen machen[38].

---

33 BVerfGE 71, 162 (175); 102, 347 (359); BVerfG-K 11, 409 (413).
34 *Hufen*, in: FS Schmidt, S. 347 (353).
35 *Hufen*, in: FS Schmidt, S. 347 (356 f.).
36 *Pieroth/Schlink*, Grundrechte, Rn. 626.
37 BVerfGE 7, 198 (209 f.); 113, 63 (78).
38 *Pieroth/Schlink*, Grundrechte, Rn. 638.

32 Zu prüfen ist dabei zunächst, ob die Norm an Meinungsinhalte anknüpft[39]. Bei oberflächlicher Betrachtungsweise ist dies bei dem Verbot des § 1 GSW schon deshalb der Fall, weil bestimmte Werbungen untersagt werden und die von dem Verbot erfassten Werbungen nach den obigen Ausführungen Meinung im Sinne von Art. 5 Abs. 1 S. 1 GG sind. Eine solche Sichtweise berücksichtigt jedoch nicht hinreichend, dass das Werbeverbot sich nicht gegen die primäre geistige Zielrichtung der Werbung, nämlich die Anpreisung des Produktes, richtet, sondern lediglich die als schädlich befundene Wirkung bestimmter Bilder, mit denen geworben wird, auf das Frauenbild in der Gesellschaft bekämpfen will. Ausgehend von der Unterscheidung zwischen Form und Inhalt[40] könnte man deshalb argumentieren, das Verbot belege nur die Art und Weise der Umsetzung einer Werbemaßnahme, nicht aber den eigentlichen Werbeinhalt mit einem Unwerturteil.

33 Bei der von dem Verbot erfassten Werbung in Bildern fällt es jedoch schwer, Form und Inhalt der Werbeaussage voneinander abzugrenzen. Eine Bildwerbung spricht den Betrachter auf verschiedenen Ebenen an. Die Information über das Produkt und der Versuch, den Betrachter durch sachliche Darstellung der Vorteile des Produktes von einer Anschaffung zu überzeugen, stehen keinesfalls im Vordergrund. Eine wesentliche Funktion der Werbung in Bildern besteht vielmehr darin, die Phantasie und die Gefühlsebene des Betrachters anzuregen: Mit dem beworbenen Produkt soll der Betrachter positive Gefühle und Lebenssituationen verbinden und dadurch zu einem Kauf des Produktes veranlasst werden. Dies ist gerade auch dann der Fall, wenn die Werbung sexuelle Reize einer Frau betont. Wird beispielsweise für weibliche Unterwäsche mit einem Model geworben, das nur mit Unterwäsche bekleidet in aufreizenden Positionen dargestellt wird, soll damit bei der Zielgruppe, die sowohl männlich als auch weiblich sein kann, die Vorstellung erzeugt werden, das Tragen der beworbenen Unterwäsche sei „sexy" und mache die Trägerin attraktiv. Indem eine solche Werbung untersagt wird, wird nicht nur eine bestimmte Aussageform sanktioniert, sondern auch eine inhaltliche Aussage über das beworbene Produkt bekämpft. Die Eröffnung des Schutzbereichs ist oben jedoch damit begründet worden, dass die von dem Verbot erfasste Werbung eine wertende Aussage zu dem in der Gesellschaft vorgefundenen oder wünschenswerten Frauenbild trifft. Das Gesetz knüpft damit gerade an den meinungsbildenden Inhalt der betroffenen Werbung an.

33a Nach der neuen Rechtsprechung des BVerfG nimmt allerdings nicht schon jede Anknüpfung an den Inhalt von Meinungen als solche einem Gesetz den Charakter als allgemeines Gesetz. Vielmehr sind auch inhaltsanknüpfende Normen dann als allgemeine Gesetze zu beurteilen, wenn sie erkennbar auf den Schutz bestimmter Rechtsgüter und nicht gegen eine bestimmte Meinung gerichtet sind[41]. Insoweit kommt es darauf an, ob die meinungsbeschränkende Norm im Rahmen einer Gesamtsicht eine prinzipielle inhaltliche Distanz zu den verschiedenen konkreten Positionen im politischen und weltanschaulichen Meinungskampf wahrt. Ein Indiz für unzulässiges Sonderrecht ist es aber, wenn sich eine Norm als Antwort auf einen konkreten Konflikt des

---

39 BVerfGE 124, 300 (322).
40 Vgl. *Pieroth/Schlink*, Grundrechte, Rn. 644.
41 BVerfGE 124, 300 (322).

aktuellen öffentlichen Meinungskampfes versteht oder ein Verhalten sanktioniert, das typischerweise einer konkreten Geisteshaltung oder einer spezifischen weltanschaulichen, politischen oder historischen Deutung entspringt[42].

Auch wenn § 1 GSW dem Schutz von Frauen vor Diskriminierung dient und damit auf den Schutz eines bestimmten Rechtsgutes gerichtet, handelt es sich nach diesen Grundsätzen um unzulässiges Sonderrecht. Die Vorschrift soll nach dem erklärten Ziel des federführenden Ministeriums einem angeblich durch Werbung kolportierten, als schädlich empfundenen Frauenbild entgegenwirken. Sie richtet sich mithin gerade gegen eine bestimmte Geisteshaltung, die in sexualisierter Werbung angeblich zum Ausdruck kommt. Folglich handelt es sich bei der Regelung des § 1 GSW nicht um ein allgemeines Gesetz im Sinne von Art. 5 Abs. 2 GG. **33b**

bb) Recht der persönlichen Ehre

Nach der neuen Rechtsprechung des BVerfG kann ein unzulässiges Sonderrecht auch nicht auf das Recht der persönlichen Ehre nach Art. 5 Abs. 2 Alt. 3 GG gestützt werden. Das Erfordernis der Allgemeinheit meinungsbeschränkender Gesetze gemäß Art. 5 Abs. 2 Alt. 1 GG erstreckt sich danach auch auf Bestimmungen zum Ehrschutz[43]. Demgegenüber wurde in der Literatur bislang verbreitet vertreten, dass Art. 5 Abs. 2 Alt. 3 GG auch zum Erlass von Vorschriften ermächtigt, die den Inhalt einer bestimmten Meinungsäußerung bewerten und sogar verbieten, soweit es sich um „Recht der persönlichen Ehre" handelt[44]. Ausgehend von dieser Auffassung könnte diese Schrankenbestimmung unter dem Gesichtspunkt einschlägig sein, dass das Werbeverbot nach dem Willen der zuständigen Ministerin gerade dazu dient zu verhindern, dass Frauen als bloße Sexualobjekte wahrgenommen werden. Es zielt damit auch darauf ab, die Menschenwürde und das Persönlichkeitsrecht von Frauen, dessen Bestandteil die Ehre ist, zu schützen. **34**

Persönliche Ehre im Sinne von Art. 5 Abs. 2 ist jedoch nach dem eindeutigen Wortlaut nur die individuelle Ehre. Ein nicht meinungsneutrales Gesetz lässt sich deshalb nur dann auf diese Schrankenbestimmung stützen, wenn es darauf gerichtet ist, individuelle Ehrverletzungen zu verhindern oder zu sanktionieren. Dies ist bei dem Werbeverbot des § 1 GSW nicht der Fall. Das Gesetz sanktioniert jede Bildwerbung, die von der sexuellen Wirkung von Frauen auf Männer Gebrauch macht, unabhängig davon, ob die betreffende Werbung eine Persönlichkeitsrechtsverletzung einer Frau darstellt oder von weiblichen Betrachtern als Angriff auf ihre individuelle Ehre verstanden wird oder zumindest verstanden werden kann. Zweck des Werbeverbotes ist dementsprechend weniger der individuelle Schutz der Rechte einzelner Frauen, sondern die Verhinderung der Verbreitung eines angeblich diskriminierenden Frauenbildes in der Gesellschaft im Allgemeinen. Das Werbeverbot ist folglich auch ausgehend von der in der Literatur vertretenen Auffassung nicht „Recht der persönlichen Ehre" im Sinne von Art. 5 Abs. 2 GG. **35**

---

42 BVerfGE 124, 300 (324 f.).
43 BVerfGE 124, 300 (326).
44 *Gornig*, JuS 1988, S. 274 (277).

b) Schranken durch kollidierendes Verfassungsrecht

36 Möglicherweise findet das Werbeverbot seine verfassungsrechtliche Rechtfertigung in kollidierendem Verfassungsrecht. Ob das Grundrecht der Meinungsfreiheit unabhängig von dem qualifizierten Gesetzesvorbehalt des Art. 5 Abs. 2 GG durch kollidierendes Verfassungsrecht eingeschränkt werden kann, wird nicht einheitlich beurteilt. Während das BVerfG und die wohl herrschende Lehre die Auffassung vertreten, die Schranken der Meinungsfreiheit könnten sich auch aus kollidierenden Grundrechten und damit aus der Verfassung selbst ergeben[45], wird teilweise allgemein eingewandt, dort, wo das Grundgesetz Gesetzesvorbehalte enthalte, habe es die Eingriffsmöglichkeit so geschaffen, wie es auch die Eingriffsnotwendigkeit bejaht habe, so dass zu Überlegungen über kollidierendes Verfassungsrecht kein Anlass bestehe[46]. Diese grundsätzliche Problematik braucht jedoch nur entschieden werden, wenn sich das Werbeverbot zum Schutze anderer Verfassungsbestimmungen rechtfertigen ließe.

aa) Art. 1 Abs. 1 GG

37 Das Werbeverbot könnte zum Schutz der Menschenwürde gemäß Art. 1 Abs. 1 GG gerechtfertigt sein. Art. 1 Abs. 1 GG schützt den sozialen Wert- und Achtungsanspruch des Menschen, der es verbietet, den Menschen zum bloßen Objekt des Staates zu machen oder ihn einer Behandlung auszusetzen, die seine Subjektqualität prinzipiell in Frage stellt[47].

38 Fraglich ist, ob Werbung überhaupt mit Art. 1 Abs. 1 GG in Konflikt treten kann. Da die dargestellten Personen freiwillig bei der Herstellung der Werbung mitgewirkt haben, sind sie in ihrer Menschenwürde nicht verletzt. Die Annahme einer Verletzung der Menschenwürde der Betrachter der Werbung, deren Subjektqualität nicht in Frage gestellt wird, erscheint ebenfalls abwegig. Ein Verstoß gegen Art. 1 Abs. 1 GG kommt nur dann in Betracht, wenn man auf die bildliche Darstellung als solche abstellt. Dies setzt voraus, dass Art. 1 Abs. 1 GG nicht nur die individuelle Würde eines bestimmten, real existierenden Menschen schützt, sondern auch einen abstrakten, entpersonalisierten Schutzgegenstand besitzt, d.h. ein bestimmtes Menschenbild schützt. Dies wird teilweise in Zweifel gezogen[48].

39 Das BVerfG und die wohl überwiegende Auffassung im Schrifttum halten demgegenüber eine Verletzung der Menschenwürde durch Werbung für möglich, wenn Werbeanzeigen einzelne Personen oder Personengruppen in einer die Menschenwürde verletzenden Weise ausgrenzen, verächtlich machen, verspotten oder sonst wie herabwürdigen[49]. Da die Menschenwürde als Fundament aller Grundrechte jedoch mit keinem Einzelgrundrecht abwägungsfähig ist, verlangt das BVerfG zu Recht stets eine

---

45 BVerfGE 66, 116 (136); 111, 147 (157); *Jarass*, in: Jarass/Pieroth, GG, Art 5 Rn. 65; *Stern*, Staatsrecht IV/1, S. 1470 f.
46 *Pieroth/Schlink*, Grundrechte, Rn. 342.
47 BVerfGE 87, 209 (228).
48 *Aubel*, Verw. 2004, S. 229 (246 ff.); *Dreier*, in: Dreier, GG, Art. 1 I Rn. 120, 168 f.
49 BVerfGE 102, 347 (366 f.); 107, 275 (284); BVerfG-K, NJW 2009, 3089 (3090); *Gaedertz/Steinbeck*, WRP 1996, S. 978 (981); *Scherer*, WRP 2007, 594 (597 ff.).

sorgfältige Begründung, wenn angenommen werden soll, dass der Gebrauch eines Grundrechts, wie hier der Meinungsfreiheit, die unantastbare Menschenwürde verletzt. Keinesfalls genügt es, dass die Werbeanzeige als befremdlich empfunden oder für ungehörig gehalten wird[50]. Sogar solche Werbungen, die eine kränkende, dem Gedanken der Geschlechtergleichberechtigung zuwiderlaufende weibliche Darstellung enthalten und deshalb als „sexistisch" bewertet werden können, verletzen daher nicht stets die Menschenwürde im Sinne von Art. 1 Abs. 1 GG. Vielmehr ist die Menschenwürde in sexueller Hinsicht nur dann verletzt, wenn in der Darstellung der Werbung eine Person nicht selbstbestimmt, sondern fremdbestimmt agiert, also immer nur dann, wenn ein Mensch als Opfer sexueller Gewalt oder entsprechender Drohungen, als Opfer sadistischer oder pädophiler Praktiken dargestellt wird und die Darstellung keine erkennbar kritische Haltung zu der sexuellen Gewalt bzw. den sadistischen oder pädophilen Praktiken einnimmt[51].

§ 1 GSW verbietet jede Werbung, die in irgendeiner Form von der sexuellen Wirkung **40** von Frauen auf Männer Gebrauch macht, d.h. überhaupt die erotische Ausstrahlung von Frauen thematisiert, und geht damit weit über den Schutzgehalt von Art. 1 Abs. 1 GG hinaus. Dies könnte einer Rechtfertigung des Werbeverbots mit dem Schutz der Menschenwürde entgegenstehen.

Bei der Prüfung der Rechtfertigung von Grundrechtseingriffen durch kollidierendes **41** Verfassungsrecht ist nach dem Grundsatz praktischer Konkordanz zu verfahren: Es ist ein Ausgleich der kollidierenden Grundrechte bzw. Verfassungsbestimmungen mit dem Ziel ihrer jeweiligen Optimierung herzustellen, wobei der Grundsatz der Verhältnismäßigkeit zu beachten ist[52]. Der Eingriff in das betroffene Grundrecht ist nur dann durch kollidierendes Verfassungsrecht gerechtfertigt, wenn er zum Schutz des kollidierenden Grundrechts bzw. Verfassungsbestimmung geeignet, erforderlich und angemessen, d.h. verhältnismäßig im engeren Sinne, ist.

Das weit gefasste Verbot des § 1 GSW ist zum Schutz der Menschenwürde nicht **42** erforderlich. Vielmehr hätte hierfür eine Beschränkung des Verbotstatbestandes auf die Menschenwürde verletzende Darstellungen ausgereicht. Ob § 1 GSW in diesem Sinne verfassungskonform ausgelegt werden kann, ist nicht zu prüfen. Folglich ist das Werbeverbot des § 1 GSW nicht zum Schutz der Menschenwürde gemäß Art. 1 Abs. 1 GG gerechtfertigt.

bb) Art. 3 Abs. 2 GG

Das Werbeverbot des § 1 GSW ist möglicherweise zur Verwirklichung des Verfas- **43** sungsauftrags zur Herstellung der Gleichberechtigung von Mann und Frau gemäß Art. 3 Abs. 2 GG gerechtfertigt. Art. 3 Abs. 2 GG enthält, was durch Satz 2 der Vorschrift klargestellt wird, einen bindenden Auftrag für den Staat, die Gleichberechtigung der Geschlechter auch in der gesellschaftlichen Wirklichkeit durchzusetzen. Er

---

50 BVerfGE 102, 347 (363); 107, 275 (285); BVerfG-K, NJW 2009, 3089 (3090).
51 *Scherer*, WRP 2007, 594 (600).
52 BVerfGE 81, 278 (292); 93, 1 (21); *Jarass*, in: Jarass/Pieroth, GG, Vorb. vor Art. 1 Rn. 52.

zielt auf eine Angleichung der Lebensverhältnisse von Frauen und Männern, insbesondere einen Abbau gesellschaftlicher Benachteiligungen, ab[53].

44 Ob Frauen, wie die Ministerin offensichtlich meint, tatsächlich durch ein durch die Werbung kolportiertes Frauenbild, das Frauen auf ihre sexuellen Reize reduziert, in der Gesellschaft benachteiligt sind, kann dahinstehen. In jedem Fall tritt die Verbannung jeglicher weiblicher Erotik aus der Werbung, zu der § 1 GSW faktisch führen würde, ins Spannungsverhältnis zum Selbstbestimmungsrecht von Frauen, das gemäß Art. 1 Abs. 1 i.V.m. Art. 2 Abs. 1 GG auch verfassungsrechtlich garantiert ist. Jede Frau kann im Rahmen ihres Selbstbestimmungsrechtes selbst darüber entscheiden, welche Bedeutung erotische Ausstrahlung und Attraktivität für sie haben soll. Indem Werbung, die z.B. die angebliche Steigerung der Attraktivität von Frauen durch Kleidung, Schminke, Parfum etc. durch entsprechende Bilder anpreist, mit einem sanktionsbewehrten Verbot belegt wird, wird zum Ausdruck gebracht, dass ein Attraktivität und erotische Ausstrahlung betonendes Frauenbild dem Staat als nicht förderungswürdig erscheint. Art. 3 Abs. 2 GG ermächtigt den Staat jedoch nicht zur Formung eines bestimmten vorzugswürdigen Frauenbildes. Der Verfassungsauftrag zielt vielmehr darauf ab, die gesellschaftlichen Rahmenbedingungen so zu gestalten, dass Frauen und Männer ihr Recht auf Selbstbestimmung gleichermaßen verwirklichen können, insbesondere im Hinblick auf das Erwerbsleben Chancengleichheit herzustellen[54]. § 1 GSW ist demzufolge kein geeignetes Mittel zur Umsetzung von Art. 3 Abs. 2 GG.

45 Auf Art. 3 Abs. 2 GG könnte das Werbeverbot nur gestützt werden, wenn es darauf ausgerichtet wäre, Werbung zu untersagen, die im oben genannten Sinn „sexistisch" ist, d.h. eine kränkende, dem Gedanken der Geschlechtergleichberechtigung zuwiderlaufende weibliche Darstellung enthält. Eine solche beschränkte Zielrichtung kann dem weit formulierten § 1 GSW jedoch nicht entnommen werden. In jedem Fall wäre die Vorschrift zur Erreichung dieses Zweckes nicht erforderlich. Eine Beschränkung des Tatbestandes auf diskriminierende Darstellungen wäre ein ebenso geeignetes und milderes Mittel. Art. 3 Abs. 2 GG rechtfertigt daher den durch § 1 GSW bewirkten Eingriff in die Meinungsfreiheit nicht.

46 Da weitere kollidierende Verfassungsbestimmungen nicht ersichtlich sind, steht damit fest, dass das Werbeverbot unabhängig davon, ob die Schranke des kollidierenden Verfassungsrechts bei Art. 5 Abs. 1 GG überhaupt anerkannt werden kann, nicht durch kollidierendes Verfassungsrecht beschränkt werden kann.

4. Ergebnis

47 Die Hersteller der betroffenen Werbung sowie die Presse- und Rundfunkunternehmen, soweit sie Werbung in eigener Sache betreiben, sind in ihrem Grundrecht auf Meinungsfreiheit gemäß Art. 5 Abs. 1 S. 1 1. Hs. GG verletzt.

---

53 BVerfGE 85, 191 (207); 92, 91 (109); 109, 64 (89); 113, 1 (15); BVerfG, EuGRZ 2010, 336 (343).
54 *Gubelt*, in: v. Münch/Kunig, GG, Art. 3 Rn. 93d f.; *Osterloh*, in: Sachs, GG, Art. 3 Rn. 282.

Hinweis zum Aufbau: Wer das Eingreifen einer Schranke bejaht, was insbesondere **48** bei Art. 5 Abs. 2 GG gut vertretbar ist, muss kurz auf die spezielle Schranken-Schranke[55] des Zensurverbotes gemäß Art. 5 Abs. 1 S. 3 GG eingehen, das allerdings nach ganz herrschender Meinung nur die – hier nicht vorliegende – Vorzensur erfasst[56].

II. Vereinbarkeit mit den Grundrechten des Art. 5 Abs. 1 S. 2 GG

Nach den Ausführungen zu I. 1. (Rn. 20 ff.) greift § 1 GSW auch in die Grundrechte **49** der Presse- und Rundfunkfreiheit ein, indem Presse- und Rundfunkunternehmen die Veröffentlichung von Werbung Dritter untersagt wird. Hinsichtlich der verfassungsrechtlichen Rechtfertigung gelten die Ausführungen zu I. 3. (Rn. 30 ff.) entsprechend. § 1 GSW verletzt folglich auch die betroffenen Presse- und Rundfunkunternehmer in ihren Grundrechten auf Presse- und Rundfunkfreiheit gemäß Art. 5 Abs. 1 S. 2 1. und 2. Alt. GG.

III. Vereinbarkeit mit Art. 5 Abs. 3 GG („Kunst")

1. Eingriff in den Schutzbereich

Ob das sanktionsbewehrte Verbot des § 1 GSW in den Schutzbereich von Art. 5 Abs. 3 **50** 1. Alt. GG eingreift, hängt davon ab, ob es sich bei der von dem Verbot betroffenen Werbung um Kunst handelt. Zum verfassungsrechtlichen Begriff der Kunst werden verschiedene Auffassungen vertreten. Der zunächst auch vom BVerfG vertretene so genannte materiale Kunstbegriff verlangt eine freie schöpferische Gestaltung, in der Eindrücke, Erfahrungen und Erlebnisse des Künstlers durch das Medium einer bestimmten Formensprache zur Anschauung gebracht werden[57]. Demgegenüber sieht der so genannte formale Kunstbegriff das Wesentliche eines Kunstwerks darin, dass es einem bestimmten Werktyp (Malerei, Dichtung usw.) zugeordnet werden kann[58]. Nach dem sogenannten offenen Kunstbegriff ist das kennzeichnende Merkmal einer künstlerischen Äußerung darin zu sehen, dass es wegen der Mannigfaltigkeit ihres Aussagegehalts möglich ist, der Darstellung im Wege einer fortgesetzten Interpretation immer weiterreichende Bedeutungen zu entnehmen, so dass sich eine praktisch unerschöpfliche, vielstufige Informationsvermittlung ergibt[59]. Andere stellen auf das Kriterium der Drittanerkennung ab, und fragen danach, ob ein in Kunstfragen kompetenter Dritter es für vertretbar hält, den Gegenstand als Kunstwerk anzusehen[60]. Schließlich werden teilweise alle Ansätze miteinander kombiniert und den genannten Definitionsansätzen indizielle Bedeutung beigemessen, um im Einzelfall zu bestimmen, ob ein Kunstwerk vorliegt[61].

---

55 *Pieroth/Schlink*, Grundrechte, Rn. 651.
56 BVerfGE 33, 52 (71); 83, 130 (155); *Pieroth/Schlink*, Grundrechte, Rn. 652.
57 BVerfGE 30, 173 (188 f.).
58 *Müller*, S. 40 ff.
59 BVerfGE 67, 213 (227).
60 *Wendt*, in: v. Münch/Kunig, GG, Art. 5 Rn. 92.
61 *Jarass*, in: Jarass/Pieroth, GG, Art. 5 Rn. 106 f.; *Pernice*, in: Dreier, GG, Art. 5 III Rn. 19 ff.

51 Ob ausgehend von den genannten Begriffsbestimmungen ein Kunstwerk vorliegt, kann nach allen Ansichten nur im Einzelfall entschieden werden. Die abstrakt-generelle Regelung des § 1 GSW selbst wäre allerdings unabhängig vom Einzelfall als ein Eingriff in die Kunstfreiheit zu werten, wenn sie grundsätzlich auch Kunstwerke erfassen würde. Angesichts der Weite des Verbotstatbestandes wäre dies nur dann nicht der Fall, wenn es ausgeschlossen wäre, dass von dem Verbot erfasste Werbung Kunst ist. Es sind jedoch Bildwerbungen denkbar, die nach allen Ansichten die Kriterien eines Kunstwerkes erfüllen. Werbung kann durchaus einem bestimmten künstlerischen Werktyp (Grafik, künstlerische Fotografie) zugeordnet, im Einzelfall als freie schöpferische Gestaltung bewertet und in vielerlei Hinsicht interpretiert werden und wird teilweise auch in Museen ausgestellt und auf dem Kunstmarkt gehandelt. Dass eine künstlerische Werbung kommerzielle Ziele verfolgt, schließt ihren Charakter als Kunstwerk nicht aus[62]. Insoweit kann nichts anderes gelten als für Kunstwerke mit politischer oder religiöser Zielsetzung[63]. Dies folgt auch daraus, dass Art. 5 Abs. 3 1. Alt. GG nicht nur den Werk-, sondern auch den Wirkbereich schützt und deshalb auch alle Personen, die an der geschäftsmäßigen Verbreitung des Kunstwerkes mitwirken, in den Grundrechtsschutz einbezogen sind. Ein Eingriff in den Schutzbereich von Art. 5 Abs. 3 1. Alt GG liegt damit vor.

2. Verfassungsrechtliche Rechtfertigung

52 Art. 5 Abs. 3 1. Alt. GG unterliegt keinem Gesetzesvorbehalt. Dies schließt eine Übertragung der – nach den Ausführungen zu I. 3. a) (Rn. 30) ohnehin nicht erfüllten – Schranken des Art. 5 Abs. 2 GG ebenso aus wie der des Art. 2 Abs. 1 GG. Die Kunstfreiheit kann deshalb nur durch kollidierendes Verfassungsrecht beschränkt werden[64]. Nach den Ausführungen zu I. 3. b) (Rn. 36 ff.) scheidet jedoch eine Rechtfertigung des Werbeverbots nach § 1 GSW durch kollidierendes Verfassungsrecht aus. Mithin ist auch der durch § 1 GSW bewirkte Eingriff in die Kunstfreiheit nicht verfassungsrechtlich gerechtfertigt.

3. Ergebnis

53 § 1 GSW verletzt das Grundrecht der Kunstfreiheit gemäß Art. 5 Abs. 3 1. Alt. GG.

IV. Vereinbarkeit mit Art. 12 Abs. 1 GG

1. Eingriff in den Schutzbereich

54 Art. 12 Abs. 1 S. 1 GG schützt das gesamte berufsbezogene Verhalten einzelner Personen oder Unternehmen. Hierzu gehört auch die auf die Förderung des beruflichen Erfolgs eines Unternehmens gerichtete Außendarstellung einschließlich der Werbung für das Unternehmen oder für dessen Produkte[65]. Das Werbeverbot des § 1 GSW

---

62 *Pernice*, in: Dreier, GG, Art. 5 III Rn. 24.
63 Vgl. BVerfGE 67, 213 (227 f.).
64 BVerfGE 30, 173 (191 ff.); 119, 1 (23).
65 BVerfGE 105, 252 (266).

beschränkt damit nicht nur die Berufsausübung der Hersteller der Werbung, sondern auch die der beworbenen Unternehmen. Darüber hinaus betrifft es die wirtschaftlichen Grundlagen der betroffenen Presse- und Rundfunkunternehmen und schränkt damit auch deren berufliche Tätigkeit ein. Es liegt folglich ein Eingriff in den Schutzbereich des Art. 12 Abs. 1 S. 1 GG in Gestalt einer Berufsausübungsregelung vor.

2. Verfassungsrechtliche Rechtfertigung

Die Berufsfreiheit unterliegt gemäß Art. 12 Abs. 1 S. 2 GG einem einfachen Ge-   **55**
setzvorbehalt[66], der durch § 1 GSW als formelles Gesetz ausgefüllt werden könnte. Gesetzliche Beschränkungen der Berufsfreiheit müssen jedoch dem Grundsatz der Verhältnismäßigkeit genügen, dessen Anforderungen durch die so genannte Stufenlehre, die zwischen drei Stufen unterschiedlicher Eingriffsintensität (objektive Berufszulassungsbeschränkungen, subjektive Berufszulassungsbeschränkungen, Berufsausübungsregelungen) unterscheidet, konkretisiert werden[67]. Zwar handelt es sich bei der hier vorliegenden Berufsausübungsregelung um die niedrigste Eingriffsstufe. Doch verlangt der Grundsatz der Verhältnismäßigkeit auch bei Berufsausübungsregelungen, dass der Gesetzgeber einen legitimen Zweck verfolgt und die gesetzliche Regelung zur Erreichung dieses Zwecks geeignet, erforderlich und angemessen, d.h. verhältnismäßig im engeren Sinne, ist.

Soweit mit der Regelung der Schutz der Menschenwürde oder die Gewährleistung der   **56**
Gleichberechtigung von Mann und Frau im Sinne von Art. 3 Abs. 2 GG bezweckt werden sollte, ist das Verbot nach den Ausführungen zu I. 3. b) (Rn. 36 ff.) nicht erforderlich. Wenn man demgegenüber den Zweck des Gesetzes darin sieht, der Verbreitung eines Frauenbildes, das Frauen auf ihre sexuellen Reize reduziert oder diese übermäßig betont, entgegen zu wirken, könnte das Werbeverbot unter Anerkennung einer weiten gesetzgeberischen Einschätzungsprärogative hinsichtlich der Wirksamkeit der von ihm ergriffenen Maßnahmen[68] für geeignet und mangels Offensichtlichkeit eines gleich wirksamen Mittels auch für erforderlich gehalten werden. Fraglich ist jedoch, ob § 1 GSW unter Zugrundelegung dieser Zwecksetzung angemessen ist.

Bei der im Rahmen der Angemessenheitsprüfung gebotenen Rechtsgüterabwägung   **57**
ist zwar zu berücksichtigen, dass Berufsausübungsregelungen grundsätzlich durch jede vernünftige Erwägung des Gemeinwohls legitimiert werden können[69]. Ob es sich bei dem genannten Zweck allerdings um eine solche legitime Erwägung handelt, erscheint im Hinblick auf das Selbstbestimmungsrecht von Frauen zweifelhaft (siehe oben I. 3. b) bb), Rn. 43 ff.). In jedem Fall ist der Verbotstatbestand des § 1 GSW uferlos weit gefasst. So ist es denkbar, auch eine Werbung, z.B. für ein Schminkprodukt, die lediglich das Gesicht einer hübschen Frau mit einem geschminkten Mund zeigt, unter den Verbotstatbestand des § 1 GSW zu subsumieren. Es erscheint sogar fraglich, ob unter der Geltung von § 1 GSW Frauen überhaupt noch in der Bild-

---

66 BVerfGE 33, 125 (159); 54, 237 (246); *Pieroth/Schlink*, Grundrechte, Rn. 914.
67 BVerfGE 13, 97 (104).
68 *Jarass*, in: Jarass/Pieroth, GG, Art. 12 Rn. 50.
69 BVerfGE 70, 1 (28); 78, 155 (162); 85, 248 (259).

werbung dargestellt werden dürften. Der Eingriff erweist sich daher als besonders intensiv. Die eingangs dargestellten Anliegen des Gesetzes werden ihrerseits dadurch relativiert, dass das Frauenbild bei weitem nicht nur durch die Werbung, sondern durch vielfältige Faktoren, z.B. Erziehung und Spielfilmdarstellungen, geprägt wird. Insgesamt ist die Verbotsregelung des § 1 GSW daher als unverhältnismäßig im engeren Sinne zu bewerten. Der Eingriff in Art. 12 Abs. 1 S. 1 GG ist daher nicht verfassungsrechtlich gerechtfertigt.

3. Ergebnis

58 § 1 GSW verletzt die betroffenen Werbehersteller, beworbenen Unternehmer und Presse- und Rundfunkunternehmer in ihrem Grundrecht aus Art. 12 Abs. 1 S. 1 GG.

V. Vereinbarkeit mit Art. 14 Abs. 1 GG

59 Fraglich ist, ob die Regelungen des GSW in den Schutzbereich der verfassungsrechtlichen Garantie des Eigentums gemäß Art. 14 Abs. 1 S. 1 GG eingreifen. Da Art. 14 Abs. 1 S. 1 GG nicht das Vermögen als solches schützt[70], greift die Ordnungswidrigkeitenregelung des § 20 GSW nicht in die Eigentumsgarantie ein. Möglicherweise stellt die Verbotsregelung des § 1 GSW einen Eingriff in das Eigentum in Gestalt des Rechts am eingerichteten und ausgeübten Gewerbebetrieb dar. Ob dieses Recht zum Eigentum im Sinne von Art. 14 Abs. 1 GG zählt, wird nicht einheitlich beurteilt. Der BGH und die herrschende Lehre bejahen dies, soweit es um die Substanz des Rechtes geht. Wird allerdings eher in die Freiheit der individuellen Erwerbs- und Leistungstätigkeit eingegriffen, ist auch nach dieser Ansicht nicht der Schutzbereich des Art. 14 Abs. 1 GG, sondern der des Art. 12 Abs. 1 GG betroffen[71]. Das Werbeverbot des § 1 GSW betrifft nur die Tätigkeit der Werbetreibenden. Trotz des weit reichenden Verbotstatbestandes wird die Werbetätigkeit nicht unmöglich gemacht, so dass nicht davon ausgegangen werden kann, dass der Bestand der betroffenen Gewerbebetriebe nachhaltig gefährdet wird. Die Regelung greift daher nicht in die Substanz des Gewerbebetriebes ein, so dass der Schutzbereich des Art. 14 Abs. 1 GG nicht betroffen ist. Mangels Eingriffs in den Schutzbereich wird Art. 14 Abs. 1 S. 1 GG folglich nicht verletzt.

VI. Vereinbarkeit mit Art. 103 Abs. 2 GG

60 Der Begriff der „Strafbarkeit" im Sinne von Art. 103 Abs. 2 GG bezieht sich auf staatliche Maßnahmen, die eine missbilligende hoheitliche Reaktion auf ein rechtswidriges schuldhaftes Verhalten darstellen und wegen dieses Verhaltens ein Übel verhängen, das dem Schuldausgleich dient[72], und umfasst auch das Ordnungswidrigkeitenrecht[73]. Das Erfordernis der Bestimmtheit von Strafgesetzen ist Ausprägung des

---

70 BVerfGE 78, 232 (243); 91, 207 (220); 95, 267 (300).
71 BGHZ 111, 349 (356); 161, 305 (312); *Stern*, Staatsrecht IV/1, S. 2191 ff.
72 BVerfGE 109, 133 (167).
73 BVerfGE 81, 132 (135); 87, 399 (411).

allgemeinen rechtsstaatlichen Bestimmtheitsgrundsatzes und fordert, dass der Einzelne von vornherein weiß, was strafrechtlich verboten ist und welche Strafe ihm im Falle des Verstoßes droht, damit er in der Lage ist, sein Verhalten danach einzurichten[74]. Die Verwendung unbestimmter, wertausfüllungsbedürftiger Begriffe und Generalklauseln ist zwar zulässig. Doch müssen die Voraussetzungen der Strafbarkeit so konkret umschrieben werden, dass Tragweite und Anwendungsbereich der Straftatbestände zu erkennen sind und sich durch Auslegung ermitteln lassen. Dies ist der Fall, wenn die Norm zumindest mit Hilfe der üblichen Auslegungsmethoden eine zuverlässige Grundlage für ihre Auslegung und Anwendung bietet oder sie eine gefestigte Rechtsprechung übernimmt und damit aus dieser Rechtsprechung hinreichende Bestimmtheit gewinnt[75].

Der Tatbestand der Verbotsnorm des § 1 GSW, deren Missachtung gemäß § 20 GSW eine Ordnungswidrigkeit darstellt, ist, wie bereits ausgeführt, äußerst weit gefasst. Nach dem Wortlaut der Regelung ist jedes Gebrauchmachen von der sexuellen Wirkung von Frauen auf Männer verboten. Während der Begriff des Gebrauchmachens möglicherweise noch im Sinne eines intendierten Verwendens definiert werden kann, ist der Begriff der „sexuellen Wirkung von Frauen auf Männer" nicht einzugrenzen. Wann und in welcher Hinsicht eine Frau in sexueller Hinsicht auf Männer wirkt, ob dies z.B. dann der Fall ist, wenn sie von dem männlichen Betrachter als hübsch angesehen wird oder ihm ihre Augen gefallen, kann nicht exakt bestimmt werden und hängt vermutlich von der Klärung komplexer verhaltenpsychologischer Zusammenhänge ab. Auch wenn man die Motive der Ministerin zur Auslegung der Verbotsnorm heranzieht, lässt sich die Reichweite des Tatbestandes nicht deutlich genug klären. Es ging der Ministerin vornehmlich um eine Eindämmung der Überbetonung sexueller weiblicher Reize in der Werbung. Wann eine solche vorliegt, lässt sich aber ebenso wenig eindeutig beantworten wie die Frage nach Ob und Umfang sexueller Wirkung von Frauen auf Männer, sondern hängt eher vom persönlichen Geschmack des Betrachters ab. Die Verbotsnorm des § 1 GSW und dementsprechend auch die daran anknüpfende Ordnungswidrigkeitsregelung des § 20 GSW sind daher nicht hinreichend bestimmt.

61

Da Art. 103 Abs. 2 GG einer Abwägung nicht zugänglich ist[76], kann der Verstoß gegen das Bestimmtheitsgebot nicht verfassungsrechtlich gerechtfertigt werden[77]. Art. 103 Abs. 2 GG ist daher verletzt.

62

VII. Vereinbarkeit mit Art. 3 Abs. 2 S. 1, Abs. 3 S. 1 GG

§ 1 GSW könnte gegen das Grundrecht auf Gleichberechtigung von Mann und Frau gemäß Art. 3 Abs. 2 S. 1, Abs. 3 S. 1 1. Alt. GG verstoßen. Ob eine ungleiche Behandlung von Männern und Frauen wegen des Geschlechts ausschließlich bzw. vorrangig

63

---

74 BVerfGE 105, 135 (153).
75 BVerfGE 78, 374 (381 f.); 96, 68 (97 f.).
76 BVerfGE 109, 133 (172).
77 *Pieroth/Schlink*, Grundrechte, Rn. 1201.

an Art. 3 Abs. 3 S. 1 1. Alt. GG zu messen ist[78] oder Art. 3 Abs. 2 S. 1 GG die spezielle Regelung darstellt[79] oder beide Normen zusammen den Prüfungsmaßstab bilden[80], kann dahinstehen, da sich der Umfang der Gewährleistung und der Inhalt der Prüfung je nach dem, welche normative Anbindung man wählt, nicht unterscheiden.

1. Ungleichbehandlung wegen des Geschlechts

64 Art. 3 Abs. 3 S. 1 1. Alt. GG bzw. Art. 3 Abs. 2 S. 1 GG verbieten in jedem Fall so genannte direkte bzw. unmittelbare Ungleichbehandlungen. Eine solche liegt vor, wenn die Eigenschaft als Mann oder Frau als Differenzierungskriterium eingesetzt wird[81]. Dies ist beispielsweise bei einer gesetzlichen Regelung der Fall, die an die Eigenschaft als Mann oder Frau anknüpft, d.h. die entsprechende Eigenschaft als notwendige Bedingung (conditio sine qua non) für den Eintritt der Rechtsfolge verwendet[82].

65 Zwar werden von den Rechtsfolgen des Verbots nach § 1 GSW männliche und weibliche Werbetreibende gleichermaßen betroffen. Die Regelung knüpft jedoch unmittelbar an die Eigenschaft als Frau an, indem nur auf die sexuelle Wirkung von Frauen auf Männer abgestellt wird. Damit kann § 1 GSW nur zugunsten von Frauen Schutzwirkung entfalten. Ob und in welchem Umfang die Regelung des § 1 GSW tatsächlich Vorteile für Frauen hat, kann dahinstehen, da selbst eine rein formale Diskriminierung ausreicht[83]. Folglich liegt eine Ungleichbehandlung wegen des Geschlechts vor.

2. Verfassungsrechtliche Rechtfertigung

66 Auch wenn das Grundrecht der Gleichbehandlung von Mann und Frau keinen Gesetzesvorbehalt aufweist, könnte die Ungleichbehandlung wegen des Geschlechts verfassungsrechtlich gerechtfertigt sein. Neben kollidierendem Verfassungsrecht, das nach den Ausführungen zu I. 3. b) (Rn. 36 ff.) nicht einschlägig ist, kommen nach der Rechtsprechung des BVerfG sog. objektiv biologische Unterschiede als Rechtfertigungsmöglichkeit in Betracht. Eine Ungleichbehandlung wegen des Geschlechts ist danach ausnahmsweise zulässig, wenn sie zur Lösung von Problemen, die ihrer Natur nach nur entweder bei Männern oder bei Frauen auftreten können, zwingend erforderlich ist[84].

67 Zwar beruht die sexuelle Wirkung von Frauen auf Männer auf den biologischen Unterschieden zwischen den Geschlechtern. Anlass für die Regelung des § 1 GSW sind jedoch nicht die biologischen Unterschiede selbst, sondern der Umgang mit ihnen in der Werbung und das damit kolportierte Frauenbild. Dass Frauen möglicherweise eher auf ihre sexuellen Reize reduziert werden als Männer, beruht nicht darauf, dass sich

---

78 BVerfGE 92, 91 (109); 97, 35 (43).
79 *Ipsen*, Staatsrecht II, Rn. 834 ff.; *Starck*, in: v. Mangoldt/Klein/Starck, GG, Art. 3 Rn. 305.
80 BVerfGE 104, 373 (393); *Pieroth/Schlink*, Grundrechte, Rn. 480 ff.
81 *Jarass*, in: Jarass/Pieroth, GG, Art. 3 Rn. 85 f.
82 *Sachs*, in: Isensee/Kirchhof, HStR V, § 126 Rn. 90.
83 BVerfGE 63, 181 (195); 68, 384 (390); *Jarass*, in: Jarass/Pieroth, GG, Art. 3 Rn. 88.
84 BVerfGE 85, 191 (207); 92, 91 (109); 114, 357 (364).

ihre primären und sekundären Geschlechtsmerkmale von denen der Männer unterscheiden, sondern hängt von gesellschaftlichen Rollenvorstellungen ab. Auch Männer könnten in der Werbung als bloße Sexualobjekte dargestellt werden, jedoch geschieht dies aufgrund der herrschenden gesellschaftlichen Anschauungen sicherlich durchaus seltener. Das Werbeverbot dient damit nicht zur Lösung eines Problems, dass seiner Natur nach nur bei Frauen vorkommen kann. Die Ungleichbehandlung wegen des Geschlechts ist folglich nicht verfassungsrechtlich gerechtfertigt.

3. Ergebnis

§ 1 GSW verletzt das Grundrecht auf Gleichberechtigung von Mann und Frau gemäß   **68**
Art. 3 Abs. 2 S. 1, Abs. 3 S. 1 1. Alt. GG.

C. Gesamtergebnis

Das GSW wäre formell verfassungswidrig, weil der Bund nicht die Gesetzgebungs-   **69**
kompetenz für den Erlass der Regelungen der §§ 1 und 20 GSW besitzt. Die genannten Regelungen wären zudem, wenn sie erlassen würden, auch materiell verfassungswidrig, weil sie die Grundrechte aus Art. 3 Abs. 2 S. 1, Abs. 3 S. 1 1. Alt. GG, Art. 5 Abs. 1 S. 1 1. Hs., Abs. 1 S. 21 und 2. Alt., Abs. 3 1. Alt. GG und Art. 12 Abs. 1 S. 1 GG sowie das grundrechtsgleiche Recht aus Art. 103 Abs. 2 GG verletzen.

Literaturverzeichnis

Aubel, Tobias	Das Menschenwürde-Argument im Polizei- und Ordnungsrecht, in: Verw. 2004, S. 229 ff.	**70**
Dreier, Horst (Hrsg.)	Grundgesetz – Kommentar, Band I: Präambel, Art. 1–19, 2. Aufl., Tübingen 2004	
Gaedertz, Alfred-Carl/ Steinbeck, Anja Verena	Diskriminierende und obszöne Werbung in: WRP 1996, S. 978 ff.	
Gornig, Gilbert	Die Schrankentrias des Art 5 II GG, in: JuS 1988, S. 274 ff.	
Höfling, Wolfram/ Rixen, Stephan	Die Landes-Gesetzgebungskompetenzen im Gewerberecht nach der Föderalismusreform, in: GewArch 2008, S. 1 ff.	
Hufen, Friedhelm	Meinungsfreiheit als Grundrecht ökonomischer Kommunikation, in: Wirtschaft im offenen Verfassungsstaat, Festschrift für Reiner Schmidt zum 70. Geburtstag, München 2006, S. 347 ff.	
Ipsen, Jörn	Staatsrecht II – Grundrechte, 13. Aufl., München 2010	
Isensee, Josef/ Kirchhof, Paul (Hrsg.)	Handbuch des Staatsrechts der Bundesrepublik Deutschland, Band V: Allgemeine Grundrechtslehren (zit.: HStR V), Heidelberg 1992	
Jarass, Hans D./ Pieroth, Bodo	Grundgesetz für die Bundesrepublik Deutschland, Kommentar, 11. Aufl., München 2011	

Mangoldt, Hermann von/   Das Bonner Grundgesetz – Kommentar, Band 1:
  Klein, Friedrich/Starck,   *Präambel*, Art. 1–19, Band 2: Art. 20–82, 6. Aufl.,
  Christian (Hrsg.)   München 2010
Müller, Friedrich   Freiheit der Kunst als Problem der Grundrechtsdogmatik,
  Berlin 1969
Münch, Ingo von/   Grundgesetz-Kommentar, Band 1: Präambel,
  Kunig, Philip (Hrsg.)   Art. 1–19, 5. Aufl., München 2000
Pieroth, Bodo/   Grundrechte. Staatsrecht II, 26. Aufl.,
  Schlink, Bernhard   Heidelberg 2010
Sachs, Michael (Hrsg.)   Grundgesetz, Kommentar, 5. Aufl., München 2009
Scherer, Inge   Verletzung der Menschenwürde durch Werbung,
  in: WRP 2007, 594 ff.
Stern, Klaus   Das Staatsrecht der Bundesrepublik Deutschland,
  Band IV/1: Die einzelnen Grundrechte, München 2006

Hausarbeit 5

Tabakwaren aus Automaten[*]

von Bernd J. Hartmann

In Deutschland stehen 400 000 Tabakwarenautomaten. Sie machen 78 Prozent der **1** Verkaufspunkte von Tabakwaren aus und sind Vertriebsweg für 14 Prozent aller Fabrikzigaretten. Die Anzahl der Automaten sank seit 2002 auf die Hälfte, während die konsumierte Menge an Tabakwaren konstant blieb.

Die Abgabe von Tabakwaren regelt das Jugendschutzgesetz (JuSchG) in folgender Vorschrift:

§ 10 Rauchen in der Öffentlichkeit, Tabakwaren

(1) In Gaststätten, Verkaufsstellen oder sonst in der Öffentlichkeit dürfen Tabakwaren an Kinder oder Jugendliche weder abgegeben noch darf ihnen das Rauchen gestattet werden.

(2) ¹In der Öffentlichkeit dürfen Tabakwaren nicht in Automaten angeboten werden. ²Dies gilt nicht, wenn ein Automat
1. an einem Kindern und Jugendlichen unzugänglichen Ort aufgestellt ist oder
2. durch technische Vorrichtungen oder durch ständige Aufsicht sichergestellt ist, dass Kinder und Jugendliche Tabakwaren nicht entnehmen können.

Der Bundesgesetzgeber beschließt, § 10 Abs. 2 S. 2 JuSchG ersatzlos zu streichen. Er verfolgt damit das Ziel, den Gesundheitsschutz sowohl für Kinder und Jugendliche als auch für Erwachsene weiter zu verbessern.

Die Zichten GmbH (Z) vertreibt gewerblich Tabakwaren in Westfalen. Dazu stellt sie in der Öffentlichkeit Tabakwarenautomaten auf. Als Tabakwarengroßhändler ist Z, anders als der Großteil der Konkurrenten, nicht tätig. Z hält die Gesetzesänderung für „politischen Aktivismus". Ohnehin seien die Länder zuständig. Vor allem aber sei auch ohne Gesetzesänderung sichergestellt, dass Kinder und Jugendliche Tabakwaren nicht über Automaten bekommen könnten. Zum einen bewehre § 28 Abs. 1 Nr. 13, Abs. 5 JuSchG Verstöße mit Bußgeldern, zum anderen überprüften die Automaten der Z – was zutrifft – die Volljährigkeit des Käufers anhand des Geburtsdatums, das auf der Geld- oder EC-Karte gespeichert sei. Ohne Vorlage dieser Bankkarte werfe der Automat keine Tabakwaren aus. Das Missbrauchsrisiko sei zu vernachlässigen und beim Verkauf an Automaten auch nicht größer als auf anderen Vertriebswegen. Erwachsene Raucher, die selbstbestimmt nur sich selbst gefährdeten, dürfe der freiheitliche Staat schon gar nicht bevormunden. Jedenfalls müsse das Änderungsgesetz andere Vertriebswege einbeziehen. Sonst könnten Tabakwarengroßhändler dorthin ausweichen, während reinen Tabakwarenautomatenaufstellern die Geschäftsaufgabe drohe.

Z meint, dass das Änderungsgesetz sie sowohl in ihrer Berufsfreiheit als auch in der beruflichen Wettbewerbsgleichheit und Folgerichtigkeit verletze. Zu Recht?

---

[*] Die Hausarbeit gründet auf einem Gutachten, das der Herausgeber unter Mitarbeit von Herrn *Mitja Mertens* dem Bundesverband Deutscher Tabakwaren-Großhändler und Automatenaufsteller e.V., Köln, erstattet hat.

Gliederung

Gutachten

Hinweis zur Bewertung: Die Lösungshinweise erörtern die Probleme bisweilen in einer Tiefe, die selbst von sehr guten Bearbeitungen nicht verlangt werden kann.

3

A. Vereinbarkeit mit Art. 12 Abs. 1 GG

Das Änderungsgesetz könnte das Grundrecht der Z aus Art. 12 Abs. 1 GG verletzen. Das ist der Fall, wenn das Gesetz in den Schutzbereich der Berufsfreiheit eingreift, ohne dass dieser Eingriff gerechtfertigt ist.

4

I. Schutzbereich

Der Schutzbereich müsste sachlich und persönlich eröffnet sein.

5

Hinweis zur Bewertung: Es ist kein Nachteil und wird Anfängern sogar empfohlen, wenn der Prüfling die erste Subsumtion seines Gutachtens auch dann in einem mustergültigen Syllogismus vorführt, wenn die Subsumtion – wie hier – unproblematisch ist.

6

1. Sachlicher Schutzbereich

Der Schutzbereich ist sachlich eröffnet, wenn Z mit dem Verkauf von Tabakwaren über Automaten einen Beruf ausübt. Ein Beruf ist jede auf Dauer ausgeübte Tätigkeit, die der Schaffung und Erhaltung einer Existenzgrundlage dient[1]. Z verkauft seine Tabakwaren gewerblich, d.h. um Gewinn zu erzielen. Die Tätigkeit ist auf Dauer angelegt und dient der Schaffung und Erhaltung der Existenzgrundlage der Z. Diese übt daher einen Beruf aus, ohne dass es darauf ankommt, ob Art. 12 Abs. 1 GG auch verbotene Tätigkeiten schützt[2].

7

2. Persönlicher Schutzbereich

Der persönliche Schutzbereich der Berufsfreiheit ist gem. Art. 19 Abs. 3 GG eröffnet, wenn Z eine inländische juristische Person und soweit die Berufsfreiheit ihrem Wesen nach auf diese anwendbar ist.

8

a) Juristische Person

Eine juristische Person im Sinn von Art. 19 Abs. 3 GG ist eine Personenmehrheit oder Organisation, der das Recht die Fähigkeit zuspricht, Träger von Rechten und Pflichten

9

---

1 BVerfGE 102, 197 (212); 111, 10 (28).
2 Dafür etwa BVerfGE 115, 276 (300 f.); *Pieroth/Schlink,* Grundrechte, Rn. 879; dagegen etwa *Manssen,* Grundrechte, Rn. 568; *Nolte,* in: Stern/Becker, Grundrechte-Kommentar, Art. 12 Rn. 20 ff.; *Stern,* Staatsrecht IV/1, S. 1790 f.

zu sein[3]. Z firmiert als GmbH. Eine GmbH hat als solche selbstständig Rechte und Pflichten. Das bestimmt § 13 Abs. 1 Hs. 1 GmbHG. Z ist daher eine juristische Person im Sinn von Art. 19 Abs. 3 GG.

b) Inländigkeit der juristischen Person

10 Unter welchen Voraussetzungen eine juristische Person eine inländische im Sinn von Art. 19 Abs. 3 GG ist, steht in Streit. Nach einer Ansicht kommt es darauf an, wo die juristische Person ihren Sitz hat[4], d.h. wo ihr tatsächliches Aktionszentrum liegt[5]. S vertreibt ihre Tabakwaren in Westfalen. Sie ist also nach dieser Ansicht inländisch. Nach anderer Ansicht ist für Deutschengrundrechte wie die Berufsfreiheit relevant, welche Staatsangehörigkeit jene natürlichen Personen mehrheitlich besitzen, die in der juristischen Person zusammengeschlossenen sind bzw. diese leiten[6]. Der Sachverhalt lässt offen, welcher Nationalität die Gesellschafter der Z sind und ob die Z überhaupt mehrere Gesellschafter hat (vgl. § 1 GmbHG). Nach anderer Ansicht ergibt sich vorliegend also nichts anderes. Z ist eine inländische juristische Person.

11 **Hinweis zur Bewertung:** Bearbeiter können ohne Schaden darauf verzichten, § 1 GmbHG zu zitieren. Allein § 13 GmbHG muss genannt werden. Weil unter die Ansicht, die auf die Staatsangehörigkeit der zusammengeschlossenen Personen abstellt, vorliegend nicht subsumiert werden kann, darf ein Bearbeiter die Darstellung dieser Ansicht vollständig außen vor lassen. Wer den Streit entscheiden will, darf das ohne Nachteil tun. Das ist die rechtsfragenbezogene im Gegensatz zur sachverhaltsbezogenen Darstellung von Meinungsstreitigkeiten, siehe oben Einführung Rn. 22.

c) Wesensmäßige Anwendbarkeit der Berufsfreiheit

12 Z kann sich gem. Art. 19 Abs. 3 GG auf die Berufsfreiheit berufen, soweit der Verkauf von Tabak über Automaten seinem Wesen und seiner Art nach in gleicher Weise von einer juristischen wie von einer natürlichen Person ausgeübt werden kann[7]. Das ist der Fall[8]. Der persönliche Schutzbereich ist ebenfalls eröffnet. Z ist durch die Berufsfreiheit geschützt.

II. Eingriff

13 Das Änderungsgesetz müsste in den Schutzbereich der Berufsfreiheit eingreifen.

---

3 *Enders,* in: Epping/Hillgruber, GG, Art. 19 Rn. 35; *Pieroth/Schlink,* Grundrechte, Rn. 158.
4 BVerfG, NVwZ 2007, S. 1047 (1048).
5 Vgl. *Pieroth/Schlink,* Grundrechte, Rn. 163; *Sachs,* in: Sachs, GG, Art. 19 Rn. 54.
6 *Quaritsch,* Handbuch des Staatsrechts Bd. V, § 120 Rn. 51 ff., 68 (mit Differenzierungen); a.A. etwa *Sachs,* Grundrechte, A 6 Rn. 56.
7 Vgl. BVerfGE 30, 292 (312).
8 Vgl. BVerfGE 95, 173 (181); *Detterbeck,* Öffentliches Recht, Rn. 443; *Ipsen,* Grundrechte, Rn. 631 f.

1. Allgemeiner Eingriffsbegriff

Eingriff ist allgemein jedes staatliche Handeln, das dem Grundrechtsberechtigten ein **14** Verhalten im Schutzbereich ganz oder teilweise unmöglich macht[9]. Der Vertrieb von Tabak über in der Öffentlichkeit aufgestellte Automaten ist ein Verhalten im Schutzbereich der Berufsfreiheit. Das bisherige Recht lässt dieses Verhalten gem. § 10 Abs. 2 S. 2 JuSchG zu, wenn der Tabakwarenautomat entweder an einem Ort aufgestellt ist, der Kindern und Jugendlichen unzugänglich bleibt, oder wenn technische Vorrichtungen oder ständige Aufsicht sicherstellen, dass nicht Kinder oder Jugendliche Tabakwaren entnehmen können. Das Änderungsgesetz setzt diese Regelung außer Kraft mit der Folge, dass das Aufstellungsverbot fortan ausnahmslos gilt. Tabakwaren dürfen danach gem. § 10 Abs. 2 JuSchG n.F. = § 10 Abs. 2 S. 1 JuSchG a.F. in der Öffentlichkeit an Automaten nicht mehr angeboten werden. Das Änderungsgesetz macht damit das geschützte Verhalten, den Vertrieb von Tabakwaren über öffentlich aufgestellte Automaten, unmöglich. Der allgemeine Eingriffsbegriff ist erfüllt.

2. Berufsregelnde Tendenz

Ein Eingriff speziell in die Berufsfreiheit setzt weiter voraus, dass dem Änderungs- **15** gesetz berufsregelnde Tendenz zukommt. Das ist der Fall, wenn das Gesetz entweder gerade auf eine Berufsregelung zielt oder sich jedenfalls unmittelbar auf die berufliche Tätigkeit auswirkt[10].

> **Hinweis zum Aufbau:** Die Frage berufsregelnder Tendenz kann im Rahmen sowohl **16** der Schutzbereichseröffnung als auch des Eingriffsbegriffs angesprochen werden, siehe *Pieroth/Hartmann,* Grundrechtsschutz gegen wirtschaftliche Betätigung der öffentlichen Hand, DVBl. 2002, S. 421 (424); *Pieroth/Schlink,* Grundrechte, Rn. 892 m.w.N.

Das Änderungsgesetz bezweckt, den Automatenvertrieb zu unterbinden, um den Ge- **17** sundheitsschutz zu verbessern. Es zielt damit auf den Vertrieb als berufliche Tätigkeit der Betreiber, wirkt sich jedenfalls unmittelbar auf den Automatenvertrieb aus und eignet damit eine berufsregelnde Tendenz. Das Gesetz greift daher in die Berufsfreiheit ein.

III. Rechtfertigung

Der Eingriff könnte gerechtfertigt sein. **18**

1. Gesetzesvorbehalt

Art. 12 Abs. 1 S. 2 GG erlaubt eine Regelung der Berufsausübung durch Gesetz oder **19** auf Grund eines Gesetzes. Grammatisch legt die Formulierung „Berufswahl" in Satz 2 des Art. 12 Abs. 1 GG und systematisch der Vergleich mit Satz 1 der Vorschrift die Annahme nahe, dass der Gesetzesvorbehalt nur die Berufsausübung, nicht aber die

---

9 *v. Münch,* Staatsrecht II, Rn. 150 Fn. 30; *Pieroth/Schlink,* Grundrechte, Rn. 253.
10 BVerfGE 97, 228 (253 f.); 111, 191 (213).

Berufswahl erfasst. Das hätte zur Konsequenz, dass der Gesetzgeber die Wahl eines Berufes nicht (bzw. nur eingeschränkt, nämlich zur Wahrung kollidierenden Verfassungsrechts) regeln dürfte, er also die Wahl eines bestimmten Berufs weiterhin zulassen müsste und nur dessen Ausübung verbieten könnte. Die Wahl eines Berufs zuzulassen, dessen Ausübung verboten ist, erscheint freilich wenig sinnvoll. Dem Gesetzgeber die Regelung auch der Berufsausübung vorzuenthalten (bzw. nur zur Wahrung kollidierenden Verfassungsrechts zuzulassen), wäre mit Art. 12 Abs. 1 S. 2 GG unvereinbar. Gleichklang ist daher dadurch herzustellen, dass der Anwendungsbereich des Gesetzesvorbehalts aus Art. 12 Abs. 1 GG über die Berufsausübung hinaus auch auf die Berufswahl erstreckt wird. Die Berufsfreiheit steht daher und trotz der Formulierung „Regelung" unter einem einheitlichen Gesetzesvorbehalt[11].

20   **Hinweis zur Bewertung:** Herkömmlich wird die Erweiterung des Gesetzesvorbehalts auf Berufswahlregelungen mit dem Argument begründet, dass die Berufsausübung mit der Berufswahl beginne und die Berufswahl in der Berufsausübung immer wieder neu bestätigt werde. Dieses Argument ist derart gebräuchlich, dass es Studierenden nicht zum Nachteil geraten darf, falls sie es übernehmen. Ein Mangel liegt allerdings vor, wenn ein Prüfling, der die Reichweite des Gesetzesvorbehalts mit der Ununterscheidbarkeit von Berufswahl und -ausübung begründet, anschließend unkritisch die Dreistufenlehre anwendet, weil diese gerade auf der Unterscheidung zwischen Berufswahl und -ausübung aufbaut.

Ein Mangel liegt außerdem vor, wenn ein Prüfling den Gesetzesvorbehalt aus Art. 12 Abs. 1 S. 2 GG ohne Weiteres auf Berufswahlregelungen erstreckt. Im universitären Gutachten muss Ausgangspunkt der Argumentation immer der Wortlaut der Norm sein. Ist ein bestimmtes Verständnis, und sei es seit jeher „herrschend", am Wortlaut gemessen erklärungsbedürftig, muss der Prüfling diese Begründung geben, und sei es nur kurz. Es bedarf daher der Erklärung, warum auch die Berufswahl (und nicht nur die Berufsausübung) unter dem Vorbehalt des Art. 12 Abs. 1 S. 2 GG steht (siehe oben Einführung Rn. 8).

2. Formelle Verfassungsmäßigkeit

21   Das Gesetz müsste formell verfassungs- und insbesondere kompetenzgemäß durch den Bundesgesetzgeber erlassen werden können.

22   **Hinweis zur Bewertung:** Ein Fehler wäre es, die Gesetzgebungskompetenz mit Verweis auf § 10 Abs. 2 S. 1 JuSchG zu begründen. Dass eine Regelung besteht, bedeutet nicht, dass sie zu Recht besteht.

23   Nach Art. 30, 70 Abs. 1 GG sind grundsätzlich die Länder für die Gesetzgebung zuständig. Die Zuständigkeit des Bundes könnte vorliegend aus Art. 70 Abs. 2, Art. 74 Abs. 1 GG folgen. In Betracht kommen neben der Kernkompetenz des Art. 74 Abs. 1 Nr. 19 GG („Maßnahmen gegen gemeingefährliche Krankheiten", „Betäubungsmit-

---

11 BVerfGE 7, 377 (402); 54, 237 (245 f.); 95, 193 (214).

tel", „Recht der Gifte") auch die Erforderlichkeitskompetenzen nach Art. 74 Abs. 1 Nr. 7 GG („öffentliche Fürsorge" in Form des Jugendschutzes[12]), Nr. 11 („Recht der Wirtschaft"[13]) und Nr. 20 („Recht der Genussmittel", das auch das Recht der Tabakerzeugnisse umfasst[14])[15]. Da das Verbot von Tabakwarenautomaten im Schwerpunkt auf einen verbesserten Jugend- und Gesundheitsschutz abzielt, ist jedenfalls Art. 74 I Nr. 7 GG als Kompetenztitel einschlägig.

Der Bund hat für diesen Sachbereich gemäß Art. 72 Abs. 2 GG nur dann die Gesetz- **24** gebungskompetenz, wenn und soweit die Herstellung gleichwertiger Lebensverhältnisse im Bundesgebiet oder die Wahrung der Rechts- oder Wirtschaftseinheit im gesamtstaatlichen Interesse eine bundesgesetzliche Regelung erforderlich macht. Vorliegend könnte das gesamtstaatliche Interesse an der Wahrung der Rechtseinheit eine Bundeskompetenz für das Verbot von Tabakwarenautomaten begründen. Ein solches Interesse liegt vor, soweit eine Gesetzesvielfalt auf Länderebene „eine Rechtszersplitterung mit problematischen Folgen darstellt, die im Interesse sowohl des Bundes als auch der Länder nicht hingenommen werden kann"[16]. Trotz der grundsätzlichen Möglichkeit einer Selbstkoordination der Länder spricht für das Vorliegen dieser Voraussetzung zunächst, dass unterschiedliche Regelungen in den Ländern erhebliche Unterschiede mit sich brächten, die sich vor allem für überregionale Anbieter nachteilig auswirkten. Ein wirksamer Jugend- und Gesundheitsschutz verlangt zudem eine bundesweit einheitliche Regelung, die das Schutzniveau über Ländergrenzen hinweg für Jugendliche und Erwachsene, Wirtschaft und die zur Durchsetzung berufene Verwaltung festlegt. Auch der Vergleich mit den bestehenden Bundeskompetenzen zum Schutz vor Passivrauchen[17], zu Werbeverboten[18] und zu Kennzeichnungspflichten[19] sprechen dafür, auch für den Vertrieb von Tabakwaren über Automaten die Erforderlichkeit einer bundesgesetzlichen Regelung zu bejahen[20]. Der Bundesgesetzgeber kann das Änderungsgesetz daher kompetenzgemäß erlassen. Es wäre, die Beachtung der Art. 76 ff. GG vorausgesetzt, insgesamt formell verfassungsgemäß.

Hinweis zur Bewertung: Wer die Gesetzgebungskompetenz des Bundes mangels **25** Erforderlichkeit einer bundesweit einheitlichen Regelung verneint, was als gut vertretbar erscheint, muss die materielle Verfassungsmäßigkeit hilfsgutachtlich erörtern, vgl. oben Einführung Rn. 16. Wer eine Kernkompetenz annimmt, darf Art. 72 Abs. 2 GG nicht erörtern.

---

12 Vgl. BVerfGE 31, 113 (117).
13 Vgl. BVerfGE 8, 143 (148 f.); 68, 319 (330).
14 *Oeter*, in: v. Mangoldt/Klein/Starck, GG, Art. 74 Rn. 145.
15 Zu den Begriffen der Kern- und der Erforderlichkeitskompetenz siehe *Pieroth*, in: Jarass/Pieroth, GG, Art. 72 Rn. 1, 3, 15.
16 BVerfGE 106, 62 (145).
17 Vgl. *Stettner*, in: Dreier, GG, Supplementum zu Band II, Art. 74 Rn. 64, 98; offen gelassen in BVerfG, NJW 2008, S. 2409 (2411).
18 Vgl. §§ 21a, 22 VTabakG sowie *Siekmann*, DÖV 2003, S. 657 (664), und *dens.*, NJW 2006, S. 3382 ff.
19 BVerfGE 95, 173 (181) (implizit).
20 Im Ergebnis ebenso *Ueltzhöffer*, Tabakkonsum, S. 79.

3. Materielle Verfassungsmäßigkeit

26 Das Verbot von Tabakwarenautomaten müsste auch materiell verfassungsgemäß sein.

a) Verhältnismäßigkeit

27 Das setzt voraus, dass das Änderungsgesetz verhältnismäßig ist.

aa) Prüfungsmaßstab

28 Das Bundesverfassungsgericht konkretisiert die Verhältnismäßigkeitsprüfung bei der Berufsfreiheit mittels dreier Stufen zunehmender Eingriffsintensität, d.h. spiegelbildlich abnehmender Gestaltungsfreiheit des Gesetzgebers[21].

29 **Hinweis zur Bewertung:** Die Dreistufenlehre über die Wiedergabe der Rechtsprechung hinaus herzuleiten erscheint als entbehrlich, weil der Wortlaut des Grundgesetzes – anders als beim Regelungsvorbehalt für die Berufsausübung in Art. 12 GG – der Dreistufenlehre nicht entgegensteht.

Die Verarbeitung der Dreistufenlehre im Prüfprogramm variiert. Abweichend von der hier gewählten Darstellung ist es genauso gut vertretbar, die Einstufung vorzuziehen (in die Eingriffsprüfung, so *Pieroth/Schlink,* Grundrechte, Rn. 825) oder zurückzustellen und zweizuteilen (d.h. zunächst im Rahmen der Erforderlichkeit zu prüfen, ob eine Regelung auf einer niedrigeren Stufe gleich geeignet ist – was die Einstufung der getroffenen Regelung voraussetzt –, und anschließend im Rahmen der Angemessenheit die Anforderungen an das kollidierende Recht darzustellen, welche die Dreistufenlehre formuliert). Genauso gut vertretbar ist es schließlich, die Dreistufenlehre in Bausch und Bogen zu verwerfen und die Verhältnismäßigkeit nach allgemeinen Lehren zu prüfen.

30 Das Verbot, Tabakwaren in der Öffentlichkeit über Automaten zu vertreiben, könnte entweder eine Berufsausübungsregelung (erste Stufe) oder eine objektive Berufswahlregelung (dritte Stufe) sein. Berufsausübungsregelungen betreffen das „Wie" der Berufsausübung. Berufswahlregelungen betreffen das „Ob" der Berufsausübung. Sie knüpfen die Berufszulassung an Umstände, die der Grundrechtsträger nicht beeinflussen kann[22].

31 Die Einstufung als Berufsausübungs- oder -wahlregelung hängt damit vom Berufsbild ab: Geht man davon aus, dass die Betreiber der Tabakwarenautomaten als *Tabakwarengroßhändler* nicht nur über den Automatenvertriebsweg, sondern auch noch über andere Absatzwege verfügen, nämlich die Belieferung des Einzelhandels, stellt sich ein Verbot der Tabakwarenautomaten als Regelung der Berufsausübung eines Tabakwarengroßhändler dar. Erkennt man hingegen den eigenständigen Beruf des *Tabakwarenautomatenaufstellers* an, erweist sich die Regelung als ein Verbot, das die Ausübung dieses Berufes unabhängig von persönlichen Eigenschaften und Fähigkeiten untersagt, d.h. als objektive Berufswahlregelung.

---

21 BVerfGE 7, 377 (405 f.).
22 Vgl. BVerfGE 102, 197 (214); *Pieroth/Schlink,* Grundrechte, Rn. 894.

Gegen die Anerkennung des Tabakwarenautomatenaufstellers als eigenständigen **32** Beruf könnte eine Marktanalyse sprechen: Der Großteil der Betriebe, die Tabakwaren vertreiben, hat zwei Standbeine: Automatenverkauf und Großhandel. Zwar machen die etwa 400 000 Tabakwarenautomaten ca. 78 % der Verkaufspunkte für Tabakwaren aus, aber nur 14 % aller Fabrikzigaretten werden über Automaten abgesetzt. Dies spricht für die Annahme, dass der Vertrieb über Tabakwarenautomaten nur ein Nebengeschäftsfeld des typischen Tabakwarengroßhändlers ist[23]. Andererseits gibt es trotz der wirtschaftlichen Zusammenschlüsse weiterhin Betriebe wie die Z, die sich ausschließlich auf den Vertrieb über Tabakwarenautomaten konzentrieren: Laut Sachverhalt ist nur ein Großteil der Konkurrenten zugleich als Großhändler tätig. Die Feststellung, dass der Großteil der beteiligten Unternehmen mehrere Absatzwege hat, reicht daher zur Bestimmung eines Berufsbildes nicht aus. Die Anteile, die bestimmten Berufsausübenden in einer größeren Gruppe von Berufsausübenden zukommt, hängt immer vom gewählten Abstraktionsgrad ab: Gemessen an allen Beamten machen auch die vielen Polizisten nur einen kleinen Anteil aus, und doch würde niemand behaupten, dass nur „Beamter" und nicht „Polizist" ein eigenständiges Berufsbild sei. Entscheidend sind daher nicht die (relativen oder absoluten) Anteile eines potenziell eigenständigen Berufsbilds, sondern die Abgrenzbarkeit der Berufstätigkeit selbst.

Hinweis zur Bewertung: Die Typizität der Berufsvoraussetzungen inklusive der Be- **33** rufsausbildung[24] brauchte nicht angesprochen zu werden, da der Sachverhalt dazu keine Informationen enthält.

Tabakwarenvertriebe, die ausschließlich im Automatengeschäft tätig sind, unterschei- **34** den sich von Tabakwarenvertrieben, die auch oder nur als Großhändler agieren, durch die Unabhängigkeit von Räumlichkeiten im Einzelhandel, die Verwendung von Automatenaufstellungsverträgen im Innen- und Außenbereich, den großen logistischen Aufwand wegen der großen Anzahl der zu beliefernden Stellen und den in Stand zu haltenden Automaten, die Besonderheiten im Zahlungsverkehr und die eigene Vertriebsstruktur, die mit der der Tabakwarengroßhändler nicht vergleichbar ist. Für die Abgrenzbarkeit der Berufstätigkeit des Tabakwarenautomatenaufstellers gegenüber dem Tabakwarengroßhändler spricht auch die einfach-gesetzliche Einordnung der Automatenaufstellung als selbstständiges Gewerbe in § 14 Abs. 3 GewO. Immerhin garantiert die Berufsfreiheit auch, einen neuen Beruf frei zu erfinden[25]. Dementsprechend hat auch das BVerfG den eigenständigen Beruf des Automatenaufstellers anerkannt[26]. Das Verbot von Tabakwarenautomaten ist daher für Tabakwarengroßhändler bloß eine Berufsausübungsregelung, für reine Tabakwarenautomatenaufsteller wie die Z dagegen eine objektive Berufswahlregelung. Der Prüfungsmaßstab muss daher – wenn nicht stets (weil ein Gesetz zu prüfen ist, das reine Tabakwarenaufsteller auch erfasst), dann jedenfalls gegenüber der Z – der dritten Stufe entnommen werden.

---

23 So *Ueltzhöffer*, Tabakkonsum, S. 76.
24 BVerfGE 119, 59 (78 f.).
25 BVerfGE 97, 12 (25, 33 f.); 119, 59 (78); *Hufen,* Staatsrecht II, S. 619 f.
26 Vgl. BVerfGE 14, 19 (22).

35 **Hinweis zu Aufbau und Bewertung:** Lehnt man entgegen der hier vertretenen Argumentation mit *Ueltzhöffer*, Tabakkonsum, S. 76 ff. ein eigenständiges Berufsbild ab, liegt eine bloße Berufsausübungsregelung vor, und die Schranken sind der ersten Stufe zu entnehmen. Man wird nicht dennoch die Schranken der Berufswahlregelung anwenden können, etwa mit Verweis auf schwere wirtschaftliche Folgewirkungen für den typischen Berufsvertreter. Dagegen sprechen die im Sachverhalt beschriebenen Kompensationseffekte nach der Halbierung der Automatenzahl 2002, vgl. BVerfGE 30, 292 (313 f.) und unten Rn. 43.

bb) Legitimes Ziel

36 Nach der Dreistufenlehre sind objektive Berufswahlregelungen nur gerechtfertigt, wenn sie den Schutz eines überragend wichtigen Gemeinschaftsguts bezwecken[27]. Das Änderungsgesetz will primär den Schutz der Bevölkerung vor den Gesundheitsgefahren verbessern, die mit dem Rauchen verbunden sind. Der Schutz der Gesundheit kann von der Schutzpflicht des Staates nach Art. 2 Abs. 2 S. 1 GG geboten sein[28]. Er ist ein überragend wichtiges Gemeinschaftsgut[29]. Das Verbot verfolgt somit ein legitimes Ziel im Sinn der Dreistufenlehre.

cc) Geeignetheit

37 Das Verbot müsste auch geeignet sein. Das ist der Fall, wenn das gewählte Mittel die Erreichung des Ziels fördert[30]. Das Verbot der Tabakwarenautomaten müsste also den Gesundheitsschutz der Bevölkerung verbessern. Dass Tabakkonsum die Gesundheit beeinträchtigt, ist laut Sachverhalt vorgegeben und auch sonst anerkannt[31]. Fraglich ist allein, ob ein Verbot der Tabakwarenautomaten den Konsum überhaupt signifikant verringert. Insoweit ist zwischen Kindern und Jugendlichen einerseits und Erwachsenen andererseits zu unterscheiden.

(1) Schutz der Kinder und Jugendlichen

38 Gegen die These, dass ein Automatenverbot den Tabakkonsum von Kindern und Jugendlichen weiter senke, spricht zunächst, dass bereits jetzt § 10 Abs. 1 JuSchG die öffentliche Abgabe von Tabakwaren an Kinder und Jugendliche verbietet und dass bereits jetzt § 10 Abs. 2 S. 2 Nr. 2 JuSchG vorsieht, dass Kinder und Jugendliche auch über Automaten keinen Zugang zu Tabakwaren erhalten. Die Automaten der Z prüfen die Volljährigkeit des Käufers anhand des Geburtsdatums, das auf der Geld- oder EC-Karte gespeichert ist. Ohne Vorlage einer solchen Bankkarte wirft der Automat keine Tabakwaren aus. Zwar bleibt insoweit die Gefahr, dass ein Erwachsener einem Minderjährigen seine Bankkarte überlässt. Doch diese Restmissbrauchsgefahr ist unver-

---

27 BVerfGE 75, 284 (296); 102, 197 (214).
28 BVerfG, NJW 2008, S. 2409 (2413); *Ueltzhöffer*, Tabakkonsum, S. 23 ff.
29 BVerfGE 7, 377 (414); BVerfG, NJW 2008, S. 2409 (2412).
30 *Gallwas*, Grundrechte, Rn. 208; *Geis*, Staatsrecht, Rn. 444; *Ipsen*, Repetitorium Staatsrecht II, S. 20.
31 Vgl. BVerfGE 95, 173 (184); BGH, NJW 1994, S. 730 (731); *Sopp*, EuZW 2005, S. 365 (366); *v. Laffert*, Rauchen, S. 89 ff.

meidlich: Auch durch die Abfrage einer PIN oder gar den Abgleich biometrischer Daten ließe sie sich nicht auf null reduzieren. Die Restmissbrauchsgefahr ist auch nicht sehr groß: Mit der Weitergabe der Bankkarte riskiert der Karteninhaber deren missbräuchliche Nutzung. Hinzu kommt die abschreckende Wirkung, die § 28 Abs. 1 Nr. 13, Abs. 5 JuSchG entfaltet, wonach Automatenbetreibern eine empfindliche Geldbuße drohe, sofern diese den Automatenkauf von Kindern und Jugendlichen nicht verhindern.

Schließlich wohnt die Gefahr der Umgehung des Abgabeverbots durch die Weitergabe **39** von Tabakwaren jedem Vertriebswege inne: Erwachsene können im Einzelhandel und der Gastronomie genauso Rauchwaren erwerben, um diese an Kinder und Jugendliche weiterzugeben. Das zeigt auch ein Vergleich mit dem Abgabeverbot für alkoholische Getränke: Die strengere gesetzliche Regelung in § 9 Abs. 3 S. 2 Nr. 2 JuSchG sieht eine Ausnahme vom Automatenverbot in der Öffentlichkeit nur unter der zusätzlichen Einschränkung vor, dass der Automat in gewerblich genutzten Räumen aufgestellt wurde. Doch selbst diese Regelung verhindert den Missbrauch auf anderen Vertriebswegen nicht. Das Restrisiko ist unvermeidlich, allgegenwärtig und daher auch kein Argument für die Verschärfung der Regelung. Im Gegenteil: Die bestehenden Jugendschutzvorschriften beschränken nach alledem den Zugang von Kindern und Jugendlichen zu Tabakwaren wirksam.

Hinweis zur Bewertung: Mit entsprechender Begründung ist auch eine andere Be- **40** wertung der Tatsachen vertretbar. Der Aspekt, dass die Zweckerreichung zu randständig ist, um einen Eingriff dieser Intensität zu rechtfertigen, kann ohne Schaden auch erst im Rahmen der Angemessenheit behandelt werden.

Das Änderungsgesetz ist somit nicht geeignet, den Tabakkonsum bei Kindern und **41** Jugendlichen so einzuschränken, dass sich deren Gesundheitsschutz verbessert.

Hinweis zur Bewertung: Andere Ansicht vertretbar, siehe für die Geeignetheit mit **42** Blick auf Minderjährige etwa *Tartsch*, Tabakprävention, S. 373.

(2) Schutz der Erwachsenen

Für die These, dass ein Verbot von Tabakwarenautomaten den Konsum Erwachsener **43** senke, spricht zunächst, dass nach einem Wegfall von 78 % der Verkaufspunkte Ausweichmöglichkeiten nicht überall und sofort verfügbar sein werden. Doch dass mit diesen kurzfristigen Versorgungsengpässen eine messbare Verbesserung der Gesundheit der Raucher einhergeht, erscheint zweifelhaft. Zudem wird der überragende Anteil der Tabakwaren (laut Sachverhalt 86 %) gerade nicht über die 400 000 Tabakwarenautomaten, sondern über andere Verkaufspunkte abgesetzt. Erwachsene verfügen bei immer längeren Ladenöffnungszeiten über zahlreiche Ausweichmöglichkeiten im Einzelhandel und können ohnehin auf Vorrat kaufen. Das zeigt auch der Kompensationseffekt der letzten Jahre: Trotz der Halbierung der Anzahl der Tabakwarenautomaten seit 2002 ist der Gesamtkonsum von Tabakwaren gleich geblieben. Der Umsatzverlust im Automatenbetrieb wurde also durch einen Umsatzgewinn im Großhandel ausgeglichen. Daher wäre Volljährigen der Zugriff auf Tabakwaren auch nach dem Wegfall der 400 000 Tabakwarenautomaten flächendeckend möglich[32]. Eine vorübergehende Reduktion des Tabakwarenkonsums unter Erwachsenen durch eine nur teilweise Einschränkung der Verfügbarkeit verbessert den Gesundheitsschutz nicht genug, um einen Eingriff dieser Intensität zu rechtfertigen.

44   **Hinweis zur Bewertung:** Andere Ansicht vertretbar. Der Aspekt, dass die Zweckerreichung zu randständig ist, um einen Eingriff dieser Intensität zu rechtfertigen, kann wieder ohne Schaden erst im Rahmen der Angemessenheit behandelt werden.

(3) Ergebnis

45   Das Änderungsgesetz ist nicht geeignet, den Gesundheitsschutz von Kindern, Jugendlichen oder Erwachsenen zu fördern.

dd) Erforderlichkeit

46   **Hinweis zur Bewertung:** Wer die Geeignetheit offen lässt oder mit Blick auf Minderjährige oder Erwachsene bejaht, muss die Erforderlichkeit prüfen. Bei Annahme der Geeignetheit des Verbots spricht viel dafür, auch die Erforderlichkeit des Verbots zu bejahen.

ee) Angemessenheit

(1) Schutz der Erwachsenen

47   Das Änderungsgesetz ist angemessen, wenn der Grundrechtseingriff zum verfolgten Zweck nicht außer Verhältnis steht[33]. Um das Verhältnis beurteilen zu können, ist die Schwere des Eingriffs mit dem Gewicht und der Dringlichkeit der verfolgten Zwecke abzuwägen[34]. In der einen Waagschale liegt der Gesundheitsschutz als überragend wichtiges Gemeinschaftsgut. Dem Gesetzgeber geht es um die Abwehr der schweren Gesundheits-, wenn nicht Todesgefahren, die das Rauchen von Tabakwaren langfristig mit sich bringen. In der anderen Waagschale befindet sich zum einen die Berufsfreiheit. Das Grundrecht aus Art. 12 Abs. 1 GG ist insofern von besonderer Bedeutung, als es den Wettbewerb fördert[35] und die freie Entfaltung der Persönlichkeit im Bereich individueller Leistung und Existenzerhaltung[36] garantiert. Hinzu kommt die in Art. 2 Abs. 1 GG verbürgte allgemeine Handlungsfreiheit der Raucher, die als solche auch den Drogenkonsum erfasst[37].

---

32 So auch *Ueltzhöffer*, Tabakkonsum, S. 96.

33 BVerfGE 30, 292 (316 f.).

34 *Epping,* Grundrechte, Rn. 56; *Michael/Morlok,* Grundrechte, Rn. 623; *Wieland*, in: Dreier, GG, Band I, Art. 12 Rn. 109.

35 Vgl. *Pieroth/Schlink*, Grundrechte, Rn. 883.

36 BVerfGE 103, 172 (183).

37 BVerfGE 90, 145 (171); vgl. BVerfG, NJW 2008, S. 2409 (2414); *Ueltzhöffer*, Tabakkonsum, S. 13.

Hinweis zur Bewertung: Die Einordnung unter den spezielleren Art. 2 Abs. 2 S. 1 48
GG, der auch das negative Freiheitsrecht, nicht zu leben und nicht gesund zu bleiben,
enthalte, ist im Anschluss an *Pieroth/Schlink/Kniesel*, Polizei- und Ordnungsrecht, § 8
Rn. 27 f., genauso gut vertretbar.

Der Schutz der Raucher vor sich selbst käme einer „edukatorischen"[38] „Gesundheits- 49
vormundschaft"[39] gleich[40]. Sie ist nur ausnahmsweise möglich, wenn die staatliche
Pflicht zum Schutz der Gesundheit überwiegt[41].

Dies kann erstens der Fall sein bei einer Gefährdung Dritter. Doch anders als bei der 50
Motorradhelmpflicht[42], der Gurtanlagepflicht[43], der Zwangsheilung bei ansteckenden
Krankheiten[44] oder den Maßnahmen zum Schutz vor den Gefahren des Passivrau-
chens[45] gefährdet das Aktivrauchen allein Dritte nicht. Selbst wenn man die gesamt-
gesellschaftlichen Folgekosten des Rauchens für eine Schädigung Dritter und als
ausreichend für eine Ausnahme vom Grundsatz „kein Schutz vor sich selbst" halten
wollte[46], sprechen die wirtschaftswissenschaftlichen Analysen nicht eindeutig für die
Annahme, dass das Rauchen Nichtraucher finanziell benachteiligt[47].

Zweitens kann die staatliche Schutzpflicht überwiegen, wenn das Verhalten des sich 51
selbst Schädigenden nicht auf dessen selbstbestimmten Willen zurückzuführen ist[48].
So fehlt etwa bei psychischen Krankheiten[49] oder inneren Konfliktsituationen, die
einen frei verantwortlichen Suizid ausschließen[50], die Prämisse für die Ausübung der
allgemeinen Handlungsfreiheit. Doch das Suchtpotenzial des Nikotins schließt die
Fähigkeit Erwachsener zur Selbstbestimmung nicht aus[51], wie die vielen Raucher, die
das Rauchen aufgeben, belegen.

Da keine Ausnahme einschlägig ist, bleibt es bei dem Grundsatz: Die allgemeine 52
Handlungsfreiheit Erwachsener schützt auch das Rauchen[52]. Volljährige müssen den
Tabakkonsum und dessen Folgen nur vor sich selbst rechtfertigen. Der Gesundheitsschutz Erwachsener steht schon hinter deren allgemeiner Handlungsfreiheit zurück;
die Selbstbestimmung überwiegt.

---

38 BVerfG, abweichende Meinung *Masing*, NJW 2008, S. 2409 (2422); vgl. auch *Lisken*, NJW 1985, S. 3053
(3054); *Lüdemann,* Edukatorisches Staatshandeln, S. 17.
39 BVerfGE 58, 208 (227).
40 *Tartsch*, Tabakprävention, S. 62 f.
41 Vgl. *Pieroth/Schlink*, Grundrechte, Rn. 114, 433.
42 Vgl. BVerfGE 59, 275 (278 f.); *Hillgruber*, Schutz, S. 97 ff.
43 Vgl. BVerfG, NJW 1987, S. 180 (180).
44 *Jarass*, in: Jarass/Pieroth, GG, Art. 2 Rn. 101.
45 Vgl. BVerfG, NJW 2008, S. 2409 (2414).
46 So aber *Ueltzhöffer*, Tabakkonsum, S. 17; vgl. auch BVerfGE 59, 275 (279).
47 Vgl. Fn. 31.
48 Vgl. BVerwGE 82, 45 (49); *Hillgruber*, Schutz, S. 121 ff.; *Ueltzhöffer*, Tabakkonsum, S. 18.
49 BVerfGE 58, 208 (225).
50 Vgl. *Hillgruber*, Schutz, S. 87 f.; *Pieroth/Schlink/Kniesel*, Polizei- und Ordnungsrecht, § 8 Rn. 31.
51 *Tartsch*, Tabakprävention, S. 64.
52 Vgl. *Lisken*, NJW 1985, S. 3053 (3055); *Michael*, JZ 2008, S. 875 (877).

53   **Hinweis zur Bewertung:** Weil die Frage des Schutzes vor Selbstgefährdung im Sachverhalt angesprochen war, durften die Bearbeiter sich nicht damit begnügen, nur die Berufsfreiheit zu erörtern.

(2) Schutz der Kinder und Jugendlichen

54   Was den Gesundheitsschutz von Kindern und Jugendlichen betrifft, kann man davon ausgehen, dass ihre Entscheidung zu rauchen nicht in gleichem Maße selbstbestimmt ist wie bei Erwachsenen. Abzuwägen ist also nur zwischen dem Jugendschutz einerseits und der Berufsfreiheit der Betroffenen andererseits. Letztere gliedert sich wie dargelegt in die Berufsausübungsfreiheit der Tabakwarengroßhändler und die Berufswahlfreiheit der Tabakwarenautomatenaufsteller.

55   Die Tabakwarengroßhändler wären durch den Wegfall von 78 % der Verkaufspunkte einerseits einem stärkeren Wettbewerbs- und Konzentrationsdruck ausgesetzt, könnten aber andererseits den Kompensationseffekt nutzen und die Tabakwaren über andere Vertriebswege absetzen. Für Tabakwarenautomatenaufsteller erscheint ein Einstieg in den Großhandel dagegen mangels bestehender Infrastruktur und Marktanteilen ebenso aussichtslos wie die Umstellung der speziell auf Tabakwaren zugeschnittenen Automaten auf andere Warengruppen, für welche ein Nachfragemarkt erst noch zu schaffen wäre. Die Tabakwarenautomatenaufsteller würde das Änderungsgesetz zur Aufgabe des Handels mit Tabakwaren zwingen. Das ist der schwerstmögliche Eingriff in die Berufsfreiheit. Zwar sind Kinder und Jugendliche besonders schutzwürdig. Doch selbst wenn man eine minimal relevante Missbrauchsgefahr annimmt, ist ein umfassendes Tabakwarenautomatenverbot den Tabakwarenautomatenaufstellern nicht zuzumuten, weil der Schutz der Kinder und Jugendlichen nicht, jedenfalls nicht nennenswert verbessert wird. Der Eingriff in Art. 12 Abs. 1 GG steht somit zum verfolgten Zweck des Gesundheitsschutzes außer Verhältnis. Ein Verbot wäre unangemessen.

56   **Hinweis zur Bewertung:** Andere Ansicht ebenso gut vertretbar, zum Beispiel bei Einstufung des Änderungsgesetzes als Berufsausübungsregelung.

ff) Ergebnis

57   Das Verbot von Tabakwarenautomaten ist bereits ungeeignet, den Gesundheitsschutz zu fördern. Es wäre außerdem unangemessen. Das Änderungsgesetz ist daher insgesamt unverhältnismäßig, materiell verfassungswidrig und verletzt bereits insofern Art. 12 Abs. 1 GG.

b) Wettbewerbsgleichheit

58   **Hinweis zum Aufbau:** Es ist genauso gut vertretbar,
    – unter der Überschrift des Art. 12 Abs. 1 GG (und ggf. des Art. 2 Abs. 1 GG) nur freiheitsrechtliche Fragen zu beantworten, um anschließend unter der gleichgeord-

neten Überschrift „Art. 12 Abs. 1 i.V.m. Art. 3 Abs. 1 GG" neu anzusetzen und die gleichheitsrechtlichen Probleme dort zu lösen, oder
– die gleichheitsrechtliche Perspektive unter Vermeidung des problematischen „in Verbindung mit"-Maßstabs nach der Prüfung der Berufsfreiheit allein unter der Überschrift „Art. 3 Abs. 1 GG" zu behandeln.

Die Verfassungswidrigkeit des Aufstellungsverbots für Tabakwarenautomaten könnte **59** sich auch aus einem Verstoß gegen das Gebot der Wettbewerbsgleichheit ergeben. Dieses Gebot wird aus einer Zusammenschau des Wirtschaftsgrundrechts aus Art. 12 Abs. 1 GG und dem allgemeinen Gleichheitsgrundrecht aus Art. 3 Abs. 1 GG hergeleitet. So gewährt Art. 12 Abs. 1 GG zwar kein „Recht auf die Erhaltung des Geschäftsumfangs und die Sicherung weiterer Erwerbsmöglichkeiten"[53], schützt aber davor, dass „durch staatliche Maßnahmen der Wettbewerb beeinflusst und die Ausübung einer beruflichen Tätigkeit dadurch behindert wird"[54], insbesondere vor spezifischen Benachteiligungen im Wettbewerb, die durch weniger strikte Regulierungskonzepte entstehen[55]. Die Berufsfreiheit beinhaltet somit im Zusammenspiel mit Art. 3 Abs. 1 GG eine „spezifisch wirtschaftsrechtliche Ausprägung des allgemeinen Gleichheitssatzes"[56].

Das Bundesverfassungsgericht hat das Gebot der Folgerichtigkeit in seinem Urteil zu **60** den Nichtraucherschutzgesetzen zum zentralen Maßstab seiner Entscheidung erhoben[57]. Übertragen auf ein Verbot von Tabakwarenautomaten lautet die zentrale Frage, ob das Verbot des Vertriebswegs „Tabakwarenautomat" ohne Regelung anderer Vertriebswege zur Bekämpfung des Tabakkonsums wettbewerbsverzerrend oder folgerichtig ist, ob also eine Ungleichbehandlung von wirtschaftlichen Konkurrenten auf dem Tabakwarenmarkt vorliegt und wenn ja, ob diese gerechtfertigt werden kann.

Während der Wegfall eines von mehreren Absatzwegen Tabakwarengroßhändler zwar **61** hart trifft, aber mittelfristig durch steigende Nachfrage im Großhandelssegment kompensiert werden kann, sind Tabakwarenautomatenaufsteller mit dem ersatzlosen Wegfall ihres einzigen Vertriebsweges konfrontiert und somit zur Geschäftsaufgabe gezwungen. Eine Ungleichbehandlung wirtschaftlicher Konkurrenten liegt vor.

Eine Ungleichbehandlung im Rahmen von Art. 12 Abs. 1 GG in Verbindung mit Art. 3 **62** Abs. 1 GG kann nur gerechtfertigt werden, wenn die Differenzierungen innerhalb der Wettbewerbsregulierung sachgerecht und folgerichtig ausfallen[58]. Die Ungleichbehandlung damit zu begründen, dass der Tabakkonsum Erwachsener durch das Verbot von 400 000 Verkaufspunkten insgesamt reduziert werden soll, erwiese sich nach dem oben Gesagten nicht nur als nicht sachgerecht, sondern auch als nicht folgerichtig

---

53 BVerfGE 34, 252 (256).
54 BVerfGE 82, 209 (224); 86, 28 (37).
55 Vgl. BVerfG, NJW 2008, S. 2409 (2415 ff.); *Michael*, JZ 2008, S. 875 (876).
56 *Michael*, JZ 2008, S. 875 (878); vgl. BVerfGE 30, 292 (327) und VerfGH Sachsen, ZfWG 2008, S. 471 (472).
57 BVerfG, NJW 2008, S. 2409 (2410).
58 Vgl. *Michael*, JZ 2008, S. 875 (879).

gegenüber den anderen Vertriebswegen, die vom Kompensationseffekt profitieren würden. Beabsichtigt der Gesetzgeber eine Verringerung der Verkaufspunkte für Tabakwaren, hat er alle Vertriebswege zu berücksichtigen.

63 Als Grund für die Ungleichbehandlung kommt daher wieder nur die im Automatenvertrieb vermutete Missbrauchsgefahr in Betracht. Da die bestehende Rechtslage das Missbrauchsrisiko im Automatenvertrieb wie gezeigt auf das unvermeidliche Restrisiko senkt, kann auch die Missbrauchsgefahr nicht als Rechtfertigungsgrund herangezogen werden. Die Ungleichbehandlung ist damit insgesamt nicht gerechtfertigt. Das Verbot verstößt gegen Art. 12 Abs. 1 GG in Verbindung mit Art. 3 Abs. 1 GG.

IV. Ergebnis

64 Das Änderungsgesetz verletzt die Berufsfreiheit gem. Art. 12 Abs. 1 GG und die berufliche Wettbewerbsgleichheit gem. Art. 12 Abs. 1 GG in Verbindung mit Art. 3 Abs. 1 GG.

B. Vereinbarkeit mit Art. 2 Abs. 1 GG

65 Die Allgemeine Handlungsfreiheit der Z tritt gegenüber dem spezielleren Grundrecht der Berufsfreiheit zurück.

66 **Hinweis zum Aufbau und zur Bewertung:** Dieser Satz kann ohne Schaden entfallen. Die Prüfung der Allgemeinen Handlungsfreiheit kann, getreu der Regel „Freiheits- vor Gleichheitsrechten", auch vor der Prüfung des Gleichheitsverstoßes gegen Art. 12 Abs. 1 i.V.m. Art. 3 Abs. 1 GG erfolgen. Ein Fehler wäre es dagegen, die Vereinbarkeit mit der Allgemeinen Handlungsfreiheit der Raucher zu prüfen, weil nur nach einer Verletzung der Grundrechte der Z gefragt ist.

C. Ergebnis

67 Das Verbot von Tabakwarenautomaten ist verfassungswidrig.

Literaturverzeichnis

Detterbeck, Steffen	Öffentliches Recht. Ein Basislehrbuch mit Übungsfällen für das Staatsrecht, Verwaltungsrecht und Europarecht, 7. Aufl., München 2009	**68**
Dreier, Horst (Hrsg.)	Grundgesetz, Band I, 2. Aufl., Tübingen 2004; Supplementum zu Band II, Tübingen 2007	
Epping, Volker	Grundrechte, 4. Aufl., Berlin u.a. 2010	
ders./Hillgruber, Christian (Hrsg.)	Grundgesetz. Kommentar, München 2009	
Gallwas, Hans-Ullrich	Grundrechte, 2. Aufl., Neuwied u.a. 1995	
Geis, Max-Emanuel	Examens-Repetitorium Staatsrecht. Staatsorganisationsrecht und Grundrechte, Heidelberg 2010	
Hillgruber, Christian	Der Schutz des Menschen vor sich selbst, München 1992	
Hufen, Friedhelm	Staatsrecht II. Grundrechte, 2. Aufl., München 2009	
Ipsen, Jörn	Repetitorium Staatsrecht II. Grundrechte, Neuwied u.a. 2000	
ders.	Staatsrecht II. Grundrechte, 13. Aufl., München 2010	
Jarass, Hans D./ Pieroth, Bodo	Grundgesetz, 11. Aufl., München 2011	
Laffert, Götz von	Rauchen, Gesellschaft und Staat, Wiesbaden 1998	
Lisken, Hans	Freispruch für „Gurtmuffel" – ein Polizeiproblem?, in: NJW 1985, S. 3053 ff.	
Lüdemann, Jörn	Edukatorisches Staatshandeln. Steuerungstheorie und Verfassungsrecht am Beispiel der staatlichen Förderung von Abfallmoral, Baden-Baden 2004	
Mangoldt, Hermann von/ Klein, Friedrich/Starck, Christian (Begr./Hrsg.)	Kommentar zum Grundgesetz, Band II, 6. Aufl., München 2010	
Manssen, Gerrit	Staatsrecht II. Grundrechte, 7. Aufl., München 2010	
Michael, Lothar	Folgerichtigkeit als Wettbewerbsgleichheit. Zur Verwerfung von Rauchverboten in Gaststätten durch das BVerfG, in: JZ 2008, S. 875 ff.	
ders./Morlok, Martin	Grundrechte, 2. Aufl., Baden-Baden 2010	
Münch, Ingo von	Staatsrecht II, 5. Aufl., Stuttgart u.a. 2002	
Pieroth, Bodo/ Hartmann, Bernd J.	Grundrechtsschutz gegen wirtschaftliche Betätigung der öffentlichen Hand, in: DVBl. 2002, S. 421 ff.	
Pieroth, Bodo/ Schlink, Bernhard	Grundrechte. Staatsrecht II, 26. Aufl., Heidelberg 2010	
dies./Kniesel, Michael	Polizei- und Ordnungsrecht mit Versammlungsrecht, 6. Aufl., München 2010	
Quaritsch, Helmut	Der grundrechtliche Status der Ausländer, in: Josef Isensee/Paul Kirchhof (Hrsg.), Handbuch des Staatsrechts der Bundesrepublik Deutschland, Band V: Allgemeine Grundrechtslehren, 2. Aufl., Heidelberg 2000, § 120 (S. 663 ff.)	
Sachs, Michael	Verfassungsrecht II. Grundrechte, 2. Aufl., Berlin u.a. 2003	

Sachs, Michael (Hrsg.)   Grundgesetz. Kommentar, 5. Aufl., München 2009
Siekmann, Helmut   Verfassungsmäßigkeit eines umfassenden Verbots der
Werbung für Tabakprodukte, in: DÖV 2003, S. 657 ff.
ders.   Die Zuständigkeit des Bundes zum Erlass umfassender
Rauchverbote nach In-Kraft-Treten der ersten Stufe der
Föderalismusreform, in: NJW 2006, S. 3382 ff.
Sopp, Alexander   Tabakkonsum und Tabakwerbeverbot – eine ökonomische
Analyse des Gemeinschaftsrechts, in: EuZW 2005, S. 365 ff.
Stern, Klaus   Das Staatsrecht der Bundesrepublik Deutschland,
Band IV/1 (in Verbindung mit Michael Sachs und Johannes
Dietlein): Die einzelnen Grundrechte: Der Schutz und die
freiheitliche Entfaltung des Individuums, München 2006
ders./Becker, Florian (Hrsg.) Grundrechte-Kommentar, Köln 2010
Tartsch, Marko   Rechtliche Vorgaben für ein Bundesgesetz zur Tabak-
prävention, Berlin 2009
Ueltzhöffer, Christian   Die staatliche Einflussnahme auf den Tabakkonsum von
Kindern und Jugendlichen in Deutschland, Berlin u.a. 2005

Einführung der Bürgerversicherung

von Thorsten Kingreen

Deutschland im Herbst 2011. Die Koalition aus CDU/CSU und F.D.P. ist abgewählt, **1**
es regiert wieder eine rot-grüne Koalition. Diese zieht eine ernüchternde Bilanz der
Anfang 2011 in Kraft getretenen Gesundheitsreform. Insbesondere die Finanzierungs-
probleme haben sich noch weiter verschärft. Daher wird das Bundesministerium für
Gesundheit beauftragt, den Entwurf eines „Solidarität-für-alle-Krankenversicherungs-
gesetzes" (SFAK) zu entwerfen. Nach den von der Regierungskoalition beschlossenen
Eckpunkten soll dieses vor allem eine sog. „Bürgerversicherung" enthalten, die allerdings nur eine Grundversorgung garantieren soll. Viele Leistungen, wie etwa der
Zahnersatz, sollen aus dem Leistungskatalog ausgeschlossen werden. Ein Experten-
gutachten bescheinigt diesem Reformmodell, zumindest mittelfristig die Finanzierung des gesetzlichen Krankenversicherungssystems sicherzustellen. Im Einzelnen
soll das SFAK u.a. folgende Regelungen enthalten:

§ 1 Versicherungspflicht
Versicherungspflichtig sind alle Personen mit Wohnsitz im Bundesgebiet.

§ 2 Beitragsbemessung
Beitragspflichtige Einnahmen sind bis zu einem Betrag von einem Dreihundertsechzigstel der Jahres-
arbeitsentgeltgrenze für den Kalendertag zu berücksichtigen (Beitragsbemessungsgrenze). Einnahmen, die diesen Betrag übersteigen, bleiben außer Ansatz.

§ 3 Übergangsrecht
Private Krankenversicherungsverträge, die vor dem 1.1.2012 abgeschlossen wurden, bleiben von der
Versicherungspflicht nach § 1 unberührt.

Erläuterungen:

zu § 1: Die Vorschrift führt eine allgemeine Versicherungspflicht für alle Personen
ein, die ihren Hauptwohnsitz in Deutschland haben. Damit wird eine allgemeine
Volksversicherung geschaffen, die unabhängig vom Einkommen und von Vorerkrankungen eine Grundsicherung gegen Krankheit garantiert. Sie wird allein von den
gesetzlichen Krankenkassen getragen. Private Krankenversicherungsunternehmen
können aber weiterhin Zusatzversicherungen anbieten.

zu § 2: Die Vorschrift entspricht im Wesentlichen § 223 Abs. 3 SGB V. Sie verhindert,
dass besonders hohe Einkommen überproportional zur Finanzierung der Bürgerversicherung herangezogen werden.

zu § 3: Die Vorschrift ist aus Gründen des Vertrauensschutzes für bestehende private
Krankenversicherungsverträge verfassungsrechtlich zwingend.

Der Jungmediziner Wüller-Mohlfahrt (WM) hat 2008 sein zweites medizinisches
Staatsexamen erfolgreich abgeschlossen und befindet sich in der Weiterbildung zum
Facharzt für Sportmedizin. Aufgrund dieser Tätigkeit unterliegt er derzeit nach § 5

Abs. 1 Nr. 1 SGB V noch der Versicherungspflicht. Nach Abschluss der Weiterbildung möchte er aber Anfang 2013 die gut gehende Praxis seines Vaters am Starnberger See übernehmen. WM hält das geplante Vorhaben für verfassungswidrig. Der Bund sei für eine Krankenversicherung, die die gesamte Bevölkerung erfasse, nicht zuständig. Denn eine Bürgerversicherung sei keine „Sozialversicherung" im Sinne von Art. 74 Abs. 1 Nr. 12 GG. Außerdem verletze das Gesetz seine Grundrechte aus Art. 2 Abs. 1, 9 Abs. 1, 12 und 14 GG. Die gesetzliche Krankenversicherung diene sozial schwachen Menschen. Aufgrund seines avisierten Jahreseinkommens von 500 000 € gehöre er jedenfalls ab 2013 nicht mehr dazu und bedürfe daher dieses aufgezwungenen Schutzes nicht. WM ist vielmehr davon überzeugt, dass er aufgrund seiner überragenden körperlichen Gesamtverfassung einen günstigen Versicherungsvertrag mit einem privaten Versicherungsunternehmen aushandeln kann. Er trage dann aufgrund seiner hohen Steuerlast bereits wesentlich zur gesellschaftlichen Solidarität bei und sehe nicht ein, dass nunmehr daneben noch ein weiteres Umverteilungssystem geschaffen werde.

Auch das private Krankenversicherungsunternehmen K-AG hält das SFAK für verfassungswidrig. Die K-AG erzielt 60 % ihrer Einnahmen aus dem Vollversicherungsgeschäft und die übrigen 40 % aus dem Zusatzversicherungsgeschäft. Sie fürchtet um ihre wirtschaftliche Existenz, wenn sie in Zukunft keine Krankenvollversicherungsverträge mehr anbieten kann. Selbst wenn die Bürgerversicherung verfassungsgemäß sein sollte, sei nicht einzusehen, warum diese nicht auch von privaten Versicherungsunternehmen angeboten werden könne. Die Bundesregierung hält dem entgegen, dass durch die zunehmenden Leistungsausschlüsse im Bereich der gesetzlichen Krankenversicherung die Notwendigkeit privater Zusatzversicherungen steige und den privaten Krankenversicherungsunternehmen damit insoweit ein erweitertes Betätigungsfeld eröffnet werde.

1. Ist das SFAK verfassungsgemäß?
2. Auch der Freistaat Bayern hält das Gesetz für verfassungswidrig. Er möchte wissen, ob er es vor dem Bundesverfassungsgericht zu Fall bringen kann, nachdem dieses am 1.1.2012 in Kraft getreten sein wird.

Hinweis zur Bearbeitung: Für die Fallbearbeitung sind keine sozialrechtlichen Vorkenntnisse erforderlich. Gleichheitsrechtliche und finanzverfassungsrechtliche Fragen sind nicht zu thematisieren.

Gliederung

Gutachten

Aufgabe 1: Verfassungsmäßigkeit des SFAK

3 Das SFAK ist verfassungsgemäß, wenn es formell und materiell mit dem Grundgesetz vereinbar ist.

4 **Hinweis zum Aufbau:** Der Obersatz knüpft an die Fallfrage an. Diese ist entscheidend dafür, ob ein maßstabsbezogener Aufbau (= Grundrechte als Aufhänger) oder ein gegenstandsbezogener Aufbau (= zu prüfendes Gesetz als Aufhänger) gewählt wird:

- Wird danach gefragt, ob ein Hoheitsakt die Grundrechte eines Betroffenen verletzt, so gilt der maßstabsbezogene Aufbau, d.h. es sind die möglicherweise verletzten Grundrechte jeweils nach dem klassischen grundrechtlichen Schema (Schutzbereich – Eingriff – Rechtfertigung) durchzuprüfen. Im Rahmen der verfassungsrechtlichen Rechtfertigung bedeutet dies insbesondere die Prüfung der formellen und materiellen Verfassungsmäßigkeit des den Eingriff enthaltenen oder dazu ermächtigenden Gesetzes.
- Bezieht sich hingegen die Fallfrage auf die Verfassungsmäßigkeit eines Gesetzes, so sind dessen formelle und materielle Verfassungsmäßigkeit zu prüfen. Im Rahmen der materiellen Verfassungsmäßigkeit erfolgt dann die Grundrechtsprüfung. Zur Vermeidung eines „juristischen Kreisverkehrs" wird allerdings innerhalb der dortigen Prüfung der verfassungsrechtlichen Rechtfertigung eines Eingriffs nicht noch einmal die formelle und die materielle Verfassungsmäßigkeit des Gesetzes geprüft, sondern im Wesentlichen dessen Verhältnismäßigkeit; vgl. dazu unten B. II. 1. c).

A. Formelle Verfassungsmäßigkeit

5 **Hinweis zum Aufbau:** Problematisch ist insbesondere die Gesetzgebungskompetenz des Bundes. Auf das Gesetzgebungsverfahren ist schon deshalb nicht einzugehen, weil es sich bislang nur um einen Gesetzentwurf handelt.

6 Der Bund müsste die Gesetzgebungskompetenz zur Einführung des SFAK haben. Nach Art. 70 Abs. 1 GG liegt die Kompetenz bei den Ländern, wenn das Grundgesetz nicht dem Bund die Gesetzgebungsbefugnis verleiht. Die Gesetzgebungskompetenz des Bundes könnte aus Art. 74 Abs. 1 Nr. 12 GG (Sozialversicherung) folgen. „Sozialversicherung" ist ein weit gefasster Gattungsbegriff[1], der an das durch Otto von

---

1 BVerfGE 75, 108 (147 f.); 88, 203 (213); *Axer*, GS-Heinze, S. 1 (2); *Bieback*, VSSR 2003, S. 1 (9); *Schräder*, S. 43 ff.

Bismarck etablierte System der sozialen Sicherung anknüpft. Er erfasst nicht das gesamte Sozialrecht, sondern nur diejenigen sozialen Sicherungssysteme, die „in ihren wesentlichen Strukturelementen, insbesondere in der organisatorischen Bewältigung ihrer Durchführung, dem Bild entsprechen, das durch die klassische Sozialversicherung geprägt ist"[2]. Zu den Elementen einer Sozialversicherung in diesem Sinne zählen die öffentlich-rechtliche Organisation, die überwiegende Finanzierung durch Beiträge, das Versicherungsprinzip und das Solidarprinzip[3].

I. Öffentlich-rechtliche Organisation

Die Durchführung des SFAK obliegt den gesetzlichen Krankenkassen. Diese sind nach § 4 Abs. 1 SGB V Körperschaften des öffentlichen Rechts. Die Bürgerversicherung wird damit öffentlich-rechtlich organisiert. **7**

II. Finanzierung durch Beiträge

Für den Kompetenztitel „Sozialversicherung" ist darüber hinaus die überwiegende Finanzierung durch Beiträge konstitutiv[4]. Er ist damit abzugrenzen gegenüber denjenigen Sozialleistungsbereichen, die durch Steuern finanziert werden und dem Kompetenztitel der öffentlichen Fürsorge (Art. 74 Abs. 1 Nr. 7 GG) unterfallen[5]. **8**

Gemäß § 220 Abs. 1 S. 1 SGB V werden die Mittel für die Krankenversicherung durch Beiträge und sonstige Einnahmen aufgebracht. Schon daraus erhellt, dass die Beiträge die primäre Finanzierungsquelle sind, die durch „sonstige Einnahmen" lediglich ergänzt wird. Deutlich wird die Fokussierung auf Beiträge auch dadurch, dass das 8. Kapitel das Beitragsrecht mit Regelungen zu den beitragspflichtigen Einnahmen (§§ 226–240), zu den Beitragssätzen (§§ 241–248 SGB V), zur Tragung (§§ 249–251 SGB V) und Zahlung der Beiträge (§§ 252–256 SGB V) sowie schließlich zu den Beitragszuschüssen (§§ 257, 258 SGB V) detailliert ausformt, während es zu den anderen Finanzierungsquellen, insbesondere zur Steuerfinanzierung, nur wenige Regelungen enthält. Der Steueranteil soll zwar nach § 221 Abs. 1 S. 2 SGB V in den nächsten Jahren kontinuierlich auf 14 Milliarden € jährlich ansteigen, ist damit aber gegenüber dem Beitragsaufkommen schon deshalb vernachlässigenswert, weil ergänzende staatliche Zuschüsse seit jeher kennzeichnend sind für das System der Sozialversicherung[6]. **9**

Hinweis zum Aufbau: Man kann allenfalls darüber diskutieren, ob die Beiträge zur Steuer mutieren, wenn die gesamte Bevölkerung in die obligatorische Krankenversicherung einbezogen wird[7]. Dagegen spricht aber, dass auch der die Gesamtbevölkerung **10**

---

2 BVerfGE 62, 354 (366); 75, 108 (146 f.); 87, 1 (34).
3 BVerfGE 109, 96 (109 ff.); 113, 167 (196 f.); *Axer*, in: Bonner Kommentar, Art. 74 (2006) Rn. 31 ff.; *Degenhart*, in: Sachs, Art. 74 Rn. 57.
4 BVerfGE 75, 108 (146 f.).
5 *Muckel*, Sozialrecht, § 4 Rn. 3.
6 BVerfGE 109, 96 (110).
7 So *Isensee*, NZS 2004, 393 (396 ff.); *Kirchhof*, NZS 2004, 1 (6).

erfassende Beitrag nicht in den allgemeinen Staatshaushalt fließt, sondern in einen parafiskalischen Fonds ohne steuerliche Ertragshoheit (Art. 106 GG)[8]. Die abgabenrechtliche Einordnung ändert sich also durch die Ausweitung der Beitragsverpflichteten nicht. Fraglich ist daher allein, ob ein Abgabensystem, das ebenso wie die Steuer die gesamte Bevölkerung erfasst, finanzverfassungsrechtlich neben der Steuer zulässig ist. Das ist deshalb problematisch, weil für Steuern ein spezifisches Kompetenzregime gilt (Art. 105–108 GG; Prinzip des Steuerstaates: Finanzierung öffentlicher Aufgaben grundsätzlich nur aus Steuern), das nicht dadurch umgangen werden darf, dass steuerähnliche Abgaben als nichtsteuerliche Abgaben ausgeflaggt werden[9]. Die Gefahr dürfte hier allerdings verhältnismäßig gering sein, weil eine Bürgerversicherung nicht der Finanzierung allgemeiner Staatsaufgaben dient, sondern final auf die soziale Absicherung im Krankheitsfalle beschränkt bleibt. Die Bearbeiter müssen diese Frage allerdings aufgrund des Bearbeitervermerks (keine Behandlung finanzverfassungsrechtlicher Fragen) nicht thematisieren.

III. Versicherungsprinzip

11   Weiteres prägendes Element der Sozialversicherung i.S.v. Art. 74 Abs. 1 Nr. 12 GG ist das Versicherungsprinzip. Versicherung ist „die gegenseitige, gemeinsame Deckung eines im Einzelfall zufälligen, in seiner Gesamtheit aber schätzbaren Bedarfs zahlreicher gleichartig bedrohter Wirtschaften durch Verteilung auf eine organisierte Vielheit"[10].

12   An die Definition der Versicherung anknüpfend wird die Auffassung vertreten, Bedarfsdeckung durch eine organisierte Vielheit setzt einen Ausschnitt aus der Bevölkerung voraus, der zur Deckung des Bedarfs herangezogen werde[11]. Wesentlich für das Vorliegen einer Versicherung ist indes eine Gefahrengemeinschaft, die gleichartige Risiken dadurch bewältigt, dass sie den Schaden des Einzelnen trennt von der damit zusammenhängende finanziellen Einbuße, die auf die Versichertengemeinschaft verlagert wird[12]. Das ihr zugrunde liegende Versicherungsprinzip fordert eine grundsätzliche Äquivalenz zwischen Beitrag und Leistung[13]. Der Versicherungscharakter lässt sich also allenfalls im Hinblick auf Personen in Frage stellen, die Leistungsansprüche erhalten, ohne eigene Beiträge zu leisten, etwa Familienangehörige (§ 10 SGB V) oder Sozialleistungsempfänger (§ 5 Abs. 1 Nr. 2a SGB V). Deren Versicherung ist indes gerade Ausdruck des Solidarprinzips, das das versicherungsrechtliche Äquivalenzprinzip im Bereich der Sozialversicherung ergänzt. Das Versicherungsprinzip trifft also zwar eine Aussage zum Verhältnis zwischen den erbrachten Beiträgen und dem Leistungsversprechen im Schadensfalle, nicht aber zur Anzahl der Personen, die der Gefahrengemeinschaft angehört: Auch eine Volksversicherung ist eine Versicherung, was die Vielzahl von Volksversicherungen in Europa eindrucksvoll belegt[14].

---

8 *Bieback*, SozSich 2003, 416 (419, 425); *Hase*, S. 172 f.
9 BVerfGE 75, 108 (147).
10 BSGE 6, 213 (227 f.); daran anknüpfend BVerfGE 75, 108 (146).
11 *Maunz*, in: Maunz/Dürig, Art. 74 Rn. 171; *Sodan*, ZPR 2004, 217 (218).
12 Vgl. dazu *Kingreen*, Sozialstaatsprinzip, S. 177 f.
13 BVerfGE 79, 87 (101).
14 *Bieback*, Reformoption Bürgerversicherung, S. 129; *Jaeger*, NZS 2003, 225 (232).

Hinweis zum Aufbau: Selbst wenn man die Gegenansicht vorzieht, folgt daraus nicht **13** die formelle Verfassungswidrigkeit des SFAK[15], sondern nur, dass die Länder für die Etablierung einer Bürgerversicherung zuständig wären. Das ist indes offensichtlich unsinnig. Tatsächlich bedeutete das Nichtvorliegen des Kompetenztitels „Sozialversicherung" nur, dass die Bürgerversicherung, weil keine Versicherung mehr, unter Art. 74 Abs. 1 Nr. 7 GG (öffentliche Fürsorge) fallen würde. Die Bundeskompetenz besteht also auf jeden Fall. Konsequenzen hätte das nur für die Voraussetzungen, unter denen der Bund von seiner konkurrierenden Gesetzgebungsbefugnis Gebrauch machen dürfte: Wer Art. 74 Abs. 1 Nr. 12 GG annimmt, muss Art. 72 Abs. 2 GG nicht mehr prüfen, weil die Erforderlichkeit bundeseinheitlicher Regelung insoweit vermutet wird. Unterstellt man das Gesetz Art. 74 Abs. 1 Nr. 7 GG, ist Art. 72 Abs. 2 GG zu prüfen. Die danach erforderliche Notwendigkeit bundeseinheitlicher Regelung kann aber unproblematisch bejaht werden.

IV. Solidarprinzip

Nach ständiger Rechtsprechung des Bundesverfassungsgerichts basiert die Sozialver- **14** sicherung nicht allein auf dem Versicherungsprinzip, sondern beinhaltet seit jeher auch ein Stück staatlicher Fürsorge[16]. Sie beinhaltet einen nach Maßgabe des Solidarprinzips ausgestalteten sozialen Ausgleich und geht damit über die reine Risikoabsicherung nach dem Versicherungsprinzip hinaus[17]. Das Solidarprinzip ermöglicht soziale Sicherheit jenseits des Prinzips der Beitragsäquivalenz: Insbesondere in der Kranken- und Rentenversicherung durchbricht es die versicherungstechnische Äquivalenz zwischen Beitrag und Risiko (sog. horizontales Solidarprinzip), indem es die Beitragshöhe, ja zum Teil überhaupt die Beitragsverpflichtung nicht nach Alter, Geschlecht oder gesundheitlichen Risiken bemisst, sondern nach der wirtschaftlichen Leistungsfähigkeit. Durch die Standardisierung des Leistungskataloges koppelt es zudem den Leistungsumfang von der Höhe der geleisteten Beiträge ab (vertikales Solidarprinzip). Vorteile und Beitragslasten sind also nicht äquivalent, also nicht nach individuellen Leistungen und Risiken, sondern nach sozialen Gesichtspunkten gestaffelt[18].

Nach § 2 SFAK sollen die Beiträge, wie bislang, nach den Einnahmen und nicht nach **15** dem individuellen Risiko des Versicherten bemessen werden. Das Solidarprinzip bleibt damit erhalten. Damit ist der Kompetenztitel Art. 74 Abs. 1 Nr. 12 GG (Sozialversicherung) begrifflich einschlägig. Weitere Voraussetzungen für das Gebrauchmachen des Bundes von dieser Kompetenz bestehen nicht. Damit ist der Bund für den Erlass des SFAK zuständig. Das SKAK ist damit insgesamt formell verfassungsgemäß.

---

15 So aber *Sodan*, ZRP 2004, 217 (219).
16 BVerfGE 11, 105 (114); 76, 256 (301).
17 Vgl. etwa BVerfGE 14, 312 (317); 22, 241 (253); 48, 346 (358); 66, 66 (76).
18 Vgl. etwa BVerfGE 76, 256 (305 f.); BSGE 6, 213 (227); 57, 179 (182).

B. Materielle Verfassungsmäßigkeit

16 Das SFAK ist materiell verfassungsgemäß, wenn es in Einklang mit den Grundrechten steht.

I. Grundrechte der Versicherten

1. Art. 12 Abs. 1 GG

17 Die in § 1 SFAK enthaltene Versicherungspflicht könnte die Versicherten (wie im Ausgangsfall WM) in ihrem Grundrecht der Berufsfreiheit (Art. 12 Abs. 1 GG) verletzen. Beruf ist jede Tätigkeit, die der Schaffung und Erhaltung einer Lebensgrundlage dient[19]. Das ist etwa bei der Tätigkeit des Arztes zu bejahen.

18 **Hinweis zur Bewertung:** Das ist so unproblematisch, dass der Urteilsstil angebracht, wenn nicht gar geboten ist. Auf den persönlichen Schutzbereich ist gar nicht einzugehen, da die Versicherungspflicht jedenfalls auch deutsche Versicherte betrifft.

19 Fraglich ist aber, ob die Freiheit, über den Schutz im Krankheitsfalle selbst zu entscheiden, überhaupt zu den durch die Berufsfreiheit geschützten Verhaltensweisen gehört. Weder die Wahl noch die Ausübung des Berufes beinhalten nämlich die Entscheidung über den Versicherungsschutz im Krankheitsfalle. Es handelt sich also nicht um eine berufsspezifische Handlung, so dass der sachliche Schutzbereich nicht berührt ist.

20 **Hinweis zur Bewertung:** Man kann diese Frage auch von der Eingriffsseite her behandeln[20]. Regelungen, die keinen unmittelbaren Berufsbezug haben, enthalten danach nur für den Fall einen Eingriff, dass sie eine berufsregelnde Tendenz aufweisen, d.h. „nach Entstehungsgeschichte und Inhalt im Schwerpunkt Tätigkeiten betreffen, die typischerweise beruflich ausgeübt werden"[21]. Daran fehlt es bei der Entscheidung über die individuelle Absicherung gegen den Versicherungsfall Krankheit.

2. Art. 14 Abs. 1 GG

21 Durch die Beitragszahlungspflicht könnte die Eigentumsfreiheit nach Art. 14 Abs. 1 GG verletzt sein. Art. 14 Abs. 1 GG schützt als Eigentum die rechtliche Zuordnung eines vermögenswerten Gutes an einen Rechtsgutträger, also konkrete Eigentumspositionen[22]. Nicht vom sachlichen Schutzbereich des Art. 14 Abs. 1 GG erfasst ist das Vermögen als solches[23]. Art. 14 Abs. 1 GG wird daher durch die Auferlegung von

---

19 BVerfGE 102, 197 (212); 111, 10 (28).
20 Vgl. *Pieroth/Schlink*, Rn. 879.
21 BVerfGE 97, 228 (254)
22 *Wendt*, in: Sachs, Art. 14 Rn. 21; *Jarass*, in: Jarass/Pieroth, Art. 14 Rn. 6.
23 BVerfGE 4, 7 (17); 91, 207 (220); 96, 375 (397).

Abgaben grundsätzlich nicht beeinträchtigt[24], es sei denn, diese haben eine erdrosselnde Wirkung[25] oder knüpfen an eine konkrete Rechtsposition an[26]. § 2 SFAK legt fest, dass sich die Beitragshöhe an den Einnahmen orientiert. Zur Verhinderung einer überproportionalen Belastung von Personen mit besonders hohem Einkommen werden Einnahmen, welche die Beitragsbemessungsgrenze überschreiten, nicht berücksichtigt. Die Beitragspflicht hat daher keine erdrosselnden Wirkungen, und sie belastet auch nicht eine konkrete Eigentumsposition. Ein Verstoß gegen Art. 14 Abs. 1 GG scheidet damit aus.

3. Art. 9 Abs. 1 GG

Durch die in § 1 SFAK festgelegte allgemeine Versicherungspflicht könnte die Vereinigungsfreiheit verletzt sein.

22

a) Schutzbereich

Art. 9 Abs. 1 GG umfasst nicht nur das Recht, Vereinigungen zu bilden, sondern auch die Freiheit, diesen fernzubleiben oder aus ihnen auszutreten (negative Vereinigungsfreiheit)[27]. Es ist allerdings umstritten, ob sich Art. 9 Abs. 1 GG auf öffentlich-rechtliche Vereinigungen wie die gesetzlichen Krankenkassen (§ 4 Abs. 1 SGB V) bezieht. Rechtsprechung und Teile der Literatur lehnen das unter Hinweis auf die Definition des Vereins in § 2 Abs. 1 VereinsG ab. Öffentlich-rechtliche Vereinigungen basierten nämlich nicht auf einer privatautonomen Entscheidung, sondern auf einem staatlichen Hoheitsakt. Wenn daher Art. 9 Abs. 1 GG die öffentlich-rechtliche Vereinigung nicht positiv schütze, könne er auch nicht negativ die Freiheit vor dem Zwangszusammenschluss enthalten. Einschlägig sei daher allein Art. 2 Abs. 1 GG[28].

23

Zwar trifft es zu, dass Art. 9 Abs. 1 GG die Bildung öffentlich-rechtlicher Vereinigungen nicht schützt, weil juristische Personen des öffentlichen Rechts grundsätzlich keine Grundrechtsträger sind (Art. 19 Abs. 3 GG). Bei der negativen Vereinigungsfreiheit geht es aber nicht um eine Betätigung der Vereinigung, sondern um eine Entscheidung des Einzelnen, der dieser fern bleiben möchte. Diese Entscheidung ist gerade „keine für den Privaten unmögliche Inanspruchnahme öffentlich-rechtlicher Gestaltungsformen"[29], sondern vielmehr Ausdruck freier sozialer Gruppenbildung[30]. Der Schutzbereich des Art. 9 Abs. 1 GG ist damit berührt.

24

---

24 BVerfGE 75, 108 (154); 91, 207 (220); anders zwischenzeitlich, mit der gewagten Konstruktion eines aus dem Wort „zugleich" in Art. 14 Abs. 2 S. 2 GG abgeleiteten Halbteilungsgrundsatzes, der Zweite Senat des Bundesverfassungsgerichts in BVerfGE 93, 121 (136 ff.); dagegen mit Recht etwa *Wieland*, in: Dreier, Art. 14 Rn. 54, 56 und nunmehr auch der 2. Senat selbst in BVerfG, NJW 2006, 1191 (1192).

25 BVerfGE 63, 312 (327); 95, 267 (301).

26 BVerfG, NJW 2006, 1191 (1193).

27 BVerfGE 50, 290 (354); 85, 360 (370).

28 *Jarass*, in: Jarass/Pieroth, Art. 9 Rn. 3, 5; *Kemper*, in: v. Mangoldt/Klein/Starck, Art. 9 Abs. 1 Rn. 29; speziell für die Sozialversicherung *Kaltenborn*, NZS 2001, 300 (301).

29 *Pieroth/Schlink*, Rn. 792.

30 *Bauer*, in: Dreier, Art. 9 Rn. 47; *Höfling*, in Sachs, Art. 9 Rn. 22; *Pieroth/Schlink*, Rn. 792.

25 **Hinweis zur Bewertung:** Wer hingegen der Rechtsprechung folgt, muss nunmehr die allgemeine Handlungsfreiheit (Art. 2 Abs. 1 GG) prüfen. Der praktische Unterschied ist nicht sonderlich groß: Es liegt ein Eingriff vor, dessen Rechtfertigung insbesondere die Beachtung des Grundsatzes der Verhältnismäßigkeit voraussetzt. Dessen Prüfung entspricht im Wesentlichen derjenigen zu Art. 9 Abs. 1 GG[31].

b) Eingriff

26 § 1 SFAK enthält die Verpflichtung zur Mitgliedschaft in einer gesetzlichen Kranken-kasse. Er beeinträchtigt damit zum einen die Freiheit, dieser fernzubleiben. Zum anderen wird auch die Freiheit beeinträchtigt, einen Krankenversicherungsschutz ohne Elemente des sozialen Ausgleichs zu wählen.

c) Verfassungsrechtliche Rechtfertigung

27 Es liegen also zwei Eingriffe vor, die jeweils gesonderter Prüfung im Rahmen der Rechtfertigung bedürfen[32]: Rechtfertigungspflichtig ist zum einen die Versicherungs-pflicht als solche und zum anderen die gesetzliche Zuweisung an einen Träger der Sozialversicherung, die eine vom Äquivalenzprinzip abgekoppelte Umverteilung im-pliziert und damit eine spezifische Belastung für diejenigen enthält, die sich in der umverteilungsneutralen Privatpflichtversicherung zu einem für sie günstigeren Ver-hältnis von Beitrag und Leistung versichern könnten. Diese Eingriffe sind verfas-sungsrechtlich gerechtfertigt, wenn die Vereinigungsfreiheit einschränkbar ist und das SFAK verfassungsgemäß ist.

aa) Verfassungsrechtliche Eingriffsermächtigung

28 Art. 9 Abs. 2 GG enthält einen Gesetzesvorbehalt lediglich für das Verbot von Vereini-gungen, nicht aber für den Schutz vor Zwangszusammenschlüssen. Die verfassungs-rechtliche Beschränkungsgrundlage kann sich aber aus anderen Verfassungsnormen ergeben. In Betracht kommt insbesondere Art. 20 Abs. 1 GG (Sozialstaatsprinzip).

29 Das Sozialstaatsprinzip enthält einen Gestaltungsauftrag an den Gesetzgeber. Es ver-pflichtet ihn, für einen Ausgleich der sozialen Gegensätze zu sorgen und zur Fürsorge für Einzelne oder Gruppen, die aufgrund ihrer persönlichen Lebensumstände oder gesellschaftlicher Benachteiligungen an ihrer persönlichen oder sozialen Entfaltung gehindert sind[33]. Es enthält daher nicht nur einen Gestaltungsauftrag, sondern auch eine Eingriffsermächtigung, die insbesondere bei schrankenlosen Grundrechten zum Tragen kommt[34] und etwa die soziale Zwangsversicherung grundsätzlich legitimiert[35]. Das Sozialstaatsprinzip ist damit eine im Prinzip taugliche Ermächtigung für Eingriffe auch in die negative Vereinigungsfreiheit.

---

31 Vgl. c). Zur daher geringen praktischen Auswirkung des Meinungsstreits *Kaltenborn*, NZS 2001, 300 (301).
32 *Butzer*, Freiheitsrechtliche Grenzen, S. 104 ff.
33 BVerfGE 100, 271 (284).
34 Vgl. *Butzer*, Fremdlasten, S. 394 ff.; *Kingreen*, Sozialstaatsprinzip, S. 141 ff.
35 *Jarass*, in: Jarass/Pieroth, Art. 20 Rn. 115.

Hinweis zum Aufbau: Eine ausführliche Prüfung ist nicht erforderlich. Es muss nur   **30**
geprüft werden, ob eine verfassungsrechtliche Eingriffsermächtigung existiert. Ob diese das SFAK im konkreten Einzelfall deckt, ist eine Frage insbesondere der Verhältnismäßigkeitsprüfung.

bb) Verfassungsmäßigkeit von § 1 SFAK

Fraglich ist, ob § 1 SFAK die Eingriffsermächtigung des Art. 20 Abs. 1 GG (Sozial-   **31**
staatsprinzip) in verfassungsgemäßer und das heißt insbesondere in verhältnismäßiger
Weise ausfüllt.

(1) Legitimer Zweck

Dazu müsste das SFAK zunächst einen legitimen Zweck erfüllen. Zentrales Anliegen   **32**
der sozialstaatlichen Sozialversicherung ist der soziale Schutz des zwangsversicherten
Personenkreises: Die Sozialversicherung dient „dem Schutz der wirtschaftlich und
sozial schwachen Bevölkerungsteile, die der Wechselfälle des Lebens nicht Herr zu
werden vermögen"[36]. Das Bundesverfassungsgericht hat dabei die Ausweitung des
Versichertenkreises in der Vergangenheit stets unter Hinweis auf den sozialpolitischen
Primat des Gesetzgebers hingenommen und etwa die Aufhebung der Jahresarbeits-
entgeltgrenze in der gesetzlichen Rentenversicherung[37] ebenso akzeptiert wie die als
Volksversicherung konzipierte Pflegeversicherung[38].

Ein grundsätzlich legitimes Regelungsziel ist darüber hinaus die Sicherung der finan-   **33**
ziellen Stabilität der gesetzlichen Krankenversicherung[39]. Dieses Ziel ist zwar aufgrund seiner Weite nicht unproblematisch, weil es als Freibrief für den Gesetzgeber
missverstanden werden könnte, jegliche Zwangssolidarisierung zu rechtfertigen[40].
Doch delegitimiert diese Gefahr nicht das Ziel selbst, sondern ist allenfalls Grund für
eine strengere Rechtfertigungsprüfung.

(2) Geeignetheit

Das SFAK müsste des Weiteren zum Erreichen der genannten Zwecke geeignet sein,   **34**
diese also zumindest fördern[41]. Dabei muss zwischen den beiden Zwecken des Gesetzes differenziert werden:

Fraglich ist, ob das Gesetz das Ziel, Schutzbedürftige sozial gegen das Risiko Krank-   **35**
heit zu versichern, erreicht. Es ist grundsätzlich ein legitimes Anliegen, alle Bürger
dazu anzuhalten, sich gegen das Risiko Krankheit zu versichern, um zu verhindern,
dass im Falle eintretender Bedürftigkeit die steuerfinanzierten Grundsicherungssyste-
me (SGB II, SGB XII) für die Krankheitskosten aufkommen müssen. Aus diesem

---

36 BVerfGE 18, 257 (270).
37 BVerfGE 29, 221 (235 ff.).
38 BVerfGE 103, 172 (184); 103, 197 (215 ff.).
39 Vgl. etwa BVerfGE 103, 293 (307); ausführlich *Schräder*, S. 219 ff.
40 Kritisch daher etwa *Butzer*, Fremdlasten, S. 429 ff.; *Hase*, S. 65 f.; *Hufen*, NJW 2004, 14 (16 f.).
41 BVerfGE 96, 10 (23); 100, 313 (373).

Grunde sind nach § 5 Abs. 1 Nr. 13 SGB V nunmehr alle Personen pflichtversichert, die keinen Versicherungsschutz aufweisen[42]. Es ist aber aus dem gleichen Grunde auch legitim, die Gesamtbevölkerung zu verpflichten, sich zu versichern. Denn Krankheitskosten können, insbesondere im Alter, Dimensionen erreichen, die die Leistungsfähigkeit auch der heute privat Versicherten übersteigen können. Insoweit ist es jedenfalls nicht unvertretbar, ebenso wie beim Risiko Pflegebedürftigkeit (vgl. §§ 20, 23 SGB XI) eine generelle Schutzbedürftigkeit auch im Hinblick auf das soziale Risiko Krankheit anzunehmen. Legitimationsbedürftig ist aber nicht nur die Verpflichtung zur Versicherung als solche, die auch durch den Abschluss privater Versicherungsverträge erfüllt werden kann, sondern auch die pflichtige Einbeziehung in die solidarische Sozialversicherung. Hier ließe sich argumentieren, dass der betroffene Personenkreis sozialen Schutz in der Regel bislang schon durch den Abschluss privatrechtlicher Versicherungsverträge hat sicherstellen können. Doch berührt dieser Einwand nicht die grundsätzliche Legitimität der Sicherung Schutzbedürftiger, sondern die Frage des Sicherungsmodus und damit der Erforderlichkeit.

36   Zu prüfen ist darüber hinaus die Geeignetheit des Gesetzes zur Finanzierung der gesetzlichen Krankenversicherung. Ausweislich des Sachverhaltes stützt sich die Bürgerversicherung auf ein Sachverständigengutachten, das dem Projekt bescheinigt, zumindest mittelfristig die Finanzsituation der Krankenversicherung zu verbessern. Zwar entstehen durch die Einbeziehung der bislang nicht Pflichtversicherten neue Leistungsansprüche und kann die medizinische Infrastruktur oftmals nur durch die höheren Vergütungen für die Behandlung privat Versicherter aufrecht erhalten werden. Doch ist die Leistungsfähigkeit dieses Personenkreises tendenziell überdurchschnittlich groß. Da die Beitragspflicht an die Leistungsfähigkeit geknüpft ist, ist daher die Annahme nicht unplausibel, dass die Bürgerversicherung die finanzielle Gesamtsituation der Gesetzlichen Krankenversicherung verbessert[43]. § 1 SFAK ist daher geeignet.

(3) Erforderlichkeit

37   Erforderlich ist eine Maßnahme, wenn es kein milderes, zur Zweckerreichung gleichermaßen geeignetes Mittel gibt[44].

38   Das Ziel, die Gesamtbevölkerung zum Schutz vor dem sozialen Risiko Krankheit anzuhalten, ließe sich auch durch die Verpflichtung zum Abschluss eines Privatversicherungsvertrages erreichen. Wegen der vergleichsweise hohen Prämien kommt das zwar derzeit nur für überdurchschnittlich leistungsfähige Personen in Betracht. Auch dürfen sie keine Vorerkrankungen haben, die den Abschluss eines Versicherungsvertrages ausschließen. Für den genannten Personenkreis hat die private Krankenversicherung aber den unbestreitbaren Vorteil, dass das Leistungsniveau insgesamt besser ist und keine Finanzierungsverantwortung für Mitglieder besteht, die wegen fehlender Leistungsfähigkeit keine äquivalenten Beiträge erbringen.

---

42 Es handelte sich Ende 2006 um etwa 188 000 Personen; vgl. BT-Drucks. 16/3100, S. 94.
43 Vgl. etwa *Muckel*, SGb 2004, 583 (591).
44 BVerfGE 67, 157 (177); 92, 262 (273); 102, 197 (217).

Dennoch ist fraglich, ob es sich bei einer pflichtigen Privatversicherung um ein **39** gleich geeignetes Mittel handelt. Zwischen den beiden Zielen der Sicherung Schutzbedürftiger und der Finanzierung dieses Schutzes besteht nämlich ein untrennbarer Zusammenhang. Reduziert man die Versicherungspflicht „auf die wirklich Schutzbedürftigen"[45], so wirft das die Frage auf, wer deren Schutz finanzieren soll. Die Umverteilung zwischen leistungsfähigen und weniger leistungsfähigen Personen gehört gerade zum Wesen einer auf dem Solidarprinzip beruhenden Sozialversicherung. Zwar legitimiert das Ziel der Finanzierung der gesetzlichen Krankenversicherung nicht jeden Zwang zur Solidarität. Ein System, dass aber nur aus „Nettoempfängern" besteht, müsste weitgehend extern aus Steuermitteln finanziert werden, was wiederum den Status als Sozialversicherung in Frage stellen würde. Die Bürgerversicherung beseitigt zudem die problematische Versicherungspflichtgrenze, die es ausgerechnet den leistungsfähigsten Mitgliedern der Gesellschaft ermöglicht, sich der Solidargemeinschaft zu entziehen[46]. § 1 SFAK ist daher auch erforderlich.

Hinweis zum Aufbau: In der Diskussion um die Finanzierungsreform der Kranken- **40** versicherung gibt es eine Fülle von Modellen, deren Kenntnis von den Bearbeitern nicht erwartet wird, deren Behandlung aber auch methodisch überflüssig ist. Denn es ist jeweils eine Frage der gesundheitspolitischen Einschätzung, ob die Gleichwertigkeit des als Alternative vorgeschlagenen geringeren Eingriffs „in jeder Hinsicht eindeutig feststeht"[47]. Die Erforderlichkeitsprüfung ist also nicht der richtige Ort, Konzepte zur Finanzierung des Gesundheitssystems zu entwickeln, die dem gesetzgeberischen Konzept (vermeintlich) überlegen sind, und diese durch die Behauptung der fehlenden Erforderlichkeit der Bürgerversicherung mit verfassungsrechtlichen Weihen zu versehen.

(4) Angemessenheit

Die Beeinträchtigungen müssten außerdem angemessen sein. Das setzt voraus, dass **41** das Maß der den Einzelnen treffenden Belastung in einem vernünftigen Verhältnis zu den der Allgemeinheit erwachsenden Vorteilen stehen muss[48]. § 1 SFAK führt zwar eine allgemeine Versicherungspflicht ein und erfasst damit auch Personen wie WM, die es möglicherweise vorziehen würden, sich bei einem privaten Krankenversicherungsunternehmen zu versichern. Allerdings wird diese Versicherungspflicht auch mit sozialen Leistungsansprüchen im Krankheitsfalle verbunden. Gemäß § 2 SFAK bleibt darüber hinaus die Beitragsbemessungsgrenze (§ 223 Abs. 3 SGB V) unberührt. Einnahmen, die diese Grenze (2010: 45 000 € jährlich bzw. 3750 € monatlich) überschreiten, bleiben bei der Beitragsbemessung unberücksichtigt. Damit wird eine unangemessene Disproportionalität zwischen Beiträgen und Leistungen verhindert. Das Gesetz ist insoweit also auch angemessen.

---

45 So *Sodan*, VVDStRL 64 (2005), 144 (155).
46 *Ebsen*, Handbuch des Sozialversicherungsrechts Bd. III, § 4 Rn. 47; *Huster*, JZ 2002, 371 (373); *Schulin*, Handbuch des Sozialversicherungsrechts Bd. I, § 6 Rn. 182 ff.
47 BVerfGE 105, 17 (36).
48 BVerfGE 76, 1 (51); 100, 313 (375 f.).

42   **Hinweis zur Bewertung:** Abweichende Auffassungen sind auf allen Stufen der Verhältnismäßigkeitsprüfung gut vertretbar.

43   Der Eingriff in Art. 9 Abs. 1 GG ist daher verhältnismäßig und damit verfassungsrechtlich gerechtfertigt.

4. Zwischenergebnis

44   Das SFAK verletzt die Versicherten nicht in ihren Grundrechten.

II. Grundrechte der Krankenversicherungsunternehmen

1. Art. 12 Abs. 1 GG

a) Schutzbereich

45   Der Betrieb eines privaten Krankenversicherungsunternehmens stellt eine berufliche Betätigung i.S.v. Art. 12 Abs. 1 GG dar. Das Grundrecht ist gemäß Art. 19 Abs. 3 GG seinem Wesen nach auch auf Aktiengesellschaften und damit etwa auch auf K anwendbar.

b) Eingriff

46   Das Gesetz müsste in den Schutzbereich eingreifen. § 1 SFAK normiert eine allgemeine Versicherungspflicht für alle Personen, die ihren Hauptwohnsitz in Deutschland haben. Der Abschluss privater Krankenversicherungsverträge wird dadurch zwar nicht verboten, so dass kein unmittelbarer Eingriff in das Grundrecht vorliegt. Ein Eingriff in Art. 12 Abs. 1 GG liegt aber auch dann vor, wenn eine Regelung objektiv berufsregelnde Tendenz hat. Das ist insbesondere der Fall, wenn eine Regelung die Rahmenbedingungen der Berufsausübung verändert und in Folge ihrer Gestaltung in einem engen Zusammenhang mit der Ausübung eines Berufes steht[49]. Die Aufhebung der Pflichtversicherungsgrenze in § 1 SFAK führt dazu, dass alle Einwohner einen Krankenversicherungsvollschutz in der gesetzlichen Krankenversicherung genießen. Der Abschluss von privaten Vollversicherungsverträgen ist daneben wirtschaftlich sinnlos. § 1 SFAK zwingt die privaten Krankenversicherungsunternehmen damit zur Aufgabe des Vollversicherungsgeschäfts und verändert damit das ihr zur Verfügung stehende Geschäftsfeld grundlegend. Damit liegt ein Eingriff in Art. 12 Abs. 1 GG vor.

c) Verfassungsrechtliche Rechtfertigung

47   Art. 12 Abs. 1 S. 2 GG enthält einen sowohl für die Berufswahl[50] als auch für die Berufsausübung geltenden Gesetzesvorbehalt. Zu prüfen ist, ob das SFAK diesen in verfassungsgemäßer Weise ausfüllt. Das setzt insbesondere voraus, dass seine Regelungen verhältnismäßig sind.

---

49 BVerfGE 111, 191 (213); kritisch dazu *Manssen*, Rn. 578.
50 BVerfGE 54, 237 (246); 110, 304 (321).

aa) Drei-Stufen-Theorie

Der Verhältnismäßigkeitsgrundsatz wird bei Art. 12 Abs. 1 GG durch die sog. Drei-Stufen-Theorie[51] konkretisiert. Diese unterscheidet drei Stufen zunehmender Eingriffsintensität und aus diesem Grunde abnehmender Gestaltungsfreiheit des Gesetzgebers. Berufsausübungsregelungen werden durch jede vernünftige Erwägungen des Gemeinwohls legitimiert[52]. Subjektive Berufszulassungsregelungen (die auf persönliche Fähigkeiten und Eigenschaften abstellen) müssen hingegen dem Schutz überragender Gemeinschaftsgüter dienen[53]. Objektive Berufszulassungsregelungen schließlich machen die Berufszulassung von Umständen abhängig, auf deren Eintreten der Einzelne keinen Einfluss hat; sie sind daher nur zulässig, um nachweisbare oder höchst wahrscheinliche schwere Gefahren für ein überragend wichtiges Gemeinschaftsgut abzuwehren[54]. **48**

Hinweis zum Aufbau: Es gibt diverse Möglichkeiten zum Einbau der Drei-Stufen-Theorie in die Prüfung von Art. 12 Abs. 1 GG. Es ist zu empfehlen, die recht aufwändige und auch nicht zweifelsfreie Theorie erst dort zu erwähnen, wo es wirklich auf sie ankommt. Da sie eine Abstufung legitimer Eingriffszwecke enthält und davon ausgehend unterschiedliche Anforderungen an die eingreifende Hoheitsgewalt stellt, spielt sie erst in der Verhältnismäßigkeitsprüfung eine Rolle, und zwar erstmals beim legitimen Zweck[55]. Sie kann daher innerhalb der Prüfung des legitimen Zwecks geprüft oder der Verhältnismäßigkeitsprüfung vorangestellt werden. **49**

Vorliegend ist fraglich, ob der faktische Ausschluss der privaten Krankenversicherungsunternehmen aus dem Vollversicherungsgeschäft eine Berufsausübungsregelung oder eine objektive Zulassungsschranke darstellt. Dies hängt davon ab, welches Berufsbild zugrunde gelegt wird. Wenn man das Krankenvollversicherungsgeschäft als Modalität des Berufsbildes „Krankenversicherer" ansieht[56], liegt lediglich eine Berufsausübungsregelung vor, da Zusatzverträge weiterhin angeboten werden können und sogar eine verstärkte Nachfrage für diese bestehen wird. Es ist aber auch vertretbar, ein Berufsbild „Krankenvollversicherer" anzunehmen oder jedenfalls die Regelung als „berufswahlnahe Ausübungsregelung" aufzufassen, da die Belastung der Versicherungsunternehmen, die ihre Tätigkeit hauptsächlich auf das Anbieten von Krankenvollversicherungsverträgen ausgerichtet haben, erheblich ist[57]. Sie kann eine der objektiven Zulassungsbeschränkung vergleichbare Wirkung haben und wäre deshalb an dem entsprechenden Maßstab zu messen. **50**

Das Abgrenzungsproblem belegt die Fragwürdigkeit der Schematisierung von Eingriffstypen und Rechtfertigungsanforderungen[58]. Die Konstruktion eines Berufsbildes **51**

---

51 BVerfGE 7, 377 (405 f.).
52 BVerfGE 70, 1 (28); 103, 1 (10).
53 BVerfGE 69, 209 (218); 103, 172 (183).
54 BVerfGE 75, 284 (296); 102, 197 (214).
55 Wie hier *Epping*, Rn. 384.
56 So *Bieback*, SozSich 2003, 416 (423); *Muckel*, SGb 2004, 670 (675); *Schmidt*, SGb 2004, 732 (734).
57 BVerfGE 11, 30 (43).
58 *Manssen*, in: v. Mangoldt/Klein/Starck, Art. 12 Rn. 139 ff.

„Krankenvollversicherer" ist zwar problematisch, weil private Krankenversicherungsunternehmen neben dem Voll- stets auch das Zusatzversicherungsgeschäft betreiben. Das SFAK enthält indes eine Berufsausübungsregelung, die das Geschäftsfeld der privaten Krankenversicherungsunternehmen grundlegend verändert. Das spricht dafür, an die Rechtfertigung die strengen Anforderungen für objektive Zulassungsregelungen zu stellen oder sich, wie es das Bundesverfassungsgericht in derartigen Grenzfällen ebenfalls gelegentlich praktiziert [59], auf eine Verhältnismäßigkeitsprüfung ohne Stufenzuordnung zu beschränken.

bb) Grundsatz der Verhältnismäßigkeit

(1) Legitimer Zweck

52 Das SFAK verfolgt mit der Absicherung der wirtschaftlichen Folgen von Krankheiten und der stabilen Finanzierung der gesetzlichen Krankenversicherung legitime Ziele. Als überragend wichtiges Gemeinschaftsgut im Sinne der dritten Stufe der Drei-Stufen-Theorie ist zum einen die Volksgesundheit anerkannt [60]. Deren Erhaltung setzt auch voraus, dass die wirtschaftlichen Voraussetzungen für die Inanspruchnahme von Gesundheitsleistungen gegeben sind. Wenn der Gesetzgeber daher eine Pflichtversicherung zum Schutz vor den wirtschaftlichen Folgen von Krankheiten etabliert, so dient das dem Zweck der Volksgesundheit. Ein überragend wichtiges Gemeinschaftsgut ist darüber hinaus die finanzielle Stabilität und Funktionsfähigkeit der gesetzlichen Krankenversicherung [61].

(2) Geeignetheit

53 Das SFAK ist zur Erreichung dieser Ziele auch grundsätzlich geeignet [62].

(3) Erforderlichkeit

54 Fraglich ist, ob der vollständige Ausschluss der privaten Versicherungsunternehmen erforderlich ist. Man könnte überlegen, ob eine auch von Privatversicherungsunternehmen getragene Bürgerversicherung ein milderes, gleich geeignetes Mittel darstellt. Denkbar wäre etwa eine der privaten Pflegeversicherung vergleichbare Konstruktion. Die privaten Krankenversicherungsunternehmen müssen hier den privat Krankenversicherten den Abschluss von Pflegeversicherungsverträgen anbieten. Für diese Verträge gelten Regelungen, die mit denjenigen der in der sozialen Pflegeversicherung Versicherten vergleichbar sind, u.a. ein Kontrahierungszwang sowie Verbote, Vorerkrankungen auszuschließen und Prämien nach Geschlecht zu staffeln (§ 110 Abs. 1, 3 SGB XI). Diese Regelungen belegen, dass es für das Ziel des Gesetzgebers, eine solidarische Pflegeversicherung einzuführen, weniger auf die Rechtsform des Versicherungsträgers ankommt, sondern auf die gesetzlichen Regelungen über den zwingenden Inhalt der Versicherungsverträge. Das belegt auch die zunehmende Anglei-

---

59 Typologie bei *Tettinger/Mann*, in: Sachs, Art. 12 Rn. 109 ff.
60 BVerfGE 7, 377 (414).
61 BVerfGE 103, 172 (184).
62 Vgl. oben B. I. 3. c) bb), Rn. 31 ff.

chung zwischen gesetzlicher und privater Krankenversicherung: Auf der einen Seite müssen gesetzliche Krankenkassen nunmehr Wahltarife (etwa Selbstbehalte und Beitragsrückerstattung, § 53 Abs. 1, 2 SGB V) anbieten, die bislang nur im Privatversicherungsgeschäft üblich waren. Auf der anderen Seite müssen private Krankenversicherungsunternehmen nunmehr einen Basistarif (§ 12 Abs. 1a VAG) anbieten, dessen Bedingungen denjenigen der gesetzlichen Krankenversicherung ähneln[63]. Das Gesetz ist also insoweit nicht erforderlich[64]. Der Eingriff in Art. 12 Abs. 1 GG ist damit nicht zu rechtfertigen.

Hinweis zur Bewertung: Die gegenteilige Ansicht ist, insbesondere unter Hinweis auf die Gestaltungsfreiheit des Gesetzgebers, vertretbar. Die Begründung muss aber die Notwendigkeit einer strengen Prüfung wegen der berufswahlnahen Auswirkungen des Gesetzes berücksichtigen.   **55**

2. Art. 14 Abs. 1 GG

Der Schutzbereich des Art. 14 Abs. 1 GG ist, in Abgrenzung zu Art. 12 Abs. 1 GG, nur   **56** dann betroffen, wenn der Betrieb durch die staatliche Maßnahme in seinem konkreten Bestand betroffen ist. Die zu schützenden Rechtspositionen müssen dem Betrieb schon zugeordnet sein, zukünftige Erwerbshoffnungen, günstige Umweltbedingungen und ein zukünftiger Kundenstamm werden nicht geschützt, da sie dem Rechtssubjekt noch nicht konkret zugeordnet werden können[65]. Im vorliegenden Fall werden die bestehenden Versicherungsverträge gemäß § SFAK nicht angetastet. Betroffen ist lediglich das zukünftige Vollversicherungsgeschäft, das zum Erliegen kommen wird. Die Hoffnung auf den zukünftigen Abschluss von Vollversicherungsverträgen und einen nachwachsenden Kundenstamm wird aber durch Art. 14 Abs. 1 GG nicht geschützt[66]. Auch ist nicht ersichtlich, dass der Bestand des Unternehmens insgesamt gefährdet ist, da Übergangsregelungen und das verbleibende Zusatzversicherungsgeschäft den Versicherungsunternehmen die Möglichkeit eröffnen, sich auf die veränderten Marktbedingungen einzustellen. Der Schutzbereich des Art. 14 Abs. 1 GG ist damit nicht betroffen.

C. Ergebnis

Das SFAK verstößt gegen die Berufsfreiheit (Art. 12 Abs. 1 GG) insoweit als es   **57** privaten Krankenversicherungsunternehmen das Angebot von Versicherungsverträgen zu den Bedingungen der solidarischen Bürgerversicherung verwehrt. Im Übrigen ist es verfassungsgemäß.

---

63 Vgl. zum Ganzen *Kingreen*, ZESAR 2007, 141 (145 ff.).
64 A.A. etwa *Schräder*, S. 226 f.
65 BVerfGE 105, 252 (277); *Bryde*, in: v. Münch/Kunig, Art. 14 Rn. 21.
66 *Jarass*, in: Jarass/Pieroth, Art. 14 Rn. 25.

Aufgabe 2: Verfassungsrechtlicher Rechtsschutz des Freistaates Bayern

58 In Betracht kommt eine abstrakte Normenkontrolle (Art. 93 Abs. 1 Nr. 2 GG, §§ 13 Nr. 6, 76 ff. BVerfGG). Im Hinblick auf die gerügten Kompetenzverletzungen ist zwar auch ein Bund-Länder-Streit (Art. 93 Abs. 1 Nr. 3 GG, §§ 13 Nr. 7, 68 ff. BVerfGG) denkbar. Weil sich der Streitgegenstand aber dann auf die bundesstaatlichen Fragen verengen würde, der Freistaat Bayern aber auch die Verletzung von Grundrechten rügt, ist die abstrakte Normenkontrolle vorzuziehen[67].

A. Zuständigkeit des Bundesverfassungsgerichts

59 Die Zuständigkeit des Bundesverfassungsgerichts für die abstrakte Normenkontrolle ergibt sich aus Art. 93 Abs. 1 Nr. 2 GG, §§ 13 Nr. 6, 76 ff. BVerfGG.

B. Antragsberechtigung

60 Aus Art. 93 Abs. 1 Nr. 2 GG, §§ 13 Nr. 6 BVerfGG folgt, dass die bayerische Landesregierung antragsberechtigt im Rahmen der abstrakten Normenkontrolle ist.

C. Antragsgegenstand

61 Bei dem SFAK handelt es sich um Bundesrecht. Ein tauglicher Beschwerdegegenstand i.S.v. Art. 93 Abs. 1 Nr. 2 GG, § 76 Abs. 1 BVerfGG liegt damit vor.

D. Antragsbefugnis

62 Der Antragssteller ist antragsbefugt, wenn Meinungsverschiedenheiten und Zweifel über die Vereinbarkeit von Bundesrecht oder Landesrecht mit dem Grundgesetz bestehen[68]. Der Freistaat Bayern hält das Gesetz für formell und materiell verfassungswidrig und ist daher antragsbefugt.

E. Form

63 Der Freistaat Bayern muss die Formerfordernisse nach § 23 Abs. 1 BVerfGG einhalten.

F. Ergebnis

64 Die abstrakte Normenkontrolle des Freistaats Bayern ist damit zulässig.

---

67 *Schlaich/Korioth*, Rn. 104.
68 *Degenhart*, Rn. 767.

Literaturverzeichnis

Axer, Peter   Verfassungsrechtliche Fragen einer Bürgerversicherung,   **65**
                          in: Gedächtnisschrift für Meinhard Heinze, München 2005,
                          S. 1 ff.

Bieback, Karl-Jürgen   Verfassungsrechtliche Aspekte einer Bürgerversicherung:
                          Der Bund hat die Kompetenz zur Einführung einer
                          umfassenden Versicherung, in: SozSich 2003, S. 416 ff.

ders.   Begriff und verfassungsrechtliche Legitimation von
                          „Sozialversicherung", in: VSSR 2003, S. 1 ff.

ders.   Verfassungsrechtliche Aspekte einer „Bürgerversicherung",
                          in: U. Engelen-Kefer (Hrsg.), Reformoption Bürgerversi-
                          cherung, Hamburg 2004, S. 126 ff.

Butzer, Hermann   Freiheitsrechtliche Grenzen der Steuer- und Sozial-
                          abgabenlast, Berlin 1999

ders.   Fremdlasten in der Sozialversicherung, Tübingen 2001

Degenhart, Christoph   Staatsrecht I. Staatsorganisationsrecht, 26. Aufl.,
                          Heidelberg 2010

Dolzer, Rudolf/   Bonner Kommentar zum Grundgesetz, Loseblattslg.,
  Kahl, Wolfgang/   Heidelberg, Stand: Oktober 2010
  Waldhoff, Christian/
  Graßhof, Karin (Hrsg.)

Dreier, Horst (Hrsg.)   Grundgesetz Kommentar Bd. I, 2. Aufl., Tübingen 2004

Ebsen, Ingwer   Verfassungs- und europarechtliche Grundlagen,
                          in: B. Schulin (Hrsg.), Handbuch des Sozialversicherungs-
                          rechts Bd. III, München 1999, § 4

Epping, Volker   Grundrechte, 4. Aufl., Heidelberg 2010

Hartmann, Bernd J.   Die Möglichkeitsprüfung im Prozessrecht der Verfassungs-
                          beschwerde, in: JuS 2003, S. 897 ff.

Hase, Friedhelm   Versicherungsprinzip und sozialer Ausgleich,
                          Tübingen 2000

Hufen, Friedhelm   Grundrechtsschutz der Leistungserbringer und privaten
                          Versicherer in Zeiten der Gesundheitsreform, in:
                          NJW 2004, S. 14 ff.

Huster, Stefan   Die Beitragsbemessung in der gesetzlichen Kranken-
                          versicherung, in: JZ 2002, S. 371 ff.

Isensee, Josef   „Bürgerversicherung" im Koordinatensystem der
                          Verfassung, in: NZS 2004, S. 393 ff.

Jaeger, Renate   Die Reformen in der gesetzlichen Sozialversicherung im
                          Spiegel der Rechtssprechung des Bundesverfassungs-
                          gerichts, in: NZS 2003, S. 225 ff.

Jarass, Hans D./   Grundgesetz für die Bundesrepublik Deutschland.
  Pieroth, Bodo   Kommentar, 10. Aufl., München 2009

Kaltenborn, Markus   Negative Vereinigungsfreiheit als Schutz vor Einbeziehung
                          in die Sozialversicherung?, in: NZS 2001, S. 300 ff.

Kingreen, Thorsten	Das Sozialstaatsprinzip im europäischen Verfassungs-verbund. Gemeinschaftsrechtliche Einflüsse auf das deutsche Recht der gesetzlichen Krankenversicherung, Tübingen 2003
ders.	Soziale und private Krankenversicherung: Gemeinschafts-rechtliche Implikationen eines Annäherungsprozesses, in: ZESAR 2007, S. 141 ff.
Kirchhof, Ferdinand	Verfassungsrechtliche Probleme einer umfassenden Kranken- und Renten-„Bürgerversicherung", in: NZS 2004, S. 1 ff.
Mangoldt, Hermann von/ Klein, Friedrich/Starck, Christian (Begr./Hrsg.)	Kommentar zum Grundgesetz Bd. I, 6. Aufl., München 2010
Manssen, Gerrit	Staatsrecht II. Grundrechte, 7. Aufl., München 2010
Maunz, Theodor/ Dürig, Günther (Begr.)	Grundgesetz Kommentar, Loseblattslg., München, Stand: Oktober 2010
Merten, Detlef	Die Ausweitung der Sozialversicherungspflicht und die Grenzen der Verfassung, in: NZS 1998, S. 545 ff.
Muckel, Stefan	Verfassungsrechtliche Grenzen der Reformvorschläge zur Krankenversicherung, in: SGb 2004, S. 583 ff., 670 ff.
ders.	Sozialrecht, 3. Aufl., München 2009
Münch, Ingo von/ Kunig, Philip (Hrsg.)	Grundgesetz-Kommentar Bd. I, 6. Aufl., München 2009
Pieroth, Bodo/ Schlink, Bernhard	Grundrechte. Staatsrecht II, 26. Aufl., Heidelberg 2010
Sachs, Michael (Hrsg.)	Grundgesetz, Kommentar, 5. Aufl., München 2009
Schlaich, Klaus/ Korioth, Stefan	Das Bundesverfassungsgericht, 8. Aufl. München 2010
Schmidt, Tillmann	Die Berufsfreiheit privater Krankenversicherungsunter-nehmen in einer Bürgerversicherung ohne Beteiligung der PKV, in: SGb 2004, S. 732 ff.
Schräder, Jutta	Bürgerversicherung und Grundgesetz. Verfassungsrecht-liche Grenzen der Ausweitung von Versicherungspflicht und Beitragsbemessungsgrundlage in der gesetzlichen Krankenversicherung, Baden-Baden 2008
Schulin, Bertram	Rechtliche Grundprinzipien der gesetzlichen Kranken-versicherung und ihre Probleme, in: B. Schulin (Hrsg.), Handbuch des Sozialversicherungsrechts Bd. I, München 1994, § 7
Sodan, Helge	Die „Bürgerversicherung" als Bürgerzwangsversicherung, in: ZRP 2004, S. 217 ff.
ders.	Die Zukunft der sozialen Sicherungssysteme, in: VVDStRL 64 (2005), S. 144 ff.

Hausarbeit 7

Landeskinderklausel bei der Erhebung von Studiengebühren*

von Katrin Haghgu

In seiner Entscheidung zum 6. Änderungsgesetz zum Hochschulrahmengesetz hat das **1** Bundesverfassungsgericht das in § 27 Abs. 4 HRG normierte Gebot der Gebührenfreiheit des Erststudiums für verfassungswidrig und damit nichtig erklärt. Inzwischen haben viele Bundesländer allgemeine Studiengebühren eingeführt. Das Flächenbundesland X beabsichtigt dagegen, an der in § 30 des geltenden Landeshochschulgesetzes normierten Studienkontenregelung (Studiengebührenfreiheit für das Erststudium, Studienkonto mit Studienguthaben, Studiengebühren in Höhe von 650 € pro Semester nur nach Verbrauch des Studienguthabens) grundsätzlich festzuhalten. Da jedoch die angrenzenden Länder allgemeine Studiengebühren einführen, fürchtet das Land X finanzielle Mehrbelastungen, die durch Zuzug von Studierenden aus diesen Ländern entstehen. Die Landesregierung denkt daher über Schutzvorkehrungen nach. Insbesondere wird in Erwägung gezogen, die Geltung des § 30 HochSchG auf Studierende aus dem Land X zu beschränken und von Studierenden aus anderen Ländern die Studiengebühren zu erheben, die nach Verbrauch des Studienguthabens auch von Studierenden aus dem Land X erhoben werden.

Schließlich verabschiedet der Landtag mit der Regierungsmehrheit eine Änderung des § 30 HochSchG. § 30 Abs. 1 S. 1 HochSchG hat danach folgenden Wortlaut: „Das Studium ist für Studierende mit Studienguthaben bis zu einem ersten berufsqualifizierenden Abschluss, bei konsekutiven Bachelor- und Masterstudiengängen bis zum zweiten berufsqualifizierenden Abschluss, gebührenfrei." Der geänderte § 30 Abs. 2 S. 1 HochSchG bestimmt: „Ein Studienkonto mit Studienguthaben erhalten die Studierenden, die bei der Einschreibung ihre Hauptwohnung im Land X haben." § 30 Abs. 6 S. 1 HochSchG regelt u.a., dass Studierende ohne Studienguthaben, die Leistungen nach dem Bundesausbildungsförderungsgesetz erhalten, von der Erhebung der Studiengebühr ausgenommen sind. Auch kann nach § 30 Abs. 6 S. 2 HochSchG die Studiengebühr auf Antrag von der Hochschule gestundet, ermäßigt oder erlassen werden, wenn die Einziehung der Gebühr aufgrund besonderer Umstände des Einzelfalls für die Studierende oder den Studierenden eine unbillige Härte darstellt.

In der Gesetzesbegründung zur Neuregelung wird zutreffend ausgeführt, dass das Land X für Studierende, die ihre Hauptwohnung im Land X haben, anders als für Studierende, die ihre Hauptwohnung in einem anderen Bundesland haben, Finanzmittel im Rahmen des Länderfinanzausgleichs erhält und dass diese Finanzmittel aufgrund der Finanzverteilung auch in die Finanzierung der Hochschulen fließen. Die

---

* Vgl. auch *Bodo Pieroth*: Wohnsitzabhängige Studienbeitragspflicht. Hochschulgesetzliche Regelungen am Maßstab des Verfassungs- und Europarechts, WissR 40 (2007), S. 229 ff.

von dem einzelnen auswärtigen Studierenden zu entrichtenden Studiengebühren übersteigen nicht die von dem Studierenden verursachten Kosten.

Während die Regierungsmehrheit § 30 Abs. 2 S. 1 HochSchG für materiell verfassungsgemäß hält, äußert die Opposition Bedenken hinsichtlich der Grundrechtskonformität der Regelung. Die „Landeskinderklausel" sei nicht ohne weiteres mit Art. 33 Abs. 1 GG und Art. 3 Abs. 3 GG vereinbar. Auch das Recht auf freien Zugang zur Hochschule sei durch die Neuregelung beeinträchtigt. Jedenfalls verstoße diese gegen Art. 3 Abs. 1 GG. Es sei nicht sachgerecht, bei der Differenzierung in Bezug auf die Gewährung eines Studienguthabens an den Wohnsitz anzuknüpfen. Bedenken gegen die Erhebung von Studiengebühren an sich in Bezug auf die Berufsfreiheit der Studienbewerber und Studierenden hat die Opposition nicht.

Aufgabe:

Verstößt § 30 Abs. 2 S. 1 HochSchG gegen Grundrechte der Studierenden, die ihren Wohnsitz bei Einschreibung nicht im Land haben? Nehmen Sie zu den aufgeworfenen Fragen gutachterlich Stellung. Eine Verletzung von Art. 12 Abs. 1 GG wegen der Erhebung von Studiengebühren an sich und eine Verletzung von Art. 11 GG sind nicht zu prüfen.

Gliederung

Gutachten

A. Verstoß gegen Art. 12 Abs. 1 GG i.V.m. Art. 3 Abs. 1 GG und dem Sozialstaatsprinzip (Recht auf Zugang zum Hochschulstudium)

I. Beeinträchtigung des Teilhaberechts auf Zugang zum Hochschulstudium

3 Das Teilhaberecht auf Zugang zum Hochschulstudium könnte durch die in § 30 Abs. 2 S. 1 HochSchG vorgesehene Gebührenerhebung für das Erststudium von Studierenden mit Wohnsitz außerhalb des Landes X beeinträchtigt sein.

4 **Hinweis zum Aufbau:** Einen „klassischen" Aufbau für die Prüfung der Verletzung eines Teilhaberechts gibt es nicht. In der vorliegenden Konstellation dürfte es jedenfalls sinnvoll sein, zunächst den Inhalt des Teilhaberechts auf Zugang zum Hochschulstudium zu bestimmen und davon ausgehend zu fragen, ob dieses durch die Regelung in § 30 Abs. 2 S. 1 HochSchG überhaupt erfasst wird. Da es dabei nicht um die Prüfung der Betroffenheit des Schutzbereichs und des Eingriffs in den Schutzbereich eines Freiheitsrechts geht, wurde hier der neutrale Begriff der Beeinträchtigung gewählt.

1. Inhalt des Teilhaberechts

5 Gem. Art. 12 Abs. 1 S. 1 GG haben alle Deutschen das Recht, Beruf, Arbeitsplatz und Ausbildungsstätte frei zu wählen. Über das bloße Abwehrrecht gegen Freiheitsbeschränkungen hinaus hat das BVerfG aus Art. 12 Abs. 1 GG i.V.m. Art. 3 Abs. 1 GG und dem Sozialstaatsprinzip ein Teilhaberecht auf Zugang zu Ausbildungseinrichtungen, insbesondere zum Hochschulstudium hergeleitet[1]. Die in Art. 12 Abs. 1 GG garantierte freie Wahl der Ausbildungsstätte zielt, so das BVerfG, ihrer Natur nach auf den freien Zugang zu Einrichtungen. Zwar bleibt es auch im modernen Sozialstaat der nicht einklagbaren Entscheidung des Gesetzgebers überlassen, ob und inwieweit er im Rahmen der darreichenden Verwaltung Teilhaberechte gewähren will. Jedoch können sich, wenn der Staat gewisse Ausbildungseinrichtungen geschaffen hat, aus Art. 12 Abs. 1 GG i.V.m. dem allgemeinen Gleichheitssatz und dem Sozialstaatsprinzip Ansprüche auf Zutritt zu diesen Einrichtungen ergeben. Das gilt insbesondere dort, wo der Staat – wie im Bereich des Hochschulwesens – ein weitgehendes faktisches, nicht beliebig aufgebbares Monopol für sich in Anspruch genommen hat und wo – wie im Bereich der Ausbildung zu akademischen Berufen – die Beteiligung an staatlichen Leistungen zugleich notwendige Voraussetzung für die Verwirklichung von Grundrechten ist. Unter diesen Bedingungen besteht ein Recht jedes hochschulreifen, die subjektiven Zulassungsvoraussetzungen erfüllenden Staatsbürgers auf gleichberechtigte Teilhabe, d.h. auf Zulassung zum Hochschulstudium seiner Wahl.

---

1 BVerfGE 33, 303, 330 ff.; 39, 258, 269 f.; 39, 276, 293; 43, 291, 313; 45, 291, 397; 59, 172, 205; 62, 117, 146; 85, 36, 54 f; 112, 226, 249.

Nach der Rechtsprechung des BVerfG steht das Teilhaberecht aber unter dem Vorbe- **6** halt des Möglichen im Sinne dessen, was der Einzelne vernünftigerweise von der Gesellschaft beanspruchen kann[2]. Es existiert nur ein abgeleitetes Recht auf Teilhabe an zuvor geschaffenen und damit bereits vorhandenen Ausbildungsstätten, nicht dagegen ein originäres Recht im Sinne eines Anspruchs auf Schaffung von Einrichtungen oder deren besondere Ausstattung oder auch deren unentgeltliche Zurverfügungstellung. Das BVerwG und die oberverwaltungsgerichtliche Rechtsprechung haben mit Zustimmung der Literatur auch in Bezug auf die Erhebung von Studiengebühren festgestellt, dass das Teilhaberecht auf Zugang zum Hochschulstudium insbesondere nicht den Anspruch auf ein kostenloses Studium umfasst[3]. Der Gesetzgeber ist durch den existierenden Zulassungsanspruch nicht an der Entscheidung gehindert, unter Rückgriff auf den Grundsatz, dass die Inanspruchnahme staatlicher Ressourcen durch einen eingeschränkten Nutzerkreis in der Regel eine Gebührenpflicht auslöst, bestimmte öffentliche Leistungen der Berufsausbildung nicht (mehr) auf Dauer kostenlos anzubieten[4].

Von einer Studiengebührenregelung kann das Teilhaberecht auf Zulassung zu Ausbil- **7** dungseinrichtungen nach Ansicht von Rechtsprechung und Literatur allenfalls dann berührt sein, wenn die Kosten eines staatlichen Ausbildungsangebotes dazu führen, dass die Inanspruchnahme auf Auszubildende beschränkt bleibt, die über entsprechend umfangreiche finanzielle Mittel verfügen, und damit die Besitzverhältnisse zu einer unüberwindbaren sozialen Barriere werden[5]. Auch wenn die Kosten der Einrichtung von der Zulassung zur Einrichtung grundsätzlich zu unterscheiden sind, können sich Kosten beim Erreichen einer bestimmten Höhe wie eine Zulassungsbeschränkung auswirken[6]. Inhalt des Sozialstaatsprinzips, auf das das BVerfG das Teilhaberecht auf Zulassung zum Hochschulstudium ebenfalls gestützt hat, ist es gerade, auch den Personen Teilhabe zu ermöglichen, die aufgrund ihrer persönlichen Lebensumstände oder gesellschaftlichen Benachteiligungen an ihrer persönlichen oder sozialen Entfaltung gehindert sind[7]. Studiengebührenregelungen müssen daher so ausgestaltet sein, dass den Belangen einkommensschwacher Bevölkerungskreise angemessen Rechnung getragen, also auch mittellosen Studierenden das Studium ermöglicht wird[8].

2. Beeinträchtigung des Teilhaberechts

§ 30 Abs. 2 S. 1 HochSchG normiert keine Auswahlkriterien für die Vergabe von **8** Studienplätzen. Es handelt sich hierbei gerade nicht um eine Landeskinderklausel, die Studienbewerber aus dem eigenen Bundesland gegenüber solchen aus anderen Bun-

---

2 BVerfGE 33, 303, 333; 43, 291, 314.
3 BVerwGE 102, 142, 146 f.; 115, 32, 37; VGH Mannheim, DÖV 2000, 874, 876; OVG Münster, DVBl. 2005, 518, 519; *Manssen*, in: v. Mangoldt/Klein/Starck, GG, Art. 12 Rn. 20.
4 BVerwGE 115, 32, 37.
5 BVerwGE 102, 142, 147; 115, 32, 37; OVG Münster, DVBl. 2005, 518, 519; *Manssen*, in: v. Mangoldt/ Klein/Starck, GG, Art. 12 Rn. 20.
6 BVerfGE 33, 303, 331, 353.
7 BVerfGE 100, 271, 284.
8 BVerfGE 112, 226, 245.

desländern bei der Studienplatzvergabe bevorzugt, d.h. den Zugang an sich regelt[9]. Es werden lediglich die Studierenden, die ihren Wohnsitz außerhalb des Landes X haben, mit Studiengebühren für das Erststudium belastet. Da ein Anspruch auf ein kostenfreies Studium nicht besteht, liegt hierin nach einer Ansicht keine Beeinträchtigung des Teilhaberechts aus Art. 12 Abs. 1 GG i.V.m. Art. 3 Abs. 1 GG[10]. Auch ist den dargestellten sozialstaatlichen Anforderungen im vorliegenden Fall mit der Regelung des § 30 Abs. 6 HochSchG, der nach Satz 1 Studierende, die Leistungen nach dem BAföG erhalten, von der Gebührenpflicht befreit, und in Satz 2 eine Gebührenbefreiung auch für Härtefälle vorsieht, genüge getan. Die Gebührenpflicht für Auswärtige schließt auch nicht faktisch einkommensschwache Studierende vom Studium aus. Das Teilhaberecht auf Zugang zum Hochschulstudium ist in seiner sozialstaatlichen Ausprägung durch § 30 Abs. 2 S. 1 HochSchG danach ebenfalls nicht betroffen.

9 Nach entgegenstehender Ansicht soll durch eine Regelung im Hochschulwesen, die die Gebührenfreiheit des Erststudiums an die Eigenschaft als Einwohner eines Landes anknüpft, das Teilhaberecht aus Art. 12 Abs. 1 GG i.V.m. Art. 3 Abs. 1 GG beeinträchtigt sein. Der Anspruch auf Zutritt zu den Einrichtungen des Hochschulwesens bedeute zugleich einen Anspruch auf prinzipiell gleichberechtigten Zutritt zu diesen Einrichtungen. Jedenfalls eine willkürlich ungleiche Ausgestaltung von Zutrittsbedingungen – zu denen nach dieser Auffassung auch die Erhebung von Studiengebühren zählen soll – stelle wegen der damit verbundenen Ausschlusswirkung eine Verletzung des Teilhaberechts auf Zugang zum Hochschulstudium dar[11].

10 Dem kann im Ergebnis jedoch nicht gefolgt werden. Die letztgenannte Ansicht räumt selbst ein, dass das BVerfG das Teilhaberecht aus Art. 12 Abs. 1 GG i.V.m. Art. 3 Abs. 1 GG allein auf den unmittelbaren Zugang zum Hochschulstudium bezieht; das Teilhaberecht soll die Zulassung zum Studium an sich gewährleisten. Um eine Zulassungsregelung handelt es sich bei der in Frage stehenden Vorschrift des HochSchG nach dem oben Gesagten jedoch gerade nicht. Die Vorschrift hat auch im Hinblick auf einkommensschwache Studierende keine faktisch ausschließende Wirkung. Soweit § 30 Abs. 2 S. 1 HochSchG zu einer Ungleichbehandlung im Hinblick auf die weitere Ausgestaltung der Inanspruchnahme des grundsätzlich – für alle Studierenden gleichermaßen – bestehenden Anspruchs auf Zugang zum Hochschulstudium führt, ist diese Ungleichbehandlung an den Gleichheitsgrundrechten zu messen.

II. Ergebnis

11 § 30 Abs. 2 S. 1 HochSchG verstößt nicht gegen das Recht auf Zugang zum Hochschulstudium aus Art. 12 Abs. 1 GG i.V.m. Art. 3 Abs. 1 GG und dem Sozialstaatsprinzip.

---

9 *Caspar*, RdJB 2003, S. 55 zur vergleichbaren Regelung im hamburgischen Hochschulgesetz, § 6 Abs. 6 S. 2, Abs. 7, Abs. 8 S. 1 HmbHG v. 18.7.2001 (HmbGVBl. S. 171) in der bis zum 14.7.2006 geltenden Fassung.

10 VG Bremen, Beschluss v. 16.8.2006 – 6 V 1583/06 –, LexisNexis, II. 3. a) zur vergleichbaren Regelung in § 6 Abs. 1 i.V.m. §§ 3 Abs. 1, 2 Abs. 1 des bremischen Studienkontengesetzes v. 18.10.2005 (BremGBl. S. 550) in der bis zum 30.6.2010 geltenden Fassung.

11 VG Bremen, Beschluss v. 17.9.2007 – 6 K 1577/06, 6 K 1582/06, 6 K 1587/06 –, juris, Rn. 144 ff.

Hinweis zum Aufbau und zur Bewertung: Eine andere Ansicht ist gut vertretbar. Im **12** Ergebnis stellt auch das VG Bremen (Beschluss v. 17.9.2007 – 6 K 1577/06, 6 K 1582/06, 6 K 1587/06 –, juris, Rn. 150 ff.) bei der Prüfung der verfassungsrechtlichen Rechtfertigung des – entgegen der hier vertretenen Ansicht bejahten – „Eingriffs" in das Grundrecht aus Art. 12 Abs. 1 GG i.V.m. Art. 3 Abs. 1 GG maßgeblich darauf ab, ob ein sachlicher Grund für die Ungleichbehandlung vorliegt (siehe unten D. II. 2.). Eine Prüfung des Freiheitsgrundrechts aus Art. 12 Abs. 1 GG wegen der Erhebung von Studiengebühren an sich war ausdrücklich nicht verlangt (siehe hierzu z.B. OVG Münster, DVBl. 2005, 518, 519 ff.; VG Arnsberg, Urteil v. 21.9.2007 – 12 K 4001/06 –, juris, Rn. 58 ff.; VG Bremen, Beschluss v. 16.8.2006 – 6 V 1583/06 –, LexisNexis, II. 3. a); VG Minden, DVBl. 2007, 773, 778 f.). In der Rechtsprechung wird zwischen der Prüfung des Teilhaberechts und des Freiheitsrechts aus Art. 12 Abs. 1 GG teilweise nicht differenziert.

B. Verstoß gegen Art. 33 Abs. 1 GG

I. Ungleichbehandlung i.S.d. Art. 33 Abs. 1 GG

1. Bestimmung des Differenzierungskriteriums i.S.d. Art. 33 Abs. 1 GG

Gem. Art. 33 Abs. 1 GG hat jeder Deutsche in jedem Lande die gleichen staatsbürger- **13** lichen Rechte und Pflichten. Fraglich ist, welches Differenzierungskriterium in Art. 33 Abs. 1 GG damit angesprochen sein soll. Art. 33 Abs. 1 GG bezeichnet das Differenzierungskriterium, an das die Norm anknüpft, nicht explizit. Die Entstehungsgeschichte der Vorschrift zeigt jedoch, dass der Parlamentarische Rat die Differenzierung nach der *Landes*angehörigkeit erfassen wollte. In Anlehnung an Art. 110 Abs. 2 WRV lautete die unmittelbar vor der Endfassung vorgeschlagene Formulierung: „Jeder Bundesbürger hat in jedem Lande die gleichen Rechte und Pflichten wie die Angehörigen des Landes selbst." Wie die Entstehungsgeschichte zeigt, war eine inhaltliche Änderung mit der Modifizierung dieser Formulierung nicht intendiert[12]. Art. 33 Abs. 1 GG knüpft damit an die auf ein Land bezogene Angehörigkeit an.

Nahe liegend ist es, die Landesangehörigkeit über eine gesetzlich geregelte *Staats*an- **14** gehörigkeit zum Land zu bestimmen. Unter Geltung der Vorgängernormen des Art. 33 Abs. 1 GG existierten in den Ländern Regelungen der Landesstaatsangehörigkeit. Die Notwendigkeit der gesetzlichen Ausgestaltung ergab sich schon daraus, dass über die Landesstaatsangehörigkeit die Gesamtstaatsangehörigkeit vermittelt wurde[13]. Auch im Parlamentarischen Rat wurden die Entwurfsfassungen des Art. 33 Abs. 1 GG in der Annahme diskutiert, dass es eine Landesstaatsangehörigkeit geben werde[14]. Seit Bestehen der Bundesrepublik ist die Bundesstaatsangehörigkeit an die Landesstaatsangehörigkeit jedoch nicht mehr gebunden. Die Landesstaatsangehörigkeit ausge-

---

12 *Lübbe-Wolff*, in: Dreier (1998), GG, Art. 33 Rn. 1, 8; *Matz*, JöR NF 1 (1951), S. 306 ff.; *Sachs*, AöR 108 (1983), S. 79.
13 *Pfütze*, Landeskinderklauseln, S. 85.
14 *Lübbe-Wolff*, in: Dreier (1998), GG, Art. 33 Rn. 1, 8; *Matz*, JöR NF 1 (1951), S. 306 ff.

staltende Gesetze existieren nicht. Der Bund hat von der ihm bis zur Grundgesetzänderung v. 27.10.1994 (BGBl. I S. 3146) eingeräumten konkurrierenden Gesetzgebungskompetenz des Art. 74 Nr. 8 a.F. GG keinen Gebrauch gemacht. Auch die Länder haben die nun in ihre ausschließliche Gesetzgebungskompetenz fallende Materie nicht geregelt.

15 Es stellt sich damit die Frage, ob trotz fehlender gesetzlicher Regelung des Landesstaatsangehörigkeitsrechts Art. 33 Abs. 1 GG überhaupt einen Anwendungsbereich hat und – falls dies zu bejahen ist – wie das in Art. 33 Abs. 1 GG zugrunde gelegte Differenzierungskriterium der Landesangehörigkeit inhaltlich auszufüllen ist.

a) Anknüpfung an die formelle Landesstaatsangehörigkeit

16 In der Literatur wird teilweise die Ansicht vertreten, dass Art. 33 Abs. 1 GG nur die Differenzierung nach einer – gesetzlich geregelten – Landesstaatsangehörigkeit erfasse[15]. Dies wird insbesondere aus dem in Art. 33 Abs. 1 GG genannten Bezugspunkt der Differenzierung, den staatsbürgerlichen Rechten und Pflichten, hergeleitet. „Staatsbürgerlich" seien, dies folge aus dem Wortlaut und der Entstehungsgeschichte, die exklusiv mit der Staatsangehörigkeit verknüpften Rechte und Pflichten[16]. Der Begriff der staatsbürgerlichen Rechte und Pflichten stamme aus staatsrechtlichen Verhältnissen, in denen es unterschiedliche Stufen oder Grade der Zugehörigkeit zum Staat gab. Vor dem Hintergrund dieser Differenzierung habe der Begriff die spezifischen Rechte und Pflichten des Vollbürgers bezeichnet, der insbesondere aktiv an der Staatswillensbildung teilzunehmen und nicht lediglich als Zugehöriger im Land zu leben und zu arbeiten berechtigt war[17]. Da eine auf das jeweilige Land bezogene Staatsangehörigkeit und damit die vorgenannten Differenzierungen nicht mehr existieren – dies gilt auch für den Regelungsbereich von Art. 6 BayVerf und Art. 75 Abs. 2 RhPfVerf[18] –, wird Art. 33 Abs. 1 GG von dieser Auffassung daher die aktuelle praktische Bedeutung abgesprochen[19]. Die Zulässigkeit von Differenzierungen, die an andere als staatsangehörigkeitsrechtliche Beziehungen zu einem Land anknüpfen, soll nicht nach Art. 33 Abs. 1 GG, sondern nach dem allgemeinen Gleichheitssatz oder sonst einschlägigen speziellen Gleichheitssätzen beurteilt werden[20].

b) Anknüpfung an eine materielle Landesangehörigkeit

17 Nach anderer Auffassung ist Art. 33 Abs. 1 GG trotz fehlender gesetzlicher Regelung der Landesstaatsangehörigkeit keinesfalls obsolet, sondern entfaltet weiterhin Normativität[21]. Aus der Staatlichkeit der Länder folge auch bei fehlender Regelung einer

---

15 *Dollinger/Umbach*, in: Umbach/Clemens, GG, Art. 33 Rn. 26; *Lübbe-Wolff*, in: Dreier (1998), GG, Art. 33 Rn. 27; *Masing*, in: Dreier (2006), GG, Art. 33 Rn. 30.
16 *Dollinger/Umbach*, in: Umbach/Clemens, GG, Art. 33 Rn. 26.
17 *Lübbe-Wolff*, in: Dreier (1998), GG, Art. 33 Rn. 27.
18 *Jachmann*, in: v. Mangoldt/Klein/Starck, GG, Art. 33 Rn. 6 Fn. 52.
19 *Battis*, in: Sachs, GG, Art. 33 Rn. 16; *Dollinger/Umbach*, in: Umbach/Clemens, GG, Art. 33 Rn. 26.
20 *Masing*, in: Dreier (2006), GG, Art. 33 Rn. 30.
21 *Jachmann*, in: v. Mangoldt/Klein/Starck, GG, Art. 33 Rn. 5; *Jarass*, in: Jarass/Pieroth, GG, Art. 33 Rn. 3; *Kunig*, in: v. Münch/Kunig, GG, Art. 33 Rn. 7; *Pfütze*, Landeskinderklauseln, S. 88 f.

Landesstaatsangehörigkeit eine materielle Landesangehörigkeit[22]. Anstelle der Erwerbs- und Verlusttatbestände von Staatsangehörigkeitsgesetzen seien andere Kriterien für die Bestimmung der Landesangehörigkeit zu entwickeln, an die eine Differenzierung in Bezug auf die staatsbürgerlichen Rechte und Pflichten nicht geknüpft werden dürfe.

c) Stellungnahme

Eine Begrenzung des Anwendungsbereichs des Art. 33 Abs. 1 GG auf Fälle der Un- **18**
gleichbehandlung unter Anknüpfung an das formelle Kriterium der Staatsangehörigkeit ist schon durch die historische Auslegung keinesfalls zwingend vorgegeben. Die Vorgängerregelungen des Art. 33 Abs. 1 GG verfolgten das Ziel, bestehende Inländerdiskriminierungen abzubauen. Hierbei an die flächendeckend geregelte Landesstaatsangehörigkeit anzuknüpfen, lag aus praktischen Erwägungen nahe. Daraus folgt nicht, dass das Bestehen eines formellen Rechtsstatus der Landesstaatsangehörigkeit Voraussetzung für die Anerkennung eines praktischen Anwendungsbereichs der Nachfolgeregelung Art. 33 Abs. 1 GG ist. Auch wenn die Staatsangehörigkeit in den Ländern als Rechtsinstitut über Jahrzehnte nicht ausgeformt wurde, existieren weiterhin Länder und Staatsvölker in den Ländern, deren Bürger in einem Rechtsverhältnis zu ihrem Land stehen. Wenn auch dieses Verhältnis nicht mehr Staatsangehörigkeit heißt, ist es doch ein Rechtsverhältnis, dessen Voraussetzungen und Folgen näher bestimmt werden können. War es von Beginn an wesentliches Motiv für das gemeinsame Indigenat, die als Folge des Partikularismus auf gliedstaatlicher Ebene bestehenden unterschiedlichen Rechtsstellungen der Gesamtstaatsangehörigen einzugrenzen und so die (wirtschaftliche) Freizügigkeit voranzutreiben[23], kann Art. 33 Abs. 1 GG sinnvollerweise auch so ausgelegt werden, dass er neben Differenzierungen, die an eine gesetzlich geregelte Landesstaatsangehörigkeit geknüpft sind, auch materiell entsprechende Unterscheidungen verbietet.

Zwar ist zuzugeben, dass sich dann, wenn das in Art. 33 Abs. 1 GG enthaltene Diffe- **19**
renzierungsverbot nicht auf Differenzierungen in Anknüpfung an die Landesstaatsangehörigkeit beschränkt wird, Abgrenzungsschwierigkeiten für das Kriterium der Landesangehörigkeit ergeben. Dies allein kann es jedoch nicht rechtfertigen, das Bestehen eines Anwendungsbereichs des Art. 33 Abs. 1 GG komplett abzulehnen.

Die Rechtsprechung des BVerfG steht der Interpretation des Art. 33 Abs. 1 GG i.S.d. **20**
herrschenden Auffassung in der Literatur nicht entgegen. Zwar sind bisher höchstrichterliche Entscheidungen kaum auf Art. 33 Abs. 1 GG gestützt worden. In vielen Fällen, in denen die unterschiedliche Behandlung der Bürger verschiedener Länder in Frage stand, wurde Art. 33 Abs. 1 GG überhaupt nicht als Prüfungsmaßstab herangezogen[24]. Landeskindervergünstigungen bei der Zulassung zum Studium hat das

---

22 *Jachmann*, in: v. Mangoldt/Klein/Starck, GG, Art. 33 Rn. 6 f.; *Jarass*, in: Jarass/Pieroth, GG, Art. 33 Rn. 3; *Kisker*, in: FS Bachof, S. 52; *Pfütze*, Landeskinderklauseln, S. 88 f.; *Trute*, in: Denninger/Hoffmann-Riem/Schneider/Stein, GG, Art. 33 Rn. 8.
23 *Pfütze*, Landeskinderklauseln, S. 117.
24 BVerfGE 33, 303, 329 ff.; 73, 301, 315 ff.; BVerfG-K, NVwZ 1994, 54, 55; DVBl 2002, 1629 f.

BVerfG ausschließlich an Art. 12 Abs. 1 GG bzw. Art. 12 Abs. 1 GG i.V.m. Art. 3 Abs. 1 GG gemessen[25]. Zuletzt hat das BVerfG die Landeskinderklausel in § 17 Abs. 4 S. 1 des bremischen Privatschulgesetzes allein im Hinblick auf Art. 3 Abs. 1 GG und Art. 7 Abs. 4 GG geprüft[26]. Auch das BVerwG hat in mehreren Fällen, in denen es um die Übernahme von Bewerbern mit Wohnsitz in oder mit Ausbildungsabschlüssen aus anderen Ländern in den öffentlichen Dienst eines Landes ging, nur mit Art. 33 Abs. 2 GG und nicht mit Art. 33 Abs. 1 GG argumentiert[27]. Hieraus zu folgern, dass die Rechtsprechung Art. 33 Abs. 1 GG keine aktuelle Geltung beimisst[28], dürfte aber zu weit gehen. Wahrscheinlicher ist es, dass das BVerfG von einer Prüfung der – bisher wenig durchleuchteten – Norm abgesehen hat, wenn hierzu angesichts fehlender Entscheidungserheblichkeit kein Anlass bestand. Das BVerwG hat Art. 33 Abs. 1 GG in anderen Fällen als Prüfungsmaßstab zudem mehrfach zumindest kursorisch herangezogen[29].

21 Im Ergebnis ist damit der zweiten Auffassung zu folgen. Eine Diskriminierung nach Art. 33 Abs. 1 GG scheidet nicht schon aufgrund Nichtbestehens gesetzlicher Regelungen der Landesstaatsangehörigkeit aus. Im Rahmen von Art. 33 Abs. 1 GG ist vielmehr auf eine materielle Landesangehörigkeit abzustellen.

22 **Hinweis zur Bewertung:** Dass Art. 33 Abs. 1 GG angesichts fehlender Landesstaatsangehörigkeit keinen Anwendungsbereich mehr hat und stattdessen auf die anderen speziellen Gleichheitssätze und den allgemeinen Gleichheitssatz zurückzugreifen ist, ist ebenfalls gut vertretbar.

2. Wohnsitzanknüpfung als Differenzierung nach der Landesangehörigkeit

23 Fraglich ist, ob die in § 30 Abs. 2 S. 1 HochSchG vorgesehene Anknüpfung an den Wohnsitz, die Hauptwohnung, der Studierenden eine Differenzierung nach der materiell verstandenen Landesangehörigkeit darstellt. Wie das Differenzierungskriterium der materiellen Landesangehörigkeit inhaltlich näher zu bestimmen ist, ist in der Literatur umstritten. Die Rechtsprechung ist insoweit unergiebig[30].

a) Wohnsitz als Differenzierungskriterium i.S.d. Art. 33 Abs. 1 GG

24 Ein Teil der Literatur geht – zumindest im Ansatz – davon aus, dass die Anknüpfung an den (auch nur kurzen) Wohnsitz eine Differenzierung nach Art. 33 Abs. 1 GG darstellen kann[31]. Nach dieser Auffassung knüpft § 30 Abs. 2 S. 1 HochSchG an die Landesangehörigkeit an.

---

25 BVerfGE 33, 303, 351 ff.
26 BVerfGE 112, 74, 83, 86.
27 BVerwGE 68, 109, 111 ff.; 75, 133, 136.
28 *Dollinger/Umbach*, in: Umbach/Clemens, GG, Art. 33 Rn. 26.
29 BVerwG, VerwRspr Band 20, Nr. 83, 288 f.; NVwZ 1983, 223; Buchholz 421, Nr. 103.
30 BVerwG, VerwRspr Band 20, Nr. 83, 288 f.; NVwZ 1983, 223.
31 *Kunig*, in: v. Münch/Kunig, GG, Art. 33 Rn. 12.

b) Wohnsitz kein Differenzierungskriterium i.S.d. Art. 33 Abs. 1 GG

Von einem großen Teil der Literatur wird demgegenüber die Anknüpfung an den **25** Wohnsitz allein nicht als Differenzierung nach der Landesangehörigkeit i.S.d. Art. 33 Abs. 1 GG verstanden[32]. Der oben dargestellten Herleitung des Differenzierungskriteriums i.S.d. Art. 33 Abs. 1 GG entsprechend stellt diese Ansicht als konstitutiv für eine materiell verstandene Landesangehörigkeit auf die üblicherweise für den Erwerb der Staatsangehörigkeit zum Einsatz kommenden Kriterien ab[33]. Art. 33 Abs. 1 GG sei als Verbot der Anknüpfung an dauerhaft personale Bindungen von Menschen an ein Land zu verstehen[34]. An die Geburt in einem Land, die Abstammung von Landesangehörigen oder einen langjährigen Wohnsitz in dem Land, der auf einen intensiven Bezug des Bürgers zum Land schließen lasse, dürfe daher nicht angeknüpft werden[35]. Ein kürzerer Wohnsitz bzw. der Wohnsitz als solcher in einem Land, also ein allein territorialer Bezugspunkt, stellt nach dieser Auffassung keine Anknüpfung an die Landesangehörigkeit i.S.d. Art. 33 Abs. 1 GG dar[36].

Vorliegend knüpft § 30 Abs. 2 S. 1 HochSchG an die Innehabung des Wohnsitzes bei **26** der Immatrikulation an. Damit wird an sich nur an den aktuellen Wohnsitz der Studierenden bzw. die Begründung des Wohnsitzes angeknüpft und gerade nicht an einen bereits seit mehreren Jahren begründeten Wohnsitz im Land. Eine besondere personale Bindung an das Land, die sich in einem langjährigen Wohnsitz im Land ausdrücken könnte, setzt § 30 Abs. 2 S. 1 HochSchG mit der Anknüpfung an den aktuellen Wohnsitz bei der Immatrikulation nicht voraus. Nach dieser Ansicht knüpft § 30 Abs. 2 S. 1 HochSchG nicht an die Landesangehörigkeit an.

c) Differenzierende Auffassung

Im Wege teleologischer Auslegung gelangt namentlich *Pfütze* zu einer differenzieren- **27** den Auffassung. Ihr Ausgangspunkt ist die Feststellung, dass es der von Beginn an mit dem gemeinsamen Indigenat verfolgte Zweck war, der zunehmenden Bedeutung der Gesamtstaatlichkeit gegenüber den Partikularinteressen hinsichtlich der Rechte- und Pflichtenstellung der Bürger Rechnung zu tragen. Das unterschiedliche Näheverhältnis zu einem Gliedstaat sollte gerade insoweit nicht mehr die Grundlage staatlicher Privilegierungen der eigenen Staatsangehörigen bilden, wie durch derartige Regelungen die Freizügigkeit im Gesamtstaat beeinträchtigt wurde[37]. Für die Bestimmung des Inhalts des Differenzierungskriteriums der Landesangehörigkeit sei daher entscheidend darauf abzustellen, ob die in Frage stehende Differenzierung dem Zweck der

---

32 *Jachmann*, in: v. Mangoldt/Klein/Starck, GG, Art. 33 Rn. 7; *Jarass*, in: Jarass/Pieroth, GG, Art. 33 Rn. 3.

33 *Bethge*, AöR 110 (1985), S. 210 f.; *Höfling*, in: Dolzer/Kahl/Waldhoff/Graßhof, BK, Art. 33 Rn. 37; *Kisker*, in: FS Bachof, S. 52; *Sachs*, AöR 108 (1983), S. 83; *Trute*, in: Denninger/Hoffmann-Riem/Schneider/Stein, GG, Art. 33 Rn. 8.

34 *Höfling*, in: Dolzer/Kahl/Waldhoff/Graßhof, BK, Art. 33 Rn. 37; *Sachs*, in: HStR V, § 126 Rn. 113.

35 *Fastenrath*, JZ 1987, S. 176; *Kisker*, in: FS Bachof, S. 52.

36 *Gärditz*, WissR 38 (2005), S. 162 ff.; *Höfling*, in: Dolzer/Kahl/Waldhoff/Graßhof, BK, Art. 33 Rn. 38 f.; *Trute*, in: Denninger/Hoffmann-Riem/Schneider/Stein, GG, Art. 33 Rn. 8; *Sachs*, in: HStR V, § 126 Rn. 111; *ders.*, AöR 108 (1983), S. 83.

37 *Pfütze*, Landeskinderklauseln, S. 117.

Freizügigkeitssicherung der Gesamtstaatsangehörigen im Gesamtstaat zuwiderlaufe[38]. Die Gleichstellung aller Gesamtstaatsangehörigen auf Landesebene sei gerade hinsichtlich solcher Rechte und Pflichten bezweckt, die auf der Zugehörigkeit zum Gesamtstaat gründen, denen mithin nicht nur landesspezifische, sondern landesübergreifende, gesamtstaatliche Bedeutung zukomme[39]. Eine Differenzierung nach dem Wohnsitz liefe daher bei Rechtspositionen von landesübergreifender, gesamtstaatlicher Bedeutung, wie etwa grundrechtlich gewährleisteten Rechten – wie dem Recht auf Zugang zum Hochschulstudium –, nicht jedoch bei Rechtspositionen von landesspezifischer Bedeutung dem Zweck von Art. 33 Abs. 1 GG zuwider[40]. Dass es sich beim Wohnsitz – im Unterschied zu Differenzierungen nach Abstammung bzw. Geburt – um ein reversibles Kriterium handele, der Auswärtige also durch Verlegung seines Wohnsitzes eine Gleichbehandlung erreichen könne, ändere bei gesamtstaatlich gewährleisteten Rechtspositionen nichts daran, dass eine unzulässige Differenzierung i.S.d. Art. 33 Abs. 1 GG vorliege. Dieser schütze insoweit auch die negative Freizügigkeit[41].

28 Ob Art. 33 Abs. 1 GG tatsächlich auch den Schutz einer solchen „negativen Freizügigkeit" bezwecken will und eine Anknüpfung an den Wohnsitz bei gesamtstaatlichen Rechtspositionen damit unzulässig i.S.d. Art. 33 Abs. 1 GG ist, kann hier dahinstehen. Eine Differenzierung nach Rechtspositionen von gesamtstaatlicher Bedeutung auf der einen und landesspezifischer Bedeutung auf der anderen Seite dürfte im vorliegenden Fall ohnehin zu folgendem Ergebnis führen: Zwar handelt es sich beim Zugang zum Hochschulstudium um ein gesamtstaatlich gewährleistetes Recht. Dies gilt jedoch nach hier vertretener Auffassung nicht für den gebührenfreien Zugang zur Hochschule[42]. Zweifel an der Grundrechtskonformität einer Landeskinder begünstigenden Studiengebührenregelung lassen sich demnach – entgegen der gegenteiligen Auffassung[43] – nicht überzeugend unter Bezugnahme auf eine (vermeintlich) gebotene Differenzierung zwischen länderübergreifenden und landesspezifischen Rechtspositionen begründen. Allein die Tatsache, dass die Länder bei der Gestaltung von Gebührenregelungen gesamtstaatlichen Vorgaben insoweit unterliegen, als sie sozialstaatliche Anforderungen beachten müssen, führt nicht zu einer gesamtstaatlichen Rechtsposition des gebührenfreien Zugangs zum Hochschulstudium[44]. Es muss zwischen der Zulassung zum Studium und bloßer finanzieller Mehrbelastung[45] unterschieden werden[46]. Die Anknüpfung an den Wohnsitz ist dann auch nach der dargestellten differenzierenden Auffassung nicht unzulässig i.S.d. Art. 33 Abs. 1 GG.

---

38 *Pfütze*, Landeskinderklauseln, S. 117 ff.
39 *Pfütze*, Landeskinderklauseln, S. 119.
40 *Pfütze*, Landeskinderklauseln, S. 127 ff.
41 *Pfütze*, Landeskinderklauseln, S. 128.
42 Siehe oben unter A. I. 1. (Rn. 5 ff.).
43 OVG Hamburg, DVBl. 2006, 717, 718 zu § 6 Abs. 6 S. 2, Abs. 7, Abs. 8 S. 1 des hamburgischen Hochschulgesetzes v. 18.7.2001 (HmbGVBl. S. 171) in der bis zum 14.7.2006 geltenden Fassung; VG Bremen, Beschluss v. 17.9.2007 – 6 K 1577/06, 6 K 1582/06, 6 K 1587/06 –, juris, Rn. 134, 141 f.
44 Siehe oben unter A. I. 1. (Rn. 5 ff.).
45 *Löwer/Müller-Terpitz*, RdJB 1999, S. 179 in Bezug auf die Zulässigkeit der Landeskinderklauseln im hamburgischen und bremischen Privatschulfinanzierungsrecht.
46 *Maunz*, in: GS Peters, S. 560.

Hinweis zur Bewertung: Wer oben (unter A. I. 2.) der Ansicht folgt, die in der 29
Ungleichbehandlung im Hinblick auf die Erhebung von Studiengebühren eine Beeinträchtigung des Teilhaberechts auf Zugang zum Hochschulstudium sieht, kommt hier
konsequenterweise wohl zu einem anderen Ergebnis.

d) Stellungnahme

Für die zweite Auffassung spricht zunächst die historische Auslegung des Art. 33 30
Abs. 1 GG. So waren seit der Zeit des Deutschen Reiches personal-familiäre Abstam-
mungskriterien für die Bestimmung der Landesstaatsangehörigkeit entscheidend[47].
Das Abstellen auf eine dauerhaft personale Bindung an das Land, die sich allenfalls
in einem bestehenden langjährigen Wohnsitz ausdrücken kann, entspricht damit am
ehesten der Forderung, für die Bestimmung der Landesangehörigkeit auf Kriterien
zurückzugreifen, die üblicherweise für den Erwerb der Staatsangehörigkeit maßgeblich sind. Beim schlichten Aufenthalt handelt es sich um eine Beziehung, die zu
flüchtig ist, um eine Zuordnung zum Landesstaatsvolk als Grundlage für die Ausübung der staatsbürgerlichen Rechte zu rechtfertigen[48]. Die Auffassung, die den Wohnsitz an sich als Kriterien für eine materiell verstandene Landesangehörigkeit heranzie-
hen will, überzeugt zudem insoweit nicht, als sie – angesichts existierender, evident
verfassungsgemäßer an den Wohnsitz anknüpfender Landesregelungen, wie z.B. den
Regelungen des Wahlrechts zu Landesorganen – „sachgerechte" Anknüpfungen an
den Wohnsitz im Rahmen von Art. 33 Abs. 1 GG für gerechtfertigt hält[49]. Da das aber
gem. Art. 3 Abs. 1 GG für jede Ungleichbehandlung gilt, wird durch diese Auffassung
der spezifische Charakter des Art. 33 Abs. 1 GG als besonderer Gleichheitssatz verfehlt[50]. Auch auf der Grundlage einer nach Sinn und Zweck des Art. 33 Abs. 1 GG
differenzierenden Ansicht mit der Bezugnahme auf eine behauptete gesamtstaatliche
Bedeutung von Hochschul(zugangs)gebühren kann ein Verstoß gegen Art. 33 Abs. 1
GG aus den oben dargestellten Erwägungen nicht begründet werden.

Im Ergebnis ist daher der zweiten Ansicht zu folgen. Die Anknüpfung an den Wohnsitz in § 30 Abs. 2 S. 1 HochSchG stellt keine unzulässige Differenzierung i.S.d.
Art. 33 Abs. 1 GG dar.

II. Ergebnis

§ 30 Abs. 2 S. 1 HochSchG verstößt nicht gegen Art. 33 Abs. 1 GG. 31

Hinweis zum Aufbau und zur Bewertung: Dass die Anknüpfung an den Wohnsitz 32
eine Anknüpfung an die Landesangehörigkeit darstellt und somit eine Ungleichbehandlung i.S.d. Art. 33 Abs. 1 GG vorliegt, ist vertretbar. Dann stellt sich jedoch die Frage
der Rechtfertigung einer solchen Anknüpfung, soll nicht – was wiederum schwer halt-

---

47 *Pfütze*, Landeskinderklauseln, S. 115 ff.
48 *Sachs*, AöR 108 (1983), S. 83.
49 *Maunz*, in: Maunz/Dürig, GG, Art. 33 Rn. 6 f.
50 *Lübbe-Wolff*, in: Dreier (1998), GG, Art. 33 Rn. 28.

bar wäre – jegliche Wohnsitzanknüpfung für unvereinbar mit Art. 33 Abs. 1 GG erklärt werden. Im Rahmen der Rechtfertigung dürften, stellt man auf die „Sachgerechtigkeit" der Anknüpfung ab, ähnliche Erwägungen wie im Rahmen der Prüfung von Art. 3 Abs. 1 GG anzustellen sein. Vorab ist im Fall der Bejahung des Vorliegens einer Differenzierung nach der Landesangehörigkeit der Begriff der staatsbürgerlichen Rechte und Pflichten i.S.d. Art. 33 Abs. 1 GG zu erörtern. Die wohl herrschende Auffassung sieht hiervon sämtliche öffentlich-rechtlichen (subjektiven) Rechte und Pflichten umfasst (vgl. *Jachmann*, in: v. Mangoldt/Klein/Starck, GG, Art. 33 Rn. 5; *Jarass*, in: Jarass/Pieroth, GG, Art. 33 Rn. 2); nach anderer Auffassung gehören hierzu nur die politischen Rechte (vgl. *Lübbe-Wolff*, in: Dreier (1998), GG, Art. 33 Rn. 28).

C. Verstoß gegen Art. 3 Abs. 3 S. 1 GG

I. Ungleichbehandlung i.S.d. Art. 3 Abs. 3 S. 1 GG

33 Fraglich ist hier bereits, ob der Wohnsitz unter eines der Differenzierungsmerkmale des speziellen Gleichheitssatzes fällt.

1. Heimat

34 § 30 Abs. 2 S. 1 HochSchG müsste an die Heimat i.S.d. Art. 3 Abs. 3 S. 1 GG anknüpfen. Heimat ist die örtliche Herkunft eines Menschen nach Geburt oder Ansässigkeit im Sinne der emotionalen Beziehung zu einem geographisch begrenzten, den Einzelnen mitprägenden Raum (Ort, Landschaft)[51]. Die identitätsstiftende Bedeutung der Umgebung während Kindheit und Jugend soll für das Merkmal der Heimat charakteristisch sein[52]. Der Wohnsitz oder der ständige Aufenthalt in einem Land bestimmen die Heimat eines Menschen nicht[53]. Landeskinderklauseln werden damit regelmäßig von Art. 3 Abs. 3 S. 1 GG nicht erfasst[54]. § 30 Abs. 2 S. 1 HochSchG knüpft nicht an die Heimat i.S.d. Art. 3 Abs. 3 S. 1 GG an.

2. Herkunft

35 § 30 Abs. 2 S. 1 HochSchG könnte an die Herkunft i.S.d. Art. 3 Abs. 3 S. 1 GG anknüpfen. Unter Herkunft wird die ständisch-soziale Abstammung und Verwurzelung, nicht aber die in den eigenen Lebensumständen begründete Zugehörigkeit zu einer bestimmten sozialen Schicht verstanden[55]. Das Differenzierungsverbot nach der Herkunft will die soziale Durchlässigkeit und Chancengleichheit gewährleisten und

---

51 BVerfGE 102, 41, 53.
52 *Eckertz-Höfer*, in: Denninger/Hoffmann-Riem/Schneider/Stein, GG, Art. 3 Abs. 2, 3 Rn. 119; *Osterloh*, in: Sachs, GG, Art. 3 Rn. 295; *Rüfner*, in: Dolzer/Kahl/Waldhoff/Graßhof, BK, Art. 3 Rn. 839.
53 BVerfGE 38, 128, 135; 92, 26, 50; 102, 41, 53 f.
54 BVerwG, NVwZ 1983, 233; *Jarass*, in: Jarass/Pieroth, GG, Art. 3 Rn. 123; *Osterloh*, in: Sachs, GG, Art. 3 Rn. 296.
55 BVerfGE 5, 17, 22; 9, 124, 129; 48, 281, 288; BVerwGE 106, 191, 194; *Rüfner*, in: Dolzer/Kahl/Waldhoff/Graßhof, BK, Art. 3 Rn. 845.

eine Klassengesellschaft mit schichtenspezifischen Privilegien verhindern[56]. Eine Wohnsitzanknüpfung stellt keine Differenzierung anhand der Herkunft i.S.d. Art. 3 Abs. 3 GG dar.

II. Ergebnis

§ 30 Abs. 2 S. 1 HochSchG knüpft nicht an ein nach Art. 3 Abs. 3 S. 1 GG unzuläs-   **36**
siges Differenzierungskriterium an. Eine Ungleichbehandlung i.S.d. Art. 3 Abs. 3
S. 1 GG liegt nicht vor. § 30 Abs. 2 S. 1 HochSchG verstößt nicht gegen diesen
speziellen Gleichheitssatz.

D. Verstoß gegen Art. 3 Abs. 1 GG

I. Ungleichbehandlung i.S.d. Art. 3 Abs. 1 GG

Eine Ungleichbehandlung i.S.d. Art. 3 Abs. 1 GG liegt vor, wenn eine Personengrup-   **37**
pe oder ein Lebenssachverhalt gesetzlich behandelt werden, eine andere Personengruppe oder ein anderer Lebenssachverhalt in einer bestimmten anderen Weise gesetzlich behandelt werden und beide Personengruppen oder Lebenssachverhalte unter
einen gemeinsamen, weitere Personengruppen oder Lebenssachverhalte ausschließenden Oberbegriff gefasst werden können[57].

Im vorliegenden Fall erhalten Studierende mit Hauptwohnung im Land X ein Stu-   **38**
dienkonto, das – bis zum Verbrauch des Studienguthabens – ein gebührenfreies Erststudium ermöglicht. Studierende, die ihre Hauptwohnung nicht im Land X haben,
erhalten kein Studienkonto und unterliegen damit auch für das Erststudium der Gebührenpflicht. Beide Personengruppen unterfallen dem gemeinsamen Oberbegriff der Studierenden im Erststudium. Eine Ungleichbehandlung i.S.d. Art. 3 Abs. 1 GG liegt vor.

II. Verfassungsrechtliche Rechtfertigung

1. Prüfungsmaßstab

Bei den Anforderungen an die verfassungsrechtliche Rechtfertigung von Ungleich-   **39**
behandlungen differenziert das BVerfG nach der Intensität, mit der eine Ungleichbehandlung die Betroffenen beeinträchtigt[58]. Die Intensität wächst, je mehr das Kriterium der Ungleichbehandlung personen- und je weniger es situationsbezogen ist, je
mehr es einem der nach Art. 3 Abs. 3 GG verbotenen Kriterien ähnelt, je weniger der
Betroffene das Kriterium der Ungleichbehandlung beeinflussen kann und je mehr
die Ungleichbehandlung den Gebrauch grundrechtlich geschützter Freiheiten er-

---

56 *Eckertz-Höfer*, in: Denninger/Hoffmann-Riem/Schneider/Stein, GG, Art. 3 Abs. 2, 3 Rn. 120; *Jarass*, in:
   Jarass/Pieroth, GG, Art. 3 Rn. 124; *Rüfner*, in: Dolzer/Kahl/Waldhoff/Graßhof, BK, Art. 3 Rn. 845; *Starck*,
   in: v. Mangoldt/Klein/Starck, GG, Art. 3 Rn. 370.
57 *Pieroth/Schlink*, Grundrechte, Rn. 467.
58 BVerfGE 88, 87, 96; 91, 389, 401; 95, 267, 316 f.; 99, 367, 388; 107, 27, 46.

schwert. Mit der Intensität wachsen die Anforderungen an die verfassungsrechtliche Rechtfertigung von Ungleichbehandlungen. Bei Ungleichbehandlungen geringer Intensität versteht das BVerfG das Gleichheitsgebot als Willkürverbot, beschränkt die Rechtfertigungsprüfung auf eine Evidenzkontrolle und akzeptiert eine Ungleichbehandlung schon dann als willkürfrei und gerechtfertigt, wenn sich nur irgendein sachlicher Grund zu ihren Gunsten anführen lässt. Bei Ungleichbehandlungen größerer Intensität begreift das BVerfG das Gleichheitsgebot als Verbot der Ungleichbehandlung ohne gewichtigen sachlichen Grund, verlangt eine Verhältnismäßigkeitsprüfung und akzeptiert eine Ungleichbehandlung erst dann als durch einen gewichtigen sachlichen Grund gerechtfertigt, wenn sie einen legitimen Zweck verfolgt, zur Erreichung dieses Zwecks geeignet und erforderlich ist und auch sonst in angemessenem Verhältnis zum Wert des Zwecks steht[59].

40   Besondere Anforderungen an die verfassungsrechtliche Rechtfertigung der Ungleichbehandlung ergeben sich vorliegend gerade aus den speziell für das Abgabenrecht geltenden gleichheitsrechtlichen Maßstäben. Die Rechtsprechung hat aus dem allgemeinen Gleichheitssatz für die Erhebung von Abgaben besondere Anforderungen an eine Abgabengerechtigkeit entwickelt. Dabei wird dem Normgeber im Bereich des Abgabenrechts in den Grenzen des Willkürverbots weitgehende Gestaltungsfreiheit zugestanden. Auch im Abgabenrecht verletzt eine Ungleichbehandlung den Gleichheitssatz nur dann, wenn sie nicht auf sachgerechte Erwägungen zurückzuführen ist[60]. Speziell im Gebührenrecht bedeutet dies, dass die nach Art und Umfang gleiche Inanspruchnahme einer öffentlichen Einrichtung regelmäßig ohne Berücksichtigung persönlicher Eigenschaften des Benutzers in den Grenzen der Praktikabilität und Wirtschaftlichkeit gleich hohe Gebühren auslöst[61]. Auch dieser Grundsatz gilt nach der Rechtsprechung jedoch nicht ohne Einschränkung. Dem Bundes- oder Landesgesetzgeber steht es zu, die Höhe von Benutzungsgebühren aus sachlichen Gründen auch bei gleichartiger Inanspruchnahme unterschiedlich zu bemessen, solange der Zusammenhang zwischen Leistung und Gegenleistung sowie die Beziehung zu den Kosten der gebührenpflichtigen Staatsleistung nicht verloren geht[62]. Anerkannt ist auch, dass die Berücksichtigung lenkender Nebenzwecke nicht nur die Gebührenerhebung, sondern auch die Modifizierung der Gebührenhöhe rechtfertigen kann[63].

41   **Hinweis zum Aufbau und zur Bewertung:** Vorliegend wird davon ausgegangen, dass es sich bei den Studiengebühren um Gebühren und nicht um Beiträge im abgabenrechtlichen Sinne handelt (vgl. VGH Mannheim, DÖV 2000, 874, 875 (Benutzungsgebühr); *Wolff*, Verwaltungsrecht I, § 42, Rn. 40; a.A. *Kronthaler*, WissR 39 (2006), S. 295). Dies lässt sich u.a. damit begründen, dass die Rechtsbeziehung, die zwischen den Studierenden und der Universität durch Immatrikulation entsteht, über die reine Möglichkeit der Inanspruchnahme, die durch die Zahlung von Beiträgen eingeräumt wird,

---

59 *Pieroth/Schlink*, Grundrechte, Rn. 470 ff.
60 BVerfGE 54, 11, 25 f.; BVerwGE 104, 60, 63.
61 BVerwGE 104, 60, 63.
62 BVerfGE 50, 217, 226; BVerwGE 104, 60, 63 f.
63 BVerfGE 50, 217, 226; BVerwGE 104, 60, 64.

hinausgeht. Unterschiede ergeben sich aus der Einordnung als Beitrag in der vorliegenden Konstellation jedoch nicht (so auch VG Bremen, Beschluss v. 17.9.2007 – 6 K 1577/06, 6 K 1582/06, 6 K 1587/06 –, juris, Rn. 160; *Kronthaler*, WissR 39 (2006), S. 295). Auch bei der Erhebung von Beiträgen verlangt Art. 3 Abs. 1 GG, dass diese im Verhältnis der Beitragspflichtigen untereinander grundsätzlich vorteilsgerecht zu bemessen sind; Differenzierungen können aber aus sachlichen Gründen gerechtfertigt sein (BVerwGE 92, 24, 26; 108, 169, 181).

2. Sachlicher Grund für die Ungleichbehandlung

Der mit der Ungleichbehandlung im vorliegenden Fall verfolgte Zweck liegt laut **42** Gesetzesbegründung darin, dem Umstand Rechnung zu tragen, dass das Land im Rahmen des Länderfinanzausgleichs und – aufgrund der Finanzverteilung – damit auch die Hochschulen im Land über Studierende, die ihren Hauptwohnsitz im Land haben, zusätzliche Mittel erhalten. Diese Verknüpfung ist nach einer Ansicht als willkürlich bzw. sachwidrig einzustufen[64]. Die Gruppe der Studierenden mit Wohnsitz außerhalb des Landes nehme die gleichen Leistungen in Anspruch wie die Studierenden mit Wohnsitz im Land. Sie verursache weder höhere Kosten noch ziehe sie einen größeren Vorteil aus den angebotenen Leistungen. Damit liege in der Anknüpfung an den Wohnsitz ein Verstoß gegen den gebührenrechtlichen Grundsatz, dass die nach Art und Umfang gleiche Inanspruchnahme einer öffentlichen Einrichtung regelmäßig ohne Berücksichtigung persönlicher Eigenschaften des Benutzers in den Grenzen der Praktikabilität und Wirtschaftlichkeit gleich hohe Gebühren auslösen müsse. Die Unzulässigkeit der Differenzierung folge überdies daraus, dass es an einem fehlenden *unmittelbaren* Zusammenhang zwischen der Inanspruchnahme der Hochschulen eines Bundeslandes durch auswärtige Studierende und dem Länderfinanzausgleich gebe. Zuweisungen aus dem Finanzausgleich seien kein „sachnahes" Surrogat für Studiengebühren[65].

Dass zwischen der Inanspruchnahme eines Studienplatzes durch auswärtige Studie- **43** rende und dem Finanzausgleich ein Zusammenhang besteht, lässt sich jedoch nicht bestreiten. Dem kann nicht überzeugend entgegengehalten werden, dass es für die Einnahmen aus dem Länderfinanzausgleich allein auf die Wohnsitznahme im Bundesland ankomme, nicht aber darauf, ob der Einwohner studiere, arbeite oder nicht erwerbstätig sei; der sachliche Zusammenhang zwischen in einem Bundesland studierenden Einwohnern mit dem Aufkommen aus dem Länderfinanzausgleich sei nicht größer als der sachliche Zusammenhang zwischen nicht studierenden Einwohnern und dem Aufkommen aus dem Länderfinanzausgleich[66]. Erhält ein Land jedoch für auswärtige Studierende, die ihren Wohnsitz nicht im Land haben, keine zusätzlichen Einnahmen im Rahmen des Länderfinanzausgleichs, verursachen diese Studierenden

---

64 OVG Hamburg, DVBl. 2006, 717, 718 f.; zuvor VG Hamburg, Beschluss v. 31.1.2005 – 6 E 4707/04 –, juris, Rn. 49; VG Bremen, Beschluss v. 16.8.2006 – 6 V 1583/06 –, LexisNexis, II. 3. b); VG Bremen, Beschluss v. 17.9.2007 – 6 K 1577/06, 6 K 1582/06, 6 K 1587/06 –, juris, Rn. 153 ff.
65 VG Bremen, Beschluss v. 17.9.2007 – 6 K 1577/06, 6 K 1582/06, 6 K 1587/06 –, juris, Rn. 170 f.
66 VG Bremen, Beschluss v. 17.9.2007 – 6 K 1577/06, 6 K 1582/06, 6 K 1587/06 –, juris, Rn. 170.

im Ergebnis höhere Kosten als Studierende mit Wohnsitz im Land. Im Rahmen seiner Gestaltungsfreiheit muss es dem Landesgesetzgeber möglich sein, diesen Zusammenhang bei der Ausgestaltung der Gebührenerhebung zu berücksichtigen und insoweit vom Grundsatz der Erhebung gleicher Gebühren bei gleicher Inanspruchnahme abzuweichen. Verfolgt der Gesetzgeber hiermit den Nebenzweck, Studierende zur Anmeldung des Hauptwohnsitzes im Land zu bewegen, ist dies nach der oben dargestellten Rechtsprechung ebenfalls vom gesetzgeberischen Spielraum gedeckt. Jedenfalls dann, wenn – was im vorliegenden Fall zu unterstellen ist – die zusätzlichen Finanzmittel aus dem Länderfinanzausgleich nicht ohne weitere Differenzierung in den Landeshaushalt, sondern aufgrund der Finanzverteilung zweckgebunden auch in die Finanzierung der Hochschulen fließen, dürfte ein ausreichender Zusammenhang zwischen der Inanspruchnahme der Hochschulen durch auswärtige Studierende und der einwohnerbezogenen Mittelverteilung im Rahmen des Finanzausgleichs bestehen.

44 Soweit ein unmittelbarer Zusammenhang gerade zwischen dem Zweck der gewollten Verhaltenssteuerung und dem Benutzungsverhältnis gefordert wird, ist schon die Herleitung dieser Anforderung zweifelhaft. Die Entscheidung des VGH Mannheim[67], auf die sich namentlich das OVG Hamburg[68] in diesem Zusammenhang beruft, ist auf den vorliegenden Fall nicht übertragbar und im Übrigen vom BVerwG aufgehoben worden[69]. Das BVerwG hat in der genannten Entscheidung den Auswärtigenzuschlag für die Benutzung einer kommunalen Musikschule dann für unbedenklich in Bezug auf Art. 3 Abs. 1 GG erklärt, wenn die Gebühr unter der Kostendeckungsgrenze liegt, das Äquivalenzprinzip beachtet wird und die Auswärtigen nicht die Einheimischen subventionieren. Diese Voraussetzungen sind auch im vorliegenden Fall gegeben. Das BVerwG hat für den von ihm zu entscheidenden Sachverhalt klargestellt, dass die Frage des Gleichheitsverstoßes in dieser Konstellation die Frage der Zulässigkeit eines Einheimischenabschlags in Form der Subventionierung nur der eigenen Gemeindebürger zum Gegenstand hat. Die Nichterhebung von Studiengebühren von Landesangehörigen ist – verstanden als Privilegierung Landesangehöriger und nicht als Belastung Auswärtiger – vergleichbar mit dem gemeindlichen Einwohnerprivileg. Auch den Landesangehörigen erwachsen aus ihrer Zugehörigkeit zum Land besondere Finanzierungslasten, denen an das gleiche Kriterium anknüpfende Vergünstigungen gegenübergestellt werden dürfen. Soweit das VG Bremen die dem Einwohnerprivileg zugrunde liegenden Erwägungen auf die Erhebung von Studiengebühren für nicht übertragbar hält, weil das Teilhaberecht auf Zugang zum Hochschulstudium bundesweit gleichermaßen gelte[70], überzeugt dies dann nicht, wenn – wie nach hier vertretener Auffassung – das Teilhaberecht gerade keinen Anspruch auf kostenlose Teilhabe begründet.

45 Dass auch der Landesgesetzgeber für seine Bürger andere Bürger nicht treffende Belastungen und spiegelbildlich dazu auch Vergünstigungen festsetzen darf, wird auch

---

67 VGH Mannheim, NVwZ 1997, 620 ff.
68 OVG Hamburg, DVBl. 2006, 717, 718 f.
69 BVerwGE 104, 60 ff.
70 VG Bremen, Beschluss v. 16.8.2006 – 6 V 1583/06 –, LexisNexis, II. 3. b); VG Bremen, Beschluss v. 17.9.2007 – 6 K 155/06, 6 K 1582/06, 6 K 1587/06 –, juris, Rn. 131 ff.

durch die bisherigen Entscheidungen des BVerwG zu Vergünstigungen von Landeskindern im Hochschulwesen und Schulwesen bestätigt, die keine Beanstandungen unter dem Gesichtspunkt des allgemeinen Gleichheitssatzes erhoben haben. So heißt es in einer Entscheidung zur Schuldgeldermäßigung für Landeskinder, der Landesgesetzgeber sei im Grundsatz nicht gehindert, innerhalb seines Kompetenzbereichs von der Gesetzgebung anderer Länder abweichende Regelungen zu treffen, und zwar auch dann, wenn dadurch die Einwohner seines Landes im praktischen Ergebnis mehr belastet oder begünstigt werden. Es vertrage sich mit dem Prinzip bundesstaatlicher Gleichheit, dass die Schulgeldbefreiung, die in einer Landeskompetenz verankert ist, landesfremden Bürgern nicht in vollem Umfange zu Gute kommt. Die Besserstellung der Landeskinder beruhe nicht darauf, dass Landesfremde benachteiligt werden, wie es etwa bei zulassungsbeschränkenden Regelungen geschehe, die dem einheimischen Studienplatzbewerber einen Bonus geben[71].

In diese Richtung gehen auch Äußerungen im Schrifttum, die von einer zulässigen Differenzierung nach Art. 3 Abs. 1 GG ausgehen, „weil die Besserstellung der Landeskinder nicht darauf zielt, Landesfremde zu benachteiligen". Es gehe vielmehr allein um ein aufenthaltsortbezogenes Bonussystem, das finanziell allein vom Haushalt des Landes getragen werde, landesfremde Kinder oder andere Landeshaushalte aber nicht belaste[72].

46

Schließlich hat auch das BVerfG die Begünstigung von Landeskindern sogar bei der Gewährung des Rechts auf Zugang zum Hochschulstudium nicht grundsätzlich ausgeschlossen, sondern nur für den Fall, dass diese zur Entwertung von Grundrechten führen würde, wenn andere Länder ebenso verfahren[73]. Dafür, dass Teilhaberechte aus Art. 12 Abs. 1 GG i.V.m. Art. 3 Abs. 1 GG geschmälert werden, wenn andere Bundesländer ebenfalls Studiengebühren für Auswärtige einführen, fehlt es jedoch an tatsächlichen Anhaltspunkten. Die Annahme, dass Studierende durch Landeskinderklauseln angehalten würden, möglichst im Wohnsitzland zu studieren und nicht dort, wo noch Hochschulkapazitäten bestehen, mit der Folge, dass die erschöpfende Nutzung vorhandener Kapazitäten im Wege gleichmäßiger Verteilung erschwert würde[74], dürfte eher fernliegend sein. Das BVerfG ist in seiner Entscheidung zum 6. Änderungsgesetz zum Hochschulrahmengesetz in tatsächlicher Hinsicht davon ausgegangen, dass für die Wahl des Studienortes und der Hochschule – einschließlich der Entscheidung für ein Studium in Heimatnähe – eine Vielzahl von Faktoren bedeutsam sei, deren jeweiliges Gewicht für die individuelle Entscheidung nicht ohne weiteres einschätzbar sei. Es sei nicht belegt, dass Studierende den Studienort maßgeblich unter dem Aspekt möglicher Studiengebühren wählten[75]. Im Hinblick auf die Erhebung allgemeiner Studiengebühren hat das BVerfG daran anknüpfend ausgeführt, dass anders als in Fragen der Zulassung zum Studium in diesem Zusammenhang das Hochschulwesen in Deutschland nicht in dem Sinne als ein zusammenhängendes

47

---

71 BVerwG, Buchholz 421, Nr. 103.
72 *Dollinger/Umbach*, in: Umbach/Clemens, GG, Art. 33 Rn. 29.
73 BVerfGE 33, 303, 353.
74 VG Bremen, Beschluss v. 17.9.2007 – 6 K 1577/06, 6 K 1582/06, 6 K 1587/06 –, juris, Rn. 141 f.
75 BVerfGE 112, 226, 245, 246.

System anzusehen sei, dass im Interesse länderübergreifender Nutzung der Ausbildungskapazitäten grundsätzlich eine bundesweite Reglementierung erforderlich wäre[76]. Da auch Landeskinderklauseln im Hinblick auf die Erhebung von Studiengebühren nach dem oben Gesagten in der Praxis tatsächlich nicht zu einer nachhaltigen Störung der länderübergreifenden Nutzung von Ausbildungskapazitäten führen dürften, ist eine von der Gegenauffassung angenommene Entwertung des Teilhaberechts aus Art. 12 Abs. 1 GG i.V.m. Art. 3 Abs. 1 GG nicht zu befürchten.

48 In Bezug auf finanzielle Privilegierungen hat das BVerfG überdies zuletzt in seiner Entscheidung zum bremischen Privatschulgesetz – nach der zu prüfenden Landeskinderklausel werden bei der Gewährung wirtschaftlicher Hilfe an die Träger privater Ersatzschulen vom Land nur Schüler berücksichtigt, die in Bremen ihre Wohnung oder Hauptwohnung haben – als legitime Rechtfertigung einer an den Wohnsitz anknüpfenden Ungleichbehandlung die Konzentration der Haushaltsmittel auf die Aufgabenerfüllung gegenüber landesansässigen Schülern und Eltern bezeichnet[77]. Die Landesmittel seien primär dazu bestimmt, der Ausbildung und Unterrichtung der im eigenen Land wohnhaften Schüler zu dienen[78]. Danach dürfte auch die Begünstigung von Studierenden mit Wohnsitz im Land gerechtfertigt sein, wenn – wie vorliegend – davon ausgegangen wird, dass der gebührenfreie Zugang zur Hochschule vom gesamtstaatlich gewährleisteten Teilhaberecht aus Art. 12 Abs. 1 GG i.V.m. Art. 3 Abs. 1 GG und dem Sozialstaatsprinzip nicht erfasst wird.

49 Bei der Erhebung von Studiengebühren danach zu unterscheiden, ob diese ihren Wohnsitz im Land oder außerhalb des Landes haben, ist damit im Ergebnis als sachlich begründet anzusehen. Die in § 30 Abs. 2 S. 1 HochSchG vorgesehene Ungleichbehandlung ist verfassungsrechtlich gerechtfertigt.

III. Ergebnis

50 § 30 Abs. 2 S. 1 HochSchG verstößt nicht gegen Art. 3 Abs. 1 GG.

51 **Hinweis zur Bewertung:** Gut vertretbar ist es, mit dem OVG Hamburg und dem VG Bremen von einer sachwidrigen Differenzierung auszugehen. Zu beachten ist allerdings, dass das Problem der Einwohnerveredelung im Länderfinanzausgleich, wie es sich für die Stadtstaaten Hamburg und Bremen stellt, im vorliegenden Fall nicht besteht. Auch existiert laut Sachverhalt ein Zusammenhang zwischen Mehreinnahmen über den Länderfinanzausgleich und Mittelzufluss an die Hochschulen. Wird auf die Unmittelbarkeit des Zusammenhangs abgestellt, kann dies jedenfalls nicht ohne kritische Auseinandersetzung mit dem Verweis des OVG Hamburg auf die Entscheidung des VGH Mannheim erfolgen.

---

76 BVerfGE 112, 226, 247.
77 BVerfGE 112, 74, 87 f.
78 BVerfGE 112, 74, 87 f.

E. Gesamtergebnis

§ 30 Abs. 2 S. 1 HochSchG verstößt nicht gegen Grundrechte. **52**

Ergänzender Hinweis zum Fall: Die „Landeskinderklausel" des hamburgischen **53**
Hochschulgesetzes ist durch das hamburgische Studienfinanzierungsgesetz v. 6.7.2006,
mit dem das Studienkontenmodell aufgegeben und eine allgemeine Studiengebühr für
alle Studierenden eingeführt wurde, aufgehoben worden. Mit Wirkung zum 1.7.2010
ist auch die „Landeskinderklausel" des bremischen Studienkontengesetzes ersatzlos
weggefallen. Das BVerfG hat in dem auf dem Vorlagebeschluss des VG Bremen v.
17.9.2007 basierenden Verfahren zur Überprüfung der Verfassungsmäßigkeit der Landeskinderklausel im bremischen Studienkontengesetz v. 18.10.2005 (1 BvL 1/08) noch
keine Entscheidung getroffen.

Literaturverzeichnis

Bethge, Herbert	Die Grundrechtssicherung im föderativen Bereich, in: AöR 110 (1985), S. 169 ff.	**54**
Caspar, Johannes	Die verfassungsrechtliche Zulässigkeit von Landes-kinderklauseln im Bildungsrecht, in: Recht der Jugend und des Bildungswesens 2003, S. 48 ff.	
Denninger, Erhard/Hoffmann-Riem, Wolfgang/Schneider, Hans-Peter/Stein, Ekkehart (Hrsg.)	Kommentar zum Grundgesetz für die Bundesrepublik Deutschland, Loseblattsammlung, 3. Aufl., Neuwied/ Kriftel 2001, Stand: August 2002	
Doemming, Klaus-Berto von/ Füsslein, Rudolf Werner/ Matz, Werner	Entstehungsgeschichte der Artikel des Grundgesetzes, in: JöR NF 1 (1951), S. 1 ff.	
Dolzer, Rudolf/Kahl, Wolfgang/ Waldhoff, Christian/ Graßhof, Karin (Hrsg.)	Bonner Kommentar zum Grundgesetz, Loseblatt-sammlung, Stand: 147. Aktualisierung, August 2010, Heidelberg	
Dreier, Horst (Hrsg.)	Grundgesetz. Kommentar, Band I: Präambel, Artikel 1–19, 2. Aufl., Tübingen 2004; Band II, Artikel 20–82, Tübingen 1998; Band II, Artikel 20–82, 2. Aufl., Tübingen 2006	
Fastenrath, Ulrich	Inländerdiskriminierung. Zum Gleichbehandlungsgebot beim Zusammenwirken mehrerer (Teil)rechtsordnungen im vertikal gegliederten und international integrierten Staat, in: JZ 1987, S. 170 ff.	
Gärditz, Klaus Ferdinand	Studiengebühren, staatsbürgerliche Gleichheit und Vorteilsausgleich, in: WissR 38 (2005), S. 157 ff.	
Isensee, Josef/ Kirchhof, Paul (Hrsg.)	Handbuch des Staatsrechts der Bundesrepublik Deutschland. Band V: Allgemeine Grundrechtslehren, Heidelberg 1992	

Jarass, Hans D./ *Pieroth, Bodo*	Grundgesetz für die Bundesrepublik Deutschland. Kommentar, 10. Aufl., München 2009
Kisker, Gunter	Grundrechtsschutz gegen bundesstaatliche Vielfalt?, in: Günter Püttner (Hrsg.), Festschrift für Otto Bachof zum 70. Geburtstag, München 1984, S. 47 ff.
Kronthaler, Ludwig	Gestaltungsmöglichkeiten und Grenzen bei der Einführung von Studienbeiträgen. Verfassungsrechtlicher Rahmen und einfach-rechtliche Spielräume, in: WissR 39 (2006), S. 276 ff.
Löwer, Wolfgang/ *Müller-Terpitz, Ralf*	Die Zulässigkeit von „Landeskinderklauseln" im bremischen und hamburgischen Privatschulfinanzie- rungsrecht, in: Recht der Jugend und des Bildungs- wesens 1999, S. 169 ff.

Mangoldt, Herman von/
  Klein, Friedrich/Starck,
  Christian (Hrsg.)
	Kommentar zum Grundgesetz, Band 1: Präambel,
	Artikel 1 bis 19, 5. Aufl., München 2005; Band 2;
	Artikel 20 bis 82, 6. Aufl., München 2010

Maunz, Theodor	Die staatsbürgerliche Gleichheit, in: Hermann Conrad u.a. (Hrsg.): Gedächtnisschrift für Hans Peters, Berlin/ Heidelberg/New York 1967, S. 558 ff.
ders./Dürig, Günter (Begr.)	Grundgesetz. Kommentar, Loseblattsammlung, Stand: 58. Lieferung, April 2010, München
Münch, Ingo von/ *Kunig, Philip* (Hrsg.)	Grundgesetz-Kommentar, Band 1 (Präambel bis Art. 19), 5. Aufl., München 2000; Band 2 (Art. 20 bis 69), 4./5. Aufl., München 2001
Pfütze, Ulrike	Die Verfassungsmäßigkeit von Landeskinderklauseln. Eine Untersuchung zu Art. 33 Abs. 1 GG unter besonderer Berücksichtigung der verfassungshistorischen Entwicklung und veranschaulicht an Anwendungsbeispielen, Frankfurt a.M. 1998
Pieroth, Bodo/ *Schlink, Bernhard*	Grundrechte. Staatsrecht II, 26. Aufl., Heidelberg 2010
Sachs, Michael	Das Staatsvolk in den Ländern. Überlegungen zur Landesstaatsangehörigkeit und zur staatsbürgerlichen Gleichheit im Bundesstaat, in: AöR 108 (1983), S. 68 ff.
ders. (Hrsg.)	Grundgesetz. Kommentar, 5. Aufl., München 2009
Umbach, Dieter C./ *Clemens, Thomas* (Hrsg.)	Grundgesetz. Mitarbeiterkommentar und Handbuch, Band I, Art. 1–37 GG, Heidelberg 2002

Wolf, Hans J./Bachof, Otto/
  Stober, Rolf/Kluth,
  Winfried
	Verwaltungsrecht I. Ein Studienbuch, 12. Aufl.,
	München 2007

Wegen der verwendeten Abkürzungen wird verwiesen auf:

Kirchner, Hildebert/ *Butz, Cornelie*	Abkürzungsverzeichnis der Rechtssprache, 7. Aufl., Berlin 2007

Hausarbeit 8
Parteitag in der städtischen Aula

von Christoph Görisch

Der Landesverband Nordrhein-Westfalen L der P-Partei will im Vorfeld einer durch **1**
das anzunehmende Zensusgesetz angeordneten Volkszählung (Zensus) in der städtischen Aula der nordrhein-westfälischen Stadt X, wo L seinen Sitz hat, einen Landesparteitag abhalten. Zu diesem Zweck stellt L beim Bürgermeister B der Stadt X einen
Antrag auf Überlassung der Aula, in der zuvor schon mehrfach Landesversammlungen
anderer Parteien stattgefunden haben.

Die P-Partei ist gegen die Durchführung der Volkzählung eingestellt. Führende Re-
präsentanten sowie die kurz zuvor zu Ende gegangene Bundesversammlung haben
zum Boykott der stichprobenartigen Erhebungen aufgerufen, mittels derer die Zäh-
lung nach dem zugrundeliegenden Zensusgesetz neben umfassenden Auswertungen
der bestehenden Verwaltungsregister durchgeführt werden soll. Nach den konkreten
Umständen ist davon auszugehen, dass auch die geplante Landesversammlung einen
öffentlichkeitswirksamen Boykottaufruf verabschieden wird. B macht daraufhin die
Bewilligung des Antrags davon abhängig, dass L sich verpflichtet, im Zusammenhang
mit der Durchführung der Landesversammlung nicht zum Volkszählungsboykott
aufzurufen. Er begründet das damit, dass der Volkszählungsboykott durch das Zensusgesetz mit einer Geldbuße bedroht wird und der Boykottaufruf infolgedessen gemäß
§ 116 Abs. 1 OWiG eine Ordnungswidrigkeit ist.

Da L nicht zu einer entsprechenden Verpflichtung bereit ist und auf der unbedingten
Überlassung der städtischen Aula beharrt, lehnt B den Antrag ab. Der von L begehrte
einstweilige Rechtsschutz wurde in letzter Instanz vom OVG Nordrhein-Westfalen
verweigert. Die Landesversammlung fand daraufhin an einem anderen Ort statt. Nunmehr erhebt L fristgerecht Verfassungsbeschwerde, deren Zulässigkeit und Begründetheit zu begutachten sind.

Auszug aus der Gemeindeordnung für das Land Nordrhein-Westfalen (GO NRW)

§ 1 Wesen der Gemeinden   **2**

(1) [1]Die Gemeinden sind die Grundlage des demokratischen Staatsaufbaues. [2]Sie fördern das Wohl
der Einwohner in freier Selbstverwaltung durch ihre von der Bürgerschaft gewählten Organe. [3]Sie
handeln zugleich in Verantwortung für die zukünftigen Generationen.

(2) Die Gemeinden sind Gebietskörperschaften.

§ 2 Wirkungskreis

Die Gemeinden sind in ihrem Gebiet, soweit die Gesetze nicht ausdrücklich etwas anderes bestimmen, ausschließliche und eigenverantwortliche Träger der öffentlichen Verwaltung.

§ 8 Gemeindliche Einrichtungen und Lasten

(1) Die Gemeinden schaffen innerhalb der Grenzen ihrer Leistungsfähigkeit die für die wirtschaftliche, soziale und kulturelle Betreuung ihrer Einwohner erforderlichen öffentlichen Einrichtungen.

(2) Alle Einwohner einer Gemeinde sind im Rahmen des geltenden Rechts berechtigt, die öffentlichen Einrichtungen der Gemeinde zu benutzen und verpflichtet, die Lasten zu tragen, die sich aus ihrer Zugehörigkeit zu der Gemeinde ergeben.

(3) Grundbesitzer und Gewerbetreibende, die nicht in der Gemeinde wohnen, sind in gleicher Weise berechtigt, die öffentlichen Einrichtungen zu benutzen, die in der Gemeinde für Grundbesitzer und Gewerbetreibende bestehen, und verpflichtet, für ihren Grundbesitz oder Gewerbebetrieb im Gemeindegebiet zu den Gemeindelasten beizutragen.

(4) Diese Vorschriften gelten entsprechend für juristische Personen und für Personenvereinigungen.

§ 63 Vertretung der Gemeinde

(1) [1]Unbeschadet der dem Rat und seinen Ausschüssen zustehenden Entscheidungsbefugnisse ist der Bürgermeister der gesetzliche Vertreter der Gemeinde in Rechts- und Verwaltungsgeschäften.

Gliederung

Gutachten

A. Zulässigkeit

Die laut Sachverhalt innerhalb der Frist des § 93 BVerfGG erhobene Verfassungs- **4** beschwerde ist zulässig, wenn auch die weiteren Voraussetzungen der §§ 90 ff. BVerfGG (i.V.m. Art. 93 Abs. 1 Nr. 4a GG) erfüllt sind.

I. Beschwerdefähigkeit

5 Beschwerdefähig ist gemäß § 90 Abs. 1 BVerfGG jedermann, der in seinen Grundrechten oder grundrechtsgleichen Rechten verletzt sein kann. L ist daher beschwerdefähig, wenn er Grundrechtsträger ist. Gemäß Art. 19 Abs. 3 GG gelten die Grundrechte auch für juristische Personen. Der Begriff der juristischen Person ist dabei im Lichte des Art. 9 Abs. 1 GG erweiternd dahingehend auszulegen, dass er alle mindestens teilrechtsfähigen Personenvereinigungen erfasst[1]. Darunter fallen auch die traditionell als nichtrechtsfähige Vereine des Privatrechts gegründeten Parteien[2] samt Untergliederungen, wie etwa Landesverbänden, im Rahmen der ihnen vom allgemeinen Recht zugewiesenen Rechte[3]. Nicht als „Jedermann" i.S.d. § 90 Abs. 1 BVerfGG beschwerdefähig, sondern ausschließlich im Verfahren der Organstreitigkeit gemäß Art. 93 Abs. 1 Nr. 1 GG parteifähig sind politische Parteien nach (umstrittener) verfassungsgerichtlicher Rechtsprechung, soweit sie ihre Rechte als unmittelbar am Verfassungsleben Beteiligte vor dem Bundesverfassungsgericht einklagen[4]. Vorliegend ruft L das Gericht nicht in einer verfassungsunmittelbaren Auseinandersetzung, sondern als gewaltunterworfener Dritter an. Insoweit ist L in jedem Falle gemäß § 90 Abs. 1 BVerfGG beschwerdefähig.

II. Beschwerdegegenstand

6 Beschwerdegegenstand kann nach § 90 Abs. 1 BVerfGG jeder Akt der öffentlichen Gewalt sein. L wehrt sich gegen die gerichtlich bestätigte Verweigerung der unbedingten Überlassung der städtischen Aula durch B.

7 B verweigert den Zugang als Vertreter der Stadt X gemäß § 63 Abs. 1 GO NRW. Die Gemeinden sind als Gebietskörperschaften des öffentlichen Rechts gemäß §§ 1, 2 GO NRW Träger mittelbarer Staatsgewalt[5]. Die Überlassung städtischer Einrichtungen gehört nach § 8 GO NRW zu den der Stadt obliegenden hoheitlichen Aufgaben. Die Benutzungszulassungs- oder -ablehnungsentscheidung ist dabei unabhängig davon öffentlich-rechtlicher Natur, ob die Durchführung der Überlassung in öffentlich-rechtlicher oder in privatrechtlicher Form erfolgt (sog. Zwei-Stufen-Theorie)[6]. Auf die umstrittene Frage, inwieweit die Fiskalverwaltung der öffentlichen Gewalt zuzuordnen ist[7], kommt es daher vorliegend nicht an. Der Akt der öffentlichen Gewalt kann nach §§ 92, 95 Abs. 1 S. 1 BVerfGG in einer „Handlung" oder in einem „Unterlassen" bestehen. Die durch Verwaltungsakt erfolgende Ablehnung der unbedingten Überlassung der Aula ist demnach ein Akt öffentlicher Gewalt und damit ein zulässiger Beschwerdegegenstand.

---

1 *Jarass*, in: Jarass/Pieroth, GG, Art. 19 Rn. 20 m.w.N.
2 *Pieroth/Schlink*, Grundrechte, Rn. 161.
3 BVerfGE 6, 273 (277); 47, 198 (233); speziell zu Landesverbänden BVerfGE 7, 99 (104); 14, 121 (129).
4 BVerfGE 7, 99 (103); aus der Lit. *Pieroth*, in: Jarass/Pieroth, GG, Art. 21 Rn. 44, Art. 93 Rn. 6a, 48 m.w.N. zum Streitstand.
5 *Bethge*, in: Maunz/Schmidt-Bleibtreu/Klein/Bethge (Hrsg.), BVerfGG, § 90 Rn. 193 f.
6 BayVGH, BayVBl. 1987, 403; *Maurer*, Verwaltungsrecht, § 3 Rn. 36, § 9 Rn. 12.
7 *Bethge*, in: Maunz/Schmidt-Bleibtreu/Klein/Bethge (Hrsg.), BVerfGG, § 90 Rn. 199 ff. m.w.N. zum Streitstand.

Die gerichtliche Bestätigung der Zugangsverweigerung stellt ebenfalls einen Akt **8** öffentlicher Gewalt dar, wie sich auch aus §§ 94 Abs. 3, 95 Abs. 2 (i.V.m. § 90 Abs. 2 S. 1) BVerfGG ergibt. Beschwerdegegenstand gemäß § 90 Abs. 1 BVerfGG sind auch Entscheidungen im Verfahren des vorläufigen Rechtsschutzes[8].

Bei mehreren Akten der öffentlichen Gewalt in der gleichen Sache – z.B. Verwal- **9** tungsakt als Akt der vollziehenden Gewalt und Gerichtsentscheidung als Akt der rechtsprechenden Gewalt – steht es im Belieben des Beschwerdeführers, ob er zusätzlich zur letztinstanzlichen Gerichtsentscheidung die Entscheidungen der Vorinstanzen bzw. den zugrundeliegenden Akt der vollziehenden Gewalt mit der Verfassungsbeschwerde angreift[9]. Möglicherweise kann sich L aber sogar auf die bloße Anfechtung der Ausgangsentscheidung beschränken. Das setzt voraus, dass eine mangels Mitanfechtung fortbestehende fachgerichtliche Bestätigung der Ausgangsentscheidung den Wirkungen einer erfolgreichen Verfassungsbeschwerde und der damit verbundenen Aufhebung der Ausgangsentscheidung nicht entgegensteht. Eine Kollision zwischen aufgehobener Ausgangs- und fortbestehender Bestätigungsentscheidung scheidet zumindest in den Fällen aus, in denen die konkrete Beschwer nicht mehr rückgängig zu machen ist und eine etwaige Aufhebung der Ausgangsentscheidung deshalb ohne unmittelbare Wirkungen bleibt. Die rein zukunftsgerichteten mittelbaren Wirkungen einer Verfassungswidrigerklärung der Ausgangsentscheidung werden hingegen durch deren fortbestehende fachgerichtliche Bestätigung nicht berührt. Ob ein Beschwerdeführer darüber hinausgehend sein Begehren auch sonst auf die Anfechtung der Ausgangsentscheidung beschränken kann[10], ist vorliegend unerheblich. Die Zugangsverweigerung durch B gegenüber L kann insofern nicht mehr rückgängig gemacht werden, als die betreffende Landesversammlung an einem anderen Ort stattfinden musste und stattgefunden hat. Die konkrete Beschwer ist also ohnehin bereits endgültig eingetreten. L hat daher die Wahl, ob er seine Beschwerde nur gegen die Ausgangsentscheidung oder nur gegen die bestätigende(n) Gerichtsentscheidung(en) oder gegen beides richten möchte.

III. Beschwerdebefugnis

Gemäß § 90 Abs. 1 BVerfGG muss L behaupten können, in einem seiner Grundrechte **10** oder grundrechtsgleichen Rechte verletzt zu sein.

1. Möglichkeit einer Grundrechtsverletzung

Die Beschwerdebefugnis setzt zunächst die Möglichkeit einer Grundrechtsverletzung **11** voraus, d.h. die Verletzung darf nicht von vornherein ausgeschlossen sein[11].

---

8 BVerfGE 79, 69 (73); Bethge, in: Maunz/Schmidt-Bleibtreu/Klein/Bethge (Hrsg.), § 90 Rn. 245.
9 *Pieroth/Schlink*, Grundrechte, Rn. 1231, 1233, unter exemplarischer Bezugnahme auf BVerfGE 19, 377 (389); 54, 53 (64 ff.).
10 Dahingehend (gegen die wohl h.M.) *Stelkens*, DVBl. 2004, 403 (405, 409 f.) m.w.N. zum Streitstand.
11 BVerfGE 52, 303 (327); 114, 258 (274); *Pieroth*, in: Jarass/Pieroth, GG, Art. 93 Rn. 52 m.w.N.

a) Art. 21 Abs. 1 S. 2 (i.V.m. Art. 9 Abs. 1) GG

12 Möglicherweise verletzt die von B durch Verwaltungsakt ausgesprochene Verweige-rung der unbedingten Überlassung der Aula anlässlich des Landesparteitags den L in seiner gemäß Art. 21 Abs. 1 S. 2 GG garantierten Parteienfreiheit. Allerdings gehört Art. 21 GG nicht zu den in § 90 Abs. 1 BVerfGG und Art. 93 Abs. 1 Nr. 4a GG genannten Grundrechten und grundrechtsgleichen Rechten, deren Verletzung mittels Verfassungsbeschwerde geltend gemacht werden kann. Grundrechtlichen Charakter hat Art. 21 GG nur dann, wenn die Bestimmung als „lex specialis"[12] (im Unterschied zu einem „aliud") in Verbindung mit dem Grundrecht des Art. 9 Abs. 1 GG Anwen-dung finden kann[13]. Dafür spricht, dass Parteien immerhin begrifflich ohne weiteres zu den Vereinen bzw. Vereinigungen i.S.d. Art. 9 GG gehören[14], selbst wenn dieser inhaltlich vollständig von Art. 21 GG verdrängt wird[15]. Gegen eine Wesensverschie-denheit von Parteien und anderen Vereinigungen und damit für eine Qualifizierung des Art. 21 GG als Ausprägung des Art. 9 GG lassen sich auch die historische Entste-hung der Parteien auf der Grundlage der Vereinigungsfreiheit[16] und die Bezeichnung des Art. 21 Abs. 2 S. 2 GG als „Parteienprivileg" (im Verhältnis zu „anderen politi-schen Vereinigungen")[17] anführen. Demnach kann L gemäß § 90 Abs. 1 BVerfGG die mögliche Verletzung von Art. 21 (i.V.m. Art. 9) GG rügen.

b) Art. 3 Abs. 1 i.V.m. Art. 21 GG

13 Indem L der Zugang zu einer städtischen Einrichtung verwehrt wird, der anderen Parteien für ähnliche Veranstaltungen gestattet ist, besteht die Möglichkeit einer Grundrechtsverletzung gemäß § 90 Abs. 1 BVerfGG jedenfalls im Hinblick auf die Chancengleichheit der Parteien. Unabhängig davon, inwieweit man die Parteienfrei-heit nach Art. 21 (i.V.m. Art. 9) GG als Grundrecht qualifiziert, ist die dort nicht ausdrücklich angesprochene Chancengleichheit der Parteien gemäß Art. 3 Abs. 1 i.V.m. Art. 21 GG „grundrechtlich gesichert"[18]. Vereinzelt wird die Heranziehung des Art. 3 Abs. 1 GG in diesem Zusammenhang für entbehrlich gehalten, ohne dass der Grundrechtscharakter und damit die Befugnis zur Erhebung einer Verfassungsbe-schwerde dadurch in Frage gestellt wird[19].

---

12 BVerfGE 12, 296 (304).
13 Dafür etwa *Klein*, in: Maunz/Dürig, GG, Art. 21 Rn. 256 ff.; *Pieroth*, in: Jarass/Pieroth, GG, Art. 21 Rn. 3; *Pieroth/Schlink*, Grundrechte, Rn. 717; *Streinz*, in: v. Mangoldt/Klein/Starck (Hrsg.), GG, Art. 21 Rn. 32, 34, gegen *Hesse*, Verfassungsrecht, Rn. 411.
14 BVerfGE 2, 1 (13).
15 *Kemper*, in: v. Mangoldt/Klein/Starck (Hrsg.), GG, Art. 9 Rn. 35.
16 Zusammenfassend *Ipsen*, in: Sachs (Hrsg.), GG, Art. 21 Rn. 29 a.E.; *Morlok*, in: Dreier (Hrsg.), GG, Art. 21 Rn. 2, jeweils m.w.N.
17 BVerfGE 12, 296 (305); *Streinz*, in: v. Mangoldt/Klein/Starck (Hrsg.), GG, Art. 21 Rn. 215 m.w.N.
18 BVerfGE 7, 99 (107); 47, 198 (225); 111, 54 (104); aus der Lit. z.B. *Klein*, in: Maunz/Dürig, GG, Art. 21 Rn. 304 f.; *Morlok*, in: Dreier (Hrsg.), GG, Art. 21 Rn. 76; *Streinz*, in: v. Mangoldt/Klein/Starck (Hrsg.), GG, Art. 21 Rn. 33 f.
19 So z.B. *Ipsen*, in: Sachs (Hrsg.), GG, Art. 21 Rn. 33, 52.

c) Weitere Grundrechte (i.V.m. Art. 21 GG)

Als möglicherweise verletzte Grundrechte kommen schließlich auch die Meinungs- **14**
freiheit gemäß Art. 5 Abs. 1 S. 1 GG und die Versammlungsfreiheit gemäß Art. 8
Abs. 1 GG in Betracht. Sie gehören zu den gemäß Art. 19 Abs. 3 GG auch auf Parteien
wesensmäßig anwendbaren Grundrechten[20]. Vorliegend sind sie allerdings nur dann
einschlägig, wenn sie nicht für parteispezifische Tätigkeiten, wie das Veranstalten von
Parteitagen[21], von Art. 21 GG als speziellerer Gewährleistung verdrängt werden bzw.
allein innerhalb dieses speziellen Rahmens mitzuberücksichtigen sind. Für die Spezialität des Art. 21 GG spricht, dass diese Bestimmung in systematisch-teleologischer
Auslegung – weitergehend als nach h.M. Art. 9 Abs. 1 GG[22] – anerkanntermaßen über
die Gründungsfreiheit hinaus auch die Freiheit zumindest der parteispezifischen Betätigung schützt[23]. Dementsprechend misst das Bundesverfassungsgericht etwa die
Plakat- und Flugblattwerbung politischer Parteien vorrangig an Art. 21 GG und lässt
das Grundrecht aus Art. 5 Abs. 1 GG letztlich dahinter zurücktreten[24]. Das vorrangige
Abstellen auf Art. 5 Abs. 1 GG hinsichtlich nicht parteispezifischer Betätigungen, wie
z.B. bei der Beurteilung der Zulässigkeit mittelbarer Rundfunkbeteiligungen[25], ist
insoweit unbeachtlich. Speziell hinsichtlich der Überlassung öffentlicher Einrichtungen
für Parteiveranstaltungen wird Art. 5 Abs. 1 GG allerdings in der fachgerichtlichen
Rechtsprechung vereinzelt neben Art. 21 GG angewendet[26], während eine entsprechende Verletzung des Art. 8 Abs. 1 GG lediglich in der Literatur in Betracht gezogen wird[27].

Die Verweigerung der unbedingten Nutzungsüberlassung beinhaltet kein unmittelba- **15**
res Verbot einer bestimmten Meinungsäußerung, sondern stellt in Bezug auf das
Grundrecht aus Art. 5 Abs. 1 S. 1 GG – jedenfalls dann, wenn sie nicht in Form einer
Bedingung im technischen Sinne, d.h. als Nebenbestimmung[28], erfolgt – allenfalls
einen mittelbaren Schutzbereichseingriff dar[29].

Ein Eingriff in den Schutzbereich des neben der Meinungsfreiheit anwendbaren[30] **16**
Versammlungsgrundrechts gemäß Art. 8 Abs. 1 GG kann insoweit nach überwiegender Auffassung nur in der Verweigerung einer Leistung gesehen werden und setzt

---

20 *Ipsen*, in: Sachs (Hrsg.), GG, Art. 21 Rn. 45; *Streinz*, in: v. Mangoldt/Klein/Starck (Hrsg.), GG, Art. 21
Rn. 144.
21 BVerfG, Nds.VBl. 2007, 165 (166); OVG Lüneburg, Nds.VBl. 2007, 166 (167 f.).
22 *Pieroth/Schlink*, Grundrechte, Rn. 794; ungenau BVerwGE 110, 126 (131).
23 BVerfGE 12, 296 (304 ff.); *Klein*, in: Maunz/Dürig, GG, Art. 21 Rn. 282; *Streinz*, in: v. Mangoldt/Klein/
Starck (Hrsg.), GG, Art. 21 Rn. 144, jeweils m.w.N.
24 In diesem Sinne BVerfG, DVBl. 2002, 409; weniger deutlich BVerfG, NJW 2002, 2938 f.; unklar in
allgemeinerem Zusammenhang BVerfGE 111, 54 (81); daneben aus der uneindeutigen bundesverwal-
tungsgerichtlichen Rechtsprechung einerseits BVerwGE 56, 56 (58 ff.); andererseits BVerwGE 56, 63
(66 ff.); aus der Lit. ähnlich unklar wie die allgemeine Äußerung des BVerfG z.B. *Ipsen*, in: Sachs (Hrsg.),
GG, Art. 21 Rn. 32; *Morlok*, in: Dreier (Hrsg.), GG, Art. 21 Rn. 53, 60.
25 NdsStGH, DVBl. 2005, 1515 (1517 ff.).
26 VGH Mannheim, NJW 1987, 2698 f.; unklar BayVGH, BayVBl. 1987, 403 f.; HessVGH, Hess. Städte- u.
Gemeinde-Zeitung 1987, 263 f.
27 *Gassner*, VerwArch 1994, 533 (551 ff.); *Vollmer*, DVBl. 1989, 1087 (1091 f.); *Zundel*, JuS 1991, 472 (474).
28 Zu deren unmittelbarer Belastungswirkung bzw. selbstständiger Anfechtbarkeit aus verwaltungsrechtlicher
Sicht *Maurer*, Verwaltungsrecht, § 12 Rn. 22 ff. m.w.N. zum Streitstand.
29 Dahingehend BayVGH, BayVBl. 1987, 403 (404).
30 *Jarass*, in: Jarass/Pieroth, GG, Art. 8 Rn. 2; *Höfling*, in: Sachs (Hrsg.), GG, Art. 8 Rn. 73, jeweils m.w.N.

damit voraus, dass dieses Grundrecht über die abwehrrechtliche Dimension hinaus einen Leistungsanspruch enthält. Das nimmt die Rechtsprechung in Bezug auf die Zurverfügungstellung öffentlicher Einrichtungen nur unter sehr eingeschränkten Voraussetzungen an. Ein verfassungsunmittelbarer Leistungsanspruch kann danach nur „in außergewöhnlichen Fällen" bestehen, soweit dies zum Schutz des „grundrechtlich gesicherten Freiheitsraums unerlässlich ist", und ergibt sich im Übrigen auch nicht aus dem Anspruch auf gebührende Berücksichtigung der Versammlungsfreiheit bei der Ermessensausübung bezüglich eines Zugangsantrags[31]. Die in der Literatur vereinzelt vertretene abwehrrechtliche Konstruktion eines Benutzungsrechts bleibt in ihrer Reichweite unklar[32] und überzeugt schon deshalb nicht, weil sie die allgemeine Differenzierung zwischen abwehr- und leistungsrechtlichen Grundrechtsgehalten weitgehend außer Acht lässt. Von einer – für das Bestehen des Leistungsanspruchs erforderlichen – Unabdingbarkeit der Zurverfügungstellung öffentlicher Hallen für die Ausübung der Versammlungsfreiheit in geschlossenen Räumen kann man nicht generell ausgehen, sondern allenfalls dann, wenn im Einzelfall kein anderer geeigneter Ort für die Abhaltung einer Versammlung zur Verfügung steht. Dass diese Voraussetzung vorliegend nicht gegeben ist, zeigt sich bereits daran, dass der Parteitag des L unbehindert in anderen Räumlichkeiten stattfinden konnte.

17 Soweit die Grundrechte aus Art. 5 Abs. 1 S. 1 GG und Art. 8 Abs. 1 GG wie vorliegend lediglich mittelbar bzw. in ihrer leistungsrechtlichen Dimension betroffen sind, treten sie hinter die unmittelbar betroffene Parteienfreiheit gemäß Art. 21 GG zurück und sind jedenfalls in diesem Fall nicht als speziellere Grundrechte zu qualifizieren, in deren Rahmen Art. 21 GG mitzuberücksichtigen ist[33], sondern gelangen umgekehrt innerhalb von dessen Gewährleistungsumfang zur Entfaltung. Eine selbstständige, von Art. 21 GG unabhängige Verletzung der Meinungs- und Versammlungsfreiheit scheidet damit aus. Insoweit fehlt es dem L demnach an der Beschwerdebefugnis gemäß § 90 Abs. 1 BVerfGG.

18 **Hinweis zur Bewertung:** Insbesondere im Hinblick auf das Verhältnis der Grundrechte aus Art. 5 Abs. 1 S. 1 GG und Art. 8 Abs. 1 GG zur Parteienfreiheit gemäß Art. 21 GG ist eine abweichende Auffassung – mit entsprechenden Konsequenzen für die Begründetheitsprüfung oder durch dortige Entscheidung der Konkurrenzproblematik (was eine entsprechende Verschiebung des Bewertungsrasters nach sich zieht) – ohne weiteres vertretbar.

2. Eigene, gegenwärtige und unmittelbare Betroffenheit

19 Die Beschwerdebefugnis setzt weiterhin voraus, dass der Beschwerdeführer selbst, gegenwärtig und unmittelbar betroffen ist[34]. Als Adressat einer belastenden Verwaltungsmaßnahme ist L selbst und unmittelbar betroffen. Allerdings hat der Parteitag

---

31 BVerwGE 91, 135 (138 ff.); ferner *Gassner*, VerwArch 1994, 533 (552 ff.); *Zundel*, JuS 1991, 472 (474).
32 *Höfling*, in: Sachs (Hrsg.), GG, Art. 8 Rn. 38 ff.
33 *Pieroth*, in: Jarass/Pieroth, GG, Art. 21 Rn. 15 a.E.
34 *Pieroth/Schlink*, Grundrechte, Rn. 1241 ff. m.w.N.

mittlerweile an anderer Stelle ohne Behinderungen stattgefunden. Damit ist möglicherweise ein Wegfall der Beschwer eingetreten. Bei einem Wegfall der Beschwer fehlt die gegenwärtige Betroffenheit (auch wenn dieser Aspekt insbesondere vom Bundesverfassungsgericht meistens erst beim allgemeinen Rechtsschutzbedürfnis erörtert wird)[35]. Allerdings sind an die Annahme einer Fortdauer der Beschwer keine hohen Ansprüche zu stellen. Es muss dabei gewährleistet sein, dass ein verfassungsgerichtlicher Rechtsschutz im Falle plötzlich eintretender Beeinträchtigungen mit sofortiger endgültiger Wirkung überhaupt, also wenigstens nachträglich erlangt werden kann[36].

Darüber hinaus können aber nicht nur eine Wiederholungsgefahr, sondern bereits das **20** Überschreiten einer gewissen Erheblichkeitsschwelle zu einer trotz bereits endgültig eingetretener Beeinträchtigung nicht hinnehmbaren Fortdauer der Belastung und damit zu einer gegenwärtigen Betroffenheit führen[37]. Die Verweigerung einer unbedingten Nutzungsüberlassung wegen drohender Begehung von Ordnungswidrigkeiten ist unabhängig vom konkreten Anlass (Volkszählung) auch in anderen Konstellationen ohne weiteres möglich und wegen der darin liegenden gravierenden inhaltlichen Einflussnahme auf das parteiliche Wirken auch nicht von bloß unerheblichem Gewicht. Damit ist die gegenwärtige Betroffenheit (bzw. das Rechtsschutzbedürfnis) vorliegend unter beiden Gesichtspunkten gegeben. Demnach ist L selbst, gegenwärtig und unmittelbar betroffen.

3. Ergebnis

Somit ist L gemäß § 90 Abs. 1 BVerfGG beschwerdebefugt. **21**

IV. Rechtswegerschöpfung

Nach § 90 Abs. 2 S. 1 BVerfGG ist eine Verfassungsbeschwerde erst nach Erschöp- **22** fung eines etwaigen Rechtswegs zulässig. Mit der letztinstanzlichen Entscheidung des OVG Münster ist der Rechtsweg des Eilverfahrens vorliegend erschöpft. Das Bundesverfassungsgericht versteht das Erfordernis der Rechtswegerschöpfung allerdings im Sinne einer weitergehenden Subsidiarität der Verfassungsbeschwerde und verlangt aufgrund dessen eine Erschöpfung des Rechtswegs in der Hauptsache, „wenn dort nach der Art des gerügten Grundrechtsverstoßes die Gelegenheit besteht, der verfassungsrechtlichen Beschwer abzuhelfen". Das sei regelmäßig anzunehmen, „wenn mit der Verfassungsbeschwerde Grundrechtsverletzungen gerügt werden, die sich auf die Hauptsache beziehen"[38]. Die von L gerügten Grundrechtsverletzungen beziehen sich nicht speziell auf das Eilverfahren. Demnach ist grundsätzlich die Erschöpfung des Rechtswegs im Hauptsacheverfahren (im Wege einer verwaltungsgerichtlichen Fortsetzungsfeststellungsklage)[39] geboten.

---

35 *Pieroth*, in: Jarass/Pieroth, GG, Art. 93 Rn. 55, 66 f.

36 BVerfGE 74, 163 (172 f.); 81, 138 (140 f.).

37 Zusammenfassend zur diesbezüglichen Rechtsprechung etwa *Pieroth/Schlink*, Grundrechte, Rn. 1250; *Schlaich/Korioth*, Bundesverfassungsgericht, Rn. 256.

38 BVerfGE 104, 65 (70 f.).

39 Zur Diskussion um die Rechtsgrundlage solcher Klagen BVerwGE 109, 203 (208 ff.); *Schenke*, JuS 2007, 697 ff.

23 Allerdings darf ein Beschwerdeführer „bei der Rüge von Grundrechtsverletzungen, die sich auf die Hauptsache beziehen, dann nicht auf das Hauptsacheverfahren verwiesen werden, wenn dies für ihn unzumutbar ist, etwa weil die Durchführung des Verfahrens von vornherein aussichtslos erscheinen muss […], oder wenn die Entscheidung von keiner weiteren tatsächlichen und rechtlichen Klärung abhängt und diejenigen Voraussetzungen gegeben sind, unter denen das Bundesverfassungsgericht gemäß § 90 Abs. 2 S. 2 BVerfGG sofort entscheiden kann"[40].

24 Die Aussichtslosigkeit des Verfahrens ergibt sich möglicherweise daraus, dass L über den einstweiligen Rechtsschutz gemäß § 123 VwGO praktisch eine endgültige, an sich nur im Hauptsacheverfahren zu erreichende Regelung angestrebt hat und dabei die Rechtslage bereits umfassend geprüft werden musste. In früheren Entscheidungen hat das Bundesverfassungsgericht im Ausnahmefall einer Vorwegnahme der Hauptsache im Eilverfahren dementsprechend keine Durchführung des Hauptverfahrens mehr verlangt[41]. Mittlerweile hält es daran nur vor Erledigungseintritt fest[42]. Bei ohnehin bereits eingetretener Erledigung ist das Gericht von dieser Rechtsprechung vor allem deshalb abgerückt, weil sie das Bundesverfassungsgericht quasi an die Stelle der (nicht ins Eilverfahren eingebundenen) Revisionsinstanz treten lässt und damit in eine der Gesetzessystematik wie dem Subsidiaritätsgrundsatz widersprechende Rolle drängt[43]. Danach erscheint die Verweisung auf das Hauptsacheverfahren auch im vorliegenden Fall nicht von vornherein aussichtslos und unzumutbar.

25 Von den beiden Kriterien des § 90 Abs. 2 S. 2 BVerfGG kommt das Drohen eines schweren und unabwendbaren Nachteils im Falle einer bereits eingetretenen Erledigung allein bei einer akuten – über die Anforderungen im Rahmen der Beschwerdebefugnis hinausgehenden – Wiederholungsgefahr in Betracht[44]. Davon ist angesichts der konkreten Sachverhaltsumstände vorliegend nicht auszugehen. Von allgemeiner Bedeutung ist eine Verfassungsbeschwerde dann, wenn „sie die Klärung grundsätzlicher verfassungsrechtlicher Fragen erwarten lässt und über den Fall der Beschwerdeführer hinaus zahlreiche gleich gelagerte Fälle praktisch mitentschieden werden"[45]. Selbst wenn man der Frage, „ob und unter welchen Voraussetzungen die Erbringung von Leistungen durch Träger öffentlicher Verwaltung an politische Parteien an die Bedingung der Einhaltung der Rechtsordnung geknüpft werden dürfen", eine grundsätzliche, verfassungsgerichtlich noch nicht hinreichend geklärte Bedeutung beimisst[46], enthält der Sachverhalt keine Hinweise auf eine Vielzahl aktuell anhängiger Parallelfälle. Somit sind auch die Voraussetzungen des § 90 Abs. 2 S. 2 BVerfGG nicht erfüllt.

---

40 BVerfGE 104, 65 (71).
41 BVerfGE 47, 198 (224); 69, 257 (268).
42 BVerfG, EuGRZ 2007, 231 (232).
43 BVerfGE 79, 275 (278 ff.); so i.E. – ohne nähere Begründung – auch BVerfG, Beschluss v. 3.4.1989 (Az. 2 BvR 742/87; unveröff.), S. 2 f. des Entscheidungsumdrucks.
44 In diesem Sinne BVerfG, Beschluss v. 3.4.1989 (Az. 2 BvR 742/87; unveröff.), S. 3 des Entscheidungsumdrucks.
45 BVerfGE 108, 370 (386).
46 Ablehnend BVerfG, Beschluss v. 3.4.1989 (Az. 2 BvR 742/87; unveröff.), S. 3 des Entscheidungsumdrucks, unter Hinweis auf BVerfGE 47, 198 ff.; 69, 257 ff.

V. Ergebnis zur Zulässigkeit

Die Verfassungsbeschwerde des L ist mangels Rechtswegerschöpfung gemäß § 90 **26**
Abs. 2 BVerfGG unzulässig.

B. Begründetheit

Die Verfassungsbeschwerde ist nach Art. 93 Abs. 1 Nr. 4a BVerfGG begründet, wenn **27**
der Beschwerdeführer durch die angegriffene Maßnahme in seinen Grundrechten
oder grundrechtsgleichen Rechten verletzt ist. Diese Maßgabe beschränkt den Prüfungsmaßstab für die Begründetheitsprüfung einer zulässigerweise erhobenen Verfassungsbeschwerde nicht auf die Grundrechte. Aufgrund der Doppelfunktion der
Verfassungsbeschwerde als Mittel nicht nur des subjektiven, sondern auch des objektiven Rechtsschutzes können die angegriffenen Maßnahmen vielmehr unter jedem in
Betracht kommenden Gesichtspunkt auf ihre verfassungsrechtliche Unbedenklichkeit
hin untersucht werden[47].

I. Vereinbarkeit mit Art. 21 Abs. 1 S. 2 GG

Aufgrund der umfassenden Prüfungsbefugnis hinsichtlich der Begründetheit ist unab- **28**
hängig vom Grundrechtscharakter der Parteienfreiheit zunächst zu prüfen, ob die
Verweigerung der unbedingten Nutzungsüberlassung mit Art. 21 Abs. 1 S. 2 GG vereinbar ist.

Hinweis zum Aufbau: Sofern zu Beginn der Begründetheitsprüfung nicht auf die **29**
Doppelfunktion der Verfassungsbeschwerde abgestellt wird, sondern allein eine Prü-
fung am Maßstab der Grundrechte erfolgt, ist entsprechend den Ausführungen zur
Beschwerdebefugnis (s.o., A III 1 a, Rn. 12) als Prüfungsmaßstab genauer „Art. 21
Abs. 1 S. 2 (i.V.m. Art. 9) GG" zu nennen.

1. Geschützte Tätigkeiten

Seinem Wortlaut nach schützt Art. 21 Abs. 1 S. 2 GG allein die Parteigründungs- **30**
freiheit. Wie im Rahmen der Zulässigkeitsprüfung bereits ausgeführt wurde, umfasst
die Parteienfreiheit im Sinne eines effektiven Schutzes der Parteien darüber hinaus
anerkanntermaßen die Freiheit zumindest der parteispezifischen Betätigung in ihren
verschiedenen Formen[48] und damit auch die Durchführung des Parteitags durch L.

2. Eingriff

Mit der Ablehnung der unbedingten Nutzungsüberlassung verhindert B die Durchfüh- **31**
rung des Parteitags in der von L vorgesehenen Form aus inhaltlichen Gründen und

---

47 BVerfGE 70, 138 (162); *Pieroth/Schlink*, Grundrechte, Rn. 1276; *Schlaich/Korioth*, Bundesverfassungsgericht, Rn. 224, 279.
48 Vgl. die Nachw. oben Fn. 23.

greift damit, wie ebenfalls bereits festgestellt wurde, unmittelbar in das parteiliche Wirken des L und damit in dessen Betätigungsfreiheit gemäß Art. 21 Abs. 1 S. 2 GG ein[49].

3. Verfassungsrechtliche Rechtfertigung des Eingriffs

32 Die Gewährleistung des Art. 21 Abs. 1 S. 2 GG verfolgt nicht den Zweck, die politischen Parteien zu außergesetzlichem Handeln zu ermächtigen, soweit sie am allgemeinen Rechtsverkehr teilnehmen. Die Betätigungsfreiheit der Parteien findet ihre Grenze daher in den „allgemein geltenden Gesetzen", also denjenigen Vorschriften, „die kein Sonderrecht gegen die Parteien enthalten"[50]. Diese konkrete, parteiunspezifische Bindung an die Rechtsordnung in Bezug auf einzelne Handlungen der Parteien berührt das Parteienprivileg des Art. 21 Abs. 2 S. 2 GG nicht[51].

a) Verfassungsmäßigkeit der §§ 8 Abs. 2 GO NRW, 116 Abs. 1 OWiG (i.V.m. dem Zensusgesetz)

33 Nach § 8 Abs. 2 (i.V.m. Abs. 4) GO NRW, auf den sich auch ortsansässige Landesverbände von Parteien als Anspruchsberechtigte berufen können[52], kann B die Nutzung öffentlicher Einrichtungen verweigern, wenn diese Nutzung nicht im Rahmen der Gesetze stattfinden soll. Gemäß § 116 Abs. 1 OWiG i.V.m. dem Zensusgesetz ist ein Aufruf zum Boykott der Volkszählung ordnungswidrig. Bei diesen Vorschriften handelt es sich um Gesetze von allgemeiner Geltung, die sich nicht speziell gegen politische Parteien und deren Wirken richten.

34 Die allgemein geltenden Gesetze stellen aber nur dann eine Grenze der Parteienfreiheit gemäß Art. 21 Abs. 1 S. 2 GG dar, wenn sie mit den übrigen Bestimmungen der Verfassung vereinbar sind. § 8 Abs. 2 GO NRW entspricht lediglich der allgemeinen, auch für die Parteien geltenden Gesetzesbefolgungspflicht und ist damit für sich genommen verfassungsgemäß. Um eine gesetzliche Regelung i.S.d. § 8 Abs. 2 GO NRW und damit eine Grenze der Parteienfreiheit darstellen zu können, darf das Verbot eines Boykottaufrufs nach § 116 Abs. 1 OWiG i.V.m. dem Zensusgesetz ebenfalls nicht verfassungswidrig und damit nichtig sein. Als gemeinschaftsbezogener und gemeinschaftsgebundener Bürger muss jedermann statistische Erhebungen über seine Person in gewissem Umfang als Vorbedingung für die Planmäßigkeit staatlichen Handelns hinnehmen, so dass die bußgeldbewehrte Pflicht zur Teilnahme an einer in Form einer Repräsentativumfrage erfolgenden Volkszählung als solche mit dem Recht auf informationelle Selbstbestimmung gemäß Art. 2 Abs. 1 i.V.m. Art. 1 Abs. 1 GG vereinbar ist[53].

35 Verfassungswidrig könnte aber das Verbot eines bloßen Aufrufs zur Begehung bußgeldbewehrter Handlungen in § 116 Abs. 1 OWiG sein. In Betracht kommt insbeson-

---

49 S. oben bei Fn. 33.
50 BVerfGE 47, 198 (230 ff.); 69, 257 (268 ff.).
51 BVerfGE 47, 198 (228, 230); BayVGH, NJW 1989, 2491 (2492); VGH Mannheim, NJW 1987, 2698 f.; *Gassner*, VerwArch 1994, 533 (551).
52 OVG Bautzen, NVwZ 2002, 615; OVG Lüneburg, Nds.VBl. 2007, 166 f.
53 BVerfGE 27, 1 (7 ff.); 65, 1 (54 ff.).

dere ein Verstoß gegen das in Art. 5 Abs. 1 S. 1, 1. Hs. GG generell, also auch außerhalb des von Art. 21 GG speziell erfassten Bereichs der politischen Parteien gewährleistete Recht der Meinungsäußerungsfreiheit.

aa) Schutzbereich des Art. 5 Abs. 1 S. 1, 1. Hs. GG

Meinungsäußerungen i.S.d. Art. 5 Abs. 1 S. 1, 1. Hs. GG sind Äußerungen, die durch **36** „das Element der Stellungnahme, des Dafürhaltens, des Meinens im Rahmen einer geistigen Auseinandersetzung" geprägt sind, also „in erster Linie Werturteile, gleichgültig auf welchen Gegenstand sie sich beziehen und welchen Inhalt sie haben"[54]. Entgegen einer vereinzelt in der Literatur anzutreffenden Auffassung[55] erfasst der Schutzbereich aufgrund des notwendigen Realitätsbezuges von Werturteilen auch Handlungsaufforderungen, wie etwa Boykottaufrufe. Der diesbezügliche Grundrechtsschutz endet erst dort, wo Druckmittel anstelle von Argumenten eingesetzt werden, um dem Gegenüber eine bestimmte Meinung oder Handlung aufzuzwingen[56]. Indem § 116 Abs. 1 OWiG bereits die (wie von L im konkreten Fall) ohne Einsatz von Druckmitteln ausgesprochene Aufforderung zur Begehung von Ordnungswidrigkeiten verbietet, kann die – in der Literatur gelegentlich problematisierte[57] – dogmatische Einordnung dieser Grenze als Schutzbereichsausschluss oder Eingriffsrechtfertigung vorliegend dahinstehen. Aufforderungen zur Begehung von Ordnungswidrigkeiten fallen als solche in den Schutzbereich der Meinungsäußerungsfreiheit.

bb) Eingriff

Dadurch, dass § 116 Abs. 1 OWiG die Aufforderung zur Begehung von Ordnungs- **37** widrigkeiten als eigene Ordnungswidrigkeit einstuft und damit verbietet, greift die Bestimmung in den Schutzbereich der Meinungsäußerungsfreiheit ein.

cc) Verfassungsrechtliche Rechtfertigung

Nach Art. 5 Abs. 2 GG werden Eingriffe in den Schutzbereich der Meinungsäuße- **38** rungsfreiheit durch die Schranke der allgemeinen Gesetze gerechtfertigt. Das sind solche Gesetze, die „sich weder gegen bestimmte Meinungen als solche" richten noch „Sonderrecht gegen den Prozeß freier Meinungsbildung" darstellen, „die vielmehr dem Schutze eines schlechthin, ohne Rücksicht auf eine bestimmte Meinung, zu schützenden Rechtsguts dienen, dem Schutze eines Gemeinschaftswerts, der gegenüber der Betätigung der Meinungsfreiheit den Vorrang hat"[58].

Ebenso wenig wie gegen die Parteienfreiheit[59] ist § 116 Abs. 1 OWiG gegen bestimm- **39** te Meinungen oder den Prozess freier Meinungsbildung gerichtet. Vielmehr beugt die Bestimmung der Begehung von ordnungswidrigen Handlungen und damit Verstößen

---

54 BVerfGE 61, 1 (7 f.); 65, 1 (41); *Pieroth/Schlink*, Grundrechte, Rn. 594.
55 *Lerche*, in: Rittersbach/Geiger (Hrsg.), FS Müller, S. 197 (198 ff.).
56 BVerfGE 25, 256 (264 ff.); 62, 230 (244 f.); *Pieroth/Schlink*, Grundrechte, Rn. 601.
57 *Bethge*, in: Sachs (Hrsg.), GG, Art. 5 Rn. 38.
58 BVerfGE 7, 198 (209 f.); 95, 220 (235 f.); 124, 300 (321 f.); *Pieroth/Schlink*, Grundrechte, Rn. 637.
59 S. oben nach Fn. 50.

gegen die Rechtsordnung vor und knüpft somit nicht an die „geistige Wirkung" einer Äußerung als zentrales Schutzgut der Meinungsfreiheit[60] oder den inhaltlichen Wert einer Meinung an, sondern an die durch die Äußerung heraufbeschworene, rechtswidrige Tat. Wenn die Rechtsordnung eine bestimmte Tat in verfassungsrechtlich zulässiger Weise verbietet, so ergibt eine Güterabwägung zudem konsequenterweise, dass gegenüber der zum Gesetzesverstoß auffordernden Meinungsäußerung die durch deren Verbot ermöglichte Verhinderung entsprechender Rechtsverstöße den Vorrang genießt. Als allgemeines Gesetz i.S.d. Art. 5 Abs. 2 GG greift § 116 Abs. 1 OWiG damit in verfassungsrechtlich gerechtfertigter Weise in den Schutzbereich der Meinungsäußerungsfreiheit ein.

40 Das Zensurverbot des Art. 5 Abs. 1 S. 3 GG steht als Schranken-Schranke lediglich einem gegebenenfalls zu einem völligen Verbot führenden präventiven Zulassungsverfahren für bestimmte Werke bzw. Medien entgegen[61] und ist daher bei einer an § 116 Abs. 1 OWiG anknüpfenden Zugangsverweigerung bezüglich einer bestimmten hoheitlichen Einrichtung zumindest insoweit nicht einschlägig, als dadurch „nicht die Äußerung einer bestimmten Meinung unterbunden", sondern lediglich die gesetzmäßige Benutzung der Einrichtung sichergestellt wird[62]. So verhält es sich hier.

41 Demnach verstößt § 116 Abs. 1 OWiG nicht gegen das Grundrecht aus Art. 5 Abs. 1 S. 1, 1. Hs. GG und stellt damit als gesetzliche Regelung i.S.d. § 8 Abs. 2 GO NRW zugleich eine Grenze der Parteienfreiheit gemäß Art. 21 Abs. 1 S. 2 GG dar.

b) Verfassungsmäßige Anwendung der §§ 8 Abs. 2 GO NRW, 116 Abs. 1 OWiG (i.V.m. dem Zensusgesetz)

42 Die Anwendung der §§ 8 Abs. 2 GO NRW, 116 Abs. 1 OWiG (i.V.m. dem Zensusgesetz) im Einzelfall darf ebenfalls nicht gegen die Parteienfreiheit gemäß Art. 21 Abs. 1 S. 2 GG verstoßen. Eine verfassungskonform restriktive gesetzessystematische Auslegung der Zugangsregelung gebietet es, dass die „präventive Prüfungsbefugnis" des für die Entscheidung über den Zugang zu einer öffentlichen Einrichtung zuständigen Hoheitsträgers weder an die Stelle der nachträglichen Verfolgung einer begangenen Straftat oder Ordnungswidrigkeit noch an die Stelle der besonderen versammlungsrechtlichen Gefahrenabwehr durch die jeweils zuständigen Stellen treten und daher nur zur Verhinderung evidenter Gesetzesverstöße von nicht unerheblichem Gewicht eingesetzt werden darf[63]. Insoweit besteht eine Parallele zu dem in anderen

---

60 BVerfGE 7, 198 (210); 61, 1 (7).
61 BVerfGE 87, 209 (230); BVerwG, JR 1973, 236 (237); *Pieroth/Schlink*, Grundrechte, Rn. 651 f.; *Schulze-Fielitz*, in: Dreier (Hrsg.), GG, Art. 5 I, II Rn. 170, 172; undeutlich *Breitbach/Rühl*, NJW 1988, 8 (13 ff.).
62 VGH Mannheim, NJW 1987, 2698 (2699); undeutlich Hess.VGH, Hess. Städte- u. Gemeinde-Zeitung 1987, 263 f.
63 Dahingehend (bezüglich der Vergabe von Rundfunkwerbezeiten) BVerfGE 47, 198 (233 ff.); 69, 257 (269); für den Zugang zu kommunalen öffentlichen Einrichtungen i.E. ebenso Hess.VGH, Hess. Städte- u. Gemeinde-Zeitung 1987, 263 f.; VGH Mannheim, NJW 1987, 2698 (2699); ansatzweise BayVGH, BayVBl. 1987, 403 f.; NJW 1989, 2491 (2492); *Gassner*, VerwArch 1994, 533 (550 ff.); *März*, BayVBl. 1992, 97 (100 f.); *Morlok*, in: Dreier (Hrsg.), GG, Art. 21 Rn. 93; *Zundel*, JuS 1991, 472 (474); *Streinz*, in: v. Mangoldt/Klein/Starck (Hrsg.), GG, Art. 21 Rn. 141 m.w.N.; ferner (im Rahmen einfach-rechtlich systematischer Auslegung weitergehend) *Vollmer*, DVBl. 1989, 1087 (1091 f.).

Zusammenhängen, z.B. bei straßenrechtlichen Sondernutzungserlaubnissen, anerkannten „allgemeine[n] Rechtsgedanke[n]", dass keine behördliche Verpflichtung zur Erteilung einer Nutzungserlaubnis besteht, wenn damit „evident die Begehung einer Straftat oder einer Ordnungswidrigkeit verbunden wäre"[64].

Nach dem Sachverhalt ist von der Verabschiedung eines öffentlichkeitswirksamen **43** Aufrufs des L zum Volkszählungsboykott und damit zu einer nach dem Zensusgesetz mit einer Geldbuße bedrohten Handlung auszugehen. Da auch eine geschlossene Versammlung bei einem öffentlichkeitswirksamen Aufruf das Merkmal der Öffentlichkeit i.S.d. § 116 Abs. 1 OWiG ohne weiteres erfüllt[65], handelt B hier zur Verhinderung eines evidenten Gesetzesverstoßes. Zwar geht es dabei nicht um eine Straftat, sondern nur um eine Ordnungswidrigkeit. Zumindest angesichts der möglichen Auswirkungen des an eine Vielzahl von Adressaten gerichteten Boykottaufrufs auf die Ergebnisse gerade einer nur stichprobenartigen Erhebung ist gleichwohl von einem gravierenden Gesetzesverstoß und nicht von einem bloßen Bagatelldelikt auszugehen. Art. 21 Abs. 1 S. 2 GG steht mithin dem Gebrauchmachen des B von der Versagungsmöglichkeit nach §§ 8 Abs. 2 GO NRW, 116 Abs. 1 OWiG (i.V.m. dem Zensusgesetz) im konkreten Falle nicht entgegen.

4. Ergebnis

Der auf allgemeiner und verfassungsgemäßer gesetzlicher Grundlage erfolgende Ein- **44** griff des B in die Parteienfreiheit des L ist demnach verfassungsrechtlich gerechtfertigt. Die Ablehnung der unbedingten Nutzungsüberlassung verstößt nicht gegen Art. 21 Abs. 1 S. 2 GG.

II. Vereinbarkeit mit Art. 3 Abs. 1 i.V.m. Art. 21 GG

Es bleibt zu prüfen, ob die Ablehnung der unbedingten Nutzungsüberlassung an L **45** durch B gegen den in Art. 3 Abs. 1 i.V.m. Art. 21 GG gewährleisteten Grundsatz der Chancengleichheit der Parteien verstößt. Dieser in § 5 Abs. 1 S. 1 PartG im Hinblick auf die Zurverfügungstellung öffentlicher Einrichtungen einfach-gesetzlich konkretisierte[66] Grundsatz gebietet, dass alle Parteien durch die öffentliche Gewalt formal gleichbehandelt werden müssen. Verboten ist deshalb jede unterschiedliche Behandlung, die nicht durch einen besonderen zwingenden Grund gerechtfertigt ist[67]. Das gilt auch für die Zulassung zu kommunalen öffentlichen Einrichtungen[68].

1. Ungleichbehandlung

Die Stellung des L als Landesverband einer Partei entspricht derjenigen der anderen **46** Parteilandesverbände, denen die Aula der Stadt X bereits für Landesversammlungen zur Verfügung gestellt wurde. Gegenüber diesen Verbänden wird L ungleich behan-

---

64 OVG Münster, NWVBl. 2007, 64 (65).
65 *Bohnert*, OWiG, § 116 Rn. 6 ff.
66 BVerfG, Nds.VBl. 2007, 165 (166).
67 BVerfGE 111, 54 (104 f.); vgl. auch die weiteren Nachw. oben Fn. 18.
68 *März*, BayVBl. 1992, 97 (99); *Pieroth*, in: Jarass/Pieroth, GG, Art. 21 Rn. 43, jeweils m.w.N.

delt, indem ihm die Nutzung der Aula für seinen Landesparteitag von B verwehrt wird.

2. Verfassungsrechtliche Rechtfertigung der Ungleichbehandlung

47 Der Grund für die Ungleichbehandlung ist die Weigerung des L, die Rechtsordnung zu wahren und keine Ordnungswidrigkeit in Form eines Boykottaufrufs zu begehen. Wenn eine bestimmte Handlung in verfassungsrechtlich zulässiger Weise gesetzlich verboten ist, darf die Verhinderung von Verstößen gegen dieses hoheitlich aufgestellte Verbot als zwingender Differenzierungsgrund bei der Überlassung einer öffentlichen Einrichtung behandelt werden[69]. In den zuvor dargelegten, auch für die Parteienfreiheit geltenden und vorliegend gewahrten Grenzen durfte B daher dem L im Unterschied zu anderen, nicht in entsprechend vorhersehbarer Weise rechtswidrig agierenden Landesverbänden die Nutzung der Aula verweigern. Der Grundsatz der Chancengleichheit vermittelt dem L aufgrund der vorangegangenen Nutzungsbewilligungen für andere Landesversammlungen nur insoweit einen Zulassungsanspruch, als er die durch die allgemeine Rechtsordnung i.V.m. der Parteienfreiheit gezogenen Grenzen ebenfalls nicht überschreitet. Die Ungleichbehandlung des L gegenüber den anderen Parteilandesverbänden wird damit durch den hoheitlichen Schutz der Rechtsordnung als besonderen zwingenden Grund gerechtfertigt.

3. Ergebnis

48 Somit verstößt die Ablehnung der unbedingten Nutzungsüberlassung durch B nicht gegen den Grundsatz der Chancengleichheit der Parteien gemäß Art. 3 Abs. 1 i.V.m. Art. 21 GG.

III. Ergebnis zur Begründetheit

49 Die Verweigerung der Nutzungsüberlassung durch B steht mit dem Grundgesetz in Einklang, so dass die Verfassungsbeschwerde des L unbegründet ist.

Literaturverzeichnis

50 *Bohnert, Joachim*   OWiG. Kommentar zum Ordnungswidrigkeitengesetz, 3. Aufl., München 2010

Breitbach, Michael/   Versammlungsrecht und Zensurverbot, in: NJW 1988,
Rühl, Ulli F. H.   S. 8 ff.

---

69 Dahingehend (bezüglich der Vergabe von Rundfunkwerbezeiten) BVerfGE 47, 198 (225 ff.); 69, 257 (268 f.); für den Zugang zu kommunalen öffentlichen Einrichtungen i.E. ebenso BayVGH, BayVBl. 1987, 403 f.; NJW 1989, 2491 f.; *Morlok*, in: Dreier (Hrsg.), GG, Art. 21 Rn. 93; *Streinz*, in: v. Mangoldt/Klein/Starck (Hrsg.), GG, Art. 21 Rn. 141 m.w.N.

Dreier, Horst (Hrsg.)	Grundgesetz, Band II, Art. 20–82, 2. Aufl., Tübingen 2006
Gassner, Ulrich M.	Grenzen des Zulassungsanspruchs politischer Parteien zu kommunalen öffentlichen Einrichtungen, in: VerwArch 85 (1994), S. 533 ff.
Hesse, Konrad	Grundzüge des Verfassungsrechts der Bundesrepublik Deutschland, 20. Aufl., Heidelberg 1995
Jarass, Hans D./ Pieroth, Bodo	Grundgesetz für die Bundesrepublik Deutschland. Kommentar, 11. Aufl., München 2011
Lerche, Peter	Zur verfassungsrechtlichen Deutung der Meinungsfreiheit (insbesondere im Bereiche des Boykotts), in: Rittersbach, Theo/Geiger, Willi (Hrsg.), Festschrift für Gebhard Müller. Zum 70. Geburtstag des Präsidenten des Bundesverfassungsgerichts, Tübingen 1970, S. 197 ff.
Mangoldt, Hermann von/ Klein, Friedrich/Starck, Christian (Hrsg.)	Kommentar zum Grundgesetz, Band 1: Präambel, Art. 1–19, 6. Aufl., München 2010 Kommentar zum Grundgesetz, Band 2: Art. 20–82, 6. Aufl., München 2010
März, Hans-Peter	Überlassen von Räumen durch Körperschaften des öffentlichen Rechts an Parteien oder politische Gruppierungen, in: BayVBl. 1992, S. 97 ff.
Maunz, Theodor/Schmidt-Bleibtreu, Bruno/Klein, Franz/Bethge, Herbert (Hrsg.)	Bundesverfassungsgerichtsgesetz. Kommentar, Band 2, München, Loseblattsammlung, Stand: 32. Ergänzungslieferung März 2010
Maunz, Theodor/ Dürig, Günter	Grundgesetz. Kommentar, Band III, Art. 17–27, München, Loseblattsammlung, Stand: 59. Ergänzungslieferung Juli 2010
Maurer, Hartmut	Allgemeines Verwaltungsrecht, 17. Aufl., München 2009
Pieroth, Bodo/ Schlink, Bernhard	Grundrechte. Staatsrecht II, 26. Aufl., Heidelberg 2010
Sachs, Michael (Hrsg.)	Grundgesetz. Kommentar, 5. Aufl., München 2009
Schenke, Ralf P.	Die Neujustierung der Fortsetzungsfeststellungsklage, in: JuS 2007, S. 697 ff.
Schlaich, Klaus/ Korioth, Stefan	Das Bundesverfassungsgericht, 8. Aufl., München 2010
Stelkens, Ulrich	Gegenstand der Verfassungsbeschwerde bei mehreren Entscheidungen in derselben Sache, in: DVBl. 2004, S. 403 ff.
Vollmer, Silke	Inhalt und Umfang des Zulassungsanspruchs politischer Parteien zu den kommunalen öffentlichen Einrichtungen, in: DVBl. 1989, S. 1087 ff.
Zundel, Frank	Die Zulassung politischer Parteien zu kommunalen öffentlichen Einrichtungen, in: JuS 1991, S. 472 ff.

Hausarbeit 9

Strafverfolgung des Abgeordneten

von Christoph Görisch

1   A ist Landtagsabgeordneter im Bundesland L und bezichtigt in einer Rede im Landtag den Wirtschaftsminister des Landes, im Zusammenhang mit einer dienstlichen Entscheidung Bestechungsgelder entgegengenommen zu haben. Der Minister erstattet daraufhin Strafanzeige gegen A. Nach Aufhebung der Immunität des A durch den Landtag erhebt die zuständige Staatsanwaltschaft gegen ihn Anklage wegen Verleumdung nach § 187 StGB, da sie glaubt, nachweisen zu können, dass A die inzwischen auch von ihm als unzutreffend eingeräumte Aussage wider besseres Wissen gemacht hat. A bestreitet, im Zeitpunkt seiner Äußerung ihre Unrichtigkeit gekannt zu haben. Das zuständige Amtsgericht eröffnet entsprechend der Strafprozessordnung das Hauptverfahren. Der Verteidiger des A bringt in der Hauptverhandlung unter anderem vor, die bereits vor ihrem In-Kraft-Treten im November 1953 auf eine lange verfassungsgeschichtliche Tradition zurückblickende Bestimmung des Art. 64 der Verfassung von L (LV) stehe der Strafverfolgung entgegen. Die Regelung der Rechte der Landtagsabgeordneten sei Sache des Landes. Art. 64 LV lautet:

„Ein Abgeordneter darf zu keiner Zeit wegen seiner Abstimmung oder wegen einer Äußerung, die er im Landtag, in einem Ausschuss, in einer Fraktion oder sonst in Ausübung seines Mandats getan hat, gerichtlich oder dienstlich verfolgt oder anderweitig außerhalb des Landtags zur Verantwortung gezogen werden."

Der Staatsanwalt verweist demgegenüber auf § 36 StGB und Art. 46 GG und meint, ein solches Verhalten dürfe der Staat gar nicht straflos stellen. § 36 S. 1 StGB war bereits im Reichsstrafgesetzbuch von 1871 enthalten. Durch das 3. Strafrechtsänderungsgesetz vom 4.8.1953, in Kraft getreten zum 1.10.1953, wurde § 36 S. 2 StGB eingeführt.

Der Verteidiger des A ist hingegen der Auffassung, § 36 S. 2 StGB sei unter Verstoß gegen kompetenzrechtliche Regelungen des Grundgesetzes zustande gekommen.

Das Amtsgericht sieht alle Voraussetzungen des § 187 StGB für eine Verurteilung als gegeben an, ist sich aber nicht sicher, ob Art. 64 LV der Verurteilung entgegensteht.

Aufgaben:

1. Steht Art. 64 LV einer Verurteilung des A nach § 187 StGB entgegen?
2. Welche Entscheidung hat das Amtsgericht zu treffen, wenn es
   a) Art. 64 LV für rechtmäßig hält?
   b) Art. 64 LV für rechtswidrig hält?
3. Nehmen Sie an, A wird vom letztinstanzlich zuständigen Strafgericht wegen Verleumdung zu einer Geldstrafe verurteilt. Er erhebt hiergegen fristgerecht Verfassungsbeschwerde zum Bundesverfassungsgericht. Ist diese zulässig?

Gliederung

Gutachten

Aufgabe 1

Einer strafgerichtlichen Verurteilung nach § 187 StGB steht Art. 64 LV entgegen, **3** wenn die Voraussetzungen dieser Bestimmung erfüllt sind und sie nicht wegen Verstoßes gegen höherrangiges Recht ungültig ist.

A. Erfüllung der Voraussetzungen des Art. 64 LV

4 Die Voraussetzungen des Art. 64 LV sind ohne weiteres erfüllt, da A Abgeordneter des Landtags von L ist, es sich bei seiner Rede um eine Äußerung im Landtag handelt und A im Falle seiner Verurteilung nach § 187 StGB wegen dieser Äußerung gerichtlich verfolgt wird.

5 Weitere Voraussetzungen für die Straffreiheit stellt Art. 64 LV nicht auf. Insbesondere enthält die Bestimmung keine Einschränkung für verleumderische Beleidigungen entsprechend Art. 46 Abs. 1 GG, § 36 S. 2 StGB. Dass es sich dabei nicht um ein Redaktionsversehen handelt, ergibt sich insbesondere aus der langen verfassungsgeschichtlichen Tradition der Bestimmung.

B. Vereinbarkeit des Art. 64 LV mit höherrangigem Recht

6 Art. 64 LV ist ungültig, wenn die Bestimmung gegen höherrangiges Bundesrecht verstößt. Nicht einschlägig sind dabei etwa im Verhältnis zu § 36 S. 2 StGB die allgemeinen Regeln vom Vorrang der *lex posterior* – spätere Norm wäre Art. 64 LV – oder der *lex specialis* – spezielle Norm wäre § 36 StGB, soweit man darin entsprechend Gesetzesbezeichnung und der amtlichen Titelüberschrift („Straflosigkeit parlamentarischer Äußerungen und Berichte") eine auf den strafrechtlichen Bereich beschränkte Regelung sieht –, da sie nur auf ein und derselben Rechtsebene Anwendung finden[1].

I. Art. 46 Abs. 1 S. 2 GG

7 Der auch für verleumderische Beleidigungen geltende Indemnitätsschutz aus Art. 64 LV verstößt nicht gegen eine Vorgabe aus Art. 46 Abs. 1 S. 2 GG, da A kein Abgeordneter i.S. dieser Vorschrift ist und deren Voraussetzungen daher nicht erfüllt sind. Zwar gilt Art. 46 Abs. 1 GG ebenso wie Art. 64 LV seinem Wortlaut nach ohne weitere Einschränkung für alle Abgeordneten. Genauso wie die systematische Auslegung bei Art. 37 LV BW als Parallelbestimmung zu Art. 64 LV unter Berücksichtigung der zugehörigen Abschnittsüberschrift („Der Landtag") ergibt, dass unter den dortigen Abgeordnetenbegriff nur baden-württembergische Landtagsabgeordnete fallen, führt sie bei Art. 46 Abs. 1 GG (im Abschnitt „Der Bundestag") zu einer Beschränkung des persönlichen Geltungsbereichs auf Bundestagsabgeordnete[2]. Damit scheidet eine unmittelbare (und gegebenenfalls über Art. 31 GG – also nicht etwa über Art. 20 Abs. 3 GG bzw. die darin zum Ausdruck gebrachte allgemeine Regel vom Vorrang der *lex superior* – aufzulösende)[3] Kollision zwischen Art. 64 LV und Art. 46 Abs. 1 GG generell aus.

---

1 Vgl. dazu allgemein *Dreier*, in: ders. (Hrsg.), GG, Art. 31 Rn. 37 m.w.N.

2 Exemplarisch zu Art. 46 GG *Sommermann*, in: v. Mangoldt/Klein/Starck (Hrsg.), GG, Art. 46 Rn. 5; zu Art. 37 LV BW (ohne nähere Begründung) *Braun*, Verfassung BW, Art. 37 Rn. 10.

3 Vgl. (in Bezug auf das Verhältnis von Art. 102 GG zu abweichenden Landesverfassungsbestimmungen) die Nachw. bei *Dreier*, in: ders. (Hrsg.), GG, Art. 102 Rn. 35 Fn. 89; weniger eindeutig *März*, in: v. Mangoldt/Klein/Starck (Hrsg.), GG, Art. 31 Rn. 15 ff.

II. Art. 72 Abs. 1 GG oder Art. 31 GG, jeweils i.V.m. § 36 S. 2 StGB

Ein Verstoß des Art. 64 LV gegen die Kompetenzbestimmungen der Art. 70 ff. GG **8**
scheidet nach wohl überwiegender Auffassung aus, da Landesverfassungsrecht von
diesen Bestimmungen nicht erfasst wird[4].

> **Hinweis zum Aufbau:** Folgt man der Gegenauffassung, wonach auch das Landesver- **9**
> fassungsrecht an Art. 70 ff. GG zu messen ist, so ist direkt in die nach hier vertretener
> Auffassung von § 36 StGB ausgehende Kompetenzprüfung (vgl. sogleich bei Fn. 10 ff.)
> einzusteigen.

Vorliegend kommt daher nur ein Verstoß gegen § 36 S. 2 StGB i.V.m. Art. 31 GG in **10**
Betracht.

> **Hinweis zum Aufbau:** Obwohl Art. 31 GG eigentlich erst nach dem spezielleren **11**
> Art. 28 Abs. 1 S. 1 GG (s. unten c) zu prüfen ist, wird davon im vorliegenden Fall
> wegen des engen Zusammenhangs mit dem ebenfalls bzw. noch spezielleren Art. 72 GG
> ausnahmsweise abgesehen (zu den Spezialitätsverhältnissen *Pieroth*, in: Jarass/Pieroth,
> GG, Art. 31 Rn. 1).

Bei der Äußerung des A im Landtag handelt es sich um eine verleumderische Beleidi- **12**
gung in Form einer – zu den Beleidigungsdelikten des 14. Abschnitts gehörenden –
Verleumdung nach § 187 StGB, die nach § 36 S. 2 (i.V.m. S. 1) StGB vom Indemnitätsschutz ausgenommen ist[5]. Daran ändert auch Art. 6 EGStPO (ggf. i.V.m. § 152a
StPO) nichts, der sich schon nach seiner systematischen Stellung im prozessrecht-
lichen Regelungszusammenhang ausschließlich auf das spezielle Verfahrenshindernis[6]
der Immunität und nicht auf die als persönlicher Strafausschließungsgrund[7] im StGB
unter entsprechender Titelüberschrift („Straflosigkeit") normierte Indemnität bezieht[8].

Aus dem systematischen Zusammenspiel des Art. 31 GG mit den übrigen Bestim- **13**
mungen des Grundgesetzes ergibt sich allerdings, dass Landesrecht nur durch gültiges
Bundesrecht verdrängt („gebrochen") wird, d.h. eine nichtige Bundesnorm entfaltet
keine Verdrängungswirkung[9]. Art. 64 LV tritt danach nur dann hinter § 36 S. 2 (i.V.m.
S. 1) StGB zurück, wenn der Bund nach Art. 70 ff. die Kompetenz zum Erlass dieser
Norm hatte.

---

4 *Pieroth*, in: Jarass/Pieroth, GG, Art. 31 Rn. 3, Art. 70 Rn. 4 m.w.N. zum Streitstand.
5 Vgl. *Perron*, in: Schönke/Schröder, StGB, § 36 Rn. 4.
6 BVerfGE 104, 310 (326; *Pieroth*, in: Jarass/Pieroth, GG, Art. 46 Rn. 5.
7 *Perron*, in: Schönke/Schröder, StGB, § 36 Rn. 1 m.w.N., auch zu vereinzelten Gegenstimmen; *Pieroth*, in:
   Jarass/Pieroth, GG, Art. 46 Rn. 4.
8 *Perron*, in: Schönke/Schröder, StGB, § 36 Rn. 2; *Pfeiffer*, StPO, § 152a Rn. 3 (trotz der vorherigen Erwäh-
   nung der Indemnitätsregelungen in Rn. 1); undeutlich *Schoreit*, in: Hannich (Hrsg.), Karlsruher Kommentar zur StPO, § 152a Rn. 1 (bundesweite Anerkennung der „landesgesetzlichen Immunitätsvorschriften" als
   Normzweck) einerseits, 2 f. (Geltung für „Fälle der Indemnität und Immunität") andererseits.
9 *Degenhart*, Staatsrecht, Rn. 184; *Ipsen*, Staatsrecht, Rn. 724; *Pieroth*, in: Jarass/Pieroth, GG, Art. 31 Rn. 3;
   undeutlich *Maurer*, Staatsrecht, § 10 Rn. 36.

14 Für den vorliegend betroffenen Bereich des Schutzes vor strafrechtlicher Verfolgung[10] kann sich eine Bundeskompetenz zum Erlass des § 36 StGB in Bezug auf Landtagsabgeordnete nur aus der Zuweisung des Art 74 Abs. 1 Nr. 1 (Strafrecht, nicht: gerichtliches Verfahren)[11] i.V.m. Art. 70 GG ergeben. Allerdings haben die Länder nach Art. 70 GG und letztlich aufgrund ihrer Eigenstaatlichkeit die Kompetenz zur eigenständigen Regelung des Rechts ihrer Verfassungsorgane und damit auch des Landesparlaments[12], wie sich auch im Umkehrschluss aus dem allein bestimmte Grundsätze betreffenden Homogenitätserfordernis des Art. 28 Abs. 1 S. 1 GG ergibt[13]. Dieser Kompetenztitel kommt daher ebenfalls für den Erlass der die Rechtsstellung der Abgeordneten des Verfassungsorgans Landesparlament betreffenden Indemnitätsvorschriften in Betracht.

15 Erscheint für einen konkreten Regelungsgegenstand zunächst eine Zuordnung sowohl zu einer Bundeskompetenz als auch zur Gesetzgebungskompetenz der Länder möglich, so bedarf die Zuordnungsfrage einer eindeutigen Entscheidung, da dem Grundgesetz eine sog. Doppelzuständigkeit fremd ist[14]. Dabei kommt es maßgeblich auf den stärkeren Sachzusammenhang an[15], wobei eine Teilregelung keine eigenständige Kompetenzzuordnung erfährt, „wenn sie mit dem kompetenzbegründenden Schwerpunkt der Gesamtregelung derart eng verzahnt ist, daß sie als Teil dieser Gesamtregelung erscheint"[16]. Die bei der Auslegung der Kompetenzbestimmungen häufig besonders ergiebige entstehungsgeschichtliche und historische Auslegung[17] führt dabei vorliegend wegen der weit zurückreichenden Regelungstraditionen sowohl im Strafgesetzbuch als auch im Landesverfassungsrecht nicht weiter[18]. Zu berücksichtigen ist insoweit allenfalls, dass eine Indemnitätsregelung nicht nur in der bereits erwähnten baden-württembergischen Landesverfassung, sondern in den Verfassungen sämtlicher Bundesländer zu finden ist[19].

16 Für eine separate Betrachtung der strafrechtlichen Wirkungen der Indemnität in kompetenzieller Hinsicht und eine entsprechende Zuordnung zur Kompetenzmaterie „Strafrecht" bzw. „strafgerichtliches Verfahren" wird herkömmlicherweise angeführt, dass insoweit aufgrund der weitestreichenden Sanktionswirkung des Strafrechts ein

---

10 Zum Streit um weiterreichende Wirkungen *Häger*, in: v. Laufhütte/Rissing-van Saan/Tiedemann (Hrsg.), § 36 Rn. 20 ff.; vgl. dazu auch schon oben Fn. 1.
11 Zur materiellen und nicht prozessualen Wirkung des Indemnitätsschutzes bereits oben bei Fn. 8.
12 BVerfGE 98, 145 (157 f.).
13 Ausführlich *Tettinger*, in: v. Mangoldt/Klein/Starck (Hrsg.), GG, Art. 28 Rn. 18 ff., bes. 23 m.w.N.
14 BVerfGE 36, 193 (202 f.); 67, 299 (320 f.); 106, 62 (114); *Stettner*, in: Dreier (Hrsg.), GG, Art. 70 Rn. 32.
15 Vgl. *Pieroth*, in: Jarass/Pieroth, GG, Art. 70 Rn. 6.
16 So BVerfGE 98, 265 (299); vgl. zum Parlaments- bzw. Abgeordnetenrecht bes. BVerfGE 98, 145 (157 f.).
17 Vgl. *Pieroth*, in: Jarass/Pieroth, GG, Art. 70 Rn. 6.
18 Vgl. auch vertiefend *Rau*, Der Fall Friedrich List, S. 26 ff., 151 ff.; *Schröder*, Staat 21 (1982), 25 (46); *Wolfrum*, DÖV 1982, 674 (678).
19 Eine dem Art. 64 LV entsprechende Regelung enthalten Art. 37 LV BW, Art. 27 BV, Art. 94 BremVerf, Art. 95 HessVerf, Art. 93 Verf. RP; wie Art. 46 Abs. 1 GG hingegen Art. 51 Abs. 1 VvB, Art. 57 BbgVerf, Art. 24 Abs. 1 Verf. M-V, Art. 14 NdsVerf, Art. 47 Verf. NW, Art. 81 SaarlVerf, Art. 55 Abs. 1 SächsVerf, Art. 57 Verf. LSA, Art. 24 Abs. 1 Verf. SH, Art. 55 Abs. 1 ThürVerf; nach Art. 14 HmbVerf können verleumderische Beleidigungen nur mit Genehmigung der Bürgerschaft verfolgt werden.

besonderes Bedürfnis für eine bundeseinheitliche Regelung bestehe[20]. Bisweilen geht man auch davon aus, Art. 70 ff. und damit auch Art. 74 I Nr. 1 GG seien gegenüber den verfassungs(organ)bezogenen Landeskompetenzen die speziellere Regelung[21].

Nach neuerer Auffassung ist der Indemnitätsschutz hingegen insgesamt dem Recht **17** der Verfassungsorgane zuzuordnen. Dafür spricht, dass die Indemnität nicht auf die Verhinderung einer bestimmten Art der Sanktionierung abzielt, sondern unmittelbar und umfassend die von äußerlichem Einfluss freie Rede im Parlament sichern soll und in diesem Sinne ein „Sonderrecht des Parlaments" darstellt[22]. Auch im Grundgesetz selbst steht die ebenso wie Art. 64 LV das Strafrecht einerseits miterfassende, aber in ihren Wirkungen anderseits unbestritten darüber hinausreichende[23] Bestimmung des Art. 46 GG für Bundestagsabgeordnete bezeichnenderweise im Abschnitt über den Bundestag[24]. In systematischer Hinsicht wird unter Bezugnahme auf das bundesstaatliche Prinzip gemäß Art. 20 Abs. 1 GG weiter vorgebracht, dass das Verhältnis der Landesorgane zueinander, die Verteilung der Funktionen auf sie und ihre innere Organisation in der föderalistischen Ordnung des Grundgesetzes ein „Kernstück" der Regelungsbefugnisse der Länder darstelle, zu dem auch „der Status der Abgeordneten mit allen seinen Einzelaspekten" gehöre[25]. Grenzen dieser Kompetenz ergeben sich danach allein aus der Homogenitätsklausel des Art. 28 Abs. 1 S. 1 GG, deren Mindestvorgaben allerdings die Regelungskompetenz des Landes nicht entfallen lassen[26], sondern nur inhaltliche Vorgaben für ihre Ausübung enthalten[27].

Gegen einen generellen Vorrang der ausdrücklichen bundesrechtlichen Kompetenzzu- **18** weisungen gegenüber der Residual-Kompetenz des Landes i.S. der erstgenannten Auffassung spricht, dass das in Art. 70 Abs. 1 GG normierte „Regel-Ausnahme-Verhältnis zu Gunsten der Länder"[28] dadurch gerade in den Grenzfällen umgekehrt würde und das Gebot des Abstellens auf den stärkeren Sachzusammenhang völlig unbeachtet bliebe. Die gleichgerichtete Argumentation, die starke Sanktionswirkung des Strafrechts verlange eine bundeseinheitliche Regelung, vermengt die zusätzliche Voraussetzung des Art. 72 Abs. 2 GG in unzulässiger Weise mit der Auslegung des Art. 74 Abs. 1 Nr. 1 GG, für den sie mittlerweile zudem gar nicht mehr gilt, und ist daher

---

20 In diesem Sinne *Häger*, in: v. Laufhütte/Rissing-van Saan/Tiedemann (Hrsg.), § 36 Rn. 19; *Lackner/Kühl*, StGB, § 36 Rn. 1. Davon geht auch BGHZ 75, 384 (386), ohne ausdrückliches Eingehen auf die Kompetenzfrage aus.
21 *Walter*, JZ 1999, 981 (981, 983 f.) m.w.N. zum Ganzen.
22 Vgl. *Schröder*, Staat 21 (1982), 25 (44).
23 Für Art. 46 GG *Pieroth*, in: Jarass/Pieroth, GG, Art. 46 Rn. 4; für Art. 37 LV BW *Braun*, Verfassung BW, Art. 37 Rn. 8; *Feuchte*, in: ders. (Hrsg.), Verfassung BW, Art. 37 Rn. 13; zur umstrittenen Auslegung des entsprechenden Wortlauts von § 36 StGB schon oben bei Fn. 1, 10.
24 Ansatzweise *Friesenhahn*, DÖV 1981, 512 (513): „Gegenstand des Verfassungsrechts".
25 Vgl. *Härth*, Die Rede- und Abstimmungsfreiheit, S. 106.
26 Insoweit undeutlich *Wolfrum*, DÖV 1982, 674 (679).
27 Allgemeiner zur Wirkung des Art. 28 I 1 GG *Tettinger*, in: v. Mangoldt/Klein/Starck (Hrsg.), GG, Art. 28 Rn. 31 ff.; im Verhältnis zu Art. 31 GG *März*, in: v. Mangoldt/Klein/Starck (Hrsg.), GG, Art. 31 Rn. 94; ferner *Dreier*, in: ders. (Hrsg.), GG, Art. 28 Rn. 59, Art. 31 Rn. 30.
28 BVerfGE 111, 226 (247).

ebenfalls verfehlt[29]. In Anbetracht dessen sprechen die besseren Argumente für die zweitgenannte, der grundgesetzlichen Systematik Rechnung tragenden Auffassung. Die Indemnität gehört demnach zur Landeskompetenz für das Recht der Landesverfassungsorgane. In ähnlicher Weise ist die umfassende Strafrechtskompetenz des Bundes im Übrigen dort begrenzt, wo er durch die – grundsätzlich zulässige – Bewehrung von Landesrecht mit Strafe die Kompetenz der Länder zur inhaltlichen Ausgestaltung des Landesrechts beeinträchtigen würde[30].

19   Auch wenn die demnach gegebene Regelungskompetenz des Landes nicht notwendig ausschließt, dass der Bund im Strafgesetzbuch aus Klarstellungsgründen eine entsprechende Regelung deklaratorischer Art trifft, so muss diese in jedem Falle an die jeweilige landesrechtliche Vorschrift angepasst sein (z.B. indem sie eine Straffreiheit „in dem vom jeweiligen Landesrecht vorgegebenen Umfang" normiert). Die weiterreichende Einschränkung des Indemnitätsschutzes durch § 36 S. 2 StGB kann angesichts ihres klaren Wortlauts nicht in dieser Weise verfassungskonform ausgelegt werden[31]. § 36 S. 2 StGB ist demnach mangels Gesetzgebungskompetenz des Bundes verfassungswidrig und nichtig. Somit wird Art. 64 LV nicht nach Art. 31 GG von § 36 S. 2 StGB gebrochen.

20   **Hinweis zum Aufbau und zur Bewertung:** Soweit hingegen (vertretbar) vom Bestehen einer Bundeskompetenz ausgegangen wird, muss nach Art. 31 GG das Landesverfassungsrecht hinter dem einfachen Bundesrecht zurücktreten, was entweder zur Nichtigkeit des Art. 64 LV oder jedenfalls (bei Annahme eines besonderen Schonungsgebots zugunsten des Landesverfassungsgebers) zu einem Anwendungsvorrang des § 36 S. 2 StGB führt (vgl. dazu *Pieroth*, in: Jarass/Pieroth, GG, Art. 31 Rn. 2, 5), falls nicht von einer Anwendbarkeit der Kompetenzbestimmungen auch auf das Landesverfassungsrecht (dazu schon oben, unter B II) und damit von einer Nichtigkeit des Art. 64 LV wegen Verstoßes gegen Art. 72 Abs. 1 i.V.m. Art. 74 Abs. 1 Nr. 1 GG ausgegangen wird. In keinem Fall ausreichend ist das Abstellen auf Art. 31 GG, ohne die Kompetenzfrage aufzuwerfen.

III. Homogenitätsgebot aus Art. 28 Abs. 1 S. 1 GG

21   Weiter ist zu prüfen, ob Art. 64 LV gegen das Gebot zur Beachtung der „Grundsätze des […] demokratischen […] Rechtsstaates" aus Art. 28 Abs. 1 S. 1 GG verstößt. Indem das Homogenitätsgebot ausdrücklich nur eine grundsätzliche Übereinstimmung verlangt, bindet es nicht bei der Ausgestaltung der in Art. 28 Abs. 1 S. 1 GG aufgeführten Grundsätze im Einzelnen[32]. Bisweilen wird die Auffassung vertreten, die Ausgestaltung der Indemnitätsregelungen gehöre „zu den fundamentalen Prinzipien eines repräsentativ-demokratisch-parlamentarischen Staates" und müsse daher nach

---

29 Zutreffend zum Ganzen – auf der Basis von Art. 72 Abs. 2 GG a.F. argumentierend – *Wolfrum*, DÖV 1982, 674 (678).

30 Vgl. *Pieroth*, in: Jarass/Pieroth, GG, Art. 74 Rn. 7.

31 *Schröder*, Staat 21 (1982), 25 (49 f.).

32 *Pieroth*, in: Jarass/Pieroth, GG, Art. 28 Rn. 5; vgl. auch schon oben bei Fn. 13.

Art. 28 Abs. 1 S. 1 GG in vollem Umfang einheitlich sein, d.h. auch in den Ländern inhaltlich der Regelung des Art. 46 GG (einschließlich der in S. 2 ausgesprochenen Einschränkung für verleumderische Beleidigungen) entsprechen[33].

Zutreffender erscheint es allerdings, zumindest die Beantwortung der Frage, inwie-   **22** weit die Volksvertreter durch die Indemnität zur Gewährleistung einer freien par- lamentarischen Debatte und zur Wahrnehmung ihres freien Mandats i.S.d. Art. 38 Abs. 1 S. 2 GG und der entsprechenden Landesregelungen auch vor der strafrecht- lichen Verfolgung aufgrund der (bloßen) „Behauptung einer verleumderischen Ehr- verletzung" geschützt werden sollen, als weder vom Demokratieprinzip einerseits noch vom Grundsatz des rechtsstaatlichen Gerichtsschutzes andererseits unverrückbar mit dem Inhalt des Art. 46 Abs. 1 S. 2 GG vorgegeben einzustufen, sondern der landesrechtlichen Ausgestaltungskompetenz zuzuordnen[34]. Für etwaige grundrecht- liche Vorgaben aus dem allgemeinen Persönlichkeitsrecht gemäß Art. 2 Abs. 1 i.V.m. Art. 1 Abs. 1 GG der von einer etwaigen Ehrverletzung durch einen Landtagsab- geordneten Betroffenen ist die unmittelbare Bindung gemäß Art. 1 Abs. 3 GG, der nach überwiegender Auffassung auch für die (nachkonstitutionelle) Verfassunggebung in den Ländern gilt[35], spezieller als die Bindung an den – in einem materiellen Sinne verstandenen – Rechtsstaatsgrundsatz über Art. 28 Abs. 1 S. 1 GG. Demnach scheidet ein Verstoß des Art. 64 LV, soweit der Indemnitätsschutz dort einschränkungslos auch für den Fall verleumderischer Beleidigungen gewährt wird, gegen das Homogenitäts- gebot aus Art. 28 Abs. 1 S. 1 GG aus.

Hinweis zum Aufbau: Soweit hingegen (vertretbar) von einem Verstoß gegen Art. 28   **23** Abs. 1 S. 1 GG ausgegangen wird, führt dies unmittelbar zur Nichtigkeit des Art. 64 LV (insoweit undeutlich *Friesenhahn*, DÖV 1981, 512 [517]).

IV. Staatliche Schutzpflicht aus Art. 2 Abs. 1 i.V.m. Art. 1 Abs. 1 GG

In Betracht kommt schließlich ein Verstoß des Art. 64 LV gegen die staatliche Schutz-   **24** pflicht aus Art. 2 Abs. 1 i.V.m. Art. 1 Abs. 1 GG. Auch über die ausdrückliche Nor- mierung des Art. 1 Abs. 1 S. 2 GG für die Menschenwürdegarantie hinaus beinhalten die Grundrechte neben ihrer Funktion als Abwehrrechte anerkanntermaßen staatliche Schutzpflichten[36]. Eine solche Schutzpflicht ergibt sich auch aus dem allgemeinen Persönlichkeitsrecht gemäß Art. 2 Abs. 1 i.V.m. Art. 1 Abs. 1 GG[37]. Zu prüfen ist, ob diese Schutzpflicht durch den Ausschluss der strafrechtlichen Verantwortlichkeit für verleumderische Beleidigungen aufgrund des umfassenden Indemnitätsschutzes nach Art. 64 LV verletzt wird.

---

33 *Friesenhahn*, DÖV 1981, 512 (517).
34 *Feuchte*, in: ders. (Hrsg.), VerfassungBW, Art. 37 Rn. 1, 12; insgesamt für eine landesrechtliche Befugnis zur freien Ausgestaltung des Indemnitätsschutzes *Dreier*, in: ders. (Hrsg.), Art. 46 Rn. 46; *Schröder*, Staat 21 (1982), 25 (45); *Wolfrum*, DÖV 1982, 674 (679); ausführlich zum uneinheitlich beurteilten Verhältnis von Art. 46 I GG und Art. 38 I 2 GG *Härth*, Die Rede- und Abstimmungsfreiheit, S. 95 ff.
35 Dazu *Dreier*, in: ders. (Hrsg.), GG, Art. 1 III Rn. 37 m.w.N. zum Streitstand.
36 Ausführlicher *Pieroth/Schlink*, Grundrechte, Rn. 99 f., 110 ff.
37 BVerfGE 96, 56 (64).

25   Generell hat der Gesetzgeber bei der Wahl der Mittel, mit denen er im Rahmen des Gebrauchmachens von seinen Regelungskompetenzen seiner Schutzpflicht nachkommt, einen großen Entscheidungsspielraum[38]. Art. 64 LV schließt zwar in weitreichender Weise jede Verfolgung außerhalb des Landtags wegen einer Verleumdung aus. Insbesondere betroffene Private können sich also weder mit einer Unterlassungs- oder Widerrufsklage noch durch Strafanzeige wehren[39]. Allerdings beschränkt sich die Zurücknahme des straf- und zivilrechtlichen Schutzes auf Äußerungen von Abgeordneten „in Ausübung des Mandats". Solche Äußerungen unterliegen im parlamentarischen Prozess bereits in gewissem Umfang einer besonderen Kontrolle durch öffentliche Debatten, Presseberichte, Reaktionen des Ältestenrats oder Untersuchungsausschüsse. Überdies sieht das Grundgesetz selbst mit der Regelung des Art. 46 Abs. 1 S. 1 GG außerhalb des Bereichs der verleumderischen Beleidigung insoweit bereits eine Einschränkung vor, also z.B. bei bloßen Beleidigungen oder Geheimnisverrat.

26   Berücksichtigt man, dass es sich bei dem allgemeinen Persönlichkeitsrecht nicht um ein vorbehaltlos gewährleistetes Recht handelt[40], erscheint im Rahmen des Entscheidungsspielraums des Landesgesetz- bzw. -verfassunggebers auch eine weitergehende Zurücknahme des Schutzes aus Art. 2 Abs. 1 i.V.m. Art. 1 Abs. 1 GG zugunsten der ebenfalls verfassungsrechtlich fundierten Ziele der umfassenden Gewährleistung der parlamentarischen Redefreiheit und des freien Mandats der Abgeordneten[41] nicht als ausgeschlossen. Zumindest erscheint gerade ein – vorliegend allein gegenständlicher – strafrechtlicher Schutz vor verleumderischen Beleidigungen von Abgeordneten in Ausübung ihres Mandats angesichts der dabei vorliegenden Sondersituation nicht als zwingend von der grundrechtlichen Schutzpflicht aus Art. 2 Abs. 1 i.V.m. Art. 1 Abs. 1 GG geboten[42].

27   Mithin gebietet die Schutzpflicht aus dem allgemeinen Persönlichkeitsrecht nicht die Ausklammerung verleumderischer Beleidigungen aus dem strafrechtsbezogenen Indemnitätsschutz für Landtagsabgeordnete, und Art. 64 LV ist mit Art. 2 Abs. 1 GG i.V.m. Art. 1 Abs. 1 GG vereinbar.

28   **Hinweis zum Aufbau:** Soweit hingegen von einem Verstoß gegen Art. 2 Abs. 1 i.V.m. Art. 1 Abs. 1 GG ausgegangen wird (vertretbar), führt dies wiederum unmittelbar zur Nichtigkeit des Art. 64 LV.

29   Da Art. 64 LV somit nicht gegen höherrangiges Bundesrecht verstößt, steht die Bestimmung einer strafgerichtlichen Verurteilung des A nach § 187 StGB entgegen.

---

38 *Pieroth/Schlink*, Grundrechte, Rn. 113.
39 Vgl. zur umfassenden Wirkung des Art. 64 LV bereits oben bei Fn. 23.
40 *Pieroth/Schlink*, Grundrechte, Rn. 407 f.
41 Dazu bereits oben bei Fn. 34.
42 Zur Strafbewehrung als „ultima ratio" bei der Erfüllung der staatlichen Schutzpflichten BVerfGE 88, 203 (257 f.).

Aufgabe 2 a)

Wenn das Gericht Art. 64 LV für rechtmäßig hält, kommt eine Vorlage des § 36 S. 2 **30**
StGB an das Bundesverfassungsgericht im Verfahren der konkreten Normenkontrolle
gemäß Art. 100 Abs. 1 S. 1 GG i.V.m. § 80 BVerfGG in Betracht. Die Entscheidung
über die Gültigkeit oder Ungültigkeit von Gesetzen ist unter den dort aufgestellten
Voraussetzungen dem Bundesverfassungsgericht vorbehalten (Verwerfungsmonopol).

A. Vorlageberechtigung

Als (staatliches) Gericht ist das Amtsgericht im Verfahren des Art. 100 Abs. 1 S. 1 GG **31**
vorlageberechtigt.

B. Vorlagegegenstand

Tauglicher Vorlagegegenstand gemäß Art. 100 Abs. 1 S. 1 GG sind im Hinblick auf **32**
den Zweck der konkreten Normenkontrolle (Schutz der Autorität des unter dem
Grundgesetz tätig gewordenen Gesetzgebers) nur formelle, nachkonstitutionelle Gesetze[43]. Diese Voraussetzung erfüllt § 36 S. 2 StGB, der im Oktober 1953 und damit
nach Verkündung des Grundgesetzes im Jahre 1949 in Kraft getreten ist.

C. Überzeugung von der Verfassungswidrigkeit

Wenn das Amtsgericht Art. 64 LV für rechtmäßig hält, hält es wie von Art. 100 Abs. 1 **33**
S. 1 GG weiter verlangt § 36 S. 2 StGB wegen Verstoßes gegen Art. 70 ff. GG für
verfassungswidrig. Eine verfassungskonforme Auslegung des § 36 S. 2 StGB kommt
nicht in Betracht[44].

D. Entscheidungserheblichkeit

Schließlich setzt Art. 100 Abs. 1 S. 1 GG voraus, dass es für den Ausgang des fachge- **34**
richtlichen Verfahrens auf die Gültigkeit des § 36 S. 2 StGB ankommt (Entscheidungserheblichkeit). Diese Anforderung ist ebenfalls erfüllt: Im Falle der Gültigkeit
wird das Amtsgericht den A verurteilen, im Falle der Ungültigkeit steht Art. 64 LV der
Verurteilung entgegen. Das muss gemäß §§ 23, 80 Abs. 2 BVerfGG auch aus der
Vorlagebegründung hervorgehen.

Damit sind sämtliche Voraussetzungen für eine Vorlage nach Art. 100 Abs. 1 S. 1 GG **35**
i.V.m. § 80 BVerfGG gegeben. Das Gericht muss danach das Verfahren aussetzen und
die Entscheidung des Bundesverfassungsgerichts über die Gültigkeit des § 36 S. 2
StGB einholen.

---

43 *Pieroth*, in: Jarass/Pieroth, GG, Art. 100 Rn. 6.
44 Dazu bereits oben bei Fn. 31.

Aufgabe 2 b)

36 Hält das Gericht Art. 64 LV für rechtswidrig, so nimmt es einen Verstoß entweder gegen § 36 S. 2 StGB i.V.m. Art. 31 GG oder gegen Art. 2 Abs. 1 GG i.V.m. Art. 1 Abs. 1 GG oder gegen Art. 28 Abs. 1 S. 1 GG oder gegen Art. 72 Abs. 1 GG an. Die Entscheidung über die Gültigkeit oder Ungültigkeit des Art. 64 LV ist nach Art. 100 Abs. 1 S. 2 (im erstgenannten Fall: 2. Var., in den übrigen Fällen: 1. Var.) GG ebenfalls dem Bundesverfassungsgericht vorbehalten. Soweit die Bestimmung für die Vorlagevoraussetzungen auf Art. 100 Abs. 1 S. 1 GG verweist, gilt das soeben Gesagte.

37 Einer eigenständigen Prüfung bedürfen nur die Anforderungen an den Vorlagegegenstand. Tauglicher Vorlagegegenstand im Verfahren der konkreten Normenkontrolle nach Art. 100 Abs. 1 S. 2 GG ist auch nachkonstitutionelles (1. Var.) bzw. nachlegales (2. Var.) Landesverfassungsrecht[45]. Daran ändert es nichts, dass Art. 100 Abs. 1 S. 2, 1. Var. GG von Landesrecht spricht, während in der 2. Var. von der Unvereinbarkeit eines Landes*gesetzes* mit einem Bundesgesetz die Rede ist. Dieser Differenzierung ist keine Bedeutung beizumessen, da der Begriff des Landesrechts in der 1. Var. nur der Abgrenzung vom Bundesrecht dient[46]. Im Falle des im November 1953 in Kraft getretenen Art. 64 LV handelt es sich um eine gegenüber dem Grundgesetz nachkonstitutionelle bzw. gegenüber dem im Oktober 1953 in Kraft getretenen § 36 S. 2 StGB nachlegale Bestimmung. Damit ist Art. 64 LV ein tauglicher Beschwerdegegenstand.

38 Das Gericht muss also auch in diesem Falle das Verfahren aussetzen und die Entscheidung des Bundesverfassungsgerichts über die Gültigkeit des Art. 64 LV einholen.

Aufgabe 3

39 Die Verfassungsbeschwerde des A ist zulässig, wenn die Voraussetzungen des Art. 93 Abs. 1 Nr. 4a GG i.V.m. §§ 90 ff. BVerfGG erfüllt sind.

A. Beschwerdefähigkeit

40 Beschwerdefähig ist nach § 90 Abs. 1 BVerfGG „jedermann". Da die Verfassungsbeschwerde die Rüge der Verletzung von Grundrechten oder grundrechtsgleichen Rechten beinhaltet, setzt die Beschwerdefähigkeit nur voraus, dass der Beschwerdeführer überhaupt in Grundrechten oder grundrechtsgleichen Rechten verletzt sein kann. In Bezug auf seine Rechtsstellung als Abgeordneter ist A zwar prinzipiell kein Grundrechtsträger[47]. Die strafrechtliche Verurteilung trifft A aber zumindest auch in seiner individuellen Rechtsstellung als Grundrechtsträger und damit als „jedermann" i.S.d. § 90 Abs. 1 BVerfGG.

---

45 BVerfGE 36, 342 (356); *Pieroth*, in: Jarass/Pieroth, GG, Art. 100 Rn. 6 f.
46 BVerfGE 1, 184 (201).
47 *Pieroth/Schlink*, Grundrechte, Rn. 1134; einschränkend BVerfGE 108, 251 (266 ff.).

B. Beschwerdegegenstand

Tauglicher Beschwerdegegenstand ist nach § 90 Abs. 1 BVerfGG jeder Akt der öf- **41**
fentlichen Gewalt i.S.d. Art. 20 Abs. 2 S. 2 GG und damit auch das letztinstanzliche
strafgerichtliche Urteil als Akt der rechtsprechenden Gewalt.

C. Beschwerdebefugnis

Die Beschwerdebefugnis ist gemäß § 90 Abs. 1 BVerfGG gegeben, wenn der Be- **42**
schwerdeführer behauptet, in einem seiner Grundrechte oder der dort genannten
grundrechtsgleichen Rechte verletzt zu sein. A kann in jedem Falle geltend machen,
durch die strafgerichtliche Verurteilung in seinem Grundrecht der allgemeinen Handlungsfreiheit gemäß Art. 2 Abs. 1 GG verletzt zu sein. Aufgrund der im konkreten Fall
aufgeworfenen Verfassungsprobleme im Hinblick auf die Gültigkeit des § 36 S. 2
StGB erscheint eine Grundrechtsverletzung auch nicht wegen der Beschränkung des
bundesverfassungsgerichtlichen Prüfungsumfangs auf die Verletzung „spezifischen
Verfassungsrechts"[48] von vornherein ausgeschlossen. Außerdem kann A wegen des
unterbliebenen Vorlageverfahrens, das hier in jedem Falle hätte stattfinden müssen[49],
eine Verletzung in seinem Recht auf den gesetzlichen Richter gemäß Art. 101 Abs. 1
S. 2 GG geltend machen. Auf eine Verletzung in seinem Grundrecht der Meinungsäußerungsfreiheit aus Art. 5 Abs. 1 S. 1 GG kann sich A hingegen nicht berufen, da er
die urteilsgegenständliche Äußerung in seiner Rechtsstellung als Abgeordneter ge-
tätigt hat, die prinzipiell nicht grundrechtlich, sondern staatsorganisationsrechtlich
geschützt ist[50].

D. Rechtswegerschöpfung

Da A sich gegen ein letztinstanzliches Urteil wendet, ist das Erfordernis der Rechts- **43**
wegerschöpfung gemäß § 90 Abs. 2 BVerfGG erfüllt.

E. Form

Die fristgerecht gemäß § 93 Abs. 1 BVerfGG erhobene Verfassungsbeschwerde ist **44**
nach §§ 23 Abs. 1, 92 BVerfGG schriftlich einzulegen und zu begründen.

F. Ergebnis

Dementsprechend ist die Verfassungsbeschwerde des A gegen seine letztinstanzliche **45**
Verurteilung zulässig.

---

48 Ausführlich dazu *Pieroth/Schlink*, Grundrechte, Rn. 1277 ff.
49 S. oben, Frage 2.
50 Vgl. *Pieroth/Schlink*, Grundrechte, Rn. 1238; ferner bereits oben bei Fn. 48.

Literaturverzeichnis

46   *Braun, Klaus*   Kommentar zur Verfassung des Landes Baden-
                                                        Württemberg, Stuttgart u.a. 1984

Degenhart, Christoph   Staatsrecht I. Staatsorganisationsrecht, 26. Aufl.,
                                                        Heidelberg 2010

Dreier, Horst (Hrsg.)   Grundgesetz, Band II, Art. 20–82, 2. Aufl., Tübingen 2006;
                                                        Band III, Art. 83–146, Tübingen 2006

Feuchte, Paul (Hrsg.)   Verfassung des Landes Baden-Württemberg, Stuttgart u.a.
                                                        1987

Friesenhahn, Ernst   Zur Indemnität der Abgeordneten in Bund und Ländern,
                                                        in: DÖV 1981, S. 512 ff.

Hannich, Rolf (Hrsg.)   Karlsruher Kommentar zur Strafprozessordnung und zum
                                                        Gerichtsverfassungsgesetz, 6. Aufl., München 2008

Härth, Wolfgang   Die Rede- und Abstimmungsfreiheit der Parlaments-
                                                        abgeordneten in der Bundesrepublik Deutschland,
                                                        Berlin 1983

Ipsen, Jörn   Staatsrecht I. Staatsorganisationsrecht, 22. Aufl.,
                                                        München 2010

Jarass, Hans D./   Grundgesetz für die Bundesrepublik Deutschland.
   Pieroth, Bodo   Kommentar, 11. Aufl., München 2011

Lackner, Karl/   Strafgesetzbuch. Kommentar, 27. Aufl.,
   Kühl, Kristian (Hrsg.)   München 2011

Laufhütte, Heinrich Wilhelm   Strafgesetzbuch. Leipziger Kommentar, Band II,
   von/Rissing-van Saan,   §§ 32–55, 12. Aufl., Berlin 2006
   Ruth/Tiedemann, Klaus
   (Hrsg.)

Mangoldt, Hermann von/   Kommentar zum Grundgesetz, Band II, Art. 20–82,
   Klein, Friedrich/Starck,   6. Aufl., München 2010
   Christian (Hrsg.)

Maurer, Hartmut   Staatsrecht I. Grundlagen, Verfassungsorgane,
                                                        Staatsfunktionen, 6. Aufl., München 2010

Pfeiffer, Gerd   Strafprozessordnung. Kommentar, 5. Aufl., München 2005

Pieroth, Bodo/   Grundrechte. Staatsrecht II, 26. Aufl., Heidelberg 2010
   Schlink, Bernhard

Rau, Jens Daniel   Der Fall Friedrich List, Immunität und Indemnität von
                                                        Abgeordneten im süddeutschen Frühkonstitutionalismus,
                                                        Frankfurt am Main u.a. 2010 (zugl. Diss. Heidelberg 2009)

Schönke, Adolf/   Strafgesetzbuch. Kommentar, 28. Aufl., München 2010
   Schröder, Horst (Hrsg.)

Schröder, Meinhard   Rechtsfragen des Indemnitätsschutzes, in: Der Staat 21
                                                        (1982), S. 25 ff.

Walter, Tonio   Indemnität für Landtagsabgeordnete – zum Regelungs-
                                                        gehalt des § 36 StGB, in: JZ 1999, S. 981 ff.

Wolfrum, Rüdiger   Indemnität im Kompetenzkonflikt zwischen Bund und
                                                        Ländern, in: DÖV 1982, S. 674 ff.

Hausarbeit 10

Richterwahl und Richterernennung

von Katrin Haghgu

A wurde vom Richterwahlausschuss mit knapper Mehrheit für eine am Bundesge- **1**
richtshof zu besetzende Stelle als Bundesrichter gewählt. Der mit dieser Wahlentscheidung übereinstimmende Bundesjustizminister beantragte daraufhin die Ernennung des A durch den Bundespräsidenten. A soll in einem der Strafsenate des BGH
eingesetzt werden.

Die Ernennung des A wird vom Bundespräsidenten jedoch verweigert. Er stützt sich
dabei auf folgende unbestrittene Tatsachen: A war sieben Jahre als Richter in der DDR
tätig. Als Strafrichter wirkte er für einen Zeitraum von drei Jahren in mehreren Verfahren bei der Durchsetzung des sog. politischen Strafrechts mit. In zwei Verfahren nach
§ 213 DDR-StGB (ungesetzlicher Grenzübertritt) verhängte er Freiheitsstrafen. A war
in einer für Richter typischen Art und Weise in die staatlichen Organisationen der
DDR eingebunden, insbesondere auch Mitglied der SED.

Der Bundespräsident hält aus diesen Gründen A für persönlich ungeeignet, das Amt
eines Bundesrichters zu bekleiden, und dessen Ernennung für eine staatspolitisch
nicht vertretbare Entscheidung. Dessen Mitwirkung an der Rechtsprechung im Bereich des politischen Strafrechts in der DDR gefährde seine Akzeptanz als Richter
eines obersten Bundesgerichts der Bundesrepublik Deutschland und damit die der
Rechtsprechung insgesamt. Das Vertrauen der Bevölkerung in die Glaubwürdigkeit
der Person des Richters und in die Wahrnehmung des Richteramtes nach den Grundsätzen eines demokratischen Rechtsstaates werde durch die Ernennung des A nachhaltig erschüttert. A sei der Bevölkerung als Richter am BGH nicht zuzumuten.

Der Richterwahlausschuss hält den Bundespräsidenten dagegen für verpflichtet, A zu
ernennen. Die fachliche Eignung des Bewerbers stehe außer Frage. Seine Beteiligung
an Verfahren des politischen Strafrechts sei zudem vom Richterwahlausschuss überprüft worden. Die Richtertätigkeit des A in der früheren DDR sei mehrheitlich nicht
im Sinne mangelnder persönlicher Eignung bewertet worden. Zudem habe sich A, der
den Überleitungsbestimmungen entsprechend nach der Wiedervereinigung in ein voll-
wertiges Richterverhältnis übernommen wurde und auch im Übrigen alle formellen
Voraussetzungen für die Position eines Richters an einem obersten Bundesgericht
erfüllt, als Richter in der Bundesrepublik inzwischen bewährt. Der Bundesjustizminister gehe ebenfalls von der Eignung des A aus. Die persönliche Eignung des Bewerbers zu beurteilen, stehe dem Bundespräsidenten ebenso wie eine Verweigerung der
Ernennung aus staatspolitischen Gründen nicht zu.

Aufgaben:

1. Darf der Bundespräsident die Ernennung des A verweigern?
2. Kann der Richterwahlausschuss gegen die Verweigerung der Ernennung vor dem
   Bundesverfassungsgericht vorgehen?

Abwandlung:

Der nordrhein-westfälische Landtag beschließt ein das Landesrichtergesetz (LRiG) umfassend änderndes Gesetz, durch das die Richterwahl durch Richterwahlausschüsse eingeführt wird. Das Änderungsgesetz sieht die Einfügung u.a. der folgenden Bestimmungen vor:

§ 1

Über die Anstellung der Richter entscheidet der Landesjustizminister gemeinsam mit einem vom Landtag zu wählenden Richterwahlausschuss.

§ 7

Die Mitglieder des Richterwahlausschusses sind zur Verschwiegenheit verpflichtet.

§ 8

Der Richterwahlausschuss entscheidet in geheimer Abstimmung mit der Mehrheit der abgegebenen Stimmen.

§ 10

[1]Stimmt der Justizminister der Wahl zu, so hat er den gewählten Richter zu ernennen. [2]Stimmt der Justizminister der Wahl nicht zu, so hat er den gewählten Richter auch dann zu ernennen, wenn der Richterwahlausschuss seine Auswahlentscheidung einstimmig bestätigt.

Verstößt § 10 S. 2 LRiG gegen Art. 98 Abs. 4 GG?

Gliederung

Gutachten

Aufgabe 1

Die Kompetenz des Bundespräsidenten, die Ernennung des A zu verweigern, könnte   **3**
sich aus Art. 60 Abs. 1 GG ergeben. Danach ernennt und entlässt der Bundespräsident
die Bundesrichter, die Bundesbeamten, die Offiziere und Unteroffiziere, soweit gesetzlich nichts anderes bestimmt ist. Fraglich ist, ob Art. 60 Abs. 1 GG den Bundes-

präsidenten zur Ernennung des vorgeschlagenen Kandidaten grundsätzlich verpflichtet und ob, sowie in welchem Umfang die Norm dem Bundespräsidenten im Rahmen einer solchen grundsätzlichen Verpflichtung zur Ernennung eine Prüfungs- und Verwerfungskompetenz einräumt.

4   **Hinweis zum Aufbau:** Mit der Unterscheidung zwischen der Frage nach dem Bestehen einer grundsätzlichen Ernennungsverpflichtung (A.) sowie nach Bestehen und Umfang der Prüfungskompetenz des Bundespräsidenten im Rahmen einer solchen grundsätzlichen Verpflichtung zur Ernennung (B.) folgt der Aufbau dem von der Mehrheit der Literatur bei der Abhandlung des Problems gewählten. Die Differenzierung geht zurück auf die Auseinandersetzung mit der früher herrschenden Auffassung, die von einem „Ermessen" des Bundespräsidenten im Rahmen von Art. 60 Abs. 1 GG ausging. Dieser Aufbau ist nicht zwingend. Ebenso können beide Aspekte miteinander verbunden werden. Der hier gewählte Aufbau hat den Vorteil größerer Übersichtlichkeit; der Nachteil liegt in der damit einhergehenden „doppelten" Auslegung von Art. 60 Abs. 1 GG, die zu Wiederholungen führt.

A. Bestehen einer grundsätzlichen Verpflichtung des Bundespräsidenten zur Ernennung

5   Fraglich könnte zunächst sein, ob den Bundespräsidenten aus Art. 60 Abs. 1 GG überhaupt eine grundsätzliche Verpflichtung zur Ernennung der berufenen Bundesrichter trifft, er also an die Ernennungsvorschläge des zuständigen Bundesministers i.d.R. gebunden ist. Dies wurde von der früher überwiegenden Auffassung verneint[1].

6   Der Wortlaut des Art. 60 Abs. 1 GG („ernennt") – ebenso wie der des Art. 64 Abs. 1 GG („werden ernannt") – im Gegensatz zu Art. 63 Abs. 2 S. 2 GG („ist zu ernennen"), Art. 63 Abs. 4 S. 2 GG, Art. 67 Abs. 1 S. 2 GG („muss ernennen") und Art. 63 Abs. 4 S. 3 GG („hat zu ernennen") könnte so gedeutet werden, dass eine Pflicht des Bundespräsidenten zur Ernennung gerade nicht bestehen soll[2]. Auch der Begriff „Befugnisse" in Art. 60 Abs. 3 GG, der mehr im Sinne einer „Berechtigung" als einer „Verpflichtung" zu verstehen sein kann, könnte eine solche Interpretation nahe legen[3]. Dagegen spricht aber, dass die Verwendung des Indikativs „ernennt" bei normativer Verwendung in der Regel als Imperativ zu verstehen ist[4]. Ein Bedeutungsunterschied im Vergleich zu den Bestimmungen der Art. 63 GG und Art. 67 GG besteht damit nicht; die Verschiedenheit der Formulierungen deutet allenfalls darauf hin, dass der verfassungsgebende Gesetzgeber es versäumt hat, die verschiedenen Normen auch im Wortlaut aufeinander abzustimmen[5]. Der Wortlaut des Art. 60 Abs. 1 GG spricht somit

1 *Belau*, DÖV 1951, S. 340 ff., 342; *Menzel*, DÖV 1965, S. 587.
2 *Busse*, DÖV 1965, S. 470 f.
3 *Busse*, DÖV 1965, S. 471.
4 *Huba/Burmeister*, JuS 1989, S. 832; *Pieroth*, in: Jarass/Pieroth, GG, Art. 60 Rn. 1; *Steiner*, Prüfungskompetenz, S. 41 ff., 45.
5 *Erichsen*, Jura 1985, S. 376 in Bezug auf Art. 64 Abs. 1 GG; *Friesenhahn*, VVDStRL 16 (1958), S. 47 f. Fn. 107 ebenfalls in Bezug auf Art. 64 Abs. 1 GG.

nicht dafür, dass die Ernennung der vorgeschlagenen Richter im Ermessen des Bundespräsidenten stehen soll.

Das Fehlen einer Ernennungsverpflichtung könnte aber aus dem Zusammenhang der **7** Grundgesetzbestimmung mit der nahezu gleichlautenden Vorgängernorm Art. 46 WRV hergeleitet werden. Nach damals einhelliger Auffassung[6] räumte diese – ebenso wie Art. 53 WRV, die Vorgängernorm des Art. 64 GG – dem Reichspräsidenten Ermessen hinsichtlich der Ernennung und damit eine sachliche Prüfungs- und Entscheidungskompetenz ein[7]. Art. 46 WRV diente dem Parlamentarischen Rat als Vorlage; eine Abweichung vom Bedeutungsgehalt der Vorgängernorm ist im Verlauf der Verhandlungen des Parlamentarischen Rates nicht zum Ausdruck gebracht worden[8]. Dies könnte dafür sprechen, auch im Rahmen des Art. 60 Abs. 1 GG ein Ermessen des Bundespräsidenten hinsichtlich der Ernennung anzunehmen[9].

Die historische und genetische Auslegung des Art. 60 Abs. 1 GG führt aber nicht **8** zwingend zu einer Interpretation der Norm im Sinne des Art. 46 WRV[10]. Die Kontinuität im Wortlaut kann angesichts der insgesamt, auch die üblichen staatsleitenden Funktionen umfassenden, schwächeren bzw. veränderten Ausgestaltung der Position des Bundespräsidenten[11] für eine solche Interpretation des Art. 60 Abs. 1 GG kaum überzeugend herangezogen werden[12]. Der systematische Zusammenhang deutet vielmehr darauf hin, dass auch die aus der Weimarer Reichsverfassung in das Grundgesetz fast wortgleich übernommenen, die Kompetenzen des Bundespräsidenten betreffenden Vorschriften einem Bedeutungswandel unterworfen sind bzw. sein können[13].

Der Bundespräsident betreibt nach der Konzeption des Grundgesetzes keine eigene **9** Personalpolitik mehr[14]. Dies folgt schon aus der auch für die Richterernennung geltenden Gegenzeichnungspflicht[15] und dem Vorbehalt anderweitiger gesetzlicher Bestimmung gem. Art. 60 Abs. 1 Hs. 2 GG, aber auch insgesamt daraus, dass der Bundespräsident an Regierung und Parlament als ausschließlich für politische und damit auch personalpolitische Entscheidungen zuständige Organe gebunden ist (Art. 65 GG, Art. 20 Abs. 2 GG)[16]. Im Bereich der Ernennung von Bundesrichtern spricht hierfür zudem der Zusammenhang mit Art. 95 Abs. 2 GG[17]. Die systematische Auslegung

---

6 *Anschütz*, WRV, Art. 46 Anm. 3; *Poetzsch-Heffter*, WRV, Art. 46 Anm. 2, Art. 53 Anm. 1; *Pohl*, in: Anschütz/Thoma, Handbuch des Deutschen Staatsrechts, Bd. I, § 42, S. 488, 494.

7 *Belau*, DÖV 1951, S. 340, 342; *Busse*, DÖV 1965, S. 470 f.

8 *Belau*, DÖV 1951, S. 340; *Füsslein*, JöR 1 NF (1951), S. 416 ff.

9 *Busse*, DÖV 1965, S. 471 f.

10 *Erichsen*, Jura 1985, S. 377 in Bezug auf Art. 64 Abs. 1 GG; *Steiner*, Prüfungskompetenz, S. 48 f.

11 *Herzog*, in: FS G. Müller, S. 117 ff.

12 *Erichsen*, Jura 1985, S. 377 in Bezug auf Art. 64 Abs. 1 GG; *Fink*, in: v. Mangoldt/Klein/Starck, GG, Art. 60 Rn. 16; *Friesenhahn*, VVDStRL 16 (1958), S. 48 Fn. 107 in Bezug auf Art. 64 Abs. 1 GG; *Steiner*, Prüfungskompetenz, S. 49 f.

13 *Steiner*, Prüfungskompetenz, S. 49.

14 *Achterberg*, in: Dolzer/Kahl/Waldhoff/Graßhof, BK, Art. 95 Rn. 276; *Ipsen*, Staatsrecht I, Rn. 491.

15 *Fink*, in: v. Mangoldt/Klein/Starck, GG, Art. 60 Rn. 16.

16 *Achterberg*, in: Dolzer/Kahl/Waldhoff/Graßhof, BK, Art. 98 Rn. 275 f.; *Steiner*, Prüfungskompetenz, S. 50 f.; *Stern*, Staatsrecht, Bd. II, § 30 III 5, S. 261.

17 *Achterberg*, in: Dolzer/Kahl/Waldhoff/Graßhof, BK, Art. 95 Rn. 276; *Erichsen*, Jura 1985, S. 375; *Fink*, in: v. Mangoldt/Klein/Starck, GG, Art. 58 Rn. 19 ff., Art. 60 Rn. 16.

führt damit zu dem Ergebnis, dass der Bundespräsident gem. Art. 60 Abs. 1 GG, ebenso wie bei der Ernennung und Entlassung des Bundeskanzlers (Art. 63 GG, Art. 67 GG) und der Bundesminister (Art. 64 GG), grundsätzlich verpflichtet ist, die ihm angetragene Ernennung der gewählten Bewerber vorzunehmen[18]. Auch im vorliegenden Fall ist der Bundespräsident daher im Grundsatz verpflichtet, A zu ernennen.

B. Bestehen und Umfang der Prüfungskompetenz des Bundespräsidenten

10 Fraglich ist aber, ob und in welchem Umfang dem Bundespräsidenten im Rahmen dieser grundsätzlichen Verpflichtung zur Ernennung eine Prüfungs- und Verwerfungskompetenz zusteht.

I. Prüfungskompetenz hinsichtlich der Gesetzmäßigkeit des Berufungsverfahrens

11 Anerkannt ist, dass die Ernennungspflicht die Rechts- und Gesetzesgebundenheit des Bundespräsidenten nach Art. 20 Abs. 3 GG nicht aufhebt[19] bzw. dass der Bundespräsident nicht gezwungen werden kann, eine Handlung vorzunehmen, die gegen das Grundgesetz oder einfaches Bundesrecht verstößt[20]. Die Literatur gesteht daher dem Bundespräsidenten die Kompetenz zu, die Ernennung aus Rechtsgründen zu verweigern[21]. Auch das Bundesverfassungsgericht spricht dem Bundespräsidenten in jedem Fall ein Prüfungsrecht bezüglich der Gesetzmäßigkeit der Wahl zu[22]. Der Bundespräsident kann (und muss) somit zum einen die Fehlerfreiheit des Berufungsverfahrens, zum anderen das Vorliegen der verfassungs- und einfachrechtlichen Berufungsvoraussetzungen wie Mindestalter, deutsche Staatsangehörigkeit und sonstige formale Berufungsvoraussetzungen für die Ernennung zum Richter an einem der obersten Bundesgerichte in der Person des Bewerbers prüfen[23].

---

18 *Achterberg*, in: Dolzer/Kahl/Waldhoff/Graßhof, BK, Art. 95 Rn. 275; *Erichsen*, Jura 1985, S. 375; *Herzog*, in: Maunz/Dürig, GG, Art. 60 Rn. 18, Art. 95 Rn. 70; *Maurer*, Staatsrecht I, § 15 Rn. 13; *Nierhaus*, in: Sachs, GG, Art. 60 Rn. 7; *Pernice*, in: Dreier, GG, Art. 60 Rn. 20; *Pieroth*, in: Jarass/Pieroth, GG, Art. 60 Rn. 1; *Raden*, in: Umbach/Clemens, GG, Art. 95 Rn. 27; *Stein/Frank*, Staatsrecht, § 11 V. 2; *Wassermann*, in: Denninger/Hoffmann-Riem/Schneider/Stein, GG, Art. 95 Rn. 29.

19 *Schneider*, in: Denninger/Hoffmann-Riem/Schneider/Stein, GG, Art. 64 Rn. 4; *Windisch*, JuS 1995, S. 530.

20 *Erichsen*, Jura 1985, S. 425; *Menzel*, DÖV 1965, S. 585 f.

21 *Fink*, in: v. Mangoldt/Klein/Starck, GG, Art. 60 Rn. 19; *Hellermann/Sievers*, JuS 2002, S. 999; *Hemmrich*, in: v. Münch/Kunig, GG, Art. 60 Rn. 14; *Herzog*, in: Maunz/Dürig, GG, Art. 60 Rn. 18, Art. 95 Rn. 71; *Jekewitz*, in: Denninger/Hoffmann-Riem/Schneider/Stein, GG, Art. 60 Rn. 4; *Pieroth*, in: Jarass/Pieroth, GG, Art. 60 Rn. 1; *Schulze-Fielitz*, in: Dreier, GG, Art. 95 Rn. 32; *Stein/Frank*, Staatsrecht, § 11 V. 2; *Umbach*, in: Umbach/Clemens, GG, Art. 60 Rn. 26 f.

22 BVerfG, NJW 1976, 283, 283.

23 VGH Mannheim, NJW 1996, 2525, 2526; *Achterberg*, in: Dolzer/Kahl/Waldhoff/Graßhof, BK, Art. 95 Rn. 276.

Hinweis zum Aufbau und zur Bewertung: Das Begriffspaar „formelle" und „mate- **12** rielle" Prüfungskompetenz wird in der Literatur uneinheitlich und daher hier bewusst nicht verwendet. *Herzog* spricht z.B. von einem „materiellen Prüfungsrecht im Sinne einer Rechtmäßigkeitsprüfung" (in: Maunz/Dürig, GG, Art. 60 Rn. 18, Art. 95 Rn. 71), *Schulze-Fielitz* dagegen von einer „formellen Rechtmäßigkeitskontrolle" (in: Dreier, GG, Art. 95 Rn. 32). *Umbach* will zwischen einem „formellen Prüfungsrecht i.S. einer Rechtsprüfung" und „einem materiellen Prüfungsrecht in Form einer sachlichen Prü- fungsbefugnis" unterscheiden (in: Umbach/Clemens, GG, Art. 60 Rn. 26 f.). *Hemm- rich* stellt eine „formelle bzw. rechtliche Prüfungsbefugnis" einer „materiellen bzw. sachlichen Prüfungsbefugnis" gegenüber (in: v. Münch/Kunig, GG, Art. 60 Rn. 14). *Jekewitz* will formell i.S. eines auf das Vorliegen der allgemeinen gesetzlichen Voraus- setzungen beschränkten Prüfungs- und Entscheidungsrechts verstehen (in: Denninger/ Hoffmann-Riem/Schneider/Stein, GG, Art. 60 Rn. 4). *Stern*, der die Verwendung des Begriffspaares „formell/materiell" in diesem Zusammenhang ganz ablehnt, unterscheidet zwischen der „rechtswahrenden Prüfungszuständigkeit", der „Einschätzungsfunktion" und den „selbständigen Gestaltungsbefugnissen" des Bundespräsidenten (in: Staats- recht, Bd. II, § 30 III 4, S. 229). Angesichts dieser terminologischen Uneinheitlichkeit fällt das Bemühen um eigene, klare Begrifflichkeiten in der gutachterlichen Bearbei- tung in jedem Fall positiv auf.

Verfahrensfehler sind im vorliegenden Fall nicht ersichtlich. Der gem. Art. 95 Abs. 2 **13** GG zuständige Bundesjustizminister[24] hat gemeinsam mit dem Richterwahlausschuss über die Berufung des A entschieden. Von einem ordnungsgemäßen Wahlverfahren nach Art. 95 Abs. 2 GG i.V.m. den Bestimmungen des RiWG ist auszugehen. Laut Sachverhalt liegen auch die übrigen „formellen" Berufungsvoraussetzungen in der Person des A vor. Eine Ablehnung der Ernennung des A aus Rechtsgründen kommt daher nicht in Betracht.

II. Bestehen einer weitergehenden Prüfungskompetenz des Bundespräsidenten

Fraglich ist, ob dem Bundespräsidenten über die Kontrolle der Gesetzmäßigkeit des **14** Berufungsverfahrens hinaus eine weitergehende Prüfungsbefugnis hinsichtlich der sachlichen bzw. persönlichen Qualifikation des Bewerbers und/oder eine Verweige- rungsbefugnis aus staatspolitischen Gründen zustehen. Dies ist umstritten.

1. Bestehen einer Verweigerungskompetenz in Ausnahmefällen

Ein Teil der Literatur dehnt die Prüfungs- und Verwerfungskompetenz des Bundes- **15** präsidenten im Rahmen des Art. 60 Abs. 1 GG in Ausnahmefällen über eine reine Rechtsprüfung hinaus aus. Dem Bundespräsidenten soll dann das Recht zustehen, sich über die Auswahlentscheidung von Richterwahlausschuss und Bundesminister hin- wegzusetzen, wenn durch die Ernennung des Bewerbers das Staatswohl gefährdet oder die „das Richtertum kennzeichnenden und prägenden Grundsätze" verletzt seien[25].

---

24 *Schulze-Fielitz*, in: Dreier, GG, Art. 95 Rn. 24.
25 *Achterberg*, in: Dolzer/Kahl/Waldhoff/Graßhof, BK, Art. 95 Rn. 279; *Degenhart*, Staatsrecht I, Rn. 680, 720; *Nierhaus*, in: Sachs, GG, Art. 60 Rn. 8; *Stern*, Staatsrecht, Bd. II, § 30 III 6, S. 262.

In diesen Fällen komme dem Bundespräsidenten eine „inhaltlich beschränkte Einschätzungsfunktion"[26] zu. Vorliegend sieht der Bundespräsident in der Ernennung des A eine Gefahr für die Akzeptanz der Rechtsprechung in der Bevölkerung und das Vertrauen in den Rechtsstaat. Nach der dargestellten Auffassung könnten diese staatspolitischen Bedenken den Bundespräsidenten berechtigen, die Ernennung des A zu verweigern.

2. Bestehen einer Prüfungskompetenz hinsichtlich der Eignung des Bewerbers

16 Eine andere Ansicht will dem Bundespräsidenten im Rahmen des Art. 60 Abs. 1 GG offenbar eine Prüfungskompetenz auch hinsichtlich der Eignungsvoraussetzungen des Bewerbers einräumen, schränkt diese Prüfungskompetenz aber für den Fall ein, dass die Personalentscheidung durch die Wahl eines „parlamentarischen Gremiums" getroffen worden ist[27]. Im Fall der Wahl der Richter des Bundesverfassungsgerichts – jeweils zur Hälfte durch Bundestag und Bundesrat (Art. 94 Abs. 1 S. 2 GG, § 10 BVerfGG) – steht dem Bundespräsidenten daher nach dieser Ansicht keine „sachliche" Prüfungskompetenz zu[28]. Fraglich ist, ob diese Einschränkung aufgrund der Beteiligung des Richterwahlausschusses auch für die Wahl der Richter der obersten Bundesgerichte gem. Art. 95 Abs. 2 GG eingreifen soll.

17 Art. 95 Abs. 2 GG sieht für die Berufung der Richter der obersten Bundesgerichte eine gemeinsame Entscheidung eines Richterwahlausschusses und des zuständigen Bundesministers vor. Der Richterwahlausschuss besteht gem. Art. 95 Abs. 2 GG aus den für das jeweilige Sachgebiet zuständigen Ministern der Länder und einer gleichen Anzahl von Mitgliedern, die vom Bundestag gewählt werden. Innerhalb des Richterwahlausschusses ist daher mit den Ministern der Länder dem parlamentarischen ein exekutivisches Element gegenübergestellt[29]. Auch ist die Abstimmung im Richterwahlausschuss nur ein Schritt einer mehrstufigen Entscheidung, bei der der zuständige Bundesjustizminister gleichberechtigt neben dem Richterwahlausschuss steht und eine eigene, von den Beweggründen der Ausschussmitglieder autonome Entscheidung treffen muss[30]. Die Berufung von Bundesrichtern hat damit insgesamt überwiegend exekutivischen Charakter. Als Wahlentscheidung eines parlamentarischen Gremiums kann das Berufungssystem nach Art. 95 Abs. 2 GG nicht qualifiziert werden[31]. Die dargestellte Ansicht müsste eine Prüfungskompetenz des Bundespräsidenten hinsichtlich der Qualifikation des vorgeschlagenen Kandidaten damit im Fall der Berufung der Bundesrichter gem. Art. 95 Abs. 2 GG konsequenterweise annehmen, obwohl diese verfahrensrechtlich mit einer Wahl verbunden ist. Der Bundespräsident kann die Ernennung des A nach dieser Auffassung damit wegen mangelnder persönlicher Eignung ablehnen.

---

26 *Nierhaus*, in: Sachs, GG, Art. 60 Rn. 8; *Stern*, Staatsrecht, Bd. II, § 30 III 6, S. 262.
27 *Hemmrich*, in: v. Münch/Kunig, GG, Art. 60 Rn. 14; *Nierhaus*, in: Sachs, GG, Art. 60 Rn. 8; *Umbach*, in: Umbach/Clemens, GG, Art. 60 Rn. 27.
28 *Hemmrich*, in: v. Münch/Kunig, GG, Art. 60 Rn. 14; *Nierhaus*, in: Sachs, GG, Art. 60 Rn. 8.
29 *Böckenförde*, Richterwahl, S. 116 ff.; *Hellermann/Sievers*, JuS 2002, S. 1001.
30 OVG Schleswig, DVBl. 1996, 521, 523 f.; NVwZ-RR 1999, 420, 421; *Hellermann/Sievers*, JuS 2002, S. 1003; *Schulze-Fielitz*, in: Dreier, GG, Art. 95 Rn. 28.
31 *Hellermann/Sievers*, JuS 2002, S. 1001.

Hinweis zur Bewertung: Die Vertreter der hier dargestellten Ansicht äußern sich nicht dazu, ob sie die Wahl der Bundesrichter nach Art. 95 Abs. 2 GG als „parlamentarisch" einordnen wollen. Ausführungen zum Charakter der Berufungsentscheidung nach Art. 95 Abs. 2 GG sind daher erforderlich, wenn eine sachverhaltsbezogene Streitdarstellung erfolgt, die eine Subsumtion unter die jeweilige Auffassung verlangt. **18**

3. Keine weitergehende Prüfungskompetenz des Bundespräsidenten

Die herrschende Meinung geht demgegenüber davon aus, dass dem Bundespräsidenten über die Prüfung der Gesetzmäßigkeit der Berufung hinaus kein Einschätzungsspielraum hinsichtlich der Person des Bewerbers zusteht[32]. Nach dieser Ansicht durfte der Bundespräsident die Ernennung des A nicht verweigern. **19**

4. Stellungnahme

Für die Erweiterung der Prüfungskompetenz des Bundespräsidenten bedarf es einer normativen Anknüpfung. Diese fehlt jedenfalls für die Annahme einer Verweigerungsbefugnis aus staatspolitischen Gründen. Dem nach Art. 95 Abs. 2 GG zuständigen Bundesminister steht im Bereich der Richterernennung die Personalgewalt zu[33]. Dieser trägt für Personalentscheidungen nach Art. 95 Abs. 2 GG gegenüber dem Parlament die Verantwortung[34]. Staatspolitische Fehlentscheidungen zu korrigieren, liegt – schon deswegen, weil die Annahme einer überparteilichen Staatspolitik grundsätzlich fehl geht – nicht in der Kompetenz des Bundespräsidenten[35]. Andernfalls würde der Verantwortungszusammenhang zwischen Regierung und Parlament durchbrochen[36]. Eine Verweigerungsbefugnis aus staatspolitischen, erst recht aus parteipolitischen Gründen steht dem Bundespräsidenten daher auch in Ausnahmefällen nicht zu[37]. Die erste Auffassung ist abzulehnen. **20**

Eine normative Anknüpfung für eine Prüfungskompetenz des Bundespräsidenten hinsichtlich der Eignung des Bewerbers könnte dagegen Art. 33 Abs. 2 GG bilden. Der Grundsatz der Bestenauslese und das Leistungsprinzip müssen auch bei der Berufung der Richter der obersten Bundesgerichte nach Art. 95 Abs. 2 GG grundsätzlich beachtet werden. Art. 33 Abs. 2 GG ist im Rahmen des Art. 95 Abs. 2 GG, anders als bei der Wahl der Richter des Bundesverfassungsgerichts gem. Art. 94 Abs. 1 S. 2 GG[38], **21**

32 *Hall*, JZ 1964, S. 309; *Herzog*, in: Maunz/Dürig, GG, Art. 95 Rn. 71; *Ipsen*, Staatsrecht I, Rn. 491; *Jekewitz*, in: Denninger/Hoffmann-Riem/Schneider/Stein, GG, Art. 60 Rn. 4; *Schulze-Fielitz*, in: Dreier, GG, Art. 95 Rn. 32; *Stein/Frank*, Staatsrecht, § 11 V. 2; *Voßkuhle*, in: v. Mangoldt/Klein/Starck, GG, Art. 95 Rn. 40; *Wassermann*, in: Denninger/Hoffmann-Riem/Schneider/Stein, GG, Art. 95 Rn. 29.

33 Siehe schon oben unter A (Rn. 5 ff.).

34 *Pernice*, in: Dreier, GG, Art. 60 Rn. 20.

35 *Stein/Frank*, Staatsrecht, § 11 V. 2.

36 *Pernice*, in: Dreier, GG, Art. 60 Rn. 20; *Stein/Frank*, Staatsrecht, § 11 V. 2.

37 *Detterbeck*, in: Sachs, GG, Art. 95 Rn. 16; *Schulze-Fielitz*, in: Dreier, GG, Art. 60 Rn. 20; *Voßkuhle*, in: v. Mangoldt/Klein/Starck, GG, Art. 95 Rn. 40.

38 *Hellermann/Sievers*, JuS 2002, S. 1001; *Jachmann*, in: v. Mangoldt/Klein/Starck, GG, Art. 33 Rn. 15.

grundsätzlich anwendbar[39]. Ob aber der Bundespräsident die Beurteilung der Qualifikation des Bewerbers über die unerlässlichen Mindestqualifikationen hinaus – auch im Vergleich zu anderen Bewerbern – überprüfen können soll, muss aus dem systematischen Zusammenhang des Art. 60 Abs. 1 GG mit Art. 95 Abs. 2 GG beantwortet werden[40].

22   Gem. Art. 95 Abs. 2 GG entscheidet über die Berufung der Bundesrichter der zuständige Bundesminister gemeinsam mit einem Richterwahlausschuss. Nach § 11 RiWG prüft der Richterwahlausschuss, ob der für ein Richteramt Vorgeschlagene die sachlichen und persönlichen Voraussetzungen für das Amt eines obersten Bundesrichters besitzt. Sinn und Zweck des „politischen" Berufungssystems[41] nach Art. 95 Abs. 2 GG ist eine besondere demokratische und durch die Einbeziehung der Länder speziell bundesstaatliche Legitimation der Richter der obersten Gerichtshöfe des Bundes. Das aufwändige Verfahren soll zudem den tatsächlichen Schwierigkeiten einer leistungsgerechten Bestenauslese gem. Art. 33 Abs. 2 GG durch verfahrensrechtliche Sicherungen Rechnung tragen[42].

23   Zwar ist die Einschaltung des Richterwahlausschusses in die Berufungsentscheidung zunächst lediglich als Beschränkung der Befugnisse des zuständigen Bundesministers zu begreifen[43]. Die verfassungsrechtlichen Befugnisse des Bundespräsidenten werden hierdurch primär nicht berührt. Für eine eigenständige Prüfungskompetenz des Bundespräsidenten hinsichtlich der Qualifikation des Bewerbers bleibt aber neben dem Berufungsverfahren nach Art. 95 Abs. 2 GG unter systematischen Gesichtspunkten kein Raum[44]. Als Mitwirkungs- und damit auch „Kontrollorgan" im Verfahren der Richterberufung hat das Grundgesetz gerade den Richterwahlausschuss, nicht den Bundespräsidenten vorgesehen. Die Beurteilung der Qualifikation des Bewerbers erfolgt im Berufungsverfahren abschließend[45]. Es widerspräche zudem der Stellung des Bundespräsidenten im Verfassungsgefüge des Grundgesetzes, könnte er sich über die Beurteilung der sachlichen und persönlichen Eignung durch ein in besonderer Weise (wenn auch nicht direkt) demokratisch und „föderal" legitimiertes, auch eine politische Entscheidung treffendes Wahlorgan hinwegsetzen. Auch die zweite Auffassung ist damit abzulehnen.

24   Mit der herrschenden Meinung ist davon auszugehen, dass dem Bundespräsidenten über die Prüfung der Gesetzmäßigkeit der Berufung hinaus kein Einschätzungsspiel-

---

39 OVG Schleswig, DVBl. 1996, 521; *Hellermann/Sievers*, JuS 2002, S. 1001; *Meyer*, in: v. Münch/Kunig, GG, Art. 95 Rn. 10; *Schulze-Fielitz*, in: Dreier, GG, Art. 95 Rn. 29; *Ziekow/Guckelberger*, NordÖR 2000, S. 18.
40 *Achterberg*, in: Dolzer/Kahl/Waldhoff/Graßhof, BK, Art. 95 Rn. 274; *Pieroth*, in: Jarass/Pieroth, GG, Art. 60 Rn. 1.
41 *Wassermann*, in: Denninger/Hoffmann-Riem/Schneider/Stein, GG, Art. 95 Rn. 20.
42 *Schulze-Fielitz*, in: Dreier, GG, Art. 95 Rn. 28; *Voßkuhle*, in: v. Mangoldt/Klein/Starck, GG, Art. 95 Rn. 30.
43 *Belau*, DÖV 1951, S. 341; *Busse*, DÖV 1965, S. 472; *Hall*, JZ 1965, S. 309; *Schulze-Fielitz*, in: Dreier, GG, Art. 95 Rn. 28.
44 *Detterbeck*, in: Sachs, GG, Art. 95 Rn. 16; *Hall*, JZ 1965, S. 309; *Jekewitz*, in: Denninger/Hoffmann-Riem/Schneider/Stein, GG, Art. 60 Rn. 4.
45 *Steiner*, Prüfungskompetenz, S. 58, 107.

raum hinsichtlich der Person des Bewerbers zusteht. Diese Beschränkungen durchbricht der Bundespräsident vorliegend mit der Verweigerung der Ernennung des A mit der Begründung mangelnder persönlicher Eignung.

C. Ergebnis

Der Bundespräsident darf die Ernennung des A nicht verweigern.   **25**

Hinweis zur Bewertung: Dem Richterwahlausschuss und dem zuständigen Bundes-   **26**
minister steht bei der Auswahlentscheidung unstreitig ein Beurteilungsspielraum zu,
der gerichtlich nur eingeschränkt überprüfbar ist (vgl. *Hellermann/Sievers*, JuS 2002,
S. 1003; *Voßkuhle*, in: v. Mangoldt/Klein/Starck, GG, Art. 95 Rn. 39). Die gerichtliche
Kontrolle beschränkt sich darauf, ob z.B. anzuwendende Rechtsbegriffe verkannt, allgemeine Wertmaßstäbe nicht beachtet, sachwidrige Erwägungen angestellt wurden
oder das Auswahlgremium einen unrichtigen Sachverhalt zugrunde gelegt hat (vgl.
BVerwGE 70, 270, 275; *Hellermann/Sievers*, JuS 2002, S. 1003; *Wassermann*, in:
Denninger/Hoffmann-Riem/Schneider/Stein, GG, Art. 95 Rn. 30). Die Vertreter der
zweiten Ansicht äußern sich nicht dazu, ob sie dem Bundespräsidenten eine volle
Überprüfung auch im Bereich des dem Richterwahlausschuss und dem Bundesminister
zustehenden Beurteilungsspielraums zugestehen wollen. Auch die Vertreter der herrschenden Auffassung machen nicht immer deutlich, ob und in welchem Umfang zur
Prüfung der „Gesetzmäßigkeit" der Berufung nicht auch das Prinzip der Bestenauslese
nach Art. 33 Abs. 2 GG gehört. Selbst wenn man dem Bundespräsidenten eine Prüfungskompetenz in Bezug auf die Beurteilung der Qualifikation des Bewerbers unter normativer Anknüpfung an Art. 33 Abs. 2 GG zuerkennen wollte, dürfte es aber kaum vertretbar sein, diese über die Grenzen einer gerichtlichen Kontrolle hinausgehen zu lassen.

Aufgabe 2

In Betracht kommt eine Überprüfung der Entscheidung des Bundespräsidenten in   **27**
Form eines Organstreitverfahrens vor dem Bundesverfassungsgericht. Das Bundes-
verfassungsgericht entscheidet gem. Art. 93 Abs. 1 Nr. 1 GG, §§ 13 Nr. 6, 63 ff.
BVerfGG über die Auslegung des Grundgesetzes aus Anlass von Streitigkeiten über
den Umfang der Rechte und Pflichten eines obersten Bundesorgans oder anderer
Beteiligter, die durch das Grundgesetz oder in der Geschäftsordnung eines obersten
Bundesorgans mit eigenen Rechten ausgestattet sind.

A. Parteifähigkeit in einem Organstreitverfahren

Fraglich ist bereits, ob dem Richterwahlausschuss Parteifähigkeit in einem Organ-   **28**
streitverfahren zukommt. Parteifähig sind die in Art. 93 Abs. 1 Nr. 1 GG genannten
Beteiligten. § 63 BVerfGG, soweit er abweichend von Art. 93 Abs. 1 Nr. 1 GG enger

gefasst ist, kann die Parteifähigkeit der hier genannten Beteiligten, nicht wirksam einschränken. Ihre Parteifähigkeit ergibt sich direkt aus Art. 93 Abs. 1 Nr. 1 GG[46].

I. Oberstes Bundesorgan

29 Parteifähig sind die „obersten Bundesorgane". Fraglich ist, ob der Richterwahlausschuss ein oberstes Bundesorgan i.S.d. Art. 93 Abs. 1 Nr. 1 GG ist.

30 Den Begriff des „obersten" Bundesorgans verwendet das Grundgesetz nur in Art. 93 Abs. 1 Nr. 1. Ausgehend vom Wortlaut impliziert der Superlativ „oberstes" zunächst, dass das betreffende Organ organisatorisch und hierarchisch keinem anderen Organ untergeordnet sein darf. Weitergehend werden unter obersten Bundesorganen nur solche verstanden, denen vom Grundgesetz die Wahrnehmung eigenständiger Aufgaben im Bereich der politischen Staatsleitung zugewiesen ist[47]. Auch die Entstehungsgeschichte der Norm legt nahe, den Kreis der Organe, die an einem Organstreitverfahren beteiligt sein sollen bzw. können, eng zu fassen[48]. Sinn und Zweck des Art. 93 Abs. 1 Nr. 1 GG, das grundgesetzliche Kompetenzgefüge zu sichern und aufrechtzuerhalten, verlangen nicht, dass jede Streitigkeit zwischen Organen vor dem Bundesverfassungsgericht ausgetragen werden kann[49].

31 In dieser Interpretation zählen zu den obersten Bundesorganen neben den in § 63 BVerfGG genannten (Bundestag, Bundesrat, Bundespräsident, Bundesregierung) unstreitig die Bundesversammlung (Art. 54 GG) und der Gemeinsame Ausschuss (Art. 53a GG)[50]. Die Voraussetzungen in Form der staatsleitenden Tätigkeit und der hierarchischen und organisatorischen Übergeordnetheit liegen hier vor.

32 Gerade die staatsleitende Tätigkeit kann im Fall des Richterwahlausschuss dagegen nicht festgestellt werden. Auch den obersten Gerichtshöfen des Bundes i.S.d. Art. 95 Abs. 1 GG wird die Qualität eines obersten Bundesorgans wegen fehlender staatsleitender Tätigkeit abgesprochen[51]. Ihre „Kreationsorgane", die Richterwahlausschüsse, können dann erst recht keine obersten Bundesorgane sein[52]. Zu bedenken ist ebenfalls, dass die Kompetenzen des Richterwahlausschusses zwar in Art. 95 Abs. 2 GG verfassungsmäßig garantiert, in erster Linie aber einfach-gesetzlich ausgestaltet sind. Aus demselben Grund wird die Parteifähigkeit der Bundesbank als oberstes Bundesorgan und auch als anderer Beteiligter i.S.d. Art. 93 Abs. 1 Nr. 1 GG zu Recht von

---

46 *Degenhart*, Staatsrecht I, Rn. 750; *Maunz*, in: Maunz/Dürig, GG, Art. 93 Rn. 12; *Pieroth*, in: Jarass/Pieroth, GG, Art. 93 Rn. 5; *Rinken*, in: Denninger/Hoffmann-Riem/Schneider/Stein, GG, Art. 93 Rn. 8; *Schlaich/Korioth*, Bundesverfassungsgericht, Rn. 86.

47 *Benda/Klein*, Verfassungsprozeßrecht, § 26 Rn. 993; *Rinken*, in: Denninger/Hoffmann-Riem/Schneider/Stein, GG, Art. 93 Rn. 9; *Voßkuhle*, in: v. Mangoldt/Klein/Starck, GG, Art. 93 Abs. 1 Rn. 102.

48 *v. Doemming*, JöR 1 NF (1951), S. 674.

49 *Benda/Klein*, Verfassungsprozeßrecht, § 26 Rn. 994.

50 *Benda/Klein*, Verfassungsprozeßrecht, § 26 Rn. 995; *Pieroth*, in: Jarass/Pieroth, GG, Art. 93 Rn. 6a; *Rinken*, in: Denninger/Hoffmann-Riem/Schneider/Stein, GG, Art. 93 Rn. 9; *Voßkuhle*, in: v. Mangoldt/Klein/Starck, GG, Art. 93 Rn. 102; *Wieland*, in: Dreier, GG, Art. 93 Rn. 50.

51 *Schlaich/Korioth*, Bundesverfassungsgericht, Rn. 87; *Voßkuhle*, in: v. Mangoldt/Klein/Starck, GG, Art. 93 Rn. 103.

52 *Goessl*, Organstreitigkeiten, S. 123.

großen Teilen der Literatur verneint[53]. Die Qualität eines obersten Bundesorgans i.S.d. Art. 93 Abs. 1 Nr. 1 GG kommt dem Richterwahlausschuss damit im Ergebnis nicht zu[54].

II. Andere Beteiligte

Der Richterwahlausschuss könnte als „anderer Beteiligter" i.S.d. Art. 93 Abs. 1 Nr. 1 GG parteifähig sein. Als andere Beteiligte kommen grundsätzlich nur solche „Inhaber von Staatsgewalt in Betracht, die nach Rang und Funktion den obersten Bundesorganen gleichstehen"[55]. **33**

Hinweis zum Aufbau: Die Untergliederung der Fallgruppe „andere Beteiligte" in „Organteile" (1.) und „sonstige andere Beteiligte" (2.) ist nicht zwingend. **34**

1. „Teile" oberster Bundesorgane

Hierunter fallen zunächst Teile oberster Bundesorgane, soweit sie mit den in Art. 93 Abs. 1 Nr. 1 GG genannten Rechten ausgestattet sind. Bei Organteilen, die nur in den entsprechenden Geschäftsordnungen, nicht im Grundgesetz selbst, mit eigenen Rechten ausgestattet sind, muss es sich dabei um „ständig vorhandene Gliederungen" handeln; ausgeschlossen sind solche Gruppierungen von Mitgliedern, die sich nur von Fall zu Fall zur Einwirkung auf den Geschäftsgang zusammenfinden[56]. Parteifähigkeit wird demnach z.B. den Ausschüssen von Bundestag und Bundesrat zuerkannt[57]. **35**

Der Richterwahlausschuss setzt sich gem. Art. 95 Abs. 2 GG zusammen aus den für das jeweilige Sachgebiet zuständigen Ministern der Länder („geborene" Mitglieder/ Mitglieder kraft Amtes) und einer gleichen Anzahl von Mitgliedern, die vom Bundestag gewählt werden („gekorene" Mitglieder/Mitglieder kraft Wahl)[58]. Letztere müssen selbst nicht Abgeordnete des Bundestages sein[59]. Der Richterwahlausschuss ist damit ein „Mischorgan", gebildet aus den Landesregierungen angehörenden Ministern und vom Bundestag gewählten Mitgliedern; er kann als ein „gemischtes föderalistisch-quasiparlamentarisches Gremium"[60] bezeichnet werden. Er ist damit kein Teil eines obersten Bundesorgans[61]. **36**

---

53 *Pieroth*, in: Jarass/Pieroth, GG, Art. 93 Rn. 7; *Rinken*, in: Denninger/Hoffmann-Riem/Schneider/Stein, GG, Art. 93 Rn. 10; *Schlaich/ Korioth*, Bundesverfassungsgericht, Rn. 87.
54 *Schlaich/Korioth*, Bundesverfassungsgericht, Rn. 87; *Stern*, in: Dolzer/Kahl/Waldhoff/Graßhof, BK, Art. 93 Rn. 101.
55 BVerfGE 13, 54, 96; 27, 240, 244.
56 BVerfGE 2, 143, 160; *Pestalozza*, Verfassungsprozeßrecht, § 7 Rn. 14.
57 BVerfGE 2, 143, 160.
58 Siehe oben Aufgabe 1, B. II. 2 (Rn. 16 ff.).
59 *Schulze-Fielitz*, in: Dreier, GG, Art. 95 Rn. 26; *Wassermann*, in: Denninger/Hoffmann-Riem/Schneider/ Stein, GG, Art. 95 Rn. 22.
60 *Hall*, JZ 1965, S. 309.
61 *Achterberg*, in: Dolzer/Kahl/Waldhoff/Graßhof, BK, Art. 95 Rn. 253, 284; *Stern*, in: Dolzer/Kahl/ Waldhoff/Graßhof, BK, Art. 93 Rn. 120.

2. Sonstige „andere Beteiligte"

37 Als „andere Beteiligte" kommen neben den Organteilen auch weitere Kompetenzträger in Betracht, die auf Grund ihrer vergleichbaren Stellung Beteiligte in einem Organstreit sein können. Das Bundesverfassungsgericht hat als solche, obwohl nicht dem Bereich der formell-institutionellen Staatlichkeit zugehörig, die politischen Parteien anerkannt, wenn sie eine Verletzung ihres verfassungsrechtlichen Status geltend machen[62]. Auch einzelne Bundestagsabgeordnete sind (nicht nur als Organteile, sondern auch) als „andere Beteiligte" vom Bundesverfassungsgericht qualifiziert worden[63].

38 Wer als sonstiger „anderer Beteiligter" Parteifähigkeit in einem Organstreitverfahren besitzt, wird auch von der Literatur mehr in Form einer Aufzählung als durch Definition des Begriffs beantwortet. Bejaht wird die Parteifähigkeit als „anderer Beteiligter" z.B. für den Bundesrechnungshof, Art. 114 Abs. 2 GG[64], wenn ihm nicht schon die Qualität eines obersten Bundesorgans zuerkannt wird[65], und den Wehrbeauftragten, Art. 45b GG[66], wenn dieser nicht bereits als Teil des Bundestages qualifiziert wird.

39 Für den Richterwahlausschuss kommt eine Parteifähigkeit aber auch als „anderer Beteiligter" nicht in Betracht. Art. 95 Abs. 2 GG allein verschafft dem Richterwahlausschuss keine mit den obersten Bundesorganen vergleichbare Stellung in Rang und Funktion. Auch insoweit ist maßgeblich, dass seine Kompetenzen im RiWG überwiegend einfach-gesetzlich ausgestaltet sind. Die Parteifähigkeit des Richterwahlausschusses in einem Organstreitverfahren nach Art. 93 Abs. 1 Nr. 1 GG, §§ 13 Nr. 6, 63 ff. BVerfGG ist daher abzulehnen. Vielmehr ist der Bundesjustizminister als oberstes Bundesorgan oder als Teil des obersten Bundesorgans Bundesregierung parteifähig[67].

B. Ergebnis

40 Der Richterwahlausschuss kann vor dem Bundesverfassungsgericht, da neben dem Organstreitverfahren auch kein anderes Verfahren in Betracht kommt, gegen die Verweigerung der Ernennung nicht vorgehen.

41 **Ergänzender Hinweis zum Fall:** Aus der Staatspraxis ist nur ein Fall bekannt, in dem der Bundespräsident die Ernennung eines berufenen Bewerbers zum Bundesrichter verweigert hat. Im Jahre 1965 war der Berliner Senatsrat Creifelds zum Richter am BGH berufen worden. Bundespräsident Lübke verweigerte die Ernennung wegen dessen nationalsozialistischer Vergangenheit als Mitarbeiter im Reichsjustizministerium

---

62 BVerfGE 4, 27 ff.; *Umbach*, in: Umbach/Clemens/Dollinger, BVerfGG, §§ 63, 64 Rn. 93 ff.

63 BVerfGE 2, 143, 166; 10, 4, 10; *Pestalozza*, Verfassungsprozeßrecht, § 7 Rn. 12 Fn. 58; *Schlaich/Korioth*, Bundesverfassungsgericht, Rn. 88; *Umbach*, in: Umbach/Clemens/Dollinger, BVerfGG, §§ 63, 64 Rn. 25 ff.

64 *Rinken*, in: Denninger/Hoffmann-Riem/Schneider/Stein, GG, Art. 93 Rn. 10.

65 *Voßkuhle*, in: v. Mangoldt/Klein/Starck, GG, Art. 93 Rn. 102.

66 *Rinken*, in: Denninger/Hoffmann-Riem/Schneider/Stein, GG, Art. 93 Rn. 10.

67 *Geiger*, BVerfGG, § 63 Anm. 4 a).

und Verfasser verschiedener Publikationen aus der Zeit des Nationalsozialismus. Creifelds verzichtete schließlich auf seine Ernennung. Das Bundesverfassungsgericht wurde nicht angerufen (vgl. *Hall*, JZ 1965, S. 305; *Steiner*, Prüfungskompetenz, S. 23 f.).

Abwandlung

§ 10 S. 2 LRiG könnte insoweit gegen Art. 98 Abs. 4 GG verstoßen, als die Norm dem Richterwahlausschuss ermöglicht, eine Ernennung gegen den Willen des Justizministers durchzusetzen. Gemäß Art. 98 Abs. 4 GG können die Länder bestimmen, dass über die Anstellung der Richter in den Ländern der Landesjustizminister gemeinsam mit einem Richterwahlausschuss entscheidet. **42**

Nach überwiegender Ansicht enthält Art. 98 Abs. 4 GG zunächst die Bestätigung einer ohnehin im Rahmen der Justizhoheit der Länder bestehenden Kompetenz des Landesgesetzgebers zur Einführung von Richterwahlausschüssen in den Ländern[68]. Ob Art. 98 Abs. 4 GG dem Landesgesetzgeber materiell-rechtliche Vorgaben für die Einbeziehung von Richterwahlausschüssen bei der Anstellung von Richtern macht, d.h. eine mindestens gleichberechtigte Stellung des zuständigen Landesjustizministers bei der Entscheidung über die Anstellung gebietet, ist dagegen umstritten. **43**

A. Keine Letztentscheidungskompetenz des Richterwahlausschusses

Nach der überwiegenden Ansicht sind die Länder für den Fall, dass sie von der Möglichkeit der Einrichtung von Richterwahlausschüssen Gebrauch machen, an das in Art. 98 Abs. 4 GG vorgegebene Modell gebunden („Wenn – dann so!"[69]), d.h. die Richterwahl muss eine gemeinsame, inhaltlich übereinstimmende Entscheidung von Landesjustizminister und Richterwahlausschuss sein[70]. Art. 98 Abs. 4 GG gebiete eine mindestens gleichberechtigte Stellung des zuständigen Landesministers gegenüber dem Richterwahlausschuss. Den Richterwahlausschüssen dürfe keine Allein- oder Letztentscheidungsbefugnis eingeräumt werden; die Zustimmung des zuständigen Landesministers sei stets erforderlich[71]. **44**

Auch das Bundesverfassungsgericht hat in einem Fall der Ernennung eines Richters aus der ehemaligen DDR nach Maßgabe der dafür geltenden Bestimmungen ausge- **45**

---

68 *Enzian*, DRiZ 1974, S. 118; *Hillgruber*, in: Maunz/Dürig, GG, Art. 98 Rn. 48; *Meyer*, in: v. Münch/Kunig, GG, Art. 98 Rn. 12; *Schulze-Fielitz*, in: Dreier, GG, Art. 98 Rn. 42; *Stern*, Staatsrecht, Bd. II, § 33 V 1, S. 405; *Wassermann*, in: Denninger/Hoffmann-Riem/Schneider/Stein, GG, Art. 98 Rn. 28.

69 *Enzian*, DRiZ 1974, S. 118.

70 BVerwGE 70, 270, 274; VGH Kassel, DVBl. 1990, 306, 306; OVG Magdeburg, DVBl. 1993, 960, 962; OVG Schleswig, DVBl. 1996, 521, 524; *Detterbeck*, in: Sachs, GG, Art. 98 Rn. 21, 23; *Ehlers*, Richterwahl, S. 17 ff., 43 f.; *Enzian*, DRiZ 1974, S. 119 f.; *Hellermann/Sievers*, JuS 2002, S. 1001; *Meyer*, in: v. Münch/Kunig, GG, Art. 98 Rn. 12; *Papier*, NJW 2002, S. 2591; *Schulze-Fielitz*, in: Dreier, GG, Art. 98 Rn. 42 f.; *Stern*, Staatsrecht, Bd. II, § 33 V 2, S. 406; *Ziekow/Guckelberger*, NordÖR 2000, S. 16.

71 *Hillgruber*, in: Maunz/Dürig, GG, Art. 98 Rn. 56; *Schulze-Fielitz*, in: Dreier, GG, Art. 98 Rn. 43.

führt, dass „die Letztverantwortung für die Ernennung zum Richter trotz einer zulässigen Mitentscheidungsbefugnis von Richterwahlausschüssen (Art. 98 Abs. 4 GG) beim Landesjustizminister liegen muss"[72]. In einer früheren Entscheidung hat es unter Bezugnahme auf Art. 95 Abs. 2 GG und Art. 98 Abs. 4 GG davon gesprochen, dass das Grundgesetz die Einstellung und Beförderung von Richtern gewählten Volksvertretern und von der Volksvertretung bestellten und ihr verantwortlichen Ministern übertragen habe[73].

46   Nach dieser Auffassung verstößt § 10 S. 2 LRiG, der dem Richterwahlausschuss die Möglichkeit einräumt, eine Ernennung gegen den Willen des Justizministers durchzusetzen, gegen Art. 98 Abs. 4 GG.

B. Keine Bindung an das in Art. 98 Abs. 4 GG vorgesehene Modell

47   Nach anderer Ansicht soll Art. 98 Abs. 4 GG nur die Länder gegenüber der Regelungsbefugnis des Bundesgesetzgebers schützen[74]. Diese ergab sich bis zur Änderung des Grundgesetzes durch die sog. Föderalismusreform im Jahr 2006 aus Art. 98 Abs. 3 S. 2 GG, der eine Rahmengesetzgebungskompetenz des Bundes für die Materie Rechtsstellung der Richter in den Ländern normierte. Nunmehr besteht eine konkurrierende Gesetzgebungskompetenz des Bundes nach Art. 74 Abs. 1 Nr. 27 GG für die Statusrechte und -pflichten der Richter in den Ländern. Ausgenommen sind nur die Bereiche Laufbahnen, Besoldung und Versorgung.

48   Die in Art. 98 Abs. 4 GG vorgesehene Form der Richterwahl kann durch eine gesetzliche Regelung des Bundes nach dieser Auffassung für die Länder nicht ausgeschlossen oder vorgeschrieben werden[75]. Hierin erschöpfe sich der normative Gehalt des Art. 98 Abs. 4 GG. Den Ländern stehe mangels ausdrücklicher abweichender grundgesetzlicher Bestimmungen (Art. 30 GG) die Kompetenz zur eigenständigen Regelung der Richterbestellung im Rahmen ihrer Justizhoheit zu[76]. Art. 98 Abs. 4 GG habe insoweit nur deklaratorischen Charakter und sei gerade keine kompetenzbegründende Norm. Eine Bindungswirkung in Bezug auf die in Art. 98 Abs. 4 GG festgelegte besondere Form der Richterwahl könne „begriffsnotwendig" nur dann angenommen werden, wenn der „Kann-Vorschrift" Art. 98 Abs. 4 GG auch eine Ermächtigungsfunktion zukomme. Werde mit Art. 98 Abs. 4 GG aber lediglich eine bestehende Länderkompetenz bestätigt, könne diese hierdurch nicht gleichzeitig in ihrer Reichweite begrenzt werden[77]. Der normative Gehalt des Art. 98 Abs. 4 GG reduziere sich auf die Schutzfunktion gegenüber den die Richterbestellung regelnden Bundesgeset-

---

72 BVerfG-K, NJW 1998, 2590, 2592.
73 BVerfGE 41, 1, 10.
74 OVG Schleswig, NVwZ-RR 1999, 420, 420 f. zu Art. 43 Abs. 3 SchlHVerf, § 10 Abs. 3 LRiG SchlH; *Böckenförde*, Richterwahl, S. 45 ff., 49, 55, 56 ff.; *Classen*, in: v. Mangoldt/Klein/Starck, GG, Art. 98 Rn. 14; *Wassermann*, in: Denninger/Hoffmann-Riem/Schneider/Stein, GG, Art. 98 Rn. 30.
75 *Uhlitz*, DRiZ 1970, S. 220.
76 *Böckenförde*, Richterwahl, S. 47 f.
77 *Böckenförde*, Richterwahl, S. 48.

zen[78]. Die Länder seien daher bei der Regelung der Anstellung der Richter nicht an das in Art. 98 Abs. 4 GG vorgesehene Modell der Richterwahl gebunden. Zulässig sei nach Art. 98 Abs. 4 GG auch die Einführung einer Richterwahl allein durch Richterwahlausschüsse ohne Mit- bzw. Letztentscheidungsbefugnis des Landesjustizministers[79]. Nach dieser Auffassung ist § 10 S. 2 LRiG mit Art. 98 Abs. 4 GG vereinbar.

C. Stellungnahme

Die zweite Auffassung stellt zunächst auf den Wortlaut des Art. 98 Abs. 4 GG ab. So soll die Formulierung „können" nur i.s. der „Eröffnung einer Möglichkeit, nicht aber deren Begrenzung verstanden"[80] werden; materiell-rechtliche Anforderungen an die landesgesetzliche Regelung der Richterernennung seien Art. 98 Abs. 4 GG nicht zu entnehmen. Diese Wortlautauslegung überzeugt jedoch nicht. Die durch das Wort „können" eingeräumte Ermächtigung ist zwar auf das „Ob" der Einführung der Richterwahl durch die Länder bezogen. Art. 98 Abs. 4 GG nennt aber zugleich ein bestimmtes Modell der Richterernennung, die gemeinsame Entscheidung von Landesjustizminister und Richterwahlausschuss, als Bezugspunkt der Ermächtigung. Dass jedes andere Modell der Richterernennung ebenfalls zulässig sein soll, kann aus dem Wortlaut des Art. 98 Abs. 4 GG nicht gefolgert werden[81]. **49**

Die Entstehungsgeschichte des Art. 98 Abs. 4 GG gibt auf die hier zu beantwortende Frage zumindest keine eindeutige Antwort. Aus dem Gang der Beratungen im Parlamentarischen Rat lassen sich allenfalls Rückschlüsse ziehen. Ausgangspunkt war hier eine Muss-Bestimmung, die festlegte, dass der Landesjustizminister gemeinsam mit einem Richterwahlausschuss über die Anstellung der Richter in den Ländern entscheidet[82]. Hinsichtlich des vorgesehenen Modells der Richterwahl wurde die Bestimmung im Verlauf der Beratungen nicht geändert[83]. Insbesondere mit dem Ziel, die Justizhoheit der Länder zu wahren[84], wurde die Norm aber schließlich in eine Kann-Vorschrift umgewandelt[85]. Dass damit auch die Ausgestaltung des Verfahrens der Richteranstellung den Ländern frei stehen sollte, geht aus der Entstehungsgeschichte jedoch nicht hervor[86]. **50**

Vielmehr gibt es Anhaltspunkte dafür, dass die Länder nach dem Willen des historischen Verfassungsgebers die Letztverantwortlichkeit bzw. gleichberechtigte Mitverantwortlichkeit des Landesjustizministers zugunsten der Richterwahlausschüsse nicht **51**

---

78 OVG Schleswig, NVwZ-RR 1999, 420; *Böckenförde*, Richterwahl, S. 49 f.
79 *Böckenförde*, Richterwahl, S. 55 f.; *Classen*, in: v. Mangoldt/Klein/Starck, GG, Art. 98 Rn. 11 ff.; *Umbach*, in: Umbach/Clemens, GG, Art. 98 Rn. 80; *Wassermann*, in: Denninger/Hoffmann-Riem/Schneider/Stein, GG, Art. 98 Rn. 32.
80 OVG Schleswig, NVwZ-RR 1999, 420.
81 *Ehlers*, Richterwahl, S. 17.
82 *v. Doemming*, JöR 1 NF (1951), S. 719.
83 *Enzian*, DRiZ 1974, S. 119.
84 *v. Doemming*, JöR 1 NF (1951), S. 719 f.
85 *v. Doemming*, JöR 1 NF (1951), S. 721.
86 *Ziekow/Guckelberger*, NordÖR 2000, S. 16.

aufheben können sollten. So wurde im Verlauf der Beratungen zum einen die Verantwortlichkeit der Landesjustizminister für die Richter sowie die diesbezügliche Machtfülle der Exekutive hervorgehoben[87]. Zum anderen hatten die Mitglieder des Parlamentarischen Rates bei den Beratungen auch die Parallele zur Einstellung der Richter im Bund im Blick[88]. Da im Rahmen des Art. 95 Abs. 2 GG ebenfalls zu keinem Zeitpunkt davon ausgegangen wurde, dass ein Richterwahlausschuss den zuständigen Bundesminister überstimmen können soll, ist diese Deutung auch für Art. 98 Abs. 4 GG nahe liegend. Der Gang der Beratungen im Parlamentarischen Rat macht des Weiteren zwar deutlich, dass die Meinungen über die Einschaltung von Richterwahlausschüssen auseinander gingen[89], selbst die Befürworter der Richterwahlausschüsse dachten aber offensichtlich nicht daran, den Landesjustizministern die „Letztentscheidungskompetenz" über die Richteranstellung zu entziehen[90]. Der Parlamentarische Rat ging offenbar von dem – langer Tradition entsprechenden[91] – Grundsatz der Richterbestellung durch die Exekutive aus[92]. Die Entstehungsgeschichte des Art. 98 Abs. 4 GG spricht damit, wenn auch nicht eindeutig, für die erstgenannte Ansicht[93].

52   Entscheidend ist letztlich jedoch der systematische Zusammenhang des Art. 98 Abs. 4 GG. Die Vertreter der ersten Ansicht stellen insoweit darauf ab, dass die Personalhoheit bei der Richterernennung – ebenso wie bei der Beamtenernennung – nach dem Grundgesetz grundsätzlich bei der Regierung liege[94]. Dass den Richtern (schon) durch das Grundgesetz eine mit den Beamten nicht vergleichbare, sondern von diesen abgehobene Stellung eingeräumt sei, ändere nichts daran, dass die Anstellung der Richter als Personalmaßnahme grundsätzlich Sache der Exekutive sei[95]. Art. 98 Abs. 4 S. 1 GG lasse als Ausnahme vom Grundsatz der Richterbestellung durch die Exekutive daher maximal die gleichberechtigte Beteiligung des Richterwahlausschusses an der Richterwahl zu[96]. Dies folge auch aus dem systematischen Zusammenhang des Art. 98 Abs. 4 GG mit Art. 95 Abs. 2 GG, der unbestritten von der Letztverantwortlichkeit des zuständigen Bundesministers ausgehe[97].

53   Dass die Richterernennung im Grundsatz ein Vorrecht der Exekutive sei und die Länder insofern an bundesverfassungsrechtliche Vorgaben gebunden seien, bestreiten gerade die Vertreter der zweiten Auffassung[98]. Deren Interpretation des Art. 98 Abs. 4 GG als reine „Schutznorm" gegenüber bundesgesetzlichen Regelungen kann jedoch

---

87 *v. Doemming*, JöR 1 NF (1951), S. 720; Der Parlamentarische Rat 1948–1949, Akten und Protokolle, Bd. 13/2, S. 1449, 1483 (Äußerungen des Vors. *Zinn*).
88 *v. Doemming*, JöR 1 NF (1951), S. 720.
89 *v. Doemming*, JöR 1 NF (1951), S. 720, 721.
90 *Ehlers*, Richterwahl, S. 24 f.
91 *Stern*, Staatsrecht, Bd. II, § 43 II 5, S. 915; *Weber-Grellet*, ZRP 2003, S. 148.
92 *Uhlitz*, DRiZ 1970, S. 220.
93 *Detterbeck*, in: Sachs, GG, Art. 98 Rn. 23.
94 BVerwGE 70, 270, 274; *Detterbeck*, in: Sachs, GG, Art. 98 Rn. 24; *Ehlers*, Richterwahl, S. 35 ff.; *Schulze-Fielitz*, in: Dreier, GG, Art. 98 Rn. 43; *Stern*, Staatsrecht, Bd. II, § 33 V 2, S. 406.
95 *Ehlers*, Richterwahl, S. 36 f.; *Papier*, NJW 2002, S. 2588.
96 *Ehlers*, Richterwahl, S. 39.
97 *Ehlers*, Richterwahl, S. 27 f.
98 OVG Schleswig, NVwZ-RR 1999, 420; *Böckenförde*, Richterwahl, S. 46 f.

im Ergebnis nicht überzeugen. Dass die Bestimmung, wie auch die erste Ansicht überwiegend annimmt, hinsichtlich der Einführung von Richterwahlausschüssen eine bereits bestehende Kompetenz der Länder nur bestätigt, schließt „begriffsnotwendig" keineswegs aus, dass Art. 98 Abs. 4 GG gleichzeitig eine Beschränkung der Regelungsbefugnis der Länder in Bezug auf das Modell der Richterwahl enthält. Dass das Grundgesetz Einschränkungen bzw. Festlegungen der Länder in ihrer Organisations- und Personalgewalt ermöglichen will, zeigt schon die Einräumung einer Gesetzgebungskompetenz des Bundes in diesem Bereich, vormals in Art. 98 Abs. 3 S. 2 GG, jetzt in Art. 74 Abs. 1 Nr. 27 GG[99]. Wäre mit Art. 98 Abs. 4 GG tatsächlich nur eine Beschränkungsfunktion hinsichtlich der Rahmengesetzgebungskompetenz des Bundes beabsichtigt gewesen, hätte es zudem näher gelegen, diese direkt an Art. 98 Abs. 3 S. 2 GG anzuknüpfen[100].

Die Personalhoheit liegt auch bei der Richterernennung grundsätzlich bei der Exekutive. Schon der Umstand, dass das Grundgesetz die Einrichtung von Richterwahlausschüssen nicht der einfach-gesetzlichen Regelung vorbehalten, sondern selbst geregelt hat, zeigt, dass die Beteiligung von Entscheidungsträgern außerhalb der Exekutive bei der Richterernennung nicht als selbstverständlich angesehen wurde[101]. Fraglich dürfte daher bereits sein, ob bei Fehlen des Art. 95 Abs. 2 GG und Art. 98 Abs. 4 GG Bund und Länder überhaupt die Beteiligung von Richterwahlausschüssen bei der Richterbestellung vorsehen könnten. **54**

Entscheidend für die erste Auffassung spricht zudem der systematische Zusammenhang mit dem auch in den Ländern geltenden Demokratieprinzip. In der Interpretation der ersten Auffassung stellt Art. 98 Abs. 4 GG sicher, dass die Anstellung der Richter in den Ländern dem Justizminister als parlamentarisch verantwortlicher Behörde vorbehalten bleibt[102]. Die Mitglieder des Richterwahlausschusses sind dagegen unabhängig; der Richterwahlausschuss ist Parlament und Regierung gegenüber nicht verantwortlich[103]. Das Bundesverfassungsgericht hat daher – wenn auch nur in einem obiter dictum – festgestellt, dass der Richterwahlausschuss schon deshalb keine alleinige Entscheidungsbefugnis haben kann, weil sonst dass das Demokratieprinzip verletzt würde[104]. Der erstgenannten Ansicht ist damit zu folgen. Art. 98 Abs. 4 GG schließt eine Regelung, die dem Richterwahlausschuss eine Letztentscheidungskompetenz einräumt, aus. **55**

---

99 *Ehlers*, Richterwahl, S. 39 f.

100 *Ziekow/Guckelberger*, NordÖR 2000, S. 16.

101 *Ehlers*, Richterwahl, S. 38 f.; *Stern*, Staatsrecht, Bd. II, § 33 V 2, S. 406.

102 OVG Magdeburg, DVBl. 1993, 960, 962.

103 BVerwGE 70, 270, 275; *Ehlers*, Richterwahl, S. 43; *Hellermann/Sievers*, JuS 2002, S. 1002.

104 BVerfG-K, NJW 1998, 2590, 2592.

D. Ergebnis

56 § 10 S. 2 LRiG ist mit Art. 98 Abs. 4 GG nicht vereinbar.

57 **Hinweis zum Aufbau und zur Bewertung:** Die Aufgabenstellung beschränkt die Prüfung auf die Vereinbarkeit des § 10 S. 2 LRiG mit Art. 98 Abs. 4 GG. Die Vereinbarkeit mit Art. 58 Landesverfassung NRW sollte nicht erörtert werden. Auch nach den aus Art. 98 Abs. 4 GG folgenden Anforderungen an die Zusammensetzung von Richterwahlausschüssen wurde nicht gefragt. Der Meinungsstreit um den normativen Gehalt des Art. 98 Abs. 4 GG ist in der Literatur gut aufbereitet. Mit den Gutachten von *Böckenförde* und *Ehlers* liegen umfangreiche Erörterungen der Problematik vor. Nicht alle Auslegungsansätze und Argumente können und sollen im Rahmen der Hausarbeit reproduziert werden. Bei der gutachterlichen Darstellung bleibt Raum für eine eigene Schwerpunktsetzung. Ein anderes als das hier gefundene Ergebnis ist gut vertretbar.

Literaturverzeichnis

58 *Anschütz, Gerhard*   Die Verfassung des Deutschen Reichs vom 11. August 1919. Ein Kommentar für Wissenschaft und Praxis, 14. Aufl., Berlin 1933 (unveränd. Nachdruck Darmstadt 1960)

ders./Thoma, Richard (Hrsg.)   Handbuch des Deutschen Staatsrechts, Erster Band, Tübingen 1930

Belau, Bruno   Das Recht des Bundespräsidenten zur Ernennung von Bundesbeamten und Bundesrichtern, in: DÖV 1951, S. 339 ff.

Benda, Ernst/Klein, Eckart   Verfassungsprozeßrecht. Ein Lehr- und Handbuch, 2. Aufl., Heidelberg 2001

Böckenförde, Ernst-Wolfgang   Verfassungsfragen der Richterwahl. Dargestellt anhand der Gesetzentwürfe zur Einführung der Richterwahl in Nordrhein-Westfalen, 2. (unveränd.) Aufl., Berlin 1998

Busse, Peter   Die Ernennung der Bundesrichter durch den Bundespräsidenten, in: DÖV 1965, S. 469 ff.

Degenhart, Christoph   Staatsrecht I. Staatsorganisationsrecht, 26. Aufl., Heidelberg 2010

Denninger, Erhard/ Hoffmann-Riem, Wolfgang/ Schneider, Hans-Peter/ Stein, Ekkehart (Hrsg.)   Kommentar zum Grundgesetz für die Bundesrepublik Deutschland, Loseblattsammlung, 3. Aufl., Neuwied/ Kriftel 2001, Stand: August 2002

Deutscher Bundestag und Bundesarchiv (Hrsg.)   *Der Parlamentarische Rat 1948–1949, Akten und Protokolle*, Band 13 (Ausschuss für Organisation des Bundes/Ausschuss für Verfassungsgerichtshof und Rechtspflege), Teilband II, München 2002

Doemming, Klaus-Berto von/ *Füsslein, Rudolf Werner/* *Matz, Werner*	Entstehungsgeschichte der Artikel des Grundgesetzes, in: JöR NF 1 (1951), S. 1 ff.
Dolzer, Rudolf/Kahl, Wolf- *gang/Waldhoff, Christian/* *Graßhof, Karin* (Hrsg.)	Bonner Kommentar zum Grundgesetz, Loseblatt-sammlung, Stand: 147. Aktualisierung, August 2010, Heidelberg
Dreier, Horst (Hrsg.)	Grundgesetz. Kommentar, Band II, Artikel 20–82, 2. Aufl., Tübingen 2006; Band III, Artikel 83–146, 2. Aufl., Tübingen 2008
Ehlers, Dirk	Verfassungsrechtliche Fragen der Richterwahl. Zu den Möglichkeiten und Grenzen der Bildung von Richterwahlausschüssen, Berlin 1998
Enzian, Rudolf	Verfassungsrechtliche Zwänge für die Richterwahl-gesetze, in: DRiZ 1974, S. 18 ff.
Erichsen, Hans-Uwe	Der Bundespräsident – Zugleich ein Beitrag zum Organstreit nach Art. 93 Abs. 1 Nr. 1 GG, in: Jura 1985, S. 373 ff.
Friesenhahn, Ernst	Parlament und Regierung im modernen Staat, in: VVDStRL 16 (1958), S. 9 ff.
Geiger, Willi	Gesetz über das Bundesverfassungsgericht vom 12.3.1951. Kommentar, Berlin und Frankfurt a.M. 1952
Goessl, Manfred	Organstreitigkeiten innerhalb des Bundes. Eine Untersuchung des Art. 93 Abs. 1 Nr. 1 des Grund-gesetzes und der zu seiner Ausführung ergangenen Bestimmungen des Bundesverfassungsgerichts-gesetzes, Berlin 1961
Hall, Karl-Heinrich	Überlegungen zur Prüfungskompetenz des Bundes-präsidenten, in: JZ 1965, S. 305 ff.
Hellermann, Johannes/ *Sievers, Harald*	Der praktische Fall – Öffentliches Recht Bundes-richterwahl zwischen Bestenauslese und Länderparität, in: JuS 2002, S. 998 ff.
Herzog, Roman	Entscheidung und Gegenzeichnung, in: Theo Ritters-pach/Willi Geiger, (Hrsg.) Festschrift für Gebhard Müller. Zum 70. Geburtstag des Präsidenten des Bundesverfassungsgerichts, Tübingen 1970, S. 117 ff.
Huba, Herman/ *Burmeister, Thomas*	Der praktische Fall – Öffentliches Recht: Der Bundespräsident und der „trojanische" Professor, in: JuS 1989, S. 832 ff.
Ipsen, Jörn	Staatsrecht I. Staatsorganisationsrecht, 22. Aufl., Köln/München 2010
Jarass, Hans D./ *Pieroth, Bodo*	Grundgesetz für die Bundesrepublik Deutschland. Kommentar, 10. Aufl., München 2009
Mangoldt, Hermann von/ *Klein, Friedrich/Starck,* *Christian* (Hrsg.)	Kommentar zum Grundgesetz, Band 2: Art. 20 bis 82, 6. Aufl., München 2010; Band 3: Artikel 83 bis 146, 5. Aufl., München 2005
Maunz, Theodor/ *Dürig, Günter* (Begr.)	Grundgesetz. Kommentar, Loseblattsammlung, Stand: 58. Lieferung, April 2010, München

Maurer, Hartmut	Staatsrecht I. Grundlagen, Verfassungsorgane, Staatsfunktionen, 6. Aufl., München 2010
Menzel, Eberhard	Ermessensfreiheit des Bundespräsidenten bei der Ernennung der Bundesminister?, in: DÖV 1965, S. 581 ff.
Münch, Ingo von/ *Kunig, Philip* (Hrsg.)	Grundgesetz-Kommentar, Band 2 (Art. 21 bis 69), 4./5. Aufl., München 2001; Band 3 (Art. 70 bis 146 und Gesamtregister), 4./5. Aufl., München 2003
Papier, Hans-Jürgen	Zur Selbstverwaltung der Dritten Gewalt, in: NJW 2002, S. 2585 ff.
Pestalozza, Christian	Verfassungsprozeßrecht. Die Verfassungsgerichtsbarkeit des Bundes und der Länder mit einem Anhang zum Internationalen Rechtsschutz, 3. Aufl., München 1991
Poetzsch-Heffter, Fritz	Handkommentar der Reichsverfassung vom 11. August 1919. Ein Handbuch für Verfassungsrecht und Verfassungspolitik, 3. Aufl., Berlin 1928
Sachs, Michael (Hrsg.)	Grundgesetz. Kommentar, 5. Aufl., München 2009
Schlaich, Klaus/ *Korioth, Stefan*	Das Bundesverfassungsgericht. Stellung, Verfahren, Entscheidungen, 8. Aufl., München 2010
Stein, Ekkehart/Frank, Götz	Staatsrecht, 21. Aufl., Tübingen 2010
Steiner, Fred	Die Prüfungskompetenz des Bundespräsidenten bei der Ernennung der Bundesrichter, Heidelberg 1974
Stern, Klaus	Das Staatsrecht der Bundesrepublik Deutschland, Band II Staatsorgane, Staatsfunktionen, Finanz- und Haushaltsverfassung, Notstandsverfassung, München 1980
Uhlitz, Otto	Zu einigen verfassungsrechtlichen Problemen der Einrichtung von Richterwahlausschüssen, in: DRiZ 1970, S. 219 ff.
Umbach, Dieter C./ *Clemens, Thomas* (Hrsg.)	Grundgesetzkommentar. Mitarbeiterkommentar und Handbuch, Band II, Art. 38–146 GG, Heidelberg 2002
dies./Dollinger, *Franz-Wilhelm* (Hrsg.)	Bundesverfassungsgerichtsgesetz. Mitarbeiterkommentar und Handbuch, 2. Aufl., Heidelberg 2005
Weber-Grellet, Heinrich	Eigenständigkeit und Demokratisierung der Justiz, in: ZRP 2003, S. 145 ff.
Windisch, Andrea	Der praktische Fall – Öffentliches Recht. Äußerungen eines Botschafters, in: JuS 1995, S. 527 ff.
Ziekow, Jan/ *Guckelberger, Anette*	Die Wahl von Richtern in den Ländern Verfassungsrechtliche Vorgaben, Auswahlmaßstäbe und Rechtsschutz, in: NordÖR 2000, S. 13 ff.

Wegen der verwendeten Abkürzungen wird verwiesen auf:

Kirchner, Hildebert/ *Butz, Cornelie*	Abkürzungsverzeichnis der Rechtssprache, 7. Aufl., Berlin 2007

Sachregister

E bezieht sich auf die Einführung, **G** auf die Gestaltungsrichtlinien und **1, 2** usw. auf die entsprechende Hausarbeit; die mager gedruckten Zahlen beziehen sich auf die Randnummern.

216